A Brief History of
Yinchuan Three Construction Group Co., Ltd.
1956—2016

银川三建集团有限公司
简史

银川三建集团有限公司 编

图书在版编目（CIP）数据

银川三建集团有限公司简史：1956—2016/ 银川三建集团有限公司编．—银川：宁夏人民出版社，2017.12
 ISBN 978-7-227-06849-5

Ⅰ．①银… Ⅱ．①银… Ⅲ．①建筑企业 – 经济史 – 银川 –1956-2016 Ⅳ．① F426.9

中国版本图书馆 CIP 数据核字（2018）第 004402 号

银川三建集团有限公司简史（1956—2016） 银川三建集团有限公司　编

责任编辑　周淑芸
责任校对　姚小云
封面设计　宋丽虹
责任印制　肖　艳

黄河出版传媒集团
宁夏人民出版社　出版发行

出 版 人　王杨宝
地　　址　宁夏银川市北京东路 139 号出版大厦（750001）
网　　址　http://www.nxpph.com　　　　http://www.yrpubm.com
网上书店　http://shop126547358.taobao.com　http://www.hh-book.com
电子信箱　nxrmcbs@126.com　　　　　　renminshe@yrpubm.com
邮购电话　0951-5019391　5052104
经　　销　全国新华书店
印刷装订　银川市昊博彩色印刷有限公司
印刷委托书号（宁）0008209

开本　787m×1092mm　　1/16
印张　26.5　　　字数　350 千字
版次　2018 年 1 月第 1 版
印次　2018 年 1 月第 1 次印刷
书号　ISBN 978-7-227-06849-5
定价　126.00 元

版权所有　侵权必究

编委会

总　　　编	刘惠敏
副　总　编	季光军　陈明逵　赵长林
委　　　员	孔　涛　赵永安　刘华堂　高淑梅
	吴　炜　龙　震　张海铭　严崇银
	勉智勇　邱小平　夏永胜
主　　　编	王梅玲　何银华　张仓峰
编　　　务	刘　洋

真实记录

银川三建60年来砥砺前行的历史脚步

全面展示了三建人艰苦创业、改革发展的成就

再现中国城市发展和社会变革的缩影

六十ノ兼

1979年8月15日,公司第一届职工代表大会在一队会议室召开。主席台站立者是时任公司党总支书记闵杰,《决心书》后就坐者是时任公司经理郭遵琅

1991年11月8日,公司五届八次职工代表大会召开。职工代表在会议室合影

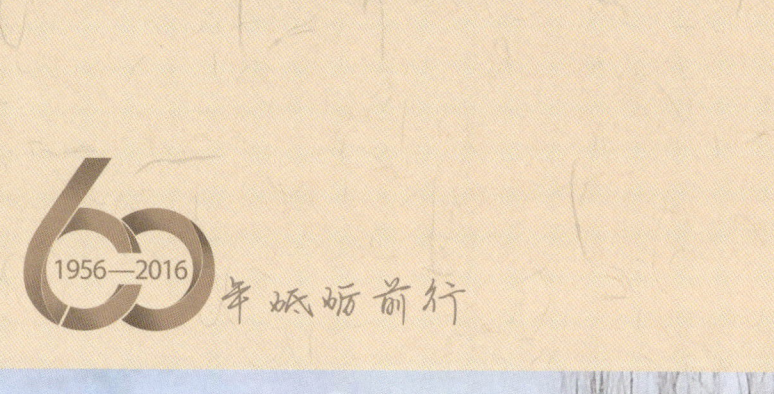

1988年3月8日,公司组织女职工游览银川市中山公园庆祝"三八"妇女节

1989年,公司组织员工到北京参观学习,在人民大会堂前合影

1992年1月24日，公司职工思想政治工作研究会第一届年会召开，时任银川市建委主任江咏（前排左五）同与会人员合影

1992年1月25日，一分公司举行二届五次职代会。时任银川市建委党委副书记张宝坤（前排左四）同代表在原一分公司院内合影

1995年1月20日，公司召开五届十二次职代会暨1994年总结表彰大会。先进工作者代表领取荣誉证书后合影

 1956—2016 年砥砺前行

1998年7月1日,公司组织全体党员到延安革命老区接受传统教育。党员们在毛泽东铜像前合影

2002年3月8日,公司组织全体女职工游览镇北堡西夏影视城庆祝"三八"妇女节

2000年5月18日，召开银川三建混凝土工程有限公司开业庆典，有关人员合影（左起：1985—1987年任三公司副经理、现任银川建发集团董事长杨伟；1985—1987年任三公司经理、现任银川神州房地产开发有限公司董事长桑建华；1995—2017年任三公司总经理、董事长刘惠敏；1979—1984年任三公司副经理朱康全；1987—1994年任三公司经理、后任银川市副市长、自治区政协常委陈银生；银川市住建局原局长、现银川市副市长徐庆）

2002年3月23日，公司第二届第一次股东大会召开，选举产生了第二届董事会、监事会成员。会后监票员、计票人员合影

60 年砥砺前行
1956—2016

2004年8月4日，银川三建公司第三分公司成立揭牌庆典后合影

2006年1月17日，公司召开2005年度总结表彰大会。先进工作者与有关领导合影（二排左五是银川市建委原工程科科长张晓东，左六是银川市建委原党委副书记穆成英）

2009年5月29日,银川三建集团挂牌成立,公司在香渔王子酒店召开庆典大会,集团领导上台向全体员工致礼

2008年7月5日,公司组织全体党员到延安参观学习,党员们在革命先辈的铜像前合影

60 1956—2016 年砥砺前行

2007年12月19日，公司组织全体员工在贺兰山进行登山比赛，迎接新年

2010年7月3日，第一党支部开展庆七一登山活动。党员们在贺兰山笔架峰合影

2012年6月29日，公司组织全体党员到石嘴山中央直属五七干校参观学习

1991年6月12日,时任自治区主席白立忱(中)等一行领导来公司视察

1993年1月13日,全国总工会副主席王厚德(前排中)一行来公司调研,与公司有关领导合影

2016年5月4日,公司共青团志愿者参加公益活动庆祝青年节

 年砥砺前行

2009年5月23日，时任自治区党委书记陈建国（右一）、银川市委书记崔波（左一）冒雨视察公司施工的实验小学工程，公司总经理陈明逵向两位领导汇报工程施工情况

2015年8月3日 时任自治区主席刘慧视察公司施工的中卫物流园工程

2000年5月18日,自治区、银川市有关领导出席银川三建混凝土公司成立庆典仪式(左起:时任自治区体改委主任杨茂林、宁夏军区原司令员胡世浩、时任银川市副市长王学祥、银川市人大常委会副主任董全有、上海建工集团原副总裁倪豪、自治区经贸委主任吕重光、银川市住建局局长陈银生)

2014年6月18日,时任银川市市长马力(中)到公司施工的银川市妇女儿童活动中心工地视察

60 1956—2016 年砥砺前行

1988年,公司组织员工参加银川市建设局职工文艺会演

1990年1月,公司为4对年轻职工举办了集体婚礼。时任银川市建委党委书记、主任江咏,副书记张宝坤等参加了婚礼

1994年10月,银川市城区武装部组织公司民兵进行打靶训练

2010年12月19日,公司组织员工参加银川市住建局组织的"城建之声"职工文艺会演

2005年七一前夕,公司党委组织举办了员工书画作品展

2015年10月27日,公司组队参加2015年度宁夏建筑工人技能大赛

序

时值公司成立60周年,《银川三建集团有限公司简史》出版了。这是集团历史上的第一部简史,对公司1956—2016年60年的发展历史做了如实记录。从中可以看到企业一个甲子的变化,既传承了我国写史励进的传统、彰显了企业文明进步的风貌,又增强了员工见贤思齐、奋发向上的凝聚力,功在时下、惠泽后人,值得庆贺。

银川三建集团有限公司创始于新中国成立初期,60年的发展,走过了由集体所有制迈向股份制艰难而光辉的历程。60年来,银川三建脚踏实地,外拓市场、内抓管理,始终坚持"质量至上、恪守诚信、服务社会"的宗旨,走承包经营之路、走多业并举之路、走深化改革之路,一步步迈向了全区建筑行业的前列;60年来,经三建人的双手,建造了数千幢民居工程、高楼公寓、车间厂房、剧院礼堂及一大批学校、医院、办公用房和广场、道路、桥梁。踏着改革开放的脚步,三建集团由单一的建筑工程施工延伸到市政工程、房地产开发、商品混凝土和专业门窗生产等相关产业,壮大了企业规模,奠定了集团公司产业发展的基础,已成为宁夏建设大军的一支重要骨干力量,为国民经济发展和社会进步做出了积极贡献。

银川三建的发展历史,是几代三建人拼搏奉献的历史。追述过去,是为了立足现在、积蓄未来前进的力量,起到存史、资政、教化的作用,召唤广大员工去创造更加辉煌的明天。

我15岁就到银川三建公司工作,那时的三建还称为房修社,上班没有工房,作业多在野外,也没有机械设备,几乎全靠人力,工作环境极其艰苦。铁锹、瓦刀、推车、灰斗、石夯……大家凭着苦力、凭着一股干劲和热情,盖起了一间间民居、厂房。一声哨子,工人们争先恐后走上岗位,运砖和泥、放线砌墙,泥水和着汗水、机声伴着夯声,工人们甩开膀子,舞着瓦刀,忙碌的身影和工作场面秩序井然、交相辉映。暴风雨来了,电闪雷鸣赶不上工人们的眼疾手快,材料、机械、工具瞬间遮盖严严实实。工棚外下大雨,工棚里打扑克、下棋、"吹牛",玩到尽兴时引出朗朗笑语、飞出阵阵歌声,那种乐观豁达、快乐幽默，是别处寻不到的。任凭老天喜怒无常，他们都能从中找到自己的乐趣。

三建人有股不服输的劲头，成立之初条件那么艰难扛过来了，三年自然灾害缺吃少穿闯过来了，历经"文化大革命"也没有散了架子。改革开放后，三建人乘风扬帆，开始计件工资、承包经营、全员风险金抵押，建职工住房、搬迁加工厂……企业顺势而上，承建了自治区、市及周边省、市一系列重点工程项目：迎宾楼餐厅、青少年宫、银川宾馆、青铜峡黄河大禹文化园……打赢了一个又一个漂亮仗，大家不停步、不懈怠，团结拼搏、自我加压，把市场越拓越宽，把"蛋糕"越做越大。

党的十五大以来，公司致力建设"学习型""创新型"企业，紧紧围绕社会主义市场经济规律，坚持走可持续发展之路，积极稳妥实施股份制改组，建章立制、规范管理，企业的路越走越宽，成为了宁夏企业100强、宁夏建筑施工20强企业、全国建筑业AAA级诚信企业。作为一名老三建人，我倍感骄傲和自豪。

银川三建风风雨雨60年，有前辈的创业奠基，有后来者的开拓跨越。我们写史存志，是为了铭记历史，更好地把握前行的坐标。以史为鉴，可以知兴替。回顾过去，缺点和失误同样是宝贵的财富，改革开放的过程，就是除旧布新的过程。

时下，站在中国建筑业新的历史起点上，如何去开辟新的、富有生命力的现代企业，依然是一路"问卷"，更是一路"赶考"。三建人负责任、有担当，这是三建人薪火相传的品格，更是三建人书写历史的驱动力。

希望三建集团公司认真总结60年来的发展经验，紧跟时代步伐，坚持改革创新，发扬工匠精神，坚持做好每项工程、每件产品，恪守建筑人的责任和使命，不忘初心、艰苦奋斗、砥砺前行，推动三建集团朝着更高方向发展，为促进宁夏建设事业的进步、振兴地区经济做出更大的贡献！

陈银生

2017年8月

前言

银川三建集团有限公司始建于1956年,创业在共和国诞生之初,至今走过了60年的风雨历程。60年来,在建设主管部门的领导下,在社会各界领导的关怀和支持下,一代又一代三建人不懈努力,薪火相传,始终以广厦建设、造福地方、服务社会为己任。在艰难困苦中摸索,在改革大潮中奋进,伴随着我国建设事业的前进步伐,一路负重进取,砥砺前行,用无悔的付出,铸就了一座又一座创业、改革、发展的丰碑。

时光流转,岁月如歌。企业初始,员工几十,锹镐数把,肩挑人扛,补墙建房。发展至今,国家一级资质、全区百强企业,建筑、市政、房地产开发、商品混凝土齐头并进。经过60年不懈追求,谱写了栉风沐雨的光辉历程;60年辛勤耕耘,交付了2000多项项目工程。

60年是三建公司发展史上一个重要的里程碑,同时也是回顾历史,展示成就、坚定信心、凝神聚力、加强企业文化建设的重要契机。因此,应三建公司广大新老员工意愿,《三建简史》的编写列入了集团第二个五年发展规划,决定对银川三建的发展史进行系统的梳理,组织编写《三建简史》作为一份特别礼物,呈现在银川三建60周年华诞之际。

2015年11月,《三建简史》编写工作正式启动,成立了编辑委员会。经过研究确定,聘请了专人和公司的相关人员协作完成,同时组织其他人员将公司历年工程竣工项目编辑为《银川三建工程有限责任公司历年承建工程汇编》。《三建简史》编写工作以公司历史档案为依据,多方收集资料,采访老同志,撰写了约30万字的稿件,初稿形成后又多方征求了离退休同志和部分在职员工的意见与建议,经过编委会讨论、修改,最终定稿。

全书共13个部分,后附大事记、人名录、荣誉录、经济指标等。由于条件局限,公司档案室资料是从1980年开始保存下来的,1956—1979年公司成立之前,组建初始的银川市房修三社、房修四社、油裱社阶段在企业保管的资料所存无几,仅以银川市档案馆查阅、公司相关资料验证、老同志回忆等记述方式尽可能多地反映这个时期的发展史。1979年至今的编写以时间为节点，记述了公司成立到2016年底所经历的改革和发展的主要事件。全书分章节介绍了公司改革的重要措施、工程建设的发展历程、产业结构的形成状态、资产累积的演进过程、班子建设的具体情况、管理进步的步骤行为。大事记、成果荣誉、员工名册等更全面地记述了企业前进的脚步。

《简史》的编写工作得到了公司领导班子的重视和关心，得到了离退休同志的大力支持，他们不但口头讲述了公司的早期历史，还以书面形式反映了人们已经忘却的人和事，提供了宝贵的资料。参与专门编写书稿的同志可谓倾心尽力，他们查阅资料、积极调研，克服困难、数易其稿，认真撰写。在此对所有参与、支持和帮助本书编写的同志表示衷心的感谢！

作为新中国成立后宁夏最早的工程建设队伍，在公司60华诞的重要时刻，我们编写了本书，是对公司发展历史和精神传承的一次总结，是推动公司发展强大的动力源泉。"关山初度尘未洗，策马扬鞭再奋蹄。"新的60年又开始了，此时此刻我们最不能忘记的是自己应该肩负的责任。我们不仅要以史为荣，更要肩负起再铸辉煌的历史重任，继承三建人的优良传统，不断深化改革，坚持"质量至上、恪守诚信、科技引领、追求卓越"的经营宗旨，科学地引领企业走向更加美好的未来，为实现中国梦的建设华章，做出应有的贡献。

见证历史、总结经验、发扬传统、启迪后人，是本书编写的初衷，尽管编辑人员做了种种努力，但由于材料、时间、水平和能力所限，书中缺错、遗漏在所难免。事实不准、叙述不周、评价失当之处切望批评、指正。

谨以此书献给企业组建以来所有挥汗创业的退休和在职人员，献给关心、支持三建发展、进步的各级领导和同仁朋友！

编委会
2016年12月

银川三建集团有限公司

简介

银川三建集团有限公司初始的组织机构——银川市油裱社于1956年经批准组织成立；1962年，银川市中山南街办事处修缮队、新华街办事处修缮队经批准合并成立银川市房修三社；同年，银川市中山北街办事处修缮队、民生街办事处修缮队、银川市城区公社农场劳动服务队经批准合并成立银川市房修四社。1979年，经中共银川市委员会批准，银川市房修三社、四社，油裱社合并成立银川市第三建筑工程公司，1991年银川市第五建筑工程公司合并并入，1999年4月企业改制为银川三建工程有限责任公司，2017年3月更名为银川三建集团有限公司。

银川三建集团有限公司设有党委、董事会、监事会、经营层、工会和各级生产业务管理部门。集团公司全额投资控股所属子公司银川三建房地产开发有限公司、银川三建混凝土工程有限公司、银川三建华瑞建材工贸有限公司、银川三建物业服务有限公司；控股代管银川绿源散装水泥储运有限公司；参股子公司银川三建华治劳务有限公司；参股分公司银川三建混凝土工程有限公司灵武分公司。全资子（分）公司集团实行聘任经营层、委派管理人员，实行独立核算、承包经营的母子公司管理体制。参股子、分公司分别派驻技术、财务人员参与管理，实行利益共享、风险共担的合同承包模式。对银川三建一、二、三、四、六分公司，设备租赁分公司，市政分公司实行承包经营、统一核算、二级管理的模式。

企业在几十年的运营中已形成人事、经营、生产、核算完整的三级管理、二级核算的运营体系，秉持"质量至上、恪守诚信、科技引领、追求卓越"的经营宗旨，经营范围不断扩大，产业链条不断延伸，人员结构不断优化，企业管理不断规范。

截至2016年12月31日，集团公司注册资金为5140万元，总资产3.57亿元，净资产1.1亿元，年产值11.4亿元，占宁夏建筑业总产值2.23%。拥有主要施工生产设备73台（套），总功率9142千瓦，净值2285万元。有在编员工 221 人，147 名管理人员中拥有各类专业技术职称 129 人，占职工总人数的 58.37%。其中：高级职称 10 人，中级职称 52 人。建造师注册 71 人，其中一级 14 人，二级 57 人。集团现有资质：建筑施工总承包一级、金属门窗工程专业承包一级、市政公用工程施工总承包二级、房地产开发二级、钢结构工程专业承包二级、公路工程施工总承包三级、地基与基础专业承包三级、建筑装修装饰工程专业承包二级、起重设备安装工程专业承包三级、建筑工程劳务一级、物业服务三级。

近年来，集团公司先后承建了银川市国际汽车城、锦泰花园、香榭丽舍花园等多项高层建筑；承建了银川市职教中心、银川市第九中学、彭阳县四中等校区的群体建设；承建了银川市大团结广场、览山景观剧场、人民广场等多项公用设施项目；承建了大武口星光大道工程，银川市一污、三污、七污，30 公里平罗贺兰山截浅引水等多项市政基础设施工程；承建了青铜峡黄河楼九孔桥、黄河小镇、大禹文化园等多项仿古群体建筑。几十年来，公司完成了一大批自治区重点项目、民居工程和公共设施的建设，工程遍布全区各市县及内蒙古、陕西、甘肃等周边省区。先后有 8 项工程被评为自治区"西夏杯"优质工程，22 项工程被评为各地市"凤凰杯""明珠杯""六盘杯""沙坡头杯"优质工程。

银川三建房地产开发分公司成立于 1995 年，1999 年更名为银川三建房地产开发有限公司。注册资本金为 4600 万元，先后独立和合作开发建设了银川市建丰苑、华苑、文建、东苑、康民小区，灵武市佳乐苑、唐城商业中心，同心县伊欣苑，青铜峡市学府壹号，石嘴山市曙光华庭等 50 多万平方米商业、住宅地产项目。

银川三建混凝土工程有限公司创建于 2000 年，注册资本金 3000 万元，2014 年在灵武参股投资建设了年产 100 万立方米的混凝土分公司。混凝土公司主要生产 C10—C60 各种标号混凝土及抗渗、抗冻融、高强、特种混凝土。现有 3 套 HZS180、1 套 HZS120、2 套 HZS90 生产线，54 台混凝土搅拌运输车，8 台臂长 36～56 米的进口汽车泵，拖泵 4 台，车载泵 2 台，每小时最大输送量 840 立方米。先后浇筑了大团结广场，宁夏农业银行大楼，银川新华百货老大楼，银川市第一、二、三污水处理厂等工程，是银川市五一劳动奖章获得单位。

银川三建华瑞建材工贸有限公司由原银川市房修三社、房修四社综合加工厂于 1982 年合并成立银川市建三公司综合加工厂，2003 年更名为银川三建华瑞建材工贸有限公司，注册资本金 200 万元，占地面积 98.66 亩，现有 1 栋综合办公楼、4 栋标准车间及大型砼预制构件平台等附属设施，生产设备为国内先进的塑钢门窗、断桥隔热铝塑窗、中空玻璃自动生产线，具备年产10万平方米高中档中空塑钢门窗和铝合金门窗、5万平方米中空玻璃生产能力。近几年承接了鲁能陶然水岸、建发宝湖湾、观湖壹号、阅海万家、锦泰花园等工程项目的门窗制作、安装任务，年均生产能力超过15万平方米。

银川三建物业、劳务及各分公司在多年的运营中以良好的经营业绩有力地支撑了企业的全面发展。

集团公司在60年的发展中，特别是党的十一届三中全会后，在不断改革的运行中，生产规模、员工技术、企业凝聚力不断提升。以建筑业为基础，以房地产开发、预拌混凝土生产为两翼，以门窗生产、物业服务、房屋、设备租赁为补充的产业链条已初具规模。经济基础较为扎实，得到了社会各界的广泛认同。企业连续五年建筑业产值超过10亿元，连续三年上缴税金超过5000万元，是2016年自治区建筑业产值超十亿元的7家企业之一。公司先后荣获全国先进建筑施工企业、全国建筑业AAA级信用企业、全国守合同重信用企业、宁夏回族自治区文明单位称号，连续五年被评为"宁夏企业100强"，是2016年首届"宁夏建筑业20强施工企业"。

2015年初，集团在认真分析国家经济发展趋势和企业实际条件的基础上，制定了2015—2019年《银川三建集团第二个五年发展规划》，从企业的经营目标、规模目标、管理目标、实施措施等，全面绘制了集团2020年前的发展远景和工作步骤，为企业的整体进步明确了方向、提振了信心、增强了动力。目前公司上下团结一致，各项工作正在有力地向前推进，企业将在时代的变革中，不畏艰难、顺势而为，迈上新的、更高层楼。

凡 例

一、本书系宁夏回族自治区银川三建集团有限公司有史以来第一部史书，编纂时，力求秉笔直书的原则，突出本公司各历史时期工作特点，依据企业工作的重点，记述各个时期的工作情况。

二、本书记事上溯于1956年，下止于2016年12月。

三、本书以记、志、传、图、表、录为主要表现形式，以史为主。

四、本书按编年体加综述编撰。其中主体部分设"章"，依企业各历史阶段发展的顺序叙述。章内分节，以体现企业不同时期同类业务工作的特点。

五、全书记述采取第三人称书写，一般用企业各个时期的全称及简称，多数为"公司"或"银川三建"或"集团公司"。章节按记事体，以企业工作形成的文件、工作（生产）行为，进行了分门别类的记述。大事记为编年体，是按时间顺序，记述企业历史上主要领导的职务任免，企业名称更迭、地址变迁，及各个时期主要工作简况等。人物则按传略简介。光荣榜和统计表，以简化记述或佐证记叙，以供查阅或了解某年某件事情，也有佐证作用。

六、地理名称、政府主管部门、行业领导称谓及其他称呼均依当时历史习惯称谓。

七、企业中层管理人员的聘任录用，以历届董事会起始之年的聘任为主。人物传记为公司历任党政负责人正职。

八、本书资料不甚齐全的原因：一是企业在创建初期成立油裱社、房屋修缮合作社时期，文书、卷宗片纸未留；二是1979年房修三社、四社，油裱社三社合一，成立银川市第三建筑工程公司后，各社队分散办公，文书、卷宗资料现存甚少；三是因为办公地址数次搬迁，使部分档案资料散失；四是2000年，根据档案法有关规定，销毁了一批1956—1983年已保管到期的档案资料；五是近年来，虽然文件存档很完整，但个别具体工作的起因及结果、重大事件的资料不够完整，印证困难。

九、本书资料来源：一是本集团公司档案室存档资料，二是部分离退休老职工及曾在公司工作过的工友提供的回忆材料、照片、证书等，三是银川市档案馆提供的原始资料。

目录 Contents

- 序 001
- 前言 001
- 公司简介 001
- 凡例 001

第1章
合作社应运而生（1956—1966）

　　第一节　走合作化道路　油裱社应势而立 002
　　第二节　建设新中国　房修社应运而生 004

第2章
艰苦创业　历经艰辛（1967—1978）

　　第一节　坚持生产　发奋创业 008
　　第二节　为了生存　历尽艰辛 012

第3章
整顿治理　播种希望（1979—1982）

　　第一节　三社合一　银川三建成立 016
　　第二节　第一届工会委员会成立 019
　　第三节　重视学习　提高素质 020

第四节　建立制度　完善管理 021

　　第五节　技术革新　增产节约 024

　　第六节　办理退休　老职工安度晚年 025

　　第七节　先进辈出　前景在望 026

第4章

改革整顿　探索生存路（1983—1987）

　　第一节　整顿企业　加强管理 028

　　第二节　保证工程质量　提高社会信誉 038

　　第三节　抓安全生产　敲响事故警钟 040

　　第四节　机械设备的购置和管理 042

　　第五节　党群工作 043

　　第六节　学文化　学技术　劳动竞赛展风采 046

　　第七节　调整整顿　初见成效 049

第5章

承包经营　放飞希望（1988—1994）

　　第一节　承包经营　破茧而出 052

　　第二节　调整机构　加强部门领导 063

　　第三节　改革经营管理　规范管理机制 066

　　第四节　抓质量安全　卓有成效 075

　　第五节　建职工住房　搬迁加工厂 079

　　第六节　合并市建五公司 082

　　第七节　党群工作　扬起风帆 086

　　第八节　承包经营硕果累累 088

第6章

承前启后 机遇与挑战并存（1995—1998）

第一节 深入改革 机遇与风险并存......092

第二节 党、工、团齐抓共管......098

第三节 建立重能聘贤机制......102

第四节 建立安全生产和质量保证体系......105

第五节 抓精神文明建设 促企业发展......110

第六节 培育新的经济增长点......111

第七节 以人为本 依法维护员工利益......113

第八节 企业改制的准备工作......118

第7章

改组改制 扬帆未来（1999—2001）

第一节 改制成功 轻装上阵......124

第二节 改革规范人事制度 完成兑现考核目标......130

第三节 改革完善管理机制......135

第四节 改革工资制度 发挥激励调解作用......138

第五节 一业为主定基础 多业并举促发展......139

第六节 精神、物质文明双丰收......145

第8章

开拓创新 谱写发展新篇章（2002—2004）

第一节 体制创新 科学规范经营......150

第二节 经营创新 拓宽发展新局面......154

第三节 机制创新 优化用人和分配机制......158

第四节　管理创新　增强企业活力......161

　　第五节　文化创新　提升员工素质......166

　　第六节　牢记使命　未雨绸缪......168

第9章

凝心聚力　砥砺前行（2005—2007）

　　第一节　内强实力　迎难而上......172

　　第二节　提升基础管理　各产业协同发展......177

　　第三节　群策群力　谋企业发展......181

　　第四节　筑管理基础　建安全大厦......182

　　第五节　企业文化彰显力量......183

　　第六节　栉风沐雨　稳健发展......185

第10章

科学发展　组建集团（2008—2010）

　　第一节　依法治企　照章行权......190

　　第二节　强化安全理念　确保安全生产......195

　　第三节　践行科学发展观......196

　　第四节　改制十年再回首......200

　　第五节　制定规划　科学发展......204

　　第六节　党建工作　再上台阶......206

　　第七节　组建集团　致远前行......209

　　第八节　第四届董事会超额完成任期目标......211

第11章

践行规章　依法治司（2011—2013）

　　第一节　依法治司　促企业发展......216

第二节　强化基础管理　增强执行力..................220

　　第三节　安全生产　责任到人..................225

　　第四节　各产业协同共进　提升集团整体实力..................226

　　第五节　培训学习　形式多样..................232

　　第六节　勤勉尽职　再接再厉..................235

第12章

创新发展 再启新程（2014—2016）

　　第一节　回顾与展望..................240

　　第二节　创新发展　规划蓝图..................245

　　第三节　创新管理　向目标挺进..................251

　　第四节　抓质量安全　创优质工程..................259

　　第五节　创新思路　谋求更快发展..................264

　　第六节　抓党建　创文明单位..................270

　　第七节　初衷不改谋发展　凝心聚力启新程..................274

附　录

大事记..................279

各法人子公司简介..................325

历届党政工领导任职时间..................339

银川三建公司成立以来历任领导简介..................343

银川三建历年集体获奖名录..................347

银川三建历年员工获奖名录..................361

银川三建历年先进生产者名录..................373

银川三建历年优秀共产党员名录..................380

银川三建历年竣工项目获杯名录..................381

银川三建历年优良工程获奖名录..................................382

银川三建历年在职员工名录..................................395

银川三建历年各项经济指标完成一览表..................................402

编 后 记..................................404

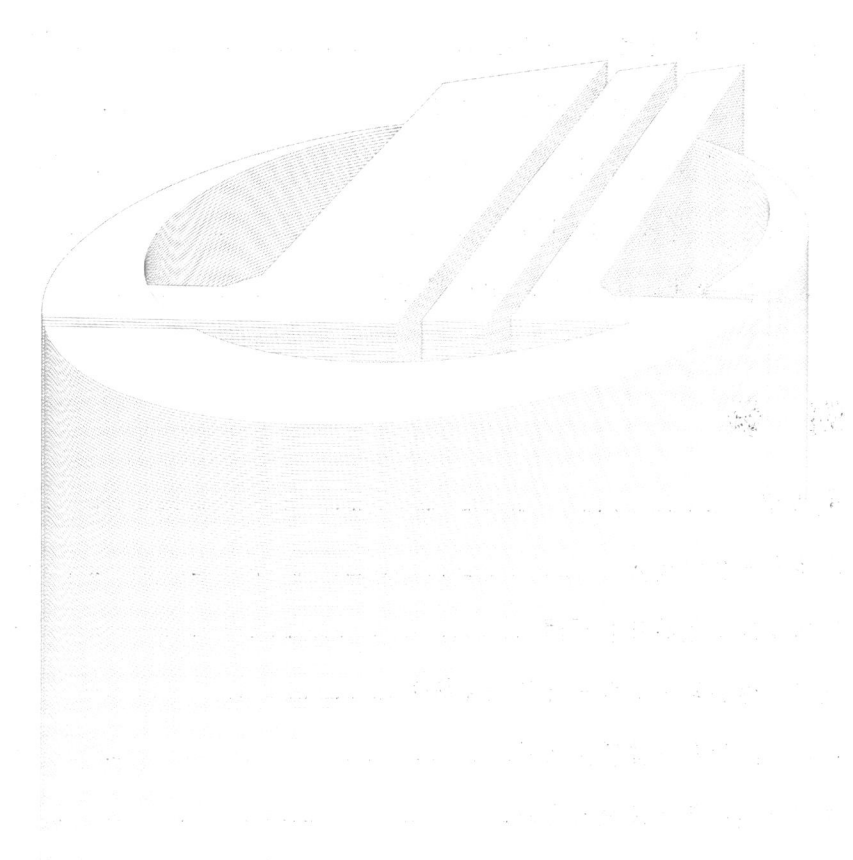

第 1 章

合作社应运而生

1956—1966

第一节　走合作化道路　油裱社应势而立

1949年以前，宁夏从事建筑施工行业的人员只有散落于城乡的个体木匠、泥瓦匠、石匠等工匠，大部分以个人分散施工从事房屋维修和建筑。城镇为数不多的泥、木、石等建造工匠，搭班合伙承建一些简单的土木平房或砖坯木的混合建筑，一般平房建设和修缮多为单干。社会和民间较大规模公建和私人建房，聘请具有较高技术的工匠，各自带着简单的工具集中起来施工，工完人散。施工技术落后，生产设施简单，没有施工机械设备、没有专业建筑队伍。

银川市有组织的建筑施工队伍起步于新中国成立以后。建国初期，在国家对农业、手工业和资本主义工商业进行社会主义"三大改造"方针政策指引下，20世纪50年代中期，银川市手工业劳动者协会筹备委员会将从事木业、油漆业、陶制业、麻绳业、泥瓦业和芦席编织业等分散经营的个体手工业者组成行业合作社和专业修缮队，银川市总工会将社会分散的个体油工、木工、瓦工组成油、木、泥工工会，并在此基础上组建成立了银川市建筑工会，隶属银川市手工业联合会工会领导。

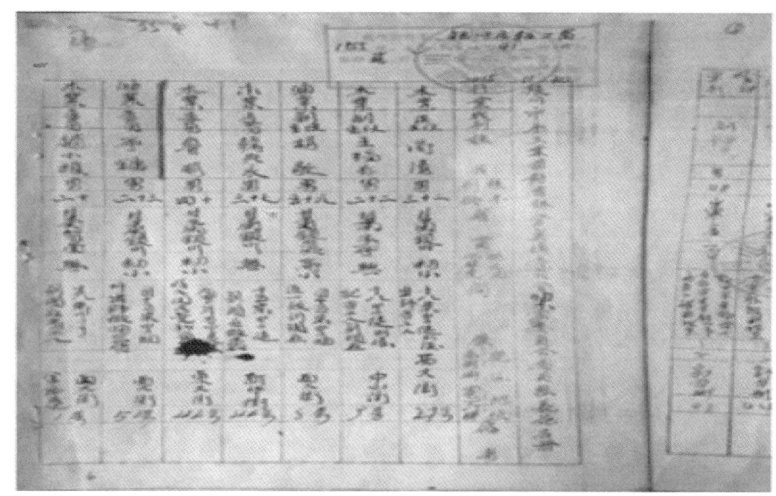

1955年"银川市手工业劳动者协会油木业委员会组长花名册"——油业委员宁永，是当时油裱组长的职工。佐证了银川市油裱社的前身（采自银川市轻工局档案）

1956年，银川市从事油漆、裱糊、彩画、粉刷的个体手工业者和民间手工艺人有40～50人，由银川市手工业劳动者协会组织起来，成立了"银川市油裱合作社"，社部办公地点在现解放西街迎宾楼处,原城区人民公社大院旁的街面住宅房,共计3间。这就是银川三建的前身。

1959年,银川市油裱合作社并入新成立的"银川市康乐木器厂",时达3年。

1962年7月,原银川市油裱社成员集体从"银川市康乐木器厂"分离出来,恢复成立了"银川市油裱合作社"。

油裱合作社内设业务室、人事室和财务室。俞斌、宁永、陈学武、江守贵先后担任社主任。地址在原银川市民族南街39号院内(现宁丰宾馆南侧、工商银行以北),共有17间办公用房,房屋来源于政府按当时政策改造的私有房屋。材料仓库设在北京路南侧、新香渔王子酒店对面,占地13300平方米左右。

油裱社的主要生产业务是承揽社会上和民间需求的家具油漆、室内顶棚糊裱、房屋内外粉刷、彩绘项目。同时,在解放东街、解放西街及新城(现金凤区)各设一个门市部,承接单位和个人木器家具的油漆、房屋粉刷,承接单位牌匾以及花圈、冥品的制作和销售。自收自支,自负盈亏,属于合作社集体所有制经济。

20世纪50—70年代的银川市玉皇阁、南门城楼等古建筑大多是当时的银川市油裱社进行油漆、彩绘、维修

油裱社具有一定社会影响的彩画、油裱工程项目主要有:银川市南门楼、鼓楼、玉皇阁,平罗县玉皇阁等古代建筑物和楼阁、廊檐的整修、彩画,中山公园内文昌阁、凉亭长廊的维修、粉刷、绘画、油漆等。施工所用的设备除木制架板、架杆外,就是操作使用的油刷、排笔、铅刀等手工工具。

1958年,银川市人民政府按照中央走公社化道路的部署,组织建立了城区(现兴庆区)、郊区(现金凤区)人民公社,并在辖区内以街道为名,划分了下属中山北街街道办事处、新华街街道办事处、南街街道办事处、民生街街道办事处、城区公社农场等。各街道办事处、农场，分别在辖区组织起了房屋修缮队和劳动服务队。这些房屋修缮队和劳动服务队，承担着部分小型平房建设工程和大量的房屋维修工程。

1960年9月17日，银川市西门桥南、唐徕渠东堤，因引水不慎决口，银川城区西南部分市区被淹，房屋倒塌300余间，损坏1561间，约2.5万平方米，为此，市政府拨款113万元救灾、抢修，仅用一月余即修复。各街道办事处的房屋修缮队在抢修中起到了重要的作用，为20世纪60年代成立房修社奠定了组织上和技术上的基础。

第二节　建设新中国　房修社应运而生

20世纪60年代末期之前，银川平原的房屋基本上是土木结构的土坯房和少量的砖坯混合平房，使用木梁、木檩条、木椽，用芦席、苇草、泥巴遮顶。经过战乱和岁月风雨的侵蚀，许多房屋墙皮脱落，墙基腐朽，屋顶漏雨，门窗关不严。

1962年10月，新华街办事处、南街办事处房屋修缮队及劳动服务队近百人合并，组建成立了银川市房屋修缮第三合作社，简称房修三社。内设业务室、人事室、财务室、施工队和加工厂。由上级任命余希铭同志任党支部书记，闫俊杰、刘志新同志先后任主任。社址位于原和平南街意志巷10号（旧时称砟子市），现解放东街宁园南侧。

房修三社加工厂设在现沿解放东街与清和北街交叉的东北地域，厂长刘孝。加工厂内有堆料场、木工车间和办公用平房。加工厂主要生产任务是人工拉大锯，改圆木为方木，再根据尺寸，下料制作门、窗、人字梁等。

1962年11月14日，中山北街办事处修缮队，民生街办事处修缮队及城区公社农场维修队近百人合并，组建成立了银川市房屋修缮第四合作社，简称房修四社。四社坐落于原中山北街建材巷，现中山北街银河西巷37～41号。崔玉亭、陈汉、张满、白建全、闵杰、商丽君、申得灵、谷春海等先后担任四社领导。内设人事室、财务室、维修队。维修队队长周占元。后来，又新建了两个施工队，施工一队队长赵杏林，施工二队队长王全福。一个综合加工厂，坐落于原东环路东教场处，现沿北京路和清河街交叉口的西南地域，厂长先后是申得灵、尤全武、任智。

截至1963年7月，银川市先后成立了7个房修社、1个油裱社、1个电器安装社，承担着银川城内公房和民房的建筑、修缮任务。

1963年，为了加强对房修社的管理，成立了银川市房屋修缮合作联社。1968年8月更名为"银川市房建公司"，闵杰任主任，余希铭任书记，是房修社的上级主管单位。

在以阶级斗争为纲的年代，房修社的人员组成比较复杂。主要是：（一）城市无业人员、无经济来源的生活贫困人员和闲散的工匠。其中有外地如河南、河北等外地来银谋生的瓦工、木工。（二）解放后经历次政治运动中清查出的所谓"地、富、反、坏、右"五类分子及其受牵连的子女或亲属，其中不乏旧中国时期国民党的军政官员及知识分子。（三）20世纪60年代初，部分从各地企事业单位精简下放的在职员工。（四）20世纪60年代一批因家庭、政治、历史问题不能继续上学，又无法到国营单位工作的年轻人。（五）从农村招工进城的退伍军人，贫下中农及其子女。这些人靠简单的体力劳动，谋求生活的出路。

房修社早期的主要生产任务首先是以新建砖木、土木结构平房工程为主，其次是房屋维修工程。因季节性强，主要是打炉灶盘炕、裱顶棚换危墙、上房泥、修门窗等建筑物的修修补补工作。生产工具主要是铁锹、铁镐、瓦刀、石夯、水桶、筐、扁担等，相当一部分是私人家里的工具、用具，无偿地拿到工地使用。企业没有任何机械设备，工人们称"一根扁担两根绳，一个人挑着两个桶"。形象地反映了房修社早期的施工、生产状况。工人们体力劳动强度之大，施工环境、生产条件之艰苦，不言而喻。

在经过了国家三年经济困难时期（1960—1962年，俗称低标准）后，由于建设的需要，20世纪60年代末期，房修三社承建了新城电线厂项目，由施工段长吴光明、副段长王全喜带领，施工建设了电线厂二层简易办公楼，修建了电线厂车间，这是房修三社施工的第一个工业建筑项目。

1969—1972年，房修三社承建了位于银川市东郊的银川皮革厂车间、锅炉房、职工住宅等工程。车间高约10米，建筑面积800平方米左右，砖混结构，木制人字梁。这是房修三社施工的第一个规模较大的工业建筑工程。

1963年，房修四社在原银川市百货公司院内（位于今景岳小学处）建造了两栋百货仓库和一栋食盐仓库。该仓库使用木制人字梁，高5米多，跨度15米，6000多平方米，砖木结构。1964年10月竣工，交付使用。工程负责人赵杏林。

1963年，房修四社承建了西夏区西干渠干沟桥，这是房修四社修建的第一座桥梁。

1965年，房修四社在盐池县城建造了盐池县剧院。该剧院整体规划分前厅、剧场和舞台三部分，砖混结构，木制人字梁，高 10 余米，建筑面积 3000 平方米左右。在当时的条件下，已属于大型、高难度建筑物。施工负责人赵杏林。

1966 年 9 月，房修四社承建的银川市黄河农具厂厂房、办公室工程竣工。工程负责人赵杏林。

仓库、厂房、剧院等项目的建设，当时在宁夏的建筑规模都是很大的，相当于今天宁夏国际会展中心的重要程度。企业由此进入高难度、具有一定规模的建筑工程领域。

施工中用的砂浆、混凝土都是人工现场拌和，工人们用桶和绳索提上架板。使用的是木制架杆、木制或竹制架板，砌墙用的青、红砖是工人用砖板子抛上去的。

第 2 章

艰苦创业 历经艰辛

1967—1978

第一节 坚持生产 发奋创业

1966年，史无前例的"无产阶级文化大革命"运动席卷整个中国。银川市成立了"银川市革命造反派大联合委员会"。房修社的上级主管部门银川市城建局的领导班子处于瘫痪状态，房修联社成立了"房修联社革命委员会"，房修三社、四社、油裱社也相继成立了革命委员会，成立了不同派别的造反队、战斗队，严重地影响了生产的发展。油裱社、房修社一些有历史、政治"问题"的干部职工在当年的背景下，于1966年9月被"造反派"和"红卫兵"一纸勒令，迁到宁夏边远的贫困乡村和西吉、海原、固原等山区劳动改造。据统计，房修三社、四社、油裱社在"文化大革命"中被迁到西海固山区和偏远农村接受贫下中农监督、劳动改造的职工有37人。"文化大革命"结束后，这些人于1978—1983年先后平反、恢复工作，并分期分批计发了迁赶期间的工资。

在"文化大革命"时期，房修社、油裱社的工作、生产受到影响，但作为银川市的第一代建筑工人，他们表现出高度的思想觉悟，按照中央"抓革命、促生产"的号召，一边搞运动，一边搞生产。

这个时期，是银川市城市房屋修缮、平房建设向楼房建设的过渡阶段，也是房修社由平房修建向楼房建设的过渡时期。

20世纪60年代中期，房修三社承建了位于银川市兴庆区文化街新华社宁夏分社办公大楼，该楼三层，砖混结构，施工队长是吴光明。

1964年，房修四社施工队建造了多栋位于绿洲饭店后的自治区党委高干住宅楼，二层砖混结构。

1965—1967年，房修三社承建了位于银川市兴庆区解放西街大庙巷的自治区卫生厅家属院住宅，砖坯木结构（俗称砖包坯）平房约50间，面积近千平方米。杜财富任施工队长。

1967年，房修四社承建了新市区长城机床厂礼堂、餐厅、浴室、职工宿舍。

1970年9月，房修三社承建了第一栋工业生产厂房——新城电线厂电磁、拉线车间。该项目是二层砖混结构。工程负责人为王全喜。

1969—1971年，房修四社承建了第一栋大楼——新市区百货大楼（现西夏区百货商场,位于北京西路与同心路交叉口),该工程共3层,总高13米,建筑面积1544平方米,砖混结构。同时承建的还有原新市区五金百货大楼,施工负责人分别是赵杏林、张冀贤。

施工中,砂浆、混凝土都是人工现场拌和。为了保证工程质量,工人们按照拌和混凝土"三干四湿"的要求,先把沙子、水泥、石子按比例拌和三遍,然后加水,再拌和四遍,直至拌匀。人工用绳索、铁桶将拌和好的混凝土、砂浆等提上架板,或用小推车推到作业区。砌墙用的青砖、红砖仍然是工人用砖板子一层层抛上去的。

当时,施工用的楼板、屋面板是根据尺寸,制成模具,用钢筋混凝土现场浇筑成3000毫米左右长、600毫米宽的槽形板。因为没有物料提升机,预制好的楼面槽形板是在搭设的上人马道上,由4个人抬上去,进行安装、搭

房修四社建造的第一栋大楼——新市区百货大楼

建而成。地基大部分是人工用铁锹、铁镐挖成约1.2米宽、1米深的沟槽,用石夯夯实,再用毛石、砂浆砌筑,混凝土浇灌而成。工人们用石夯夯实地基其劳动强度之大、施工之艰难让人难以想象。

1970年,房修四社承建了位于现西夏区文萃北路与怀远路路口处、新市区消防队高八层、约20米高的消防瞭望塔和二层办公楼。这是房修四社成立以来建造的最高建筑物。施工中借用长城机床厂卷扬机一台,主体完工后,还给了机床场。施工队长是王全福。

1971年5月,银川市建材厂搬迁到贺兰山套门沟,新建厂房由房修三社和房修四社合作施工,三社建餐厅、礼堂、职工宿舍、办公室;四社建厂医务室、厂办学校、机修车间、石灰窑。施工分别由三社的吴光明、马明祥,四社的纳洪珍、张冀贤负责,工程技术负责人史公正、陈志义。所有建筑均为砖石结构,历时两年。

工人们用石夯夯实地基

1972年，房修四社承建自治区电信局招待所三层楼（位于现进宁街与前进街交叉口），施工时从芦花台机砖厂购置了一台旧卷扬机才完成了工程。施工队长张冀贤。

同年6月，油裱社首赴外市、县，完成了青铜峡304铝厂职工宿舍顶棚工程，后又承担了自治区附属医院的墙面粉刷工程。

由于施工规模的扩大，楼房建设的增多，建筑工人们有了对施工机械设备的认识和需求，并开始制作使用。

1973年，房修四社在承建新市区煤球厂25米多高的水塔工程时，施工队长马明祥、范永田，施工技术负责人史公正带领工人自制滑轮和土法制造卷扬机运料，为完成施工任务节约了时间。

1975年10月，房修四社加工厂由技术员赵竹君等同志组成技术革新小组，历时一年，仿造出一台电动带子锯，进行木材加工，使木工从事多年的人工拉大锯加工材料的原始生产方式退出了历史舞台。

1977—1978年，为了迎接自治区成立二十周年，按照自治区和银川市委、政府的部署，银川市建一公司及5个房修社在解放街西门至羊肉街口路段（现解放街与中山街交叉处）沿街施工建造楼房。房修三、四社在西门转盘路（现凤凰碑）东南角各建一栋综合楼（解放西街3号楼、4号楼），作为自治区成立二十周年的献礼工程。

20世纪70年代，房修三社在施工机械设备短缺的情况下，承建了均为三层的银川市解放西街"五一餐厅""迎宾楼"，步行街的"京津春"餐厅，建设了银川皮革厂车间等工程。

房修社创建初期，技术人员短缺。据查证，房修三社、四社仅有秋程一位学过建筑施工管理和工程设计专业的大学生，另一位是担任技术指导的乔国梁，

20世纪70年代，房修三社施工建设的迎宾楼餐厅

解放前念过私塾，有一定文化基础，在原籍山西做过建筑工程，有建筑施工经验。1966年，南京建校毕业的史公正、王伯春、翁福伦、夏岚逊分配到房修三、四社并担任技术员，虽然他们于20世纪70年代陆续调出，但他们为房修社的施工技术及发展起到了重要作用。

房修社时期长途运输砂、石等建筑材料，主要是雇用人民公社生产队的骡马车及运输公司的胶车拉运。建筑工地运料主要是人力架子车和手推独轮车。

20世纪60年代末期，房修三社先后低价购买了原自治区运输公司已报废的一辆波兰星牌斯塔尔卡车和英国福特汽车公司生产的一辆大道奇卡车。房修三社第一次有了自己的运输车辆。车队地址在原银川市城区以北的城墙根下（现中山公园北门以东的一片空地上，原银川电石厂旁）。有简易草棚数间，设置有办公室、库房、修理间。第一任车队队长苏文信。

到了20世纪70年代初期，房修四社有了一辆解放牌汽车和一辆跃进牌汽车，载重量加起来6.5吨。后来又从市建一公司调拨3辆罗马尼亚产布切奇卡车，共5辆，成立了汽车队，总载重量25吨。四社车队地址在银川北门外房修四社料场处（现中山北街华苑一区）。负责人是李财。

按照毛主席"6·26"指示精神，1971年6月，房修三社、四社职工医务室成立，医务工作人员由社内选拔职工外派学习培训后，回社为职工从事医疗服务。三社有医务室工作人员王凤琴，四社有刘梅芳。

房修社的领导都是由政府部门调配、任命，且经常更换。任务是执行政府下达的生产计划。1972年，银川市建设局下达了各房修社当年工作计划指标，其中房修三社全年完成工作量74万元，房修四社全年完成工作量75万元。

1972年4月，经上级部门批准，各房修社自组建以来，首批招收专业工种学徒工，主要有木工、油工、电工等工种。其中房修三社新招聘学徒工20余名，房修四社新招聘12名，工资待遇依照国家规定，学徒期3年，月工资18元。

1978年，经统计，银川市房修三社有正式职工432人，银川市房修四社有正式职工420人，油裱社正式职工为91人。

第二节　为了生存　历尽艰辛

创建初期的20世纪60年代到70年代，房修社职工走的是一条无比艰辛的道路。

20世纪60年代初期，国家遭遇三年自然灾害，国外反华势力封锁，人民生活十分贫困，每人每天仅供应几两粮食。由于建筑工人是重体力劳动者，国家再按出勤天数，每天每人补助半斤粮票，工人们是半饥半饱地工作。

20世纪60年代初期的粮票

计划经济时期的生产任务、建筑工程由政府下达。房修社实行的是社部到施工队的二级管理，施工队一级核算。工人实行日工资制，普工二级工1.2元/日，三级工1.4元/日，四级工1.65元/日，五级工（最高）1.90元/日。技工二级技工1.85元/日，五级技工3.05元/日。刚参加工作的年轻人定为学徒工，学徒期3年。学徒工第一年每月工资18元，第二年每月工资21元，第三年每月工作24元。施工队统计考勤，全勤每月工作28天，月工资也就几十元。大部分刚进房修社的学徒工把当五级技工、每天工资3.05元当成终生奋斗的目标。

在新城（现金凤区）、新市区（现西夏区）施工时，一些女职工因挤不上公交车，只能坐早班和末班公交车上下班。但很少有人迟到早退。在老城区，有的工地离家远，工人们早出晚归步行上班。中午回不了家，吃点干粮（馒头）充饥，就在工地上休息。为了保证混凝土施工质量，有时需要昼夜连续施工，极大的劳动强度往往使夜间备料的工人躺在石料堆上都能睡着。

1971年，在贺兰电机厂工地，木工王长林在架板上支模板，跳跨时踩翻了一块探头板，人和板同时从十米高的架板上跌落到地面，当场死亡，年仅30多岁。一个鲜活的生命，一个家庭的支柱，就这样离开了他的亲人，带着对美好生活的梦想走了。建筑工人用汗血铺筑了企业的发展之路，建设着繁华的城市。

1971年，施工队队长张冀贤在带领工人施工银川轴承厂工程中，工程质量和管理得到大家认可，被银川市建设局在报纸上报道、表扬。石嘴山市工程修建队特地来取经，并赠纪念镜一块。

20世纪70年代中期，房修三社在贺兰县电机厂施工时，因工期紧，冬天，工人们上下班挤在敞篷大卡车上，寒风刺骨，御寒的破棉袄上一根腰带扎在腰间，大家高唱着"下定决心，不怕牺牲，排除万难，去争取胜利"的革命歌曲，精神抖擞、意气风发。

1972年3月25日，石嘴山市修建队给房修四社赠送的纪念镜

那时的劳动保护服装是在职工人四年一件棉马甲，三个月一双线手套。数九寒天，工人们手脚冻伤是常有的事。

工地离家较远时，中午休息回不了家，大家挤在工地上一间破旧的工具房里，围着火炉，一边烤着馒头煮着挂面，一边说笑逗乐。那种面对艰苦的乐观精神，那种不畏艰难、有条件干没有条件想方设法创造条件也要干的创业者精神，令人敬佩。

炎炎夏日，是建筑施工最繁忙的季节，也是建筑工人最辛苦的时候。骄阳似火，烈日暴晒，建筑工地上，工人们肩挑人扛、运砖和泥、砌墙抹灰，泥水和着汗水，防暑的用具只有一顶草帽。工人们舞着瓦刀，一座座厂房、一栋栋高楼，在工人们粗黑厚茧的手中拔地而起。那一石一砖，一瓦一木，浸透了建筑工人辛劳的汗水。

高强度的劳动和艰苦的工作环境、贫穷落后的生活状况、文化低下、满身泥土的外表，是建筑工人受歧视的根源。很多工人找对象成家都很困难。尽管修得广厦千万间，使得城市旧貌换新颜，许多工人却无栖身之房。盖房的没房住是那个年代的普遍现象。大多数家庭几代人住在一起，许多工人没有房子结不了婚。一些青年工人结婚后无房住，依着城墙边的林带搭个简易房，解决夫妻住房困难。还有的职工

没有机械设备，施工基本靠肩挑手提，十分艰苦

20世纪六七十年代木工拉大锯解板

干脆住在看工地的工棚里，工程竣工后撤离到下一个工地时常常是无处搬家，被建设方屡次催迁。

在那种艰苦的条件下，工人们从不叫苦喊累，无怨无悔，干起活来争先恐后。他们为了生存奔波，为了企业的发展挥洒汗水，用自己勤劳的双手改变着家乡的面貌，建设着祖国。这种吃苦耐劳、在困难面前不屈不挠的精神，形成了三建人艰苦奋斗的企业灵魂，成为企业发展的巨大动力。

第 3 章

整顿治理　播种希望

1979—1982

20世纪70年代末80年代初,当历史又一次将国家与人民的命运摆在了变革还是守旧、市场还是计划的转折点时,1978年12月18日,中国共产党第十一届三中全会召开,全会确定了新时期党的路线、方针、政策,确定了解放思想、实事求是、团结一致向前看的指导方针,指出贫穷不是社会主义,发展才是硬道理。

春雷阵阵,振聋发聩,治理整顿,百业待兴。建设"四个现代化"的国家,过上富裕生活,人心所向。银川市的建筑施工企业与其他行业一样,迎来了播种希望的春天。

第一节 三社合一 银川三建成立

一、成立公司

1979年3月,经银川市委常委会议研究,中共银川市委员会银发〔1979〕43号文件批复,将房修一、二、五社合并,成立银川市第二建筑工程公司;房修三、四社与油裱社合并,成立银川市第三建筑工程公司。合并后的公司仍为集体所有制,实行两级核算,以队(原房修社)为基础。

按照文件批复,不打乱原合作社的管理办法,原来的社改为施工队、施工队改为施工段。对外开展业务,签订合同均由公司负责,施工队负责与建设单位结算,建筑安装施工管理费均按市属一级建筑公司的标准收取,各施工队按规定上缴管理费。成立后的公司党、政事务由银川市基本建设委员会领导。

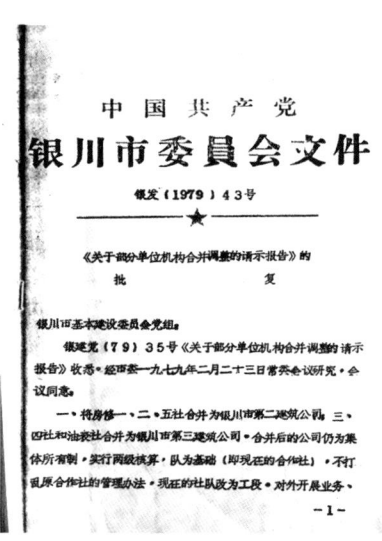

中共银川市委关于组建银川市第二建筑公司、第三建筑公司的批复

根据文件批复,原银川市房修三社、房修四社、油裱社于当年5月合并,组建成立了银川市第三建筑工程公司。当年,公司有固定职工819人,固定资产110.64万元,没有流动基金,全年完成工作量340.30万元,是三级管理、两级核算的集体所有制经济。

7月3日,经上级党委批准,公司成立了中共银川市第三建筑工程公司总支委员会和行政领导班子,闵杰任党总支书记,郭遵琅任副书记、公司经理,朱康泉任副经理。

公司办公地址设在原油裱社院内。

在公司成立的同时，按照上级文件精神，原房修三社、房修四社、油裱社分别正式更名为银川市第三建筑工程公司第一施工队、第二施工队、第三施工队。

第一施工队队长乔国梁，下设3个瓦工施工段和水电配套班组及汽车队、石灰厂、材料加工厂。加工厂包括混凝土构件生产，地址在原房修三社加工厂，厂长刘孝。第一施工段段长吴光明，第二施工段段长黄士秀、杨福祥，第三施工段段长王震东，汽车队队长冯学虎。

第二施工队队长申得灵。第二施工队下设木材加工厂、预制构件厂和3个瓦工段。木材加工厂厂址在原房修四社加工厂，占地约30亩，第一任厂长任智。预制构件厂在中山北街，现华苑小区的位置，占地约60亩，厂长杨学仁。第一施工段段长陈银生，第二施工段段长桑建华，第三施工段段长刘书文。

第三施工队队长宁永，副队长沙光明。下设两个生产组，油工一组组长黎金玉，油工二组组长关振威。同时，在老城区解放西街群艺馆对面、玉皇阁对面及新城区各设一个门市部，承揽油漆工作、制作牌匾、销售花圈、冥品。库房和半成品生产均设在队部后院。

施工队是公司下属进行领导、组织生产的管理机构。根据公司的机构设置，施工队相应的机构有：生产技术组、材料组、财会组、政工组，原办公地址不变，业务范围不变，核算体系不变，在党总支领导下开展工作、进行生产经营。

二、理顺关系，统一领导

依据组织程序，成立后的中共银川市第三建筑公司总支委员会按施工队编制顺序下设了3个党支部，任命了支部书记。第一施工队党支部书记由总支副书记郭遵琅兼任，第二施工队党支部书记谷春海，第三施工队党支部书记郭建敏。侯高玉、郭春勇为公司党总支委员。全公司共有中共党员34名。

1980年1月，公司第一党支部党员席延江被推选为中共银川市委第七次党代会代表。

根据业务开展的需要，公司组建伊始，及时成立了4个职能部门，任命了责任人。生产技术股股长为秋程，材料股股长为陈继宝，财会股股长为丁根南，政工股股长为席延江。各职能部门在党总支领导下开展工作。

公司成立以后，在上级主管部门银川市建筑工程局领导下，逐步由三级管理、一级核算过渡到三级管理、两级核算的管理体系，积极稳妥地调整了管理机构，加强了公司一级的领导。

1981年6月1日，银川市建筑工程局银建工发〔1981〕041号文件批复：乔国梁任银川市第三建筑工程公司生产技术股股长，赵云利任副股长，雷永禄任公司财务股副股长。

1981年7月，公司成立了武装保卫股，股长哈东进，配备专职保卫干部两人。公司下属各厂、队成立了治保小组，主要任务是配合公安机关搞好内部治安保卫工作。

1981年，公司有正式职工845人，其中男职工478人，女职工367人，平均技术级别2.3级，人均工资每天1.94元。在有800多名职工的建筑施工企业中，仅秋程、朱康泉是从国家专业学校毕业的工程技术人员，还有在20世纪70年代中期，由银川市基本建设委员会和银川市城市建设局在市建一公司主办的"七·二一"工人大学（"文化大革命"中根据毛主席1968年7月21日指示精神，各行业自己办学、培养技术人才）培养的赵云利、党富贵、张衡峰、苏汉良4位职工技术人员。

根据业务和管理工作的需要，公司逐步调整了管理机构，到1982年6月，公司共设置工程管理股、技术安全股、材料设备股、财会股、政工股、劳资股、保卫股七个职能部门。合并成立了加工厂、汽车队、医务所，较快地实现了公司对各施工队和工段的管理，主要体现在以下四个方面。

（一）加强了少数工种的统一调度，集中力量为第一线土建工程服务。

（二）经济上统一管理，控制了以往各队的不合理开支，及时反映企业的经济效果。

（三）在材料设备的管理上实行四统一，即统一计划、统一供应、统一调度、统一管理。解决了过去材料设备余缺不均，积压浪费，管理分散现象。

（四）在职工管理、调配、使用上统一集中领导，基本做到了人尽其才、才尽其用，调动了管理人员的工作积极性，同时纠正了工段乱用临时工的混乱局面。

1982年7月29日，经中共银川市委组织部〔1982〕51号文件批准，谷春海离职休养。参加工作时间按1946年9月计算。这是公司第一位离休干部。

第二节　第一届工会委员会成立

1979年7月20日，按照邓小平同志1978年10月在全国总工会第九次代表大会上"为了实现四个现代化，我们所有企业必须毫无例外的实行民主管理，使集中领导和民主管理结合起来"的讲话精神，建立党委领导下的职工代表大会制，是新形势下企业调整、改革、整顿、提高的需要。经公司党总支会议研究，决定成立"市建三公司工会委员会筹备委员会"，由公司党总支副书记、经理郭遵琅任筹备委员会主席，何森源、杨福祥、杨芹、申得灵、沙光明、陈银生、丁根南等为筹备委员会委员。职工民主选出了67位职工代表大会代表。

8月15日，公司第一届职工代表大会第一次全体会议在第一施工队会议室隆重召开。市建委李建北副主任及市总工会领导，银川市第一、二建筑公司的代表应邀出席会议。

会议选举产生了公司第一届工会委员会。郭遵琅当选为公司第一届工会委员会主席。申得灵、何森源当选为工会副主席。丁根南、刘孝、杨福祥、陈银生、杨芹、沙光明当选为第一届工会委员会委员。会上，职工代表审议和讨论了公司副经理朱康泉所做的《行政工作报告》、郭遵琅所做的《工会筹备委员会工作报告》；审议通过了《公司年度工作计划》等议案。从此揭开了公司职工民主管理工作的序幕。公司工会的成立，是银川市建委系统集体企业诞生的第一个工会委员会。

1980年5月21日，公司召开了第一届第三次职工代表大会。学习中共中央国务院251号文件，学习国务院副总理康世恩关于调资升级工作的讲话，审议通过了公司职工考评升级工作安排意见和调资工作机构成员名单。这是自房修社成立以来第一次调资。因受调资名额限制，调资工作历时5个月，进展顺利，达到了预期效果。

同年6月15日，在公司工会与市建二公司工会共同组织的银川市建委第二选区的人民代表选举大会上，公司第一施工队瓦工段段长杨福祥当选为银川市城区人民代表大会代表。

10月10日，杨福祥又当选为银川市第七届人民代表大会代表。杨福祥是银川三建选出的第一位银川市人民代表大会代表。

第三节 重视学习 提高素质

1980年1月，中共中央八号文件发布了邓小平同志《目前的形势和任务》的讲话。3月1日，公司以银建三司党发〔1980〕005号《关于认真传达、学习、贯彻中央八号文件的通知》，要求公司各施工队、各股室，学习邓小平同志的讲话，提高思想认识，消除疑虑，坚定建设"四个现代化"国家的信心。公司领导分工、分头深入到各施工队和施工段负责传达。公司党总支结合公司实际拟定了"坚持四项基本原则的核心是什么？""在我们的企业中如何体现艰苦奋斗的创业精神？""安全团结的重要意义何在？"等十多个思考、讨论题目，引导职工学习、思考，深入贯彻"讲话"和十一届三中全会关于调整、改革、整顿、提高的方针，努力提高企业管理水平和生产技术水平。

1981年1月，党总支组织干部、职工学习了《建国以来党的若干历史问题的决议》，在政治学习中提高干部、职工为建设国家"四个现代化"的积极性。

1982年2月，公司经过文化考试选派曾立立、段光斌、胡永德等17名职工参加了建设银行自治区分行和银川市建委联合举办的脱产为期4个半月的预算员学习班，培训结业的职工均被分配到公司的各个技术管理岗位，这次培训对公司今后的发展起到了重要的作用。公司还先后对统计员进行了短期培训。

为了提高工人的文化技术水平，公司安排每周一晚上为法制宣传教育学习，每周二至周六晚8时至10时安排文化课、技术课学习。没有教材，就派人去外地购买。

1982年4月12日，公司职工技术培训班开课，进行为期一个月的瓦工、抹灰工、木工、油漆工等工种的业余技术培训，并根据专业情况进行考试，作为晋级评定工资的依据，调动了职工学文化、学技术的积极性。这是公司第一期职工技术培训。

6月12日，郭文建、王

银川市青年瓦工技术比武现场

家驹、罗金山、张振东代表公司参加银川市青年瓦工、木工技术比武现场会，郭文建获木工比武第二名。

1983年10月，青年工人庄成生在全国建筑青工技术比赛上荣获抹灰工第十五名。被城乡建设环境保护部、团中央、中国建筑工会授予"全国首届建筑青工技术能手"荣誉称号，并给予晋升一级工资的奖励。

第四节 建立制度 完善管理

公司成立以后，在党的十一届三中全会精神鼓舞下，在上级党委的领导下，深入贯彻企业"调整、改革、整顿、提高"的八字方针，把工作重点转移到经济建设上来，从公司实际出发，理顺管理关系，制定管理制度，贯彻经济责任制，大搞增产节约，努力把生产搞上去。

一、制定制度

1979年8月21日，公司党总支决定，第三施工队属于公司的直属队，并制定了《银川市第三建筑公司直属队经济核算试行办法》。《办法》规定，公司经济核算工作实行统一领导，直属队的经济核算由公司统一进行。其工资、材料供应、各项费用、劳动保护、购置固定资产由公司统一掌握。施工组织和工程预算一律由直属队编制，报公司审核后据实对外收取和结算。签发任务单、考核工程工效、工具消耗由直属队提出建议，公司发放。施工管理费用的开支统一由公司掌握。

1979年9月20日，为了加强企业管理，明确职责，公司以银建三司〔1979〕第09号文印发了公司《企业管理试行条例》。《条例》对公司政治工作管理、计划与施工管理、技术与质量管理、材料与设备管理、财务管理、劳资管理、行政管理、保卫工作八个方面的管理工作提出了要求、制定了标准、明确了职责。这是公司历史上第一个较为系统的管理规章制度。

1979年11月2日，公司为了促进企业生产的发展，把政治工作和经济效益结合起来，结合公司的实际情况，制定了《银川市第三建筑工程公司关于奖惩办法的试行意见》。《奖惩办法》从五个方面做出了规定：（一）计件工资加奖励，（二）计时工资加奖励，（三）材料节约奖，（四）工程优质奖，（五）综合奖。

1980年1月7日，公司制定了《定额管理工作制度》，规定定额管理系统以施工队为单位，由施工队长主管。工段一级设置定额员（施工员兼任）、材料员、统计员、质检员。还制定了施工队长、各专职人员的《定额管理岗位责任制》。对施工计划与统计的时间、方式做了具体规定。他们在工段长的领导下，定额管理按图示流程顺序进行。

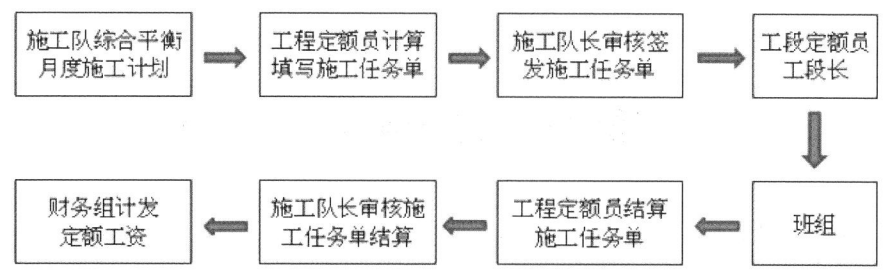

同年7月，公司将第一施工队车队与第二施工队车队合并，成立了公司汽车队，共有6辆货运大卡车。7月29日，制定出台了《汽车队管理制度》，使车队管理有章可循。

工程预（决）算的准确程度直接关系国家、集体、个人三者的利益，关系施工计划、工料使用消耗计划的有效落实。为了做好这项工作，10月5日，制定了《银川市第三建筑工程公司预决算管理制度》。

1981年11月—1982年，公司先后制定了《银川市第三建筑工程公司工程合同、施工管理制度》，修订出台了《工程预决算管理制度》《计划统计管理制度》。指出"本公司的生产计划必须在上级主管局的计划范围内，在上级主管局下达的生产计划的前提下，做好本公司的生产计划工作。""不准搞计划外工程，不得擅自增加投资、扩大施工面积。提高建筑标准，以保证计划的严肃性。"

二、生产管理层层包干

在市建工局的安排下，公司制定了贯彻经济责任制的试行方案，对各队、工段下达层层包干指标，并规定了包干的奖罚办法。

1981年8月26日，公司拟定了《关于贯彻经济责任制的试行意见》，并呈报银川市建工局。《意见》提出：建筑业推行层层包干的经济责任制是提高经济效益，改变供给制吃大锅饭的好办法。制定《意见》的目的是为了有效地搞好生产，降低工程成本，提高施工质量，创造较多的积累。《意见》主要分为以下几个方面。

（一）经济核算体制与若干规定

1. 实行公司、施工队、工段三级管理，公司与施工队二级核算。工段、班组的不完全核算是施工队核算的基础。

2. 贯彻生产责任制的同时，贯彻经济责任制，其办法是层层包干。

具体是：（1）汽车队实行利润包干；（2）三队油漆门市部实行利润包干；（3）一、二队实行工程、工料预算包干；（4）医务所实行医卫基金包干；（5）财会股实行管理费用包干。

（二）层层包干中的奖罚办法

1. 公司经理、副经理对公司的五项包干指标必须全面负责，以超额定包利润为前提，每项指标每超额完成1%，每人奖励2元，反之罚1元。

2. 工程管理股、财务股、技安股、劳资股等及各队、各工段、油漆门市部制定相应奖罚标准。

以上意见经市建工局9月12日批复后，予以试行。

试行了层层包干的经济责任制以后，改变了过去懒散、窝工、浪费建筑施工材料的现象，降低了成本，提前了工期，与之前相比，参加包干施工的职工每人平均每月多收入35元。

二队一工段不仅包生产任务到班组，而且还试行小型工具分配到班组，包给个人使用、保管。灰车大修由工段负责，小修由个人负责，凡是每月没有大修的灰车，给使用人奖励一个工日。这样，改变了过去上班乱抢工具和工具损坏了没人管的现象。

三、安全质量，自查自检

1979年10月，针对冬季施工和安全生产中存在的薄弱环节，公司根据建筑工程规范、规程，收集、摘录、整理下发了《冬季施工技术和安全生产措施》。对土方工程、砌筑工程、抹灰工程等多方面的规定，作为冬季施工技术、安全生产技术的参考依据，要求各施工队自觉按规范、规程、规定办事，确保冬季安全、文明施工。

计划经济时期的20世纪60年代至80年代初期，工程质量管理没有建立统一的监督、监理部门，施工企业自行检查评定，以企业自控为主，坚持工程质量自检、互检、交接检查的三检制度。

1980年，公司先后4次组织工程质量和安全生产大检查，检查工程24项，合格率为46%。根据工程质量的情况，公司提出工程质量"三满意"，即自己满意、甲方满意、上级满意的宗旨。制定了六条措施：（一）用"百年大计，质量第一"教育职工；（二）建立严格的质量检查责任制；（三）抓技术培训；（四）抓施工质量薄弱环节，努力消除质量通病；（五）在第一、二施工队各选择一个工段，以高效、低耗、优质、安全为中心的"全优工段"作为试点工作；（六）抓文明施工，健全施工管理。

为了加强质量管理，1981年9月，公司成立了技术安全股，任命秋程为股长，并配备了3名管理干部，对各施工点的工程质量和安全生产进行全面整顿，加强了安全施工和工程质量的管理。技术安全股搜集了检查资料的依据，建立了技术档案，划分了工作范围，制定了技术岗位责任制，建立健全了工段质检制度，认真开展了安全质量管理工作。

1981年，共检查安全生产、工程质量5次，检查了12个工程项目，1139个检查点，全公司合格率为56.5%。

1981年，共发生工伤事故147次，其中一般事故143次，重大事故4次。

1982年3月5日，公司制定出《银川市第三建筑工程公司1982年工程质量管理措施》，明确了公司质检管理机构，由生产技术股主管工程质量，配备了施工技术和安全生产专职管理人员。3个施工队、加工厂、预制厂各配专、兼职质检员，要求公司各级领导必须狠抓工程质量，要求各队、厂严格遵守施工操作规程，做到图纸有会审，开工有报告，定位放线有记录，施工有措施，变更有手续，材料有试验，质量有数据。坚持"三检"制度，强调要坚持个人自检，质检员严格把关，工段长全面负责，实行公司、施工队、厂定期检查的制度，把提高工程质量同经济责任制挂钩。规定了质量奖励、惩罚条款。公司全年共组织了7次质量大检查，平均合格率为65.88%。

第五节　技术革新　增产节约

1979年8月22日，为了贯彻中央成都会议、全总电话会议和自治区关于进一步掀起增产节约新高潮的广播动员大会的精神，公司掀起以"优质、高产、低消耗"为中心的增产节约、劳动竞赛活动。为了减少损失，增加集体收入，公司发出《关于回收水泥纸袋的通知》。公司组织并发挥青年突击队的作用，大搞义务劳动、回收水泥纸袋、废物利用等活动。为了不浪费水泥，工人们把水泥纸袋翻过来抖干净，弄得满头满身都是灰；为了不丢弃半块砖头，瓦工师傅苦练劈砖基本功。工人们还把落在地上的水泥、沙子收集起来，经过加工再次利用。1979—1980年此项活动为公司节约资金达11000余元。

第一施工队加工厂大搞修旧利废，修理废旧滑轮70余次，节约铁钉100余公斤、木柴6000公斤，利用废木材做成二连木，收回废旧铅丝400余公斤，为企业节约了资金。

1979年，第二施工队一工段在宁夏医学院工地混凝土底梁施工中，因木材供应跟不上，木工支模无法进行，工段长陈银生动脑筋，想办法，发动瓦工师傅，在竹架板上抹上草泥作为梁底木模进行施工。这种土法，既保证了施工质量，促进了工程进度，又降低了工程成本，仅这一项，就节约木材3.1立方米。

为了加强生产，二队加工厂木工组根据生产需要，制作了升降开榫机、升降裁口机、活动截锯。汽车队改装了两台门式起重架。技术革新，提高了工效，也发展了生产力。

公司每月出刊两期《简报》，配合"增产节约劳动竞赛"运动，及时表扬先进，推动后进，取得了较好的成效。

1979年12月，公司购入湖南产T-25型塔式起重机一台，结束了公司无大型起重设备的历史，拉开了公司建筑机械装备现代化的序幕，职工劳动积极性和技术革新热情得到极大的提高。

公司成立以后，在一队东门加工厂和二队预制厂统一加工、制作、养护混凝土槽型板和预应力空心楼板，再用人力架子车拉到施工现场，改变了过去现场浇筑楼板的方法，提高了施工质量和效率。

1982年12月，公司当年竣工的自治区五金综合楼被自治区建设厅评定为全区优质工程。该综合楼框混结构，楼层为四层，工段长桑建华，这是公司第一个被评定的自治区优良工程。

第六节　办理退休　老职工安度晚年

1979年9月20日，印发银建三司〔1979〕010号文《关于贯彻执行〈国务院关于工人退休、退职的暂行办法的规定〉》。根据国务院（1978）104号文件的精神，公司为符合退休、退职条件的职工办理了退休、退职手续，并对退休、退职费的发放标准，职工退休、退职后子女顶替等均按国家相关规定执行。老职工退休后的工资、医疗费的报销，仍由公司负责承担发放。从这一年开始，退休工人可以领取工资、报销医疗费了。这是一个社会进步的重大变革，这是公司历史上的突破，同时也是加大企业支出的开始。

11月23日，公司所属地3个施工队分别于23、24日两天举行了欢送第一批108名退休老职工座谈会。与会老职工纷纷发言，进行新旧社会对比，称赞党的政策英明、伟大。表示退休后仍要为国家"四个现代化"建设做出力所能及的工作。这一年，108名老职工办理了退休手续后，子女顶替了34名，另补充新职工74名。

公司为了解决职工子女就业的难题，组织并加强对青年待业队的领导，广开就业门路，从人力物力上大力扶持待业青年就业。到1982年年底，安排待业青年66人。

第七节 先进辈出 前景在望

1979—1982年，公司成立4年间，紧抓企业组织的调整、整顿，建立制度，理顺管理，以经济建设为重点，全面完成了生产计划，主要经济技术指标完成有了较大的提高，部分指标达到企业历史上最好的水平，涌现了一批先进集体和个人。

1979年10月30日，银川市团委授予二队职工王海军、张自强"银川市新长征突击手"称号。

1982年12月，银川市职工劳动模范、先进人物和先进集体表彰大会召开，公司被命名为银川市先进集体。陈银生被授予银川市劳动模范，杨福祥、王家驹、沙光明被授予银川市先进生产（工作）者。职工精神面貌焕然一新，杨芹、安仰宁等24名职工被评为公司先进生产（工作）者。

1979—1982年各项经济技术指标完成情况

指标 年度	产值 （万元）	利润 （万元）	施工面积 （平方米）	竣工面积 （平方米）	优良工程率 （%）
1979	340	9			
1980	400.76	13.6	50533	31538	22.44
1981	399.45	14	52560	28587	27.44
1982	395.2	15	63819	32948	26.3

第 4 章

改革整顿　探索生存路

1983—1987

根据银川市城乡建委的统一部署和银川市建筑总公司提出的"一年好转"的目标，公司认真学习贯彻《中共中央关于经济体制改革的决定》和《国务院关于改革建筑业和基本建设管理体制若干问题的暂行规定》，从整顿基础管理入手，调整管理机构，整顿管理干部的组织纪律、工作作风。以提高工程质量，缩短施工周期，提高社会信誉为宗旨，制定了以工程质量、计划生产、文明施工为主的各项管理制度，逐步形成了一个较为规范的生产和工作秩序。

第一节　整顿企业　加强管理

1984年11月，银川市人民政府"经济体制改革委员会"成立，为深化银川市经济体制改革，增强企业活力，进行政策指导和改革的推动工作。公司内部一手抓体制、机构改革，整顿管理；一手抓落实工作面、生产质量和经济效益，推行多种形式的经济承包责任制。在生产、管理中不断完善各项管理制度，实行以工程质量、计划生产、文明施工考核为主的奖惩制度，促进了企业生产。

一、设置机构，调整任用干部

1983年5月28日，银建工发〔1983〕70号文件下发公司总支，经市建工局党组扩大会议研究决定：

赵云利任市建三公司工程管理股股长，岳志玺任市建三公司治保股副股长，免去乔国良市建三公司第一施工队队长、工程管理股股长职务。同年12月28日，银川市城乡建设环境保护委员会银建党发〔1983〕25号文任命陈继宝为银川市第三建筑工程公司副经理。

1984年7月17日，银建三发〔1984〕12号文《关于机构调整和干部任免的通知》决定：

（一）机构调整

撤销人事教育股，成立经理办公室；增设劳资股；第三施工队在现有的基础上增设两个工段。

（二）干部任免

任命郭建敏为经理办公室主任；任命刘永福为经理办公室副主任；

任命杨伟为质安股股长；任命张衡峰为劳资股股长；

任命陈银生为第二施工队队长；任命刘孝为材料股股长；

任命胡慰忠为加工厂厂长；任命马际忠为工会副主席；

任命梁志东为预制厂厂长；任命李财为服务队队长。

1984年9月5日，银建总党发〔1984〕06号文《关于桑建华任职的决定》，经银川市建筑总公司党委扩大会议研究决定，桑建华任银川市建三公司副经理。

1985年6月27日，银建三发〔1985〕28号文《关于机构调整和干部任免的通知》决定：

撤销劳资股，其业务划归工程管理股。

任命张衡峰为第一施工队队长，免去张衡峰劳资股股长职务；

任命勉学广为预制厂厂长，免去梁志东预制厂厂长职务；

任命苏汉良为技安股副股长，免去苏汉良一队副队长职务。

调梁志东到一队任技术员。

1985年8月，公司党总支书记闵杰离休，9月25日，银川市建筑工程总公司党发〔1985〕第028号文决定：

任命侯高玉为银川市第三建筑工程公司党总支书记；

任命桑建华为银川市第三建筑工程公司经理；

任命胡慰中、赵云利、杨伟为银川市第三建筑工程公司副经理；

任命陈继宝为银川市第二建筑工程公司副经理，免去银川市第三建筑工程公司副经理职务；

免去郭遵琅银川市第三建筑工程公司经理、党支部副书记职务，任银川市第三建筑工程公司巡视员。

1985年12月14日，为了适应建筑业改革的需要，有利于工作的开展，经理办公会议对公司机构设置和干部重新任免事项做了专题讨论，以银建三字发〔1985〕047号文做出了《关于机构设置和干部任免的通知》，具体如下：

任命赵云利为计划经营股股长（兼），免去赵云利生产股股长职务。

任命陈银生为生产技术股股长，任命张天禄为生产技术股副股长兼总施工员，免去陈银生的第二施工队队长职务。

任命王冬青为预算统计定额股股长，免去王冬青的生产股副股长职务。

任命雷永禄为财务股股长；任命季光军为材料股股长。

任命纳学铭为材料股副股长，免去刘孝的材料股股长职务。

任命张衡峰为质量安全股股长，免去张衡峰的第一施工队队长职务。

任命哈东进为政工保卫股股长；任命刘永福为办公室主任。

任命范大成为动力设备股副股长；任命安仰宁为公司工会副主席，免去马际忠的工会副主席职务。

任命杜建威为第一施工队队长；任命苏汉良为第二施工队队长，免去苏汉良的技安股副股长职务。

任命沙光明为第三施工队队长，任命张冀贤为综合队队长。

任命李世祥为综合队副队长（综合队包括桩基、钢筋下料、机修铁件、水电）；任命郭文建为加工厂厂长；沙福海为加工厂副厂长。

免去胡慰中的加工厂厂长职务，免去安仰宁的加工厂副厂长职务（加工厂包括木制作、支模、带锯）。

任命勉学广为预制厂厂长；任命李财为汽车队队长，免去冯学虎的汽车队队长职务。

任命马际忠为服务队队长，免去李财的服务队队长职务，免去杨学仁的服务队副队长职务。

1986年1月4日，经经理办公会议研究决定，银建三字发〔1986〕01号文件下发：

（1）撤销第三施工队，其业务划归综合队。综合队包括水、电、油工三个工种，在第三施工队地址办公。

（2）干部任免与调动：

免去赵云利兼任的计划经营股股长职务。

任命苏汉良为计划经营股股长，免去苏汉良第二施工队队长职务。

任命李世祥为第二施工队副队长，免去李世祥综合队副队长职务。

免去沙光明第三施工队队长职务，调计划经营股工作。

同年10月4日，银建三字发〔1986〕40号《第八次行政会议纪要》讨论并决定了公司领导班子分工事项等。

（1）领导班子的分工：

经理桑建华全面负责生产经营和行政工作的统一指挥。

副经理胡慰中主管组织生产、调度、材料供应。

副经理赵云利主管招标投标、工程预（决）算、财务。

副经理杨伟主管技术、安全、工程质量。

（2）为了加强管理，提高工作效率，1986年10月13日将公司总部搬迁到银川市和平南街意志巷10号，原玉皇阁南街第一施工队院内集中办公。

1986年6月25日，经公司经理办公会议决定，银建三字发〔1986〕47号下发了文件，成立第三施工队，主要任务是负责合同工工段的管理工作。任命刘惠敏为第三施工队副队长。办公地点设在二队院内（原兴庆区中山北街建材巷17号）。

1986年10月17日，经公司党总支会议研究决定并上报，总公司以银建总党发〔1987〕003号批复，任命陈银生为银川市第三建筑工程公司副经理。

为了便于对外开展工作，经总公司研究决定，自1987年1月起，公司将原股、室改为科、室。

1987年2月10日，银建三字发〔1987〕003号《关于撤销第三施工队及管理干部任免与调整定员的决定》，经公司党总支会议研究决定：

（1）撤销第三施工队，原第三施工队负责施工的工程由第二施工队负责完成。

（2）对干部的任免决定：

任命刘惠敏为第二施工队队长；任命王恒运为劳动定额科科长；

任命李世祥为动力设备科副科长；任命张冀贤为汽车队副队长；

任命沙光明为服务队副队长。

同年5月9日，鉴于公司原任经理桑建华已调离三公司，银建总党发〔1987〕007号《关于桑建华职务任免的通知》下达市建三公司党总支，免去桑建华市建三公司经理、党总支委员职务。陈银生任市建三公司经理，免去陈银生市建三公司副经理职务。

1987年6月26日，印发银建三党发〔1987〕008号文件《关于把民兵工作纳入企业管理的决定》。根据银川军分区和城区武装部的指示，为落实中央〔1985〕22号文件精神，即城市要在经济体制改革中，同时改革民兵预备役工作，把民兵预备役人员的教育、训练纳入企业管理计划，使民兵预备役工作适应新的形势，做到"劳、武"结合。经公司党总支研究，决定把民兵预备役工作纳入企业管理计划。按照文件规定，公司18～35岁健康男性职工均编入民兵预备役队伍，公司编制为民兵连。

根据中央〔1985〕22号文件精神，公司武装保卫股工作与民兵连工作相结合，公司党总支书记任民兵连指导员，经理任连长。在公司党总支和地方武装部的领导下，除了做好内部生产、治安工作外，配合公安机关维护社会治安，打击犯罪活动。武装保卫股配干部3人，配备60余支枪械。民兵连有民兵70人，设两个排，6个基干民兵班，军事训练每周一次，有投弹练习和射击练习，目的是为备战和反侵略战争做准备。

公司民兵连在维护企业内部治安和生产建设中发挥了一定的作用，如外贸工地经常发生哄抢施工材料事件，民兵连组织民兵昼夜巡逻半个月，有力地打击了犯罪分子。在日常劳动生产中民兵更是骨干，他们不仅参加民兵连组织的活动，还在生产劳动中积极工作，带动职工超额完成生产计划。

同年9月1日，银建三字发〔1987〕43号文件《关于撤销劳动定额科的决定》，撤销了劳动定额科，恢复预算定额科。免去王恒运劳动定额科科长职务，任命王恒运为预算定额科副科长。

9月14日，银建三党发〔1987〕14号文件《关于干部调动的通知》，经公司党总支会议决定，免去宁永的加工厂党支部书记职务，专门负责油工的技术和质量管理工作，宁永原任党支部书记的一切待遇不变。任命张仑峰为加工厂党支部书记，并负责公司团总支工作。

二、整顿企业，完善规章制度

（一）整顿企业

1983年，公司有职工875人，其中固定工710人，临时工165人。公司和厂、队共有管理干部85人，其中有国家干部15人（工程师1名、助理工程师1名）。公司党总支委员会由闵杰、郭遵琅、朱康泉、侯高玉、郭建敏5人组成。公司在党总支的领导下开展工作，公司生产、行政工作由经理统一指挥，副经理协助经理分管生产、技术、安全等工作。

1983年8月17日，根据自治区城乡建设厅宁建企字〔1983〕58号文件精神，公司成立了企业整顿领导小组，由郭遵琅、朱康泉、刘永福、陈继宝、雷永禄5位组成。郭遵琅任组长。

1983年10月，公司根据中共中央、国务院《关于国营企业进行全面整顿的决定》的精神，制定出《"六好"企业规划与技术改造规划》。"六好"企业标准是：（1）

国家、企业与职工三者利益兼顾好；（2）施工质量好；（3）经济效益好；（4）劳动纪律好；（5）文明施工好；（6）政治工作好。

技术改革规划是力争在国家"七五"后期，使公司的施工技术达到一个崭新的水平。为此，公司重点进行了以下五个方面的整顿工作。

（1）整顿和完善经济责任制，改进企业经营管理。主要采取推行和完善经济责任制，克服"吃大锅饭"时的干多干少一个样的不良现象。

（2）整顿和加强劳动纪律，严格执行奖惩制度。

（3）整顿财经纪律，健全财务会计制度。主要是：①健全财务机构，完善财务会计核算制度；②加强流动资金管理，加速流动资金周转；③整顿财务纪律，准确计算工程成本；④整顿财务核算的基础工作。

（4）整顿劳动组织，按定员控额组织生产，克服人浮于事，整改工作散漫的现象。

（5）整顿和建设领导班子，加强对职工的思想政治教育。

1984年8月14日，银川市人民政府工业企业整顿办公室〔1984〕30号文件，批准银川市第三建筑工程公司为企业"五项工作"整顿验收合格企业。公司是自治区集体建筑企业整顿验收中第一家被正式验收合格的建筑企业。

（二）完善制度

1983年2月，公司制定了《固定资产管理制度》《流动资金管理制度》《票据管理制度》《成本管理制度》等11个财务方面的管理制度。

1983年5月29日，公司制定了各级部门管理人员的《岗位责任制》，各股、室、队、厂管理人员开始按岗位职责规定履行各自责任，开展工作。

1986年2月27日，为了完善企业的经营管理，提高企业管理水平，公司制定了《工程开竣工管理制度》《隐蔽工程验收制度》《技术交底制度》《原材料与半成品验收制度》《工程质量检查制度》《安全生产管理制度》《成品保护制度》《经济活动分析制度》《工程回访维修制度》《原始资料存档制度》《考核制度》11项企业管理规章制度。

1986年3月3日，银建三字发〔1986〕16号文件《关于贯彻执行工程质量、计划生产、文明施工及其他方面奖惩暂行办法的通知》印发司属各股、室、队、厂。主要包括《工程质量奖惩办法》《关于加强计划生产管理工资含量上、下浮动的奖罚办法》《关于文明施工奖惩办法》和其他方面的奖惩规定。

为了适应"提高施工质量、缩短施工周期、提高经济效益"的新形势,提高施工队、段的管理质量,1986年3月19日,公司制定了《关于队、段级负责人任命和使用的规定》,明确规定:拟使用的队长、段长、施工员、质检员、安全员必须达到初中以上文化程度,并具备一定的专业知识,同时必须经过业务培训和考试,成绩不合格者不能提交会议讨论任命。

1986年7月28日,《对水暖合同工段实行内部经济责任承包的原则规定和管理细则》印发公司有关股室、综合队。

1987年3月6日,为了加强公司各队、厂合同工段的管理。公司制定了《合同工段管理人员的经济责任制》,明确了工段责任,并制定了具体奖惩措施。

1987年3月17日,银建三字发〔1987〕18号文件《关于加强材料定额管理实行节约及超用材料的奖罚规定》,制定了节、超生产材料的奖罚规定。

三、改革管理,实行内部承包

1983年2月9日,公司银建三字〔1983〕01号文件向银川市建筑总公司呈报了《银川市第三建筑工程公司关于推行承包责任制的若干做法》,推行在瓦工段、木工、钢筋工、水暖工等工种中实行"四定一包"的生产管理办法。四定:一定工程进度和交工日期,二定施工质量,三定降低工程成本,四定不发生重大工伤事故;一包是按公司核定的工资总额包干。

2月19日,公司对《经济核算试行办法》进行了修订。针对加工厂、第三施工队、汽车队、公司各股的不同情况,分别实行计件工资、五包一奖、二包一奖、定员、定岗等承包责任制。《经济核算试行办法》试行内部工资等级浮动,超额完成任务者发给超产奖,完不成任务扣发基本工资5%～10%。工资总额不封顶,奖金总额不封顶,使职工的工资收入同实际工作贡献相对称。

3月19日,公司召开第四次行政会议,会议讨论通过了职工申请留职停薪的报告,讨论处罚个别职工骗取报销医药费、病假及偷盗公司物品的行为。

1983年6—12月,公司与郭苗兴等18名职工签订了停薪留职协议。自1985年1—9月,公司先后与蔡骏、沈吉玲等19名职工签订了停薪留职协议。

1983年4月,公司印发了《关于推行经济承包责任制若干试行办法的通知》《关于工程质量文明施工的奖罚办法》,下发了1983年各项计划指标包干分配表、1983年度计划工作量及工资含量表,制定了工资额审批表、浮动工资报批表等。

1983年5月6日，公司第二届职工代表大会第三次会议在一队会议室召开。会议审议和通过了朱康泉副经理《关于实行经济责任制承包方案的报告》，会后，公司与各施工队、厂负责人正式签订了内部承包合同。这是公司第一次与队、厂负责人签订内部承包合同。

1984年6月15日，《公司与汽车队1984年度经济定包合同》签订。公司核定汽车队全年完成利润总额7万元，超额完成利润指标，其超额部分公司占40%，25%由车队掌握使用，完不成利润指标，其差额部分的60%由车队负责从车队人员工资中扣除。合同还包含保险费用、交通肇事等7个方面的规定。这一年，公司有10辆货运载重车。

1985年1月26日，公司召开行政会议，会议讨论通过了第三施工队油漆工赵广福、王功、马健、张连成、司建民、李玉宁6人作为专业特殊工种借调到中国建筑总公司，出国支援（埃及）建设的工作事项。主要工作任务是参与建设开罗卫星城，决定由赵广福带队负责。这是银川三建公司有组织的第一次走出国门，参加国外施工建设。两年后，援外员工结束了援外任务回到银川时，每人都带回了彩电、冰箱、洗衣机等在国内尚属凭票供应的紧俏商品，许多工人羡慕之情溢于言表。

1985年1月31日，公司与第三施工队（该队1986年1月4日撤销，合并到综合队）、预制厂、服务队、汽车队经过协商，签订了1985年经济责任制承包合同。

1986年6月28日、7月4日，为了加强对新成立的第三施工队合同工工段的管理，公司制定印发了银建三字发〔1986〕51、52号文件（《对进行劳务合作的合同工工段实行内部经济责任承包的原则规定》《对合同工地的管理细则》）。具体内容为合同工段所建工程实行包造价、包工期、包质量、包利润，对公司负责。联合社会上的工程包工人员，融入公司的工程项目承包管理工作中，从此社会人员进行工程承包正式列入了企业的管理议程。

1987年2月16日，公司下达了计划经营科该年度落实施工任务的计划，并实行内部经济责任制奖惩办法。

四、改革工资制度，评定职称

（一）改革工资制度

1983年7月25日，公司第十二次行政会议研究，确定了普工级别划分标准及普工工资浮动的办法，并提请职工代表大会审议通过后，予以试行。

1984年7月，公司制定了《关于全面实行浮动工资暂行办法》，对工资浮动类别、浮动条件、浮动办法做出具体规定。

1986年2月18日，银建三字〔1986〕10号文件《银川市第三建筑工程公司关于全面试行百元产值工资含量包干工资总额的构成及有关规定》发公司各部门。所谓"百元产值工资含量"的综合性经济指标是：（1）每百元工资完成的工作量；（2）每百元工资创造利润；（3）每百元工资量可发放奖金。百元工作量工资含量包括全部职工（含学徒工、临时工、合同工、外包工）的计时工资、加班工资、超产工资、附加工资、副食补贴、水电补贴、粮贴、冬季取暖费等，全部包括在各队、厂、工段、工种每百元工作量产值提取核实比例工资含量内。

各厂、队工资按百元产值规定的一定系数，计取职工工资总额，包干使用节省归各厂队，超支不补，对各厂队所应提取的工资总额当年使用不完的，允许跨年度使用，或超支的必须以丰补欠，公司根据不同工种、部门，制作了百元产值工资含量分配表，如下表所示。

1986年各工种、部门百元产值工资含量分配

单位数据项目	1985年百元产值工资含量（%）	1986年百元产值工资含量（%）	各工种部门工资占公司总工资的比重（%）
施工段瓦工段	17.8	17.8	6.7909
水暖工	5	5.5	0.3674
电工	9	8.5	0.5052
油工	24.4	21.4	1.6553
加工厂木工钢筋	17.5	17.5	3.0213
钢窗铁件	11.7	8	0.3729
桩机	9.756	8	0.8667
预制厂	11.256	10.8	0.9429
车队		35200	0.5867
公司机关		108000	1.8
机动			0.3907
公司总计			17.3

注：此表采自档案1986年长期38卷76页。

公司预算定额科在规定范围内,严格地控制、审批各队、厂每月发放工资额。各队、厂每月发放工资额必须经预算定额科审批后为准,财务科方可付款。

1987年2月16日,为改变奖金平均分配,公司以各科、队、厂为考核对象,以每月主要工作的实际效果为考核依据,制定了考核办法和计发奖金的规定。并印发了《实行以考核各科、队、厂计发当月管理干部奖金规定》,供各科、队、厂执行。

3月27日,银建三字发〔1987〕10号文件《关于实行劳动定额的有关规定及结算办法》出台。从1987年3月20日起,对全公司所有作业工种人工工资实行当月按劳动定额结算;(1)所有工种均使用全国统一劳动定额;(2)劳动工资按月结算,由定额科按单位工程做出人工工资分析表。定额科根据进度与任务单汇总表相对照,审核后予以结算。

为了提高工程管理人员工作积极性,促进业务素质和管理水平的提高,1987年4月,公司出台了《关于工段管理人员享受奖金的有关规定》,对工段一级管理人员以工程质量、计划生产、文明施工、回访维修四项指标考核计发当月奖金。

6月9日,银建三字发〔1987〕28号文件《实行以考核各科、队、厂计发当月管理干部奖金的规定》印发公司各部门。《规定》以各科、队、厂为考核对象,以各科、队、厂当月主要工作的实际效果为考核依据,计发奖金。公司经考核发给各科、队、厂的当月奖金总额,分配权归各科、队、厂负责人,如何分配给本部门管理干部,由负责人决定。规定不准搞平均分配,奖金档次要拉大,取消职务津贴。对各科、队、厂负责人及公司领导人实行责任奖。

(二)评定职称

1985年5月28日,根据银川市人民政府批转市人事局、市科委《关于企业自行确定技术职称的报告》精神,银建三字发〔1985〕19号文件决定,成立公司技术职称评定领导小组。由陈继宝任组长,赵云利任副组长,杨伟、雷永禄、张衡峰为成员。各类技术人员技术职称的初步决定及上报等工作,由技术职称领导小组负责办理。

同年10月26日,经市建筑总公司技术职称领导小组在下属各公司技术职称考核小组对企业内部各类技术人员进行考核的基础上,分别在这年10月20日、26日召开会议,研究决定了各公司技术职称人员,如下:

工程师:朱康泉

助理工程师：赵云利、杨伟、张衡峰、苏汉良

助理经济师：刘桂霞、商顺香、王冬青

助理会计师：王占山、邵关宝

技师：桑建华、苏福

技术员：李世泰、高国泰、邵平常、李明才、张顺谋、高运朝、赵静、莫箐华、杜建威、于宁锁、扈永发、陈银生、段光斌、勉学广、马进、王治国、张天禄、胡慰中

统计员：安仰宁、王兆林

会计师：胡积功、杨芹、胡志军

经济员：周银娣、曾立立、陈杭英、李彩霞、王恒运、岳凤英

1986年2月4日，总公司授予雷永禄、宋玉兰助理会计师职称。

五、整顿财务和档案管理

1984年8月13日，《关于加强财务核算工作的意见》，经公司第十五次行政会议讨论通过实施。主要内容是：（一）坚持三级管理两级核算，以队为基础。（二）地方材料的采购由各施工队、厂办理，联系货源组织采购。结算一切费用，负责材料明细核算。（三）国家调拨三材中的钢材、水泥由材料股采购、核算，实行高进高出，低进低出以实际价格转入各施工队、厂。木材由材料股采购，加工厂配合提货。（四）改变奖金发放办法，在财务人员中按其职责不同制定考核办法，试行职务浮动津贴。

1986年10月15日，公司制定并出台了《会计档案管理制度》。

1986年10月31日，银建三字发〔1986〕79号文件《关于销毁1966年以前会计档案的报告》呈报银川市建筑总公司。根据市档案局、市财政局及总公司关于清理会计档案的有关规定和通知精神，公司组织财务人员对1979年公司成立以来的会计档案及原房修三、四社1962—1981年、油裱社1957—1981年的会计档案进行了全面清理销毁。

第二节 保证工程质量 提高社会信誉

1984年6月15日，遵照银建工法〔1982〕73号文件精神，公司印发了《关于

确保工程质量的暂行规定》，共制定了 20 条提高工程质量的措施。结合公司实际情况开展了"创全优工程"活动。

同年 8 月 15 日，银建三发〔1984〕017 号文件《关于质量月活动的安排》，决定成立公司质量月活动领导小组。小组成员由秋程、刘永福、侯高玉、张天录、勉学广、杨伟、苏汉良、党富贵、梁志东、陈银生、任智组成。组长由秋程担任，杨伟任副组长，张天录负责日常具体工作。

公司第二施工队三工段承建的银川市崇俭巷水利厅住宅楼共六层，建筑面积 2670 平方米，1985 年 1 月开工建设。

1985 年 5 月 9 日、10 日，经银川市质监站、水利设计院、水利厅、市建三公司共同对崇俭巷水利厅住宅楼基础工程进行全面检查，共检查了 231 根桩（总数 353 根），其中柱头与底梁空离 137 根，桩与底梁连接存在重大质量问题。根据此种情况，为确保工程质量，公司研究决定将已施工完毕的首层砌体、基础底梁全部拆除返工，消除质量隐患。同时将基础底梁技术处理措施与工程质量事故相关责任者的处罚报银川市建筑总公司。这样大型的质量事故在公司历史上属于第一次，教训非常沉痛。

1986 年 6 月 18 日，银建三公字发〔1986〕45 号文件《关于确保工程质量的几条措施》印发司属部门。主要内容是：（一）健全质量保证体系，实行质量责任制，真正做到三级交底、三级检查，做到人员落实；（二）强化质量指标在分配中的否决作用；（三）推行样板间工程；（四）确保优良工程；（五）加强技术资料管理；（六）认真开展技术培训、提高技术素质；（七）消除质量通病；（八）加强质量监督，增加检查项目，完善检测手段。

1986 年 11 月 6 日，公司混凝土建筑构件厂经银川市城乡建委审定为三级构件厂。该厂 1979 年 5 月成立，是设厂以来第一次评定等级。主要产品有：预应力空心板、预制混凝土柱、预制混凝土构件等。生产工艺为长线张拉快速脱模。厂长沈思福，技术负责人苏汉良。

为了确保公司承建的税校工程于 1987 年 7 月 30 日按期竣工，经 1987 年 2 月 21 日公司经理办公会议决定，印发了《关于税校重点工程实行经济责任制奖惩办法》，对有关责任人实行经济责任制考核奖罚。同时将该项工程列为公司 1987 年的重点工程。为确保重点工程质量和施工进度，落实公司的管理目标，赢得社会信誉，特制定如下措施：

（一）成立工程施工指挥小组，落实人员组成及其责任。

（二）实行工地现场责任制。

（三）公司决定每星期六下午二时召开该工程现场碰头会。重点解决工程质量隐患，质量技术交底及下周的施工进度配合工作。会议由工程指挥小组组长陈银生主持，张衡峰负责记录。

1987年3月21日，公司下发银建三字发〔1987〕015号《关于贯彻执行工程质量、计划生产、文明施工及其他方面奖惩暂行办法的通知》《关于工程质量奖惩办法》和《关于加强计划生产管理定额工资补贴系数上、下浮动的奖罚办法》。

1987年5月29日，加工厂桩基组在中宁县古城变电所工地试打射水桩获得成功，开创了银川市建筑行业射水桩施工的先河。

1987年9月2日，因自治区民委七号楼工程质量问题，公司发出了《关于民委七号楼墙面涂料质量事故及其他问题的处理决定》。（1）民委七号楼西两个单元墙面涂料质量经检查最差，对加工厂有关责任人扣发当月百分之五十的奖金。（2）民委七号楼因铸铁管影响工程进度一事，对材料科有关责任人扣发当月奖金百分之五十。

1987年10月6日，第一施工队二工段施工的百货公司电梯井工程发生混凝土柱返工事故一起，造成已浇筑成型的五层框架柱（9根）全部砸掉重新浇筑。根据质量安全科的调查分析，一队质检员应负一定责任。经理办公会议决定根据公司制定的管理干部奖金发放制度，对有关人员进行罚款处理。

1986年1月15日，经自治区建设厅、市城乡建委、建设银行银川市支行、银川市建筑工程总公司等部门审查，公司被审定为房屋建筑、土木工程三级企业。这是公司有史以来第一次建筑施工资质的评定。

第三节 抓安全生产 敲响事故警钟

1983年5月，公司制定并颁布了《技术、质量、安全文明施工管理条例试行草案》。根据公司正、副经理，工会，各股、室的工作情况制定了安全生产岗位责任制。

1983年6月2日，公司第九次行政会议召开，成立了安全生产委员会，由秋程、岳志玺、王家麟、刘永福组成。秋程任主任。

7月，自治区建设厅安全月活动总结表彰大会授予公司第一施工队二工段自治区安全先进单位荣誉称号，工段长是杨福祥。

同年12月21日，银川市第二十小学教学楼工地发生起吊插入式振动器脱钩坠落击打的工伤事故，一队女职工裴月芳因抢救无效死亡。

1984年4月24日，印发了银三建字发〔1984〕07号文《关于安全生产的若干规定》，为了实现安全生产、文明施工，加强劳动保护，做到遵章守纪、预防为主、杜绝重大伤亡事故的发生，公司要求在施工中做到"二十个不准"，并在各队、厂、工段广泛宣传、实施。

同年5月3日，召开了经理办公会议，讨论通过了质量安全科关于税校工地Ⅲ段外架位移，高空坠落，造成一人重伤事故的处理报告。对造成事故的直接责任人罚款100元。

同年7月14日，为了加强安全生产的组织领导，杜绝重大事故的发生，经7月11日党总支会议讨论，调整公司安全委员会的组成人员：郭文建任主任，张衡峰任副主任。

1986年11月16日中午1时30分左右，在自治区民委六号楼工地，临时工薛占仓在高约8.4米的四楼井架平台推灰车工作，因提升架钢丝绳突然断裂，薛占仓与料盘、灰车一同从8.4米高度坠落，经医院检查鉴定为"右脚后跟骨折"。

11月19日上午10时，在自治区民委六号楼工地，临时工孙志有、李刚、张云忠三人分配在五层后阳台搞抹灰工作，张云忠在侧面操作，孙志有、李刚二人在外墙挑架上操作，突然钢管扣件断裂，外挑架随之塌落，造成了孙、李二人高空坠落（坠落高度约9米），造成李刚左手大拇指骨折，孙志有腿部擦破皮外伤。

同年12月13日，银建三字发〔1986〕90号文件《关于民委六号楼两起坠落事故的处理决定》，公司对事故原因进行了调查、分析，对事故当事人及相关负责人进行了处罚。经公司质量安全科调查分析，事故发生的原因及责任，对责任人提出以下处理意见：（一）工段长、施工员违章指挥作业，分别罚款30元、20元，取消浮动工资，批评教育。（二）动力科责任人罚款20元，取消浮动工资。（三）两次事故需引起管理人员高度重视，敲响警钟，教育基层负责人不得违章指挥和生产，造成类似事故要加重处理。

第四节 机械设备的购置和管理

1983年7月,公司成立了设备管理股,拟定了机械设备管理、使用、维修、保养若干规定,配备和调整了机械操作人员,建立了机械卡片,加强了机械设备管理。

8月,公司购置2台JZ-350型混凝土搅拌机。

10月底,公司购置的混凝土预制桩打桩机正式在自治区政协办公楼工程开锤使用,由综合加工厂负责管理使用。

预应力钢筋混凝土空心板

1984年4月,公司又购置2台JD-114型混凝搅拌机。

6月28日,市城乡建委银建发〔1984〕171号《关于市建三公司八四年设备购置计划的批复》,同意公司购置混凝土搅拌机、打夯机等设备及配件,共计2.3万元,资金自筹。

同年9月,公司购置1台JG-250型混凝土搅拌机。

从1984年开始,企业逐步解决了人力拌制混凝土的生产状况。

公司的各种主要施工机械

1986年5月16日,公司以银建三字发〔1986〕031号文件《关于加强机械设备使用的决定》,将部分机械设备直接调入各施工队,由施工队自行管理使用,充分发挥机械设备在施工中的作用,并制定了机械设备使用、管理的具体规定。

1986年公司共有主要施工机械设备37台。

同年7月30日,银建三字发〔1986〕60号文件《关于购置面包车的请示报告》呈报银川市建筑总公司。经总公司批准,公司以3.2万元购置银川市建行11座面包车一辆,这是公司历史上购置的第一辆公务用车。

1987年1月1日,为提高机械设备的利用率和完好率,加强设备管理工作,公司以银建三字发〔1987〕01号文件出台了《关于制定动力设备科工作制度的通知》。

同年3月17日,建筑总公司将建设部〔86〕城建字第556号文件关于颁发《建筑企业机械设备管理暂行规定》的通知转发各建筑施工企业。

第五节 党群工作

一、把工会办成职工之家

1984年1月12日,公司下发了《关于认真选举第三届职工代表大会代表的通知》,杜建威等95名职工被选为市建三公司第三届职工代表大会代表。

同年5月25日,第三届职工代表大会第一次会议在一队会议室举行。市总工会主席沐高山、市建委张照华书记、市建总公司刘福等领导应邀出席会议。会议审议通过了银川市第三建筑工程公司工会工作报告、企业整顿验收报告、全面实行浮动工资等9个报告,选举产生了第三届工会委员会。第三届工会委员会主席:侯高玉,副主席:刘永福,委员:陈银生、安仰宁等。

1984年5月19日,公司在中山北街建材巷二队院内开始筹办建立托儿所,6月1日,托儿所开始正式招收幼儿入托。公司规定,凡本公司职工子女入托费一律按每人每月12元标准收取。托儿所经费

公司托儿所在原房修四社办公场所内改建完成,正式招收职工幼儿入托

超支部分，从公司福利费中给予弥补。公司第一任托儿所所长李凤琴。公司托儿所的建立，解决了职工子女入托难的问题。

1985年12月2日，银建三党发〔1985〕010号文件《关于改选公司各级团组织的报告》呈报银川市建总公司团委。公司团总支根据共青团章程，选举产生了第三届团总支委员会。公司团总支委员会书记陈银生，副书记张仑峰，委员徐小平、刘华堂、王淑云。

1986年4月12日，第四届职工代表大会第一次会议开幕。市建总公司领导刘福等应邀出席了会议。大会审议并通过了桑建华所做的银川市第三建筑公司《行政工作报告》、安仰宁所做的《工会工作报告》、胡慰中所做的《关于加强劳动纪律的规定》的报告及雷永禄、胡志军分别代表行政和工会所做的《财务工作报告》。大会选举产生了公司第四届工会委员会。第四届工会委员会主席安仰宁，副主席沙光明，委员张冀贤、沙福海、杜建威、胡志军、李世祥。

同年4月17日，根据公司的总体安排，由工会负责组织为职工拉运生活用煤的工作，这是公司第一次为职工拉运生活用煤，也是第一件为职工办理的受益面最广的福利。

同年5月26日，银建三字〔1986〕038号文件决定，公司正式职工每人发放一套工作服，标准40元。

1987年1月12日，为进一步加强工会的组织建设，成立了公司工会生产委员会、劳动保护委员会、职工生活委员会、工会财务委员会、文体宣传委员会。并决定定期召开各专门委员会会议，研究解决职工提出的具体问题，切实起到维护职工群众合法权益的积极作用，推动公司工会工作的开展。

同年8月19日，《银川市第三建筑工程公司工会委员关于执行职工劳保福利待遇情况的汇报》呈报银川市总工会生活部。工会将公司有关劳保福利待遇执行情况向市总工会做了汇报：（一）职工医疗费用报销实行情况。（二）病假工资是按工龄计发的。（三）职工工伤工资是按100%发放的。（四）职工长期病休（吃劳保）待遇实行情况。（五）女职工产期、哺乳期工资待遇实行按照自治区、市、城区三级人民政府关于计划生育有关规定执行的，计划内生育者全部享受有自治有关规定的工资待遇。（六）职工供养亲属执行半费医疗待遇的实行情况。

二、整顿党的组织，提高思想认识

1984年9月21日，按照银川市城乡建设委员会通知精神，公司以银建三党发〔1984〕012号文件《关于实现党风根本好转规划的报告》印发公司各党支部，决定对公司党的组织进行整顿，这一年，公司有正式党员44名。

1985年8月10日，银建三党发〔1985〕04号文件《关于认真学习陈云讲话及其他学习文章的通知》印发公司各党支部。根据上级党委的通知，为深入进行社会主义、共产主义理想、纪律教育，坚持精神文明和物质文明两个文明建设一起抓，为端正党风，提高党员觉悟，为全公司整党工作顺利开展，奠定了思想基础和做好了组织准备。

1986年4月3日，银建三党发〔1986〕08号《银川市建三公司党总支整党工作总结报告》呈报市建总公司整党办公室。在市城乡建委和总公司的统一部署下，根据"整党决定"所规定的基本任务、方针、政策和方法，结合公司实际情况，经过学习整党文件、提高思想认识、对照检查，整党工作历时三个月，经过三个阶段，参加整党的56名党员自觉遵守整党纪律，端正整党态度，按照上级党委对整党工作的具体安排稳步进行，取得了比较好的效果。

同年6月3日，市城乡建委〔1986〕42号文件《关于整党验收的批复》送达公司党总支，通过检查验收，银川市第三建筑工程公司整党工作认真贯彻执行了中央整党决定和市委及城乡建委的统一部署，较好地完成了整党的四项基本任务。

1987年2月7日，公司党总支《关于学习坚持四项基本原则》有关文件的安排印发各党支部，旨在通过学习，使全体党员和管理干部正确理解党中央关于坚持四项基本原则和反对资产阶级自由化的方针、政策，提高思想认识，做维护四项基本原则的模范。组织党员结合中央文件精神的学习讨论，使全体党员进一步在思想上、政治上与党中央保持一致。

同年11月5日，公司党总支《关于学习十三大会议文件的安排》印发各党支部。党的十三大对社会主义初级阶段进行了系统的、深刻的理论上的阐述。提出了进一步加强深化改革的方法、政策和具体措施。并提出了政治体制改革的方针大略。根据银川市城乡建委的通知精神，党总支要求全体党员和管理干部，要认真学习、宣传，贯彻十三大的文件精神。

三、落实政策，补发迁赶工资

1984年12月23日，银建三字34号文件《关于对落实政策人员补发工资问题的情况反映》呈报市建筑总公司。公司贯彻执行三中全会精神，把平反历史上和"文化大革命"中冤、假、错案当作重要政治任务来完成，对在"文化大革命"中公司（原房修三、四社，油裱社）37名因"政治""历史"等问题被迁赶到乡下和山区的职工，落实了政策，恢复了公职，并计发被迁赶期间工资问题上报了总公司。

1986年1月14日，公司再一次向市建总公司呈报《关于对落实政策人员补发工资情况报告》。经反复核实，37人在被迁赶期间应补发工资共计114874.30元。根据应补发数额和企业经济效益情况，公司计划五年内全部补清。因补发数额较大，虽然公司积极筹措资金，补发了一部分，仍有一部分无力补发，这对于年利润仅十余万元的企业来说，困难很大，只能报上级部门。后经中共银川市委落实政策办公室协调，由政府财政部门拨付一部分专款，于1988年初全部补发完毕。

第六节 学文化 学技术 劳动竞赛展风采

20世纪80年代之前，国家经济比较落后、教育滞后，国民文化素质普遍偏低，建筑施工企业由于受行业工种影响，职工中大多数人都是文盲。1984年，公司800余名职工中，仅有大中专毕业生8名。

为了鼓励职工积极向上、刻苦学习，1984年12月24日，公司《关于职工业余学习有关事项的通知》印发各队、厂，对参加各种专业培训、文化补习成绩优异者，给予奖励并由公司支付学费及书本费，对成绩不合格和不参加考试者，学杂费和书本费从本人工资中扣回。

在公司的鼓励、支持下，有十多名职工利用业余时间上夜校，补习文化

电工专业技术培训

课，刻苦攻读专业知识，走上自学成才的道路，其中最为突出的是陈银生业余学习小组。早在1981年，陈银生在第二施工队任工段长时，主动参加文化课补习班，自发组织了学习小组，坚持每晚学习两小

干砖发旋式施工的东门菜窖

时，用微薄的工资自费购买了建筑识图知识、质量检查、建筑企业管理以及瓦工、抹灰工等专业技术书籍，并把在书本中学到的专业知识运用到实际工作中，解决了施工中的难题。

1983年8月，为了缓解银川市城市居民冬季蔬菜供应的难题，市政府有关部门把限期修建几座大型菜窖的任务交给了市建三公司。时任二队一工段段长的陈银生施工段接受了这项任务。由于菜窖砖拱跨度大，工人们先后砌了4次都没有成功。陈银生没有灰心，他虚心请教有经验的老师傅，搜集查阅有关技术资料，细心查找砖拱塌落的原因。工人们同心协力、不气馁，经过5次试验，终于找到了原因，保质、保量、如期完成了施工任务。

1983年10月，第二施工队第一施工段被全国总工会授予先进工会小组，陈银生被自治区团委命名为新长征突击手，多次被评为自治区、银川市先进生产（工作）者，1983年被选为自治区第五届人民代表大会代表。

1985年3月，为了适应建筑业发展和改革的需要，公司按照自治区建筑安装劳动定额管理站的通知，选派马力、舒丽敏参加南宁业余大学建筑预算、定额函授学习。

同年6月，公司又选派王银川、芦建山、于宁锁、郑永桐4名建筑施工人员，哈卫东、杨中国2名水暖工到宁夏建筑中专学校学习。

1987年2月，为了提高公司钢、水、木、瓦4个工种施工人员的技术素质，提高工程质量，公司分期分批，利用冬季施工淡季，对在职钢筋工、水暖工、木工、瓦工4工种的技术工人进行较系统的专业技术培训，学习有关专业工种的工艺标准、施工操作规程、安全操作规程及工程质量评定办法。

1987年4月6日，公司为了提高职工的生产技术水平和操作技能，提高公司装

饰工程的施工质量，组织进行了抹灰工技术比赛。经严格的质量检查，根据选手比赛成绩，公司决定授予马益民、黄翰英"抹灰技术能手"称号并给予上浮一级工资一年的奖励，对获得第三至五名的张泽谦、李建宁、丁玉顶给予上浮一级工资半年的奖励。

同年9月1日，公司举行油漆工技术比赛，经质量检查，授予一等奖获得者纳梅英、董玉凤、缪凤兰、胡宝菊"油漆工技术能手"称号，并给予上浮一级工资一年的奖励，给予二等奖获得者陈秀英、张凤琴、马凤霞上浮一级工资半年的奖励，给予三等奖获得者丁兆亮、马玲霞、尤学礼物质奖励。

同年9月16日，银建三字发〔1987〕48号文件《关于进行木门窗安装劳动竞赛的通知》下发司属各单位。成立了劳动竞赛领导小组，组长陈银生，副组长安仰宁。

同年10月，公司行政及工会对在1987年度木门窗安装劳动竞赛中获得一等奖的张丰收奖励100元，给予二等奖获得者段顺利、朱志恒上浮一级工资半年的奖励，给予二等奖获得者刘岳正奖励50元，给予三等奖获得者吴兴宁、杨信、陈定瑜、沈银海以物质奖励。

1987年12月29日，公司党总支《关于表彰奖励"文明科室、五好女工、四有青年"的决定》的文件印发。根据机关党支部1987年开展"文明科室""五好女工"及"四有青年"活动的情况，支部于年底进行了评选工作。经12月22日机关党支部扩大会议审定，评出公司"文明科室"财务科，"五好女工"4人：宋玉兰、岳凤英、王浩、陈玉贤；"四有青年"（有理想、有道德、有文化、有纪律）3人：杨雪峰、李彩霞、季光军，并予以表彰奖励。

1987年，根据国务院有关文件要求和银川市经济工作会议精神，在全国范围内开展"增产节约、增收节支运动"。银川市建筑工程总公司银建总发〔1987〕005号文件《关于落实"增产节约、增收节支运动"措施的通知》下达司属各企业。具体指标：（一）要求降低生产成本2%；（二）要求节约材料消耗2%；（三）要求节约车间、企业经费10%；市建筑总公司要求各单位在接到通知后，要根据上述指标要求，制定出具体措施。

按照建筑总公司的要求，同年4月15日，银建三字发〔1987〕017号《1987年"双增双节"运动措施》印发司属各队、厂、科室。根据市建委、市建总公司对1987年增产节约、增收节支运动全面布置及对各基层单位提出的具体经济指标，结合公司具体情况，制定出具体措施和要求。公司决定成立"双增双节"运动领导小组，由工会主席安仰宁任组长，主管生产经理陈银生、财务科科长雷永禄任副组长、季光军、范大成、郭文建、杜建威、刘惠敏、沈思福、李财为成员。

同年4月17日，公司印发了《关于加强材料定额管理实行节约及超用材料的奖罚规定》，针对各队厂、工段浪费现象特制定了节、超材料奖罚的规定。

同年8月20日，公司银建三发〔1987〕41号《关于"双增双节"经济指标分配的通知》下发各队、厂、科室，将上级下达的要求和指标分配到各厂、队及有关科室。

第七节 调整整顿 初见成效

经过五年的调整、整顿和改革，公司由房修社过渡到三级二类的集体建筑安装企业。公司实行三级管理、二级核算，已进入了稳定的发展时期。

1987年底，公司职工总数843人（含退休人员265名）。其中固定职工578人，管理人员87人，工程技术人员41人，助理工程师、助理经济师各4人，财务人员15人。

公司设置生产技术科、质量安全科、计划经营科、财务科、预算科、材料科、动力科、政工科、人保科、工会、医务所、托儿所12个职能部门；生产机械及运输机械有塔吊2台、搅拌机19台、卷扬机20台、4～5吨载重汽车10辆、打桩机1台、面包车1辆、带锯1台、钢筋切断机4台、车床2台等。

1987年8月31日，银川市计划委员会〔1987〕193号文件《关于下达市建三公司等单位集体企业自筹基建投资计划的通知》，正式批准了公司自筹资金51万元在解放东街17号公司加工厂处翻建办公楼及住宅楼的计划。总面积3300平方米，其中办公用房1440平方米，住宅1200平方米。

1987年，公司固定资产109.11万元，全年完成工作量702.83万元、利润3.43万元，施工面积77879平方米、竣工面积44689平方米、竣工率57.38%，工程合格率达到100%，职工平均月工资由1982年的40多元提高到60多元。

1983年3月6日，自治区人民政府授予陈银生"自治区劳动模范"荣誉称号。

1984年1月25日，根据全国总工会"十大"表彰决定，由自治区总工会代表全国总工会授予二队一工段工会小组（陈银生小组）全国先进工会小组荣誉称号。5月10日，公司工会参加市总工会五一板报展览，荣获二等奖，获建委系统第二名。

1986年3月6日，市建三公司桩基施工组连续两年被评为银川市建筑总公司的先进集体。5月15日，陈银生被选入银川市劳模及先进人物演讲团。

1987年10月31日，自治区经委、自治区总工会授予公司桩基组"自治区先进班组"荣誉称号；授予钟读桐"全区先进班组长"荣誉称号及自治区"五一劳动奖章"。

第 5 章

承包经营　放飞希望

1988—1994

第一节 承包经营 破茧而出

1988年，在银川三建的历程中，是破茧而出，是转折，是放飞希望之年。

1987年10月25日，中国共产党第十三次代表大会召开。大会提出了"以经济建设为中心，坚持四项基本原则，坚持改革开放，自力更生，艰苦创业，为把我国建设成为富强、民主、文明的社会主义现代化国家而奋斗"的目标。自治区政府下发了〔1987〕97号文件《关于进一步搞活城镇集体经济若干问题的补充规定》。银川市人民政府制定了《关于企业实行承包经营责任制的办法》。至此，企业实行"独立经营、自负盈亏、民主管理、按劳分配"的经营原则有了方向，有了依据。

一、公开招标企业承包人，签订承包经营合同

1987年12月5日，公司第四届职工代表大会主席团举行全体会议，就公司是否实行承包经营进行讨论。到会13人中，8人同意实行承包经营，4人同意实行任期目标责任制。会议通过了实行承包经营的决定，并决定起草委托书，授权银川市建筑总公司代表三建职代会主持公开承包经营招标工作。

12月10—19日，银川三建第四届职工代表大会第三次会议隆重召开，大会分三个阶段进行。

第一阶段：预备会议阶段。12月8日，举行承包经营预备会议，通过了以"同意企业承包经营公开招标及同意委托主管部门代表企业主持承包经营招标事宜"为主要内容的决议。并推选了职代会代表赵云利、张衡峰、郭文建、雷永禄、刘惠敏、钟读桐、沙福海及工会主席安仰宁为评估组成员。

第二阶段：公开招标动员大会。12月10日，召开了承包经营动员大会。建委党委书记刘选民，银川市建筑总公司副经理朱康泉、书记郭维启，市建行周倍正出席了会议。会议由执行主席安仰宁宣读了《委托书》，公布了《招标承包通告》。总公司副经理朱康泉讲了话，就"为什么进行承包？实行承包的突出点""如何推行承包经营""招标人条件"等问题进行了较详细的说明。市建委党委书记刘选民做讲话，对会议的准备工作及会议的成功给予了充分的肯定，为择优选能、确定企业做承包人打好了基础。

第三阶段：招标答辩，确定承包人。12月19日，承包经营投标人答辩会议在银川市第一人民医院礼堂举行。银川市副市长张位正，银川市建委主任江泳、副主任殷

柏林、书记刘选民，银川市体改委主任段国贤，市公证处张彦龙及建委系统各单位党、政、工领导出席了会议。经过抽签，投标人苏文信、赵云利、陈银生分别宣读了《投标书》并进行了答辩。会议经过民意测评及评审委员会评审，确定由陈银生作为公司第一轮（1988—1990年）承包经营承包人。副市长张位正为陈银生佩戴了红花，并对陈银生说："这是一朵大红花，也是千斤重担。我希望你承包成功。"

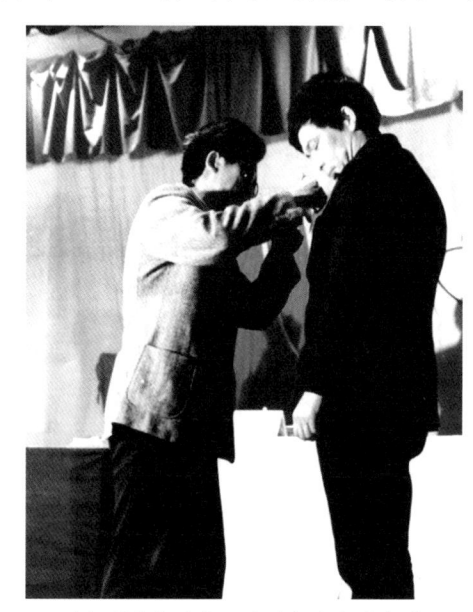

时任副市长张位正为陈银生佩戴红花

1987年12月27日，为了把企业的经营承包工作落到实处，明确各级部门、职工的经营生产责任和共同利益。银三建〔1987〕61号文件《关于成立公司经营承包小组的通知》印发公司各科、队、厂。成立了公司经营承包小组，组长为陈银生；成员有侯高玉、赵云利、安仰宁、雷永禄、郭文建、王冬青。下设经营承包办公室，雷永禄任办公室主任，陈玉章、张冀贤为工作人员。

1987年12月30日，依照宁政发〔1987〕97号文件《自治区进一步搞活城镇集体经济若干问题的补充规定》，企业实行独立经营、自负盈亏、民主管理、按劳分配的原则，推行各种形式的承包经营责任制和履行《中华人民共和国经济合同法》，银川市第三建筑工程公司承包经营大会 在银川市第一人民医院礼堂召开。发包方代表：银川市城乡建设环境保护委员会主任江泳，承包方是银川市第三建筑工程公司陈银生。为了明确双方责任，经双方协商一致签订了《银川市第三建筑工程公司承包经营合同》。

承包合同主要包括五个方面的内容：

（一）承包形式与承包期限

承包形式：实行实现利润递增包干承包经营责任制。

承包期限：1998年元月至1990年12月止。

（二）主要承包指标与内容

企业经济指标：

1. 承包利润基数：

承包指标	单 位	1988年	1989年	1990年	备 注
实现利润	（万元）	8	9	10	含落实政策款

2. 资产增值：企业固定资产原值。每年增值率6%，同时含机械完好率达到85%。

3. 工程合同履约率：每年达到90%。

4. 工程质量：所有工程必须达到合格标准。

5. 安全生产：杜绝责任死亡事故和责任重伤事故（不包括交通事故），年轻伤事故频率不得大于3.6‰。

精神文明建设（略）。

职工集体福利与职工收入：

1. 在提高企业经济效益的前提下，不断改善职工集体福利，办好诊疗所、托儿所、解决部分职工住房问题。

2. 以劳动支出多少作为支付职工报酬的原则，职工年均收入保证逐年有所提高。

成立了公司诊疗所，当时地址在解放东街177号，现迁至清河北街33号

（三）承、发包双方的权力、义务和违约责任

1. 发包方权利，义务和违约责任（略）。

2. 承包方权利，义务和违约责任：

（1）权利：承包方享有国家政策和承包合同规定的生产经营自主权。包括：生产经营决策权、指挥权、企业行政领导班子组阁权、中层干部任免权，根据国家《企业职工奖惩条例》奖励或处罚职工权；在包干工资总额范围内决定企业内部工资奖金的分配形式和分配办法等。

（2）义务（略）。

（3）责任：承包人要接受发包方及有关部门的管理、监督、指导、检查、考核，按财会、统计制度组织报表编制工作，定期向职代会报告工作，尊重职工的合法权益，对企业全部财产负责。如果经营不善，造成企业经济损失，要承担责任。

（四）奖惩

1. 利润指标完不成，承包人承包期间不得享受任何奖励。

2. 完成承包利润指标，承包人年收入（基本工资加奖金）可高于企业职工年平均收入的一至三倍。

3. 完不成承包利润指标，承包人除了不得享受任何奖励外，并按每少完成1%，扣减承包人年基本工资5%的比例，扣减承包人年基本工资。扣减总额不超过承包人年基本工资的50%。

4. 完不成承包合同规定的其他指标，如工程合同履约率、企业资产增值指标、工程质量指标、安全生产指标等，按比例扣减承包人基本工资。

5. 如连续两年完不成承包指标、发包方有权解除承包合同，并视其情节，追究承包人责任。

（五）附则（略）

1988年1月21日，银川市公证处〔1988〕银证字第17号《公证书》，就银川市建委与公司承包人陈银生签订的《银川市第三建筑工程公司承包经营合同》做了公证。

二、推行内部经营承包制，改革经营模式

按照公司承包经营小组的部署，公司内部经营承包分三个步骤进行：第一步在1988年元月完成汽车队、预制厂、服务队的经营承包；第二步进行第一、二施工队、加工厂的经营承包；第三步是落实设备科、材料科、医务所、托儿所及其他科室的承包人和人员定编等问题。

1988年1月1日，公司与城区律师事务所签订《聘请法律顾问合同》，聘请南耀华为公司法律顾问，以指导公司内部各施工队、厂承包经营的合法性和公司相关涉及司法的工作。

公司经营承包小组首先对企业管理、经济效益等方面进行了全面分析，在全体管理干部中进行有关《合同法》知识的学习，聘请公证处的同志进行讲解，提高了管理

人员执行合同的法律观念。同时加强合同管理部门——计划经营科的工作，增加了工作人员，专门负责做好公司内部承包经营合同的签订及合同执行情况的检查工作。所订合同在签订以前交公司经理、生产技术科、预算定额科、财务科、材料科等有关职能部门传阅审议。减少合同执行过程中的扯皮现象，增强了合同执行的可行性。

坚持每月对施工进度、施工质量、文明施工及其他方面的情况的检查、奖惩制度，增强了合同执行的严肃性。

1988年1月12日，为了落实公司〔1987〕61号文件精神，公司承包经营领导小组发出《招标承包通告》。决定对公司预制厂、汽车队、服务队3个所属部门，在公司正式职工内实行公开招标承包者，择优确定承包人。规定：凡有志、有能、有才之职工均可报名投标。报名及投送标书设在公司承包经营办公室。

当天，公司在第二施工队会议室召开了队、厂承包经营招标大会。对司属预制厂、汽车队、服务队3个部门进行第一批公开招标经营、择优选定承包人进行动员。

银川市建委体改办王主任参加大会并讲话。公司全体管理干部及预制厂、汽车队、服务队及工会民主产生的部分评估代表共101人参加了大会。

会议由公司副经理赵云利主持。公司承包经营办公室主任雷永禄宣布了《招标承包通告》。并对3个部门的招投标程序、招标人的条件、投标时间及注意事项做了说明。

3个部门的会计苗巧云、马维民、耿慧恩分别就预制厂、汽车队、服务队的经济状况、人员构成、设备及年生产能力向与会人员做了详细介绍。

公司经理陈银生着重对发包人和承包人各自的权力、责任和义务做了详细说明，并对即将被承包的3个部门的承包指标、人员、设备、用具等也做了详细说明。

1988年1月18、19日，公司召开了厂、队承包经营投标公开答辩会。参加投标答辩会的有预制厂、汽车队、服务队3个部门的全体职工代表、管理干部及工段长、市建委领导、公司法律顾问等共110人。预制厂投标人张宁三、沈思福、陈志福，服务队投标人苏文信、张冀贤、乔志和；汽车队投标人李财、冯学虎，按抽签答辩顺序宣读各自承包方案后，3个部门的职工向投标人提出近170个问题。各投标承包人就提出的各项经营指标、职工福利、承包后的奖惩办法及中标后对人员的安排等方面的问题一一做了回答。

通过投标人答辩、民意测评后，经参加会议的公司法律顾问南耀华、银川市建委副主任殷柏林、人教科科长高连生与公司投标评估领导小组的综合考评，确定李财为公司汽车队、张宁三为预制厂、张冀贤为服务队1988—1989年的经营承包人。殷柏林副主任和高连生科长分别为中标人李财、张宁三、张冀贤佩戴大红花。3个部门承包经营的竞标成功，为公司经营引入竞争机制，实行公开招标、承包经营责任制开创了新局面，有力地推动了公司第二步对队（工段）、加工厂和联营体的经营管理改革。

3月1日，公司与下属各承包部门分别签订了《银川市第三建筑工程公司内部承包经营合同》。

第一施工队承包人：杜建威

第二施工队承包人：勉学广

第三施工队承包人：刘惠敏

第四施工队承包人：扈永发

预制厂承包人：张宁三

加工厂承包人：沙福海

汽车队承包人：李财

服务队承包人：张冀贤

《内部承包经营合同》主要内容有以下八个方面（根据不同部门、不同工种、承包内容不同）：

（一）承包形式与期限；（二）主要承包经济技术指标与内容；（三）承包方的工种组合与主要分项工程划分；（四）材料采购与运输；（五）发、承包方的权利、责任与义务；（六）奖惩；（七）财务核算与工程结算；（八）附则。附有设备、工具盘点表、承包队职工花名册、承包队办公用具等。

1989年5月10日，公司《关于水暖、电工实行内部经营承包的通知》印发各施工队及所属水暖、电工组。决定对水暖、电工组实行内部承包。

同年6月6日，公司第一施工队与本队二工段冯友签订了《银川市建三公司单位工程内部承包合同》，将社会主义学院工程承包给二工段冯友施工。

至此，开始了针对公司各部门的实际情况，在公司内部分别采取不同形式的分层承包责任制。一是采取公司内部公开招标方式，对加工厂、预制厂、汽车队、服务队核定利润基数，实行全年利润包干；二是对各施工队实行七项目标单项工程承包；三是选定一队社科院工程按四类取费标准进行全额包干。

为了实现全年承包经营目标，公司采取了以下措施，确保各项任务的完成。

（一）坚持每月进行一次生产情况检查，对施工进度、施工质量及其他方面的情况进行严格的检查。

（二）实行各队、厂完成每月各项工作计划目标责任制考核、计发当月奖金。月末经考核完不成计划目标的队、厂，全体人员不能享受奖金，并扣发 10%～20% 的基本工资，队、厂负责人扣发 25% 基本工资。

（三）对各队、厂承包人及责任人实行职务工资和承包抵押金制度，有效地增强了其工作责任感和压力感。

三、严格考核，兑现合同

1989 年 1 月 29 日，银建三字发〔1989〕01 号文件《关于对 1988 年承包经营合同考核兑现的报告》呈报银川市城乡建委。1988 年公司年完成利润 9.24 万元，是承包前 1987 年 3.43 万元的 2.7 倍，取得了较好的经济效益。

1988 年各项经济技术指标完成情况

指　标	单　位	合同数	实际完成数	超（亏）额	超（亏）比率	备　注
利　润	（万元）	8	9.24	1.24	+15.50	落实政策 2.6 万元
机械完好率	%	85	94.6	9.6	+11.29	
资产增值	%	6	41.05	35.05	+584.17	包括对在建住宅楼投资 62.34 万元
合同履约率	%	90	91.67	1.67	+1.86	
工程质量	%	50	50			一次验收合格率
安全生产	‰	3.6	2.6	1	+27.78	

注：表格摘自银建三字发〔1989〕01 号文件《关于对 1988 年承包经营合同考核兑现的报告》。

1989 年 2 月 18 日经理办公会议研究决定，成立公司承包经营考核小组，从 2 月 22 日起对司属各队、厂 1988 年度承包指标完成情况进行考核。

承包指标考核小组由陈银生、雷永禄、赵云利、郭文建、安仰宁、侯高玉、张天禄、张衡峰、李青云、王冬青、刘永福、范大成、陈玉章组成。由陈银生任组长，雷永禄、赵云利、郭文建、安仰宁任副组长。

考核的依据：承包合同、财务利润审定表、年终工作总结及有关工程质量、安全生产、文明施工、设备管理、精神文明建设的资料。

4月11日，经公司经理办公会议研究，根据考核结果，以银建三字发〔1989〕18号文件《关于一次性发放1988年企业效益奖的决定》发司属各队、厂、科、工段。在征求了企业管理委员会、公司工会委员会和各队、厂委派的职工代表的意见，对签订了承包合同的队、厂除按合同规定兑现效益奖外，对1988年出勤率在85%以上的职工发放一次性企业效益奖。

1990年1月16日，经公司经理办公会研究决定，从2月9日起公司对各承包经营单位、部门1989年各项承包指标完成情况进行全面考核。经考核，司属各承包经营部门较好地完成了1989年各项承包指标，根据银川市人民政府银政发〔1989〕第94号文件《银川市集体所有制承包经营企业厂长（经理）任职终结审计试行办法》，1989年11月6日，银川市城乡建委、银川市建设银行、银川市审计局银审发〔1989〕90号文件《关于1988年度承包合同兑现审计的联合通知》，要求对市属建筑企业已正式签订承包合同的企业，按照其年终兑现必须先审计、后兑现的原则，对公司企业财务收支是否合规合法，企业各项资金、财产是否完整，承包企业各项经济指标完成情况等，委托银川市审计事务所进行审计。

1990年2月26日，银三建政发〔1990〕4号文件《关于对1989年承包经营合同考核兑现的报告》呈报银川市城乡建委。《报告》对经营合同中所规定的各项指标完成情况做了详细汇报，申请按合同予以兑现。

1990年3月5日，银川市审计局银审结处字〔1990〕第121号文件批准，同意银川审计事务所关于对银川市第三建筑工程公司1989年度承包合同兑现委托的审计报告。

3月27日，银川市建委《关于1989年度承包兑现考核结果的通知》发市建三公司。建委考核领导小组依据承包合同、公司年终自查报告、公司职代会审议报告及审计局的审计报告，对银川市第三建筑工程公司1989年度承包经营各项指标完成情况进行了综合考核，并按承包合同奖励条款，计算了承包人应得奖金。

6月25日，银建三政发〔1990〕31号文件《关于对1990年上半年经济合同签订和履行情况进行普查的通知》下发司属各队、厂、室。公司决定对1990年上半年合同签订及履行情况进行一次普查。

1990年8月25日，公司第一轮承包经营工作即将结束，根据区、市政府及银川市建委党委的指示精神，公司工会召开了第五届第六次职工代表大会。出席第五届职工代表大会第六次会议的代表,听取讨论、审议了陈银生所做的《关于第一轮承包经营效果的报告》。与会代表一致肯定了陈银生在其《报告》中所得出的结论——"三年承包经营的成果使公司各方面起了显著的变化,职工群众一致公认公司近年来的经济技术指标完成情况达到公司历史上的最好水平"。

与会代表认为,陈银生在承包经营期间,作风民主、廉洁奉公,在搞好生产的同时,在提高职工福利待遇,为职工办实事、办好事方面做出了突出的贡献,受到大多数职工的支持与拥护。

会议认为通过公司第一轮承包经营的实践,陈银生能够很好地胜任公司的承包经营工作。同时,希望陈银生不辜负广大职工的信任,把第二轮承包经营搞得更好。

第一轮承包经营各项经济技术指标完成情况

指标		承包前 1987年	1988年		1989年		1990年		承包期合计		占计划 (%)
			计划	实际	计划	实际	计划	实际	计划	实际	
利润	(万元)	3.43	8	10.69	9	12.45	10	19.56	27	42.7	158.15
资产增值	(%)		6	41.05	6	60.33	6	30.67	18	44.02	244.56
合同履约率	(%)		90	91.67	90	100	90	100	270		108.39
工程合格率	(%)	100	100	100	100	100	100	100	100	100	100
优良工程面积	(m²)	—					2000	6053	2000	6053	302.65

注:此表采自1990年档案资料永久51卷第46页。

1991年2月10日,根据银川市人民政府银政发〔1990〕101号文件精神和银川市审计局、财政局、税务局、体改委、建行以银审发〔1990〕74号文件通知精神,银川市审计事务所对公司进行了第一轮承包合同期终结审计。经银川市审计局对审计报告进行审查,以审结处字〔1991〕第18号文件,同意《关于对银川市第三建筑工程公司第一轮承包合同期终结审计的报告》。

3月20日,银川市体改委《关于对1990年承包企业经营者奖惩兑现问题的通知》印发市属各企业主管部门及承包企业。

承包三年,公司实行三级管理、两级核算,有完整的财会制度和财务核算体系,完成了三年的承包任务。公司设有生产科等十一个职能科室和医务所等三个福利机构。公司聘有法律顾问,主动接受工商、物价、税务、财政审计、统计等部门的监督检查。连续三年被市建委评为先进单位,连续两年被自治区集体建筑协会评为先进集体,连续三年被市政府命名为银川市"重合同、守信誉"单位。

1991年4月28日，银建三政发〔1991〕19号文件《关于发放1990年经济效益奖的通知》印发司属各部门，决定发放1990年度经济效益奖。制定了发放范围、标准，并提交给公司第五届职工代表大会代表组长会议和企业管理委员会，会议审议通过。

1991年7月22日，《关于预发1991年度效益奖的通知》印发司属各队厂、科室、工段、分公司。经过对各队、厂、科室、工段、分公司前半年工作的考核和上半年经济活动的分析，公司上半年度各项指标在广大职工的共同努力下都达到了时间过半、任务过半的要求。为了鼓舞广大职工的劳动热情，公司决定预发1991年度部分经济效益奖。

四、第二轮承包经营顺利进行

1990年10月15日，银川市建设委员会以银建发〔1990〕184号《关于市建二公司等四个集体企业第二轮承包形式、基数的通知》印发委属各部门。

市建委体改领导小组在组织银川市第三建筑公司职代会对第一轮承包工作进行总结、评议的前提下，邀请市税务局、市建行有关领导对集体企业实行第二轮承包。根据银政发〔1990〕91号文件精神、参照同行业平均利润率、产业政策、市场前景及企业潜力等因素，决定市建三公司承包形式为实现利润基数包干。实现利润基数：每年10万元（一定三年不变）。银川市建委与陈银生签订了《承包合同》，第二轮承包开始。

1992年1月15日，公司下发《关于经济合同管理全面考核的通知》，决定对各部门的经济合同管理进行一次全面考核。组成经济合同管理考核小组，组长陈银生，副组长赵云利、雷永禄、刘惠敏。

3月10日，银川市建委银建发〔1992〕036号《关于对1991年实行承包、经济技术责任的企事业单位进行年度考核兑现的通知》下发各有关单位。要求：（一）认真做好1991年度承包自查、评审工作；（二）遵照银审发〔1991〕80号文要求，积极配合审计部门完成年度经营成果审计工作；（三）兑现平均收入计算口径及兑现奖励计算公式等事项。

1993年1月4日，《关于1992年度对内部承包经营七项目标岗位责任制考核工作的安排》下发司属各部门。经公司研究决定，自1月7日开始，对司属内部承包经营、七项目标、岗位责任制一年来全面完成任务、工作情况，各部门自查打分，由公司考核小组对各部门进行考核。考核评定小组组长陈银生，副组长安仰宁、赵云利、郭文建、雷永禄、刘惠敏、张仑峰。

1993年1月19日，出席公司第五届职工代表大会第十次全体会议的代表，听取并审议了公司经理陈银生《关于对1992年度承包经营考核兑现的报告》。与会代表认为，陈银生在1992年度的承包经营中，抓住了物质文明和精神文明同步发展的主题，以经济建设为中心，大胆改革，锐意进取，富有成效地开展了工作，使公司各项经济技术指标创出历史最好水平。公司在自治区集体建筑企业先进行列中的地位，得到了进一步的巩固。

1994年1月18日，银建三政发〔1994〕01号文件《关于对1993年度内部承包经营全额承包、岗位责任制考核工作的安排》下发司属各部门。公司决定自1994年元月二十日开始，由公司考核小组对司属内部经营承包部门、工段、全额承包项目，科室岗位责任制一年来全面完成任务、工作情况进行考核。

1994年2月4日，出席公司第五届职工代表大会第十一次会议全体的代表，听取并讨论审议了公司经理陈银生《关于对1993年度承包经营考核兑现的报告》，经表决一致通过了陈银生所做的《报告》。会议认为：陈银生在第二轮的承包经营过程中，以经济建设为中心，富有成效、创造性地开展了工作。企业资产增值速度达到了公司历史的最高水平，固定资产由承包前1987年的160万元增长到1993年的1287.8万元，比公司成立初期的110万元增长了10倍，企业的发展潜力得到了大幅度的增强，为全面完成第三轮承包经营各项经济技术指标奠定了基础。

第二轮承包期各项承包指标完成情况

指　　标		1991年	1992年	1993年	合　计	承包期计划完成	超计划（%）
总产量	（万元）	3132.81	4242	4271.62	11646.43	2160	9486.43
一次交验合格率	（%）	100	100	100	300	225	75
工程优良率	（%）	13.335	30.47	24.58	68.385	24	44.385
生产性固定资产增值率	（%）	11.34	8.55	14	33.89	12	21.89
利　润	（万元）	18.7	30.9	26.1	75.7	30	45.7

注：本表摘自银建三政发〔1994〕02号文件。

3月24日，《关于发放1993年经济效益奖的通知》下发司属各队、厂、科室、工段、分公司。兑现公司与各基层单位所签订的承包经营合同，落实七项目标管理、岗位责任制、单位工程全额承包等考核办法，经3月22日经理办公会议研究，决定发放1993年度经济效益奖。

第二节 调整机构　加强部门领导

一、调整公司及部门领导

1988年1月20日，为了深化企业改革，根据《承包合同》精神，由公司经营承包人陈银生同志组建领导班子。经第四届职工代表大会常任主席团会议讨论决定，并报市城乡建委同意，任命赵云利、郭文建、雷永禄为公司副经理。

2月27日，市建委银建党发〔1988〕016号文件《关于陈银生、安仰宁等任职的批复》下发市建三公司党总支，经建委党委1988年2月26日会议研究，陈银生任党总支副书记，郭文建、安仰宁任市建三公司党总支委员。

3月5日，银建三字发〔1988〕08号《关于公司领导成员工作分工的通知》下发司属各科、队、厂。具体分工如下：

公司经理陈银生全面负责企业经营管理和行政工作的统一指挥，并主管材料科、政工、人保科（党务工作由侯高玉同志负责管理）。

党总支书记侯高玉负责干部职工的思想政治工作，党的组织建设和思想建设，党的方针、政策的贯彻落实及日常党务工作。

副经理赵云利分管预算定额科、质安科、计划经营科、服务队。

副经理郭文建分管生产科，设备科，第一、二、三、四施工队，加工厂，预制厂，汽车队。

副经理雷永禄分管财务科、经营承包办公室。

工会主席安仰宁主管工会、医务所、托儿所。

1988年5月31日，《关于公司管委会组成人员的报告》报市建委。根据《全民所有制工业企业厂长工作条例》第三章的规定，经公司经理办公会议研究决定，成立公司管理委员会，由陈银生等13人组成。

6月15日，《关于人事保卫科与政工科合并的通知》印发各科、队厂。为了深化企业改革，精简机构，决定将公司人事保卫科与政工科合并为政工科。刘永福同志任政工科科长。

1988年11月22日，经公司经理办公会议研究决定，下发银建三字发〔1988〕63号文，将各队水暖工、电工集中统一管理，分别成立水暖工段和电工工段。

人员安排：原属一、二、三队的水暖工、电工，统一由新成立的水暖工段和电工工段分别管理。水暖工段长冯国保，材料员王学芹；电工工段长张雪锋，材料员吕生花。这两个工段的业务归公司生产科直接管理。

1989年2月25日，公司下发了银建三字发〔1989〕03号文件，将公司管理体制的改变及对部分管理人员的工作安排进行调整。

（一）管理机构的改变与设置

撤销原一、二、三、四施工队，减少管理层次，公司直接管理各工段；将原来的六个工段现合并为五个工段。公司设置劳资科，撤销原经营办公室，成立经理办公室，原政工科改为人事保卫科。

（二）职能科室管理人员的安排

经理办公室主任：刘惠敏

生产技术科科长：张天禄　副科长：杜建威、郭建明

质安科科长：张衡峰　经营科科长：苏汉良

预算科科长：王冬青　财务科科长：李青云

劳资科副科长：王恒运　材料科科长：李仲文

副科长：纳学铭动力　科科长：范大成

人保科科长：张仑峰　加工厂厂长：沙福海

预制厂厂长：张宁三　汽车队队长：李财

维修队队长：刘孝　装修门市部主任：王家驹

服务队队长：张冀贤　医务所所长：王凤琴

1991年5月24日，《银川市建三公司综合治理工作措施安排》下发司属各党支部、各部门。为了加强公司治安保卫工作，按市建委的要求，成立市建三公司综合治理领导小组，下设办公室，由公司党总支副书记、人保科科长张仑峰同志任组长。

7月24日，《关于调整公司调解委员会的决定》下发司属各部门。根据银川市城区司法局转发《关于企业、事业单位建立健全人民调解组织的几点要求》的通知精神，经公司调解委员会研究，公司党总支批准，对原调解小组部分人员进行调整，以利调解工作的开展。公司调解委员会主任张仑峰，副主任安仰宁。

同年10月23日，《关于调整劳动技术竞赛领导小组的决定》下发司属各部门。成立"银川市建三公司劳动技术竞赛工作委员会"取代原劳动技术竞赛领导小组。委员会主任陈银生，副主任安仰宁、刘惠敏。

1992年1月13日，银建三政发〔1992〕03号《停薪留职人员管理规定》下发司属各部门。公司重新制定了《停薪留职人员管理规定》。

4月13日，银建三政发〔1992〕33号《关于干部任免事项的通知》下发司属各部门，经理办公会议研究，并经党总支会议通过，任命宋玉兰为财务科科长，王浩为财务科副科长；任命王兆林为经理办公室副主任，免去李青云财务科科长职务（退休）。

5月5日，《关于调整公司计划生育工作领导小组成员的决定》报市建委，经公司党总支研究决定，对公司计划生育领导小组成员进行调整，组长张仓峰，副组长沙光明。

5月11日，《关于调整公司安全委员会的决定》下发司属各部门，经5月9日经理办公会议研究决定，公司安全委员会自即日起调整如下：主任委员陈银生，副主任委员郭文建、安仰宁、沈思福。

1993年6月2日，公司为了促进银川市与首都及沿海开放城市经济技术交流与合作，及时掌握和传递各种信息，打通沟通渠道，发展商贸、边贸，开展融资引资，公司申请承办银川市人民政府驻北京大兴县办事处、山东省烟台市办事处，并在烟台开发区购置了办事处用房两套，150余平方米。

1993年6月12日，银建三政发〔1993〕45号《关于干部任免及工作调动的通知》下发司属各部门。市政府已批准由本公司主办设立"银川市人民政府驻北京大兴县卫星城办事处"及"银川市人民政府驻烟台办事处"。办事处主任由陈银生担任。调王功负责两个办事处总的管理与协调发展工作；调钟读桐、胡卫明到烟台办事处工作；调沈思福、杨树亮到北京大兴县卫星城办事处工作。

相关链接：1993年，银川市人民政府制定"借船出海"战略，鼓励企业到南方、沿海地区兴办实体，招商引资。委属企业积极响应政策，市建一公司到珠海，原市建二公司到西安，市建三公司到烟台和北京大兴县，建发到厦门，燃气公司到青岛等城市兴办办事处。1996年以后，国家相关政策要求整顿各类型办事处、代办处，企业各驻外办公机构相继撤销。

1994年4月8日，《关于公司领导职务名称的变更及部分同志任职的通知》下发司属各部门。加强内外经济协作，增强企业活力，便于对外联系工作，经4月8日经理办公会议研究决定：

原银川市建三公司经理改称为银川市第三建筑工程公司总经理；

原银川市建三公司各副经理改称为银川市第三建筑工程公司副总经理。

二、调整任命负责人

1992年4月20日,银建三党发〔1992〕10号《关于刘惠敏、季光军任职的决定》下发司属各部门。经4月1日公司党总支会议研究,并报请市建委党委批准,任命刘惠敏、季光军为银川市第三建筑工程公司副经理。

1993年8月—1994年2月,陈银生赴中央党校参加为期140天的地厅级干部培训班学习。

1994年10月15日,接中共银川市委银干发〔1994〕91号通知,经中共银川市委1994年9月14日常委会议研究决定:陈银生任银川市城乡建设委员会党委委员。接银川市人民政府银政发〔1994〕101号文件,经市人民政府1994年9月16日第8次常务会议研究决定:陈银生任银川市城乡建设委员会副主任。

第三节 改革经营管理 规范管理机制

一、整顿管理机构,规范组织机构设置

(一)调整生产部门

1988年2月5日,为深化企业改革,经公司承包经营小组讨论,对公司现有的管理体制进行改革。本着减少层次、便于管理、有利生产的原则,决定撤销第一、二施工队,成立四个混合承包队,由公司直接监管生产,对单位工程实行全面承包。

4月12日,经公司4月11日承包经营领导小组会议决定,第四施工队主要管理联营工程,原第四施工队所属的各工种人员及设备等资产统一交给第三施工队。免去扈永发的第四施工队队长职务,任命段光斌为第四施工队队长。

4月15日,为广开门路、扩大施工面,适应建筑市场形势的变化,公司根据现有实际情况进行联营施工管理,为使工程能顺利进行,制定下发了《第四施工队联营工程管理责任制》。

1989年7月4日,《关于召开前半年经济活动分析会的通知》发各科室、队、厂、工段。着重分析上半年经过对生产管理体制和财务核算体制调整及建立了职能科室岗位责任制以后的经营管理情况。上半年实现了时间过半,工作量、利润、劳动生产率过半。针对竣工面积完成较差的情况，分析、查找出存在的问题，研究了解决的方案。

1992年3月5日，银建三发〔1992〕14号文件制定了《内部工段七项指标承包考核办法》。为进一步深化企业内部承包经营机制，调动生产第一线及各方面的经营管理积极性，以达到提高工程质量、加快工程进度、缩短工期、降低成本、增加经济效益之目的，决定在公司内部工段原七项目标管理的基础上，进行承包经营。

8月24日，银建三政发〔1992〕68号文件《关于成立设备租赁维修站经营管理办法试行方案》，制定了：1. 银川市建三公司设备租赁维修站是司属的内部独立核算单位，经营上实行"自主经营、自负盈亏""核定利润、超额提成"，逐步形成经济实体，达到提高经济效益之目的。2. 公司对维修站实行宏观控制、协调指导。银川市建三公司与设备租赁维修站签订了目标管理责任制考核办法等9个方面的管理协议。

1993年3月13日，银建三政发〔1993〕19号文件《关于对联营工段及管理人员实行新的考核办法及工资标准的规定》发各联营工段，为了进一步调动联营工段各级管理人员的积极性，充分发挥他们的聪明才智，经公司研究决定自1993年3月1日起对联营工段及管理人员实行新的考核办法及工资标准。

1994年4月8日，银建三政发〔1994〕20号文件《关于机构设置更名的通知》下发司属各部门，具体如下：

1. 原司属劳动服务公司更名为银川市第三建筑工程公司第二分公司，系内部经济核算单位。

2. 原司属加工厂更名为银川市第三建筑工程公司制作安装分公司，内部核算，并同意增加生产钢门窗项目。

3. 原司属材料供应站更名为银川市第三建筑工程公司物资供销分公司。

4. 原司属设备租赁站更名为银川市第三建筑工程公司设备购销租赁分公司。

6月9日，银建三政发〔1994〕32号文件《关于同意成立市建三公司第三分公司的批复》抄送银川市第三建筑公司第三分公司筹建办。该分公司属非独立核算的分支机构。聘任杨生德为第三分公司经理，冯健为第三分公司副经理。

1994年8月3日，经7月26日经理办公会议研究，同意成立银川市第三建筑工程公司第四分公司，属非独立核算的分支机构。聘任车建忠为第四分公司经理，主管全面工作。

（二）厉行节约

1989年2月28日，《关于开展每人节约五十元活动的决定》下发司属各部门。内容主要是：各施工段、车间、班组及职工个人，通过对材料是否节约、工期是否缩短、工具用具消耗是否降低来考核。除此之外还要提高工时利用，充分利用各种边角废料，减少设备维修费用，发挥设备效能和改善劳动组合，杜绝窝工费工现象，努力减少人工上的浪费和工伤事故的发生。至年底，这项活动的开展，为公司共计节约资金43309.44元。

1992年，公司各部门很好地完成了"每人节约100元"活动指标，节约总额达127821.41元。

1992年"每人节约100元"活动宣传展板

1993年3月9日，《关于下达九三年度"每人节约100元"活动指标的决定》下发司属各部门。1993全年节约65800元，公司自1989年开展此项活动，五年来，累计节约达到344563.77元，为提高公司经济效益做出了贡献。

（三）提升资质

1990年2月21日，自治区建设厅宁建施字〔1990〕05号文件《发布自治区施工企业资质复查结果的通告》，银川市第三建筑工程公司被核定为"建筑三级"资质等级，银川市第五建筑工程公司被核定为"建筑四级"资质等级。

1993年，经过6年的承包经营，公司的生产能力，经济、技术实力有了突破性的提高，公司共有职工2238名（含临时工和季节性临时工），其中在编职工629名。下设工程技术一科、工程技术二科、经营科、财务科、预算科、劳资科、人保科、材料供应站、动力设备租赁维修服务站、全质安全科、经理办公室、房地产开发部、总工办、设计室等14个科室。

公司有固定资产1500.007万元，流动资金408.57万元，年完成工作量4242万元。具有施工结构、技术较复杂的工业、民用、公用设施、商场工程的能力。1992年有17项工程被评为自治区、市优良工程，优良面积37521平方米，优良率达33.84%。

1993年3月15日，公司向银川市城乡建委呈报了《关于申请晋升一级建筑施工资质等级的报告》。

1993年7月26日，根据自治区城乡建设厅、计划委员会、工商行政管理局、自治区建设银行，宁建（施）字〔1993〕第13号《关于发布一九九二年度全区施工企业资质年检结果的通告》，经自治区施工企业资质年检领导小组审定，年检后全区有建筑施工企业582家，其中一级施工企业9家。银川市第三建筑工程公司被审定为建筑一级，设备安装三级，建筑装饰三级资质。

二、实行全员风险金抵押

1988年3月29日，银建三发〔1988〕14号文件《关于实行风险金抵押和调整职务工资的通知》印发司属各厂、队、科室。为了提高企业的经济效益和社会效益，使企业的经营承包责任制落实到个人，加强各级领导的责任心，使企业经济效益的好坏直接与经营者个人利益挂钩，逐步做到责、权、利相结合，经公司承包经营领导小组3月21日会议研究决定，1988年公司经理全年暂扣风险抵押金500元；书记、工会主席、副经理扣400元；各科、厂、队长扣300元；副职扣200元。从4月份开始从工资中扣除，年底扣清。年底结算后决定奖惩，对完成好的付本还息，并给予奖励。同时经公司经营领导小组决定，各级领导人自本年4—12月实行职务工资。

1989年2月28日，为了增强广大职工及经营者的责任心，将企业经济效益与职工和经营者的经济利益直接挂钩，增强压力感和紧迫感，增进企业的凝聚力，经研究决定在1989年度中全公司所有固定职工实行风险抵押。具体如下：

范围：凡是公司在职职工一律实行风险抵押，风险抵押金一律从每月工资中按规定的标准扣交。

标准：公司各科室、队、厂的管理人员及所属的其他人员全年扣交100元。工段长（包括水暖工段、电工工段段长）全年扣交360元。工段的管理人员全年扣交240元，工人全年扣交100元。

抵押金返还：抵押金从每月的工资中扣除、年终按承包合同的条款及岗位责任制考核结算后，决定返还或奖惩，对完成好的给予一定奖励。同时制定了考核办法。

三、改革财务管理

1988年1月14日,《关于处理积压物资年终盘点的报告》呈报市城乡建委,根据自治区经委、区人民银行宁经财〔1987〕250号文件《关于鼓励企业清仓利库、挖掘资金潜力的暂行规定》,公司对库存材料进行了全面的清查。盈亏相抵后净盈6765.85元。

3月16日,公司承包经营办公室召开了各承包队、厂负责人、财务、统计人员会议,对内部价格、取费及业务程序做了解答和规定。主要是:(一)桩机临时设施费问题;(二)各施工队材料拉运费;(三)各承包队周转材料及待摊费用;(四)在工资含量系数方面的问题;(五)三材价差结算;(六)关于水泥等材料的二次搬运问题;(七)服务队白灰价格问题;(八)加工厂尺杆、木砖等价格问题;(九)加工厂的机械加工、钢模租赁费收取标准问题;(十)车队运输价格问题。会后,以银建三发〔1988〕12号文件《关于公司内部取费计价等问题的处理办法》下发司属各厂、队、科室,禁止通过乱涨价相互转嫁负担、损害集体利益。

1989年5月12日,为了提高企业经济核算水平,检查企业经济核算工作,经研究决定对公司1988年度经济效益等进行内部财务审计。

同年5月20日,公司召开了工段材料员和队、厂财务人员会议。会议由副经理雷永禄主持,经理陈银生出席。会议对加强工程成本管理、清理往来账户、执行财经纪律、提高流动资金利用效果、理顺内部核算的程序、完善施工现场的材料管理等项工作及存在的问题做了研究和布置。

1991年11月7日,公司《关于进行年终财产盘点的通知》下发司属各部门。公司成立财产清理领导小组,陈银生任组长,雷永禄、刘惠敏任副组长。

盘点范围:各种固定资产,机械设备,各类材料(包括施工现场的材料),在用和在库的低值易耗品,周转材料,门市部的商品,在用的检测仪器及办公用具(桌、椅、炉子、计算器等)。1991年,全公司盈亏相抵净值为亏损6596.73元。

1993年2月,为了搞活企业,转换经营机制,解决下属各厂、队生产资金困难,根据经理办公会议精神,公司决定成立内部银行。公司副经理雷永禄带领财务科2名会计赴兰州学习取经。3月1日,银建三政发〔1993〕09号文件《关于核定流动资金的通知》下发司属各厂、队、科室,为了保证各开户单位维持正常生产所需资金,依据各生产部门年度生产计划、材料消耗、工资、费用等情况,并结合公司目前的资金状况，核定其流动资金。后因种种原因，未能继续实行。

同年4月29日，银建三政发〔1993〕33号文件《关于开展"清理回笼资金月"工作的通知》下发司属各部门。多年以来，建设单位的拖欠款日益增加，内部单位及个人和联营工段的应收款项不能及时结算，给公司的管理和会计结算带来了不利的影响和经济压力。经4月26日经理办公会议研究决定，将5月定为"清理回笼资金月"，并将清理回笼任务下达到相关部门，经各单位、科室、工段的共同努力收到了较好的效果。

1993年清理回笼资金汇总

单位：万元

部　门	计划数		实际完成数		超计划数	占计划%	
财务科（应收）	200	358	389.15	543.12	189.15	194.57	151.78
财务科（拖欠）	158		153.97			97.45	
劳动服务公司	2.50		7.9025		5.4025	316	
动力科	11.50		11.8473		0.2473	102.14	
开发办	150		102.7			68	
材料站	6.37		5.902267			92.66	
汽车队	1.30		1.336132		0.036132	102.76	
综合队	2.35		1.410893			50	
预制厂	6.70		0.65			9.7	
建材部	4.00		3.272			81.8	
隆湖公司	28.03		28			99.89	
加工厂	11.85		5.395			45.53	
装修部	0.40		0.40			100	
油裱部	0.20		0.2027		0.0027	101.35	
合　计			718.24				

注：此表摘自1993年公司档案资料。

1994年4月4日，公司将《关于加强资金管理工作若干规定》下发司属各部门。对公司财务系统，财务人员进行了强化管理，在加强资金管理工作上，对公司领导在审批各项资金的权限、范围加以明确。

同年8月2日，银川市审计事务所银审事发〔1994〕第160号文件《关于银川市第三建筑工程公司1994年上半年财务收支审计查证报告》抄送银川市第三建筑工程公司。根据市政府第70号令及委托审计协议书的要求，审计事务所对公司1994年1—6月的财务收支情况进行了现场审计。这次审计的内容主要是对资产、负债、所有者权益、收入、成本费用和利润的真实性进行审查。审计资金总额7854.26万元。审计依据1994年上半年的财务总账、会计报表、各类明细账目和凭证，按照财务制度、会计制度等规定进行了审查。本次审计未发现重大违纪、违规问题。审计评价和建议，公司财务会计基础工作较好，各项管理制度健全，经对库存现金清点及核对银行存款余额，与银行对账单余额均相符。

四、改革薪酬管理，融入社保体制

1988年4月20日，公司本着"多劳多得、按劳取酬"的原则，考虑在允许范围内尽可能地增加职工的工资收入。公司根据本区建筑安装工程预算定额单位估价表的规定，经过测算，对本公司所执行的含量工资系数做了调整。

同年7月22日，市建委银建发〔1988〕123号文《关于市建三公司陈银生、钟读桐同志晋级、奖励的批复》送达市建三公司。经市建委党委研究，同意陈银生同志晋升一级工资。钟读桐同志因受工资等级最高限的制约，不能再升级，但可根据本单位晋级效益情况，发给一次性奖金。

1989年2月28日，公司为进一步体现"个人所得、按劳取酬"的原则，使工作成果与奖金分配挂钩，以提高生产第一线职工的工作热情，公司经研究决定，对加工厂、预制厂、各瓦工段、水暖、电工段的生产工人执行工资加奖金的办法。

3月10日，公司制定了《关于各施工段长上浮工资的有关规定》，对工段长实行浮动工资制。

3月18日，为了调动广大干部的工作积极性，确保公司1989年各项承包任务的完成，使企业承包经营与经营者的个人利益挂起钩来，逐步做到责、权、利相结合，经研究决定，公司各级领导人自本年4月起实行职务工资。科室、队、厂管理人员实行浮动工资。

1989年职务工资标准如下：

（一）公司经理职务月工资170.00元。

（二）副经理、工会主席职务月工资155.00元。

（三）各科、队、厂负责人及主持全面工作的副职职务月工资140.00元。

（四）各科、队、厂的副职职务月工资120.00元。

（五）公司生产科、质安科的科长享受副经理级的责任奖，副科长享受科长级的责任奖。

1990年7月9日，市建委银企薪字〔1990〕004号文件《银川市集体企业单位1989年调整工资方案审批通知书》下发银川市建三公司。经审核，同意本公司工资调整方案，列入调资范围职工421人，公司每月共增加标准工资5495.00元。退休人员258人，每月退休费共增发金额3102元。

1992年3月2日，银建三政发〔1992〕12号文件《关于公司内部实行浮动工资试行办法》的文件发司属各部门。根据银川市委银发〔1991〕31号文件，关于转发《自治区党委、人民政府关于进一步搞活企业若干政策措施》第34条规定，今后企业不再搞工资普调升级，实行以岗位技能工资制为主要形式的内部分配制度，工资分配坚持向关键岗位和生产一线工人，特别是向苦、脏、累、险工种倾斜。要逐步实行考核增资晋级制度，强化工资的激励功能，切实体现奖勤罚懒、奖优罚劣的原则，企业员工工资晋级，完全由企业自行决定。

企业自主调资，彻底打破了计划经济时期由政府决定普调工资的大锅饭形式，增强了企业经营者和职工工作的紧迫感和积极性。

为了调动广大职工的工作积极性，经3月30日经理办公会议决定，将为企业做出贡献的9名职工作为第一批晋级奖励人员，他们是：刘书文、姚宝恒、何万才、李慧英、莫菁华、杨福祥、赵永安、刘华堂、张兆凯。

根据银川市社会保险事业管理局银社险发〔1992〕012号文件通知，改变养老保险完全由国家、企业包下来的办法，实行国家、企业、个人三方面共同承担，职工个人也要缴纳一定费用的规定。4月29日，银建三政发〔1992〕37号文件《关于实行固定职工个人缴纳基本养老保险费有关事项的通知》发司属各部门。经公司研究自1992年7月1日起，实行固定职工个人按比例缴纳基本养老保险费。职工个人交纳养老保险费的标准按标准工资的2%交纳。并对内部病养、停薪留职人员交纳养老保险作了具体规定。至此，企业员工养老保险制度正式启动。

根据银劳发〔1992〕105号文件精神，为了把职工增资升级与本人技术水平和实际贡献紧密挂钩，对职工日常工作实绩、技术理论、实际操作（工作）能力进行全面考核，将考核结果作为职工增资的主要依据，9月19日，银建三政发〔1992〕70号文件制订《关于实行考核增资的实施方案》报市城乡建委，并获批准实施。

1993年3月1日，银建三政发〔1993〕07号文《关于各部门负责人岗位工资、责任津贴及管理干部奖金发放的规定》出台。为了促使工作人员增强责任感，按岗位责任制全面完成工作任务，经公司行政会议研究，对管理干部奖金及各部门负责人岗位工资、责任津贴的发放等做了具体规定。

经3月8日经理办公会议决定，为了进一步推动公司学先进、赶先进活动，自1993年度起，凡被授予自治区、市劳动模范，自治区、市"五一劳动奖章"的职工及连续三年被评为公司先进生产（工作）者的职工，公司将为其晋升一级固定工资（计入工资档案）。下发了《关于自1993年度起奖励先进生产（工作）者的决定》文件。

1994年7月22日，根据市人民政府银政发〔1994〕74号文批转市劳动局、财政局、经委关于贯彻宁劳人（薪）〔1994〕085号文件意见，《关于深化企业工资改革，适当解决部分企业工资问题的意见通知》精神，根据上级批准，核增的工资总额，从1994年元月起，公司按照1994年6月30日在编正式职工标准工资，对照市劳动局新拟定企业新工资标准级别额度标准，并贯彻按劳分配原则，不搞平均分配的基础上按照每个职工现行档案标准工资予以套改增资额。套改后所余增资额以半级或一个级差额评定给在生产和工作中表现较好的职工。

7月26日，银建三政发〔1994〕45号文件《关于对企业管理创优、安全等项工作做出突出贡献的单位、个人奖励的决定》下发司属各部门。经经理办公会议研究，根据区建设厅宁建（厅）字〔1994〕07号和银川市人民政府银政发〔1994〕80号文件精神，决定对在1990年以来为公司企业管理、生产经营、创优良工程等方面做出突出贡献的单位和个人奖励如下：

（一）对在贯彻执行公司企业管理暨全面质量管理、安全生产、创优工程中做出突出贡献的陈银生、郭文建、刘惠敏、杜建威、郭建明、张天禄、杨福祥、杨建勇、夏永祥及各部门负责人晋升一级奖励工资，并对各部门分配一定比例的晋级指标，以鼓励在生产、工作中有突出贡献的人员。

（二）对在提高工程质量、安全生产工作中取得突出成绩的工程技术一科、二科全质安全办科长颁发奖金各1000元，对科内其他人员颁发奖金各500元（人均标准），对其他部门（科室、队、厂、工段）负责人颁发奖金500元，副职颁发奖金各400元，其他在岗人员颁发奖金各300元。以上奖金由各部门负责人制定分配标准。

（三）对门卫、理发、环卫、幼儿园、锅炉房等人员颁发奖金150元。

五、改革职称评定，规范档案管理

1988年6月12日，银建三发〔1988〕39号文件《关于职称改革工作的安排》报市城乡建委职称改革领导小组。根据银建发〔1988〕56号《银川市城乡建委企业职称改革工作安排意见》的指示精神，公司对职称改革工作做了安排。同时成立银川市第三建筑工程公司专业技术职务聘任领导小组，组长赵云利，副组长雷永禄，成员有郭文建、张衡峰、刘惠敏、安仰宁、王冬青。

1989年，公司有各类专业技术职称的职工50人，占正式职工的10.14%。

1989年9月26日，《关于对技术人员评聘的通知》发各科室、厂、段。将有关事项做出如下规定：

（一）今后公司评聘的技术人员均按上级有关规定办法执行先评后聘。

（二）对评聘的技术人员均执行专业技术职务资格考核，考核办法按宁经职办〔1991〕003号文件执行。

调整了公司技术职称考评小组成员。组长陈银生，副组长赵云利、刘惠敏。

1992年2月27日，公司《关于重新修订各类专业技术人员地区津贴标准的通知》发司属各部门。随着公司各类专业技术人员不断增加，职工队伍结构的变化，根据自治区有关规定，公司对各类专业技术人员地区津贴发放标准做了相应修订。

1993年8月30日，经银川市城乡建委推荐，市城镇集体企业职改领导小组评审，确认赵云利、陈银生、刘惠敏获得集体企业中级专业技术职务任职资格。

1989年8月2日，银建三字发〔1989〕43号《关于文件保管及文件处理注意事项的通知》下发各科室、队、厂。文书档案材料，是反映企业工作活动的历史记录，是党和国家的宝贵财富。收集、整理、保管好文件，是保持企业档案完整齐全的主要环节，是维护企业历史真实面貌的一项重要工作。为了加强公司机关档案工作，不断提高管理水平和档案质量，有效地为生产和各项工作服务，根据市建委〔1988〕119号文件通知精神，结合公司具体情况，特制定公司机关档案分类归档范围，保管期限。

第四节　抓质量安全　卓有成效

1988年4月13日，公司《关于加强施工机械设备安全操作规程的通知》印发各施工队、厂、工段。为了保证公司经营承包改革的顺利进行，要求将安全生产、文明施工作为一项重点工作来抓。强调在经营承包中不仅重数量、质量，还要将安全生产、文明施工摆在同等重要的位置上，不容忽视，从细微处着手，避免和杜绝一切不必要的损失及事故的发生。

6月2日，公司召开经理办公会议。经理陈银生主持会议。会议通报了第三施工队高级法院工地5月20日晚8时30分发生的一起高空坠落事故。临时工党喜财从架子上跳下时踩空坠落，造成右侧盆骨骨折。会议认为：在施工旺季，各队、厂、工段应切实加强对安全生产的管理，积极提出整改措施，对临时工要加强安全教育，以防事故的再次发生。

8月28日，由建设厅一行5位领导组成的安全检查组，对公司施工的南郊长庆住宅楼、自治区工业设计院住宅楼两工地现场安全管理和高空作业、四口（通道口、楼梯口、电梯口、预留洞口）的安全防护、施工机具安全措施等进行了检查，在检查中指出了存在的隐患。根据查出的隐患，公司制定了《市建三公司安全检查隐患整改措施》，针对隐患逐条落实，专人处理，并将整改结果上报。

同年12月30日，银建三字发〔1988〕70号文件《关于对四起混凝土质量事故的处理决定》下发公司各部门。根据质安科的报告，1988年六七月间先后由一队一工段施工的社科院1#楼一层门庭框架，三队二工段施工的公司办公楼四层框架柱、五层框架梁，服务队施工的新城银行学校住宅楼一层阳台挑梁4处发生了混凝土返工事故。为了教育管理干部和职工，提高质量意识，避免类似情况的再次发生，经12月29日经理办公会议研究决定，对发生4起混凝土质量事故的有关责任人分别做罚款处理。

1990年4月18日，银建三政发〔1990〕17号文《全面质量与安全管理组织细则》制定。决定在提高公司经济效益的同时，推行全面质量管理，把工作重点放到提高工程质量，确保安全生产方面。

（一）成立公司质量管理领导小组，组长陈银生，副组长赵云利、郭文建。

（二）质量领导小组责任到人，分工负责如下图。

（三）确定了工作目标、人员分工等。

1990年5月15日，公司印发了《全面质量与安全管理细则第二部分》。公司自成立全面质量管理领导小组以来，组织结构、人员分工、工作目标已经基本完善，各工段和厂、队成立的18个QC小组都已不同程度地开展了活动，为全面质量管理跨出

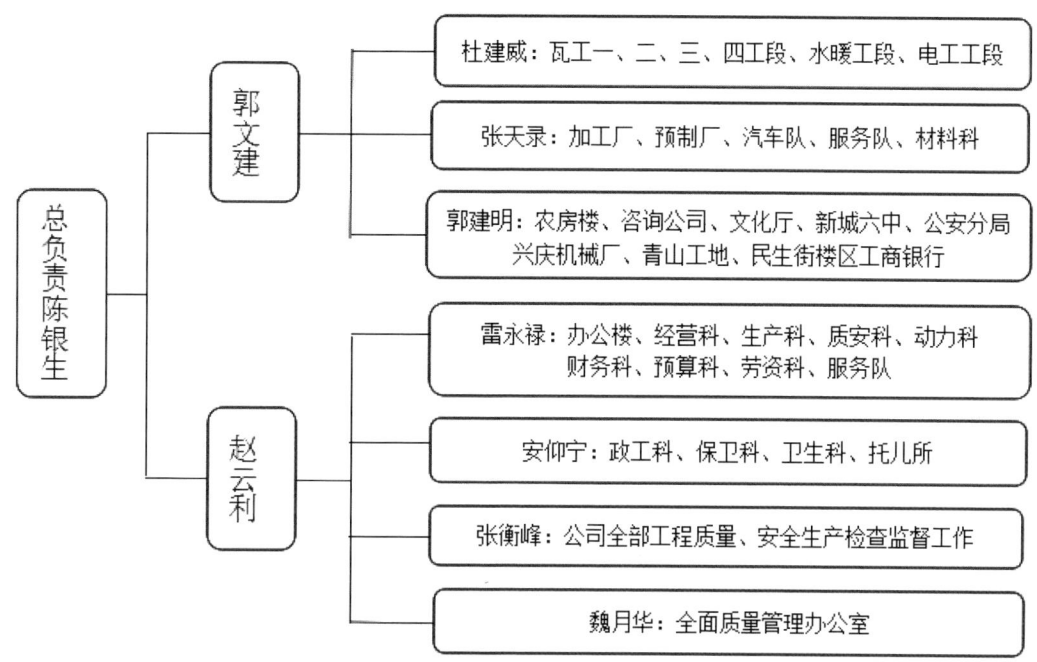

了第一步。

1991年5月24日,《关于颁发建筑安装工人安全手册的通知》下发公司所属各部门、工段。根据规定,各级部门将手册发放到了每个员工手中。

同年7月26日,公司将《关于消除质量通病的几项措施》下发各工段。

9月27日,公司将《1991年9月份工程质量检查通报》下发司属各部门。9月16日、17日、19日由公司经理陈银生带队,对公司当年在建的重点工程、优良工程进行了全面大检查。检查后将检查情况进行通报。

1991年10月26日,为了保证冬季施工工程的顺利进行,搞好冬季施工的工程质量,公司制定《1991年冬季施工技术安全措施》下发公司各部门。

1992年,公司全面质量管理办公室在以经理陈银生为组长的质量管理领导小组的领导下,对公司所属各施工队、生产部门及所有联营工段进行常规性全面质量管理活动的系统检查,并将检查结果列入年终考评、奖惩之中。

1993年3月6日,《关于对1992年度创建优良工程工段及有关人员的奖励决定》下发各部门,1992年公司的工程质量有了一个突破性的进展,创历史最好水平,全公司共创优良工程17项,优良面积37521m^2,超额完成了计划目标,并在全区质量大检查中取得第一名的好成绩,为公司赢得了很好的社会信誉,被建设厅评为全区首家质量信得过企业。根据公司〔92〕31号文件规定，决定给予创优良工程和提前完成工期的相关负责人刘书文、柳培荣、郑国祥、强振民等分别给予400～5000元奖励；对因工期拖延的唐徕116#楼的项目，给予按合同约定罚款处罚。

同年8月5日，经公司党总支会议研究决定，自1993年8月10日开始，由公司党、政、工共同发起，在公司开展主题为"保安全、抓质量、促工期、争效益"的劳动竞赛活动。成立竞赛活动领导小组，组长由陈银生担任，郭文建、刘惠敏担任副组长。竞赛活动时间：8月10日—12月10日。

1994年3月27日，自治区城乡建设厅宁建（建）字〔1994〕第07号《关于表彰奖励全区优良工程施工企业、工程质量和安全生产管理先进单位、先进质监站、优秀质监员的决定》，银川市建三公司获优良工程施工企业。

1994年6月3—9日，由建设部、全国建设建材工会组成的全国住宅工程质量检查小组在银川市进行了年检，公司受检的6项工程中5项被认定为合格项目。唐徕102#住宅楼被评定为优良工程，面积约7000平方米，占这次检查优良面积的70%；公司的质量管理工作受到了检查组的高度评价。在这次全国建筑工程质量检查评比中，公司荣获全国集体建筑企业全面质量管理最高荣誉奖——金屋奖，为此，宁夏电视台、银川电视台做了新闻报道。

7月13日，银政发〔1994〕80号文件《关于表彰奖励为提高工程质量做出突出贡献的单位和个人的决定》下发。在由建设部组织的全国住宅工程质量检查中，市建三公司、中房银川公司及宁夏第一建筑公司的被检工程全部达到合格标准，尤其是市建三公司施工的唐徕小区102#住宅楼等项目，被评为优良工程，银川市人民政府决定对在工程建设、施工、质量监督、质量管理方面做出突出贡献的单位和个人，给予表彰奖励：

对创部优工程的银川市第三建筑工程公司颁发奖金1万元，并给予银川市建三公司经理陈银生奖励晋升一级工资。

市建三公司施工的唐徕小区102#住宅楼颁发全国住宅工程质量检查优良工程奖杯和证书。

对部检工程全部合格的银川市第三建筑工程公司、中房银川公司、宁夏第一建筑公司颁发全国住宅工程质量检查全部合格的奖匾。

7月26日，公司银建三政发〔1994〕46号文件对在1994年6月建设部全国住宅工程质量大检查中受检工程兑现奖励：

对荣获优良工程项目的唐徕小区 102# 楼施工单位郭宁城、康春生项目部各奖励 10000 元。

对获得部检合格的交警支队住宅楼施工单位万登祥项目部奖励 5000 元。

对获得部检合格的唐徕小区 89# 楼、90# 楼，前进街 2# 楼（B 段）施工单位分公司李富春工段奖励 15000 元。

公司工程科及分公司工程科的同志们在上述奖励额中提取 30% 给予奖励。

唐徕 102# 楼荣获优良工程奖杯

第五节 建职工住房 搬迁加工厂

一、乔迁办公楼

自 1979 年按照银川市委、市政府批示，油裱社、房修三社、房修四社合并成立公司后，司属各队（社）、科、室一直分散办公。1987 年 7 月 25 日，公司以银建三字发〔1987〕36 号文《关于急需翻建办公楼的报告》呈报银川市建委和银川市计委。

1988 年 4 月 11 日，银川市计划委员会同意并下达了公司建办公楼和住宅楼的投资计划。批准公司自筹资金，在解放东街 17 号开工建设办公楼。

1989 年 10 月新建办公楼竣工。同年 12 月 10 日，公司机关各科室由民族南街 57 号和解放东街意志巷 10 号搬迁至解放东街 17 号新建办公楼集中办公。结束了公司各科、室分散在各队办公的状况。

1993 年 4 月，按照市政府对东环路改造的工程方案，公司迁建了加工厂，新建了办公楼，紧邻办公楼又建设了一栋综合楼和沿街商业街。

1995 年 8 月，公司总部搬迁至现解放东街 173 号办公楼。

二、建职工住房

根据 1987 年 7 月 25 日银建三字发〔1987〕36 号文件《关于翻建办公楼和住宅楼

的报告》，1987年8月31日，银川市计委银计发〔1987〕193号文件《关于下达市建三公司等单位集体企业自筹基建投资计划的通知》，批准公司在解放东街东门处建办公用房1440平方米，职工住宅1200平方米。

1988年6月2日，为解决公司职工住房困难，并逐步改变公司生产基地分散的状况，公司以银建三发〔1988〕31号文件《关于合建住宅楼的报告》呈报银川市建委和银川市规划局，计划与宁夏农作物育种中心合作，在公司材料科和动力科所在地（原东环北路10号）合建住宅楼一栋。7月8日，银川市建委同意了公司合建住宅楼的方案，并呈报市政府相关部门。

1989年4月28日，银川市审计局对公司办公、住宅综合楼进行了建设程序审计，审计结论为：项目总投资为100万元，分别为办公楼一栋，建在东环路（现解放东街与清和街路口）；住宅楼一栋，建在东环北路（现北京东路与清和北街路口）。东环北路住宅楼与区农作物研究中心合建，对方为1200平方米。两栋楼施工建筑总面积为5253平方米，其中办公楼3850平方米，住宅楼1403平方米。

1989年11月21日，公司第五届职工代表大会第四次会议在公司六楼会议室召开。58名与会代表分组讨论并审议通过了《市建三公司住宅楼分配方案》和分房领导小组成员名单。

组长：陈银生　　副组长：安仰宁

组员：沙光明、沙福海、刘惠敏、刘永福、韩军

这是公司有史以来成立的第一个分房领导小组，也是第一次给职工分配住房。分房领导小组多次征求职工意见，根据职工住房困难程度，对照《分房方案》中相应条件，前后三次张榜公布了分房职工名单。当那些为城市建设筑起千万座高楼大厦，而和家人却蜗居在伙房、煤房中的建筑工人搬进新居时，激动、感激、骄傲之情久能平静。

职工代表大会讨论审议住宅楼分配方案

1990年，为了进一步解决职工住房困难，公司以银建三政发〔1990〕4号文《关于翻建综合楼的报告》上报市建委和市政府有关部门，申请在东环北路续建综合楼，一、二层为库房、商业网点，三层以上解决职工住房。报告经主管部门批准后，予以建设。

1994年6月11日，银川市第三建筑工程公司《关于集资住房租赁办法的通知》下发司属各部门，6月11日经理办公会议提议，经6月13日公司企管会和职工代表组长会议讨论通过，决定：为逐步实现住房商品化和住房资金投入产出良性循环，达到从根本上解决本公司职工住房问题，公司决定以集资建房和租赁办法，解决部分职工住房，凡集资者可享受优惠条件，并制定了具体实施办法。

自1988年银川市计委批准公司自筹资金建办公楼、建职工住宅楼，截至1994年，公司采取自筹资金、合资建房办法，先后建起了东门住宅楼和原东环路住宅楼、建丰苑小区、东乐小区一期、华苑小区一期。共解决了238户无住房和住房困难职工住房问题。当职工乔迁新居时，那种前所未有的喜悦和感慨之情溢于言表。

三、搬迁加工厂

1990年，因地处东环北路的公司加工厂南邻解放东街，东邻区医药公司仓库，北接银川市变压器厂，不利于安全生产和环境卫生；同时，由于公司每年生产任务的三分之一需要加工厂来制作完成，现有场地不能满足生产的需要，公司于11月15日与银川市郊区银北乡丰登村签署了征地协议，征用银川市郊区银新乡丰登村唐徕渠西侧、银新北路北侧未开发荒地50亩，用于加工厂迁建，并于12月8日，以银建三政发〔1990〕54号文件《关于搬迁加工厂需征地的请示报告》报银川市城乡建委和银川市规划局、银川市计委。

1991年1月6日，银川市计委银计发〔1991〕04号文《关于市建三公司加工厂迁建方案的批复》抄送市建委。文件指出，根据市建三公司加工厂生产用地狭小，生产噪音对邻近单位及居民造成影响，同时考虑加工厂今后的发展，经研究同意市建三公司加工厂迁建。第一期征用郊区银新乡丰登村荒地29亩，第二期为21亩。预计五年内完成总投资250万元，总建筑面积为6700m^2。

1991年12月19日，银计发〔1991〕322号文件，批准市建三公司迁建位于东环北路的材料库和汽车队。

1992年8月21日，银川市人民政府银政函发〔1992〕63号《关于市建三公司征用土地的批复》送郊区人民政府，经研究同意市建三公司征用银新乡丰登村荒地14000m^2合21亩，作为扩建材料库及汽车队用地。

公司共征用郊区银新乡丰登村土地50亩,将东门加工厂和材料库、汽车队、预制厂、设备站先后进行了迁(扩)建。

第六节　合并市建五公司

一、市建五公司概况

银川市建五公司由1962年成立的原银川市房修二社经两次变更而来。1979年3月经银川市委〔1979〕43号文件批复,将银川市房修一、二、五社合并为银川市第二建筑工程公司,房修二社编制为第二施工队。1985年元月由于各种原因经上级党委批准,从市建二公司分离出来,成立了银川市第五建筑工程公司,历经两任领导,企业经营愈加困难。1989年施工产值为248万元,累计利润亏损64万元。当年公司有在职职工128人,退休职工76人,办公地址在新城区友谊巷东尽头(银川市第二人民医院西南侧),占地约630平方米、17间土木平房。公司设有木材加工厂和材料设备站,在现西夏区黄河西路与金波南街交汇处西南角,占地约6600平方米。

1990年2月为了解决市建五公司的困境,银川市城乡建委决定由市建三公司派出人员经营管理。

二、派人参与管理

1990年2月26日,市建委银建党发〔1990〕15号文《关于陈银生同志任职的通知》下发委属各单位,任命陈银生为银川市第五建筑公司党支部书记、经理,季光军为党支部副书记,刘惠敏为副经理,赵天保为公司调研员,免去李福国经理职务,市建五公司新的领导班子组成。

1990年,公司承建了银川市上海新村一期危房改造群楼和银川市胶带厂综合楼等项目工程,全年完成施工产值721万元,是1989年的2.91倍,完成利润2.4万元,扭转了企业历年累计亏损的局面。

三、合并市建五公司

1991年3月,经市建三公司和五公司两个企业的职工代表大会分别讨论表决通过,银三建政发〔1991〕09号文件《关于市建三公司与市建五公司合并的报告》呈报银川市建委。

6月10日，银川市人民政府银政函〔1991〕23号文《关于银川市第三建筑公司与第五建筑公司合并的批复》下发市城乡建委。经1991年5月30日市人民政府第90次常务会议研究，同意将市建五公司并入市建三公司，允许合并后的公司在原市建三、五公司可利用的2万平方米土地上进行有限房屋开发，并以此商品房所获收益清偿债务、弥补亏损。

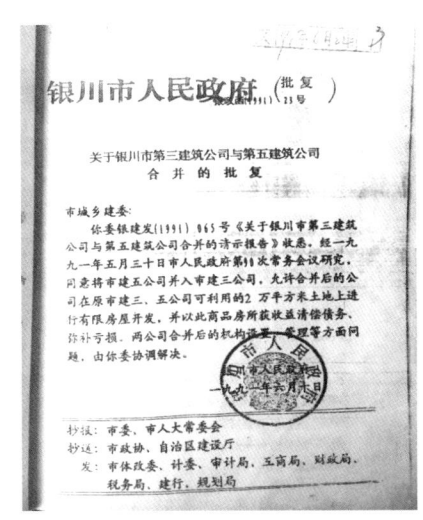

1991年8月10日，《关于成立"银川市第三建筑工程公司分公司"有关事项的通知》下发司属各党支部、分公司。公司总支委员会议根据公司的实际情况，研究决定成立"银川市第三建筑工程公司分公司"，并制定有关管理办法。合并后，原五公司党支部改为"中共银川市建三公司分公司党支部"，团支部改为"银川市建三公司分公司团支部"。工会改为"银川市建三公司分公司工会委员会"。原五公司各科室、队、厂改为"银川市第三建筑公司分公司科、队、厂"。合并后，分公司原任领导人及各部门负责人均暂不变动，其待遇相应不变动。

经公司党总支会议研究，决定任命刘惠敏为分公司经理，季光军任分公司副经理，兼任分公司党支部书记。

公司下发了《关于对分公司管理的试行办法》（银三建政发〔1991〕54号文），分公司原有的人员（包括退休人员）、机构设置、资产管理不变。实行自主经营、自我管理、自负盈亏的经营方式。

1991年，分公司完成产值888.45万元，利润111.6万元，实现了企业一年稳定、两年好转的目标。

四、改善办公条件

1991年11月，分公司为了解决办公和职工住房用地，经与郊区银新乡宁城村协商同意，征用该村土地。11月25日，分公司以银建三政发〔1991〕27号文《关于市建三公司分公司拆建的报告》呈报银川市建委。

12月18日，银计发〔1991〕339号文《关于市建三公司分公司拆建方案的批复》下达市建委。批准分公司自筹资金100万元，在银川郊区（现金凤区）宁城村满城南

原一分公司办公平房

1993年7月,一分公司建成的新办公楼

路西侧,银川针织厂南围墙以南征地3.79亩,合计2526.68平方米,作为分公司迁建办公用房和建设住宅用地。

1993年7月20日,分公司1631.36平方米办公楼落成启用剪彩仪式隆重举行,自治区、银川市有关部门领导、社会各界友人、三公司各级部门和分公司员工200多人参加了庆典。

五、储备生产用地,迁建设备材料加工基地

1992年7月20日,分公司以银建三发〔1992〕42号文《市建三公司分公司生产用地申请》呈报银川市建委和银川市规划局,申请将新市区(现西夏区)北京西路与文昌南路东侧的荒地划拨给分公司,作为生产基地建设使用。

1992年10月25日,银川市计委银计发〔1992〕343号文《关于市建三公司分公司迁建生产基地建设方案的批复》下达市建委,同意市建三公司分公司迁建生产基地。

主要批复内容如下：

生产基地拟建在新市区北京西路与文昌南路附近荒地，总占地面积 20000m²。

该基地建设内容包括加工厂（木制作厂房、拔丝及制钉车间、模板隔离剂生产车间），预制厂（空心板预制平台、砼预制平台、建材库房）、材料站、办公室及职工宿舍等。

总投资控制在 90 万元以内，资金由建设单位自筹。1993 年建成投入使用。

征地完成后，分公司对场地进行了填压平整，1993 年由总公司投资建设了公司养殖场，主要饲养生猪。2008 年由银川市高新技术开发区征用，给集团公司予以了赔偿。

1992 年 10 月，分公司在临上海西路南侧，满城北街东侧靠近金凤区城管局东边征用宁城村土地 17.33 亩，准备分公司材料设备站和加工厂的搬迁。现用于集团公司设备租赁分公司和银川绿源散装水泥储运公司办公及生产场地。

六、建职工住房

住房难是 20 世纪职工存在的普遍问题。

1991 年，分公司在经济条件稍有好转的情况下，计划建设办公楼和职工住宅，在改善办公条件的同时，缓解职工住房困难。

当年，《关于市建三公司分公司拆建的报告》〔1991〕27 号文报银川市建委，经建委批示并报银川市计委列入计划。

1991 年 12 月 18 日，银川市计委《关于市建三公司分公司迁建方案的批复》抄送银川市建委，有关事宜批复如下：

迁建内容及规模：

（一）办公、业务用房 300 平方米；

（二）车库、库房等附属用房 180 平方米；

（三）职工住宅 2100 平方米。

迁建总投资 110 万元，其中征地费 12 万元，工程费 98 万元，迁建资金由企业自筹解决，不足部分银行贷款。

1993 年 7 月，一幢建筑面积 3256.24 平方米、五层 4 个单元的住宅楼在新城区满城南街、分公司办公楼南侧竣工。

1993 年 8 月 17 日，经分公司经理办公会议研究，制订了职工住房分配方案，并提交 8 月 18 日分公司职工代表组长会议和企业管理委员会联席会议讨论、审议，通过后组织实施。同时，成立了以分公司领导刘惠敏为组长，季光军、王孝为副组长的分房领导小组。经分房领导小组调查了解，张榜公示，为54户职工解决了住房困难。职工在乔迁新居的喜悦中，充满了对企业的希冀和信心。

七、公司与分公司整体经营

2000年7月19日，公司第一届一次股东代表大会召开，表决通过了《关于一分公司并入公司整体经营的决定》，决定"一分公司（原分公司）于2001年1月1日起并入公司整体经营"。自此分公司的人员调整、薪酬分配、资产调动、工程管理等工作与公司形成了统一管理、统一运营的完整实体，以此稳定了员工队伍，整合了企业资源，促进了企业的进步。

第七节 党群工作 扬起风帆

1988年7月19日，第五届职工代表大会第一次会议举行。会议审议通过了安仰宁同志所做《第四届工会委员会工作报告》、胡志军同志所做《第四届工会财务工作报告》、陈银生所做《上半年工作汇报》、雷永禄所做《上半年财务工作汇报》、赵云利所做《关于出租地皮及合建住宅楼的情况说明》。并通过了公司"企业管理委员会"职工代表的名单。选举产生了第五届工会委员会人员。公司第五届工会委员会主席安仰宁，副主席沙光明，委员杜建威，刘惠敏、沙福海、王家驹、胡志军、勉学广、李世祥。会议还通过了《关于第四届工会工作汇报的决议》《关于上半年工作总结的决议》。

1988年11月29日，银川市城乡建委《关于总支、支部候选人的批复》抄送银川三建，经市城乡建委党委1988年11月29日会议研究，同意侯高玉、陈银生、安仰宁、雷永禄、张仑峰、杜建威为下届总支委员会候选人，并根据建委下发的银建党发〔1988〕47号文件精神组织选举。经过选举，12月29日，银建三党发〔1988〕09号文《关于总支委员会换届选举情况的报告》报建委党委。公司党总支第二届委员会当选委员：陈银生、安仰宁、张仑峰、杜建威。

1989年1月8日，经市城乡建委党委1989年1月6日会议研究，同意市建三公司党总支委员由当选的4位组成。陈银生任党总支书记。

1991年5月9日，银建三党发〔1991〕07号文件《关于公司共青团总支、支部成员调整及团支部划分的决定》下发公司各党、团支部。

公司团总支设置：团总支书记张龙峰，团总支副书记吴炜，团总支委员张雪峰、翟林峰、金曙光。各队、厂设团支部。

1992年1月20日，银建党发〔1993〕06号文件《关于1992年度〈精神文明建设目标管理责任书〉考核情况的通报和表彰决定》发委属各单位。经建委党委和精神文明建设领导小组对签订责任书的18个单位进行全面工作情况检查考核后，决定总分前三名的市政二公司、市建三公司、市建一公司为1992年度精神文明建设先进单位，并对签订责任书的单位进行奖励兑现。

1993年1月13日，由全国总工会副主席王厚德、全国邮电工会副主席李建魁、全总办公厅干部刘洪全组成的总慰问团一行三人，在自治区总工会主席苏尚礼、副主席安磊及市工会主席徐凤新等的陪同下，来到了公司。王厚德在听取了公司经理陈银生、工会主席安仰宁关于公司的经营情况和工会工作的汇报后，肯定了公司取得的成绩，并勉励公司领导更进一步搞好各项工作。王厚德还向自治区劳模陈银生赠送了慰问品，并分别与陈银生、安仰宁合影留念。

4月23日，全国总工会授予市建三公司工会主席安仰宁全国"五一劳动奖章"。

1994年1月13日，《市建三公司贯彻落实市委、市政府维护政治稳定、社会安定会议精神的措施》下发司属各党支部、部门。根据中共中央、国务院和全国人大常委会关于加强社会治安综合治理的决定，为贯彻市委、市政府"银川地区维护政治稳定、社会安定动员大会"及建委党委元月十日会议精神，经公司党总支研究决定，公司总支部书记、经理陈银生为综合治理小组组长，人保科长张仑峰为副组长，有力推动了公司综合治理各项工作措施的全面落实。

1994年12月20日，银建三党发〔1994〕19号文件《银川市建三公司精神文明建设五年规划》下发司属各单位。为了进一步搞好公司精神文明建设工作，经12月14日党总支会议研究决定，制定本公司精神文明建设五年规划，同时要求以各支部为单位进行宣传动员，营造氛围，为完成精神文明建设五年规划营造氛围。

第八节 承包经营硕果累累

1988—1993年两轮承包经营的6年中，企业利税总额达到612万元，创出了自治区集体建筑企业的最好水平。新建了办公大楼，改变了公司各职能科室分散办公的状况；第一次建起了职工住宅楼，为全公司近300名职工解决了无房和住房拥挤的困难；投资近50万元，改建托儿所为幼儿园，解决了职工子女入托难的问题；第一次组织公司职工代表到祖国首都北京参观；第一次组织职工在自治区工人疗养院进行体检。

1992年7月1日，公司举行新建办公楼乔迁庆典

公司兴办福利产业，利用有利条件，养鱼、养猪、养牛、种蘑菇，在物质条件相对匮乏的年代，福利惠及全体职工。职工们分到的不只是副食品，更是企业的温暖和对企业的期盼和希望。

合并后的市建五公司（合并后更名为银川市建三公司分公司）在发展中增强了活力，企业效益增大，员工收入不断提高。

经过1988—1993年两轮承包经营，公司在经济实力、施工能力、技术水平、精神文明建设等方面都取得了显著的成绩，跨入了自治区建筑先进企业的行列。

1993年2月，公司被自治区建设厅评为"质量信得过企业"，在宁夏日报刊登了整版信息发布

1988—1993年与承包前1987年各项经济指标完成情况对比

指　　标	1987年	1988年	1989年	1990年	1991年	1992年	1993年
工作量（万元）	702.53	860.79	1050.43	1608.31	3132.81	4242	4271.62
劳动生产率（元/人）	8907	11268	13048	13504	14000	18000	213586
施工面积（m²）	77879	59828	67426	86296	115110	158599	119289
竣工面积（m²）	44689	30709	32653	60034	62709	110893	85708
合格率（%）	100	100	100	100	100	100	100
优良面积（m²）	—	—	—	6053	14338	34292	30321
优良率（%）	—	—	—	10.08	22.86	30.92	35.38
利税总额（万元）	32.26	37.32	46.26	73.46	103.04	155.2	197.69

注：此表摘自公司1994年档案永久83卷第12页。

1992年，被自治区建设厅评为全区首家建筑质量信得过企业。

1994年，公司被银川市人民政府连续六年授予"重合同、守信用单位"和银川市精神文明单位，被银行和多家单位评审为一级资信"AA级企业"。1994年4月21日，中国建筑业协会授予陈银生全国优秀建筑企业家称号。

1995年2月，经过核算和专业审计部门审计及银川市建委考核，1994年全年完成工作量4197.6万元，实现利润22.09万元，年利税总额153.46万元，职工年均收入4140.14万元，比上年增长23.47%，完成了与银川市建委签订的当年承包任务。

第 6 章

承前启后 机遇与挑战并存

1995—1998

1995年，经银川市城乡建委党委1月6日会议研究决定，银建党发〔1995〕01号文件《关于刘惠敏等同志职务任免的通知》送达银川市第三建筑工程公司。刘惠敏任银川市第三建筑工程公司党总支副书记、经理，同意陈银生辞去公司经理职务。

第一节 深入改革 机遇与风险并存

1995年，根据自治区有关经济体制改革的要求，银川市委、政府成立了实行资产经营风险抵押目标责任制领导小组。在企业全面推行资产经营风险抵押目标责任制（为期4年）。主要内容是企业通过职工民主评议确定的企业经营者要根据企业的资产状况，向上级主管部门预先缴纳一定的风险抵押金，完成指标任务后，按比例计发奖金，反之，完不成指标，则用上缴的风险抵押金予以弥补，直至扣完所有工资。

这种资产经营风险抵押目标责任制的推行，加快了经济体制改革的步伐，有利于加强企业管理，使决策者、经营者把企业的发展同国家利益、企业利益、职工利益紧密相连，在市场经济竞争中自我发展、自主经营、自负盈亏、自我完善。

1995年3月，根据银发〔1995〕4号文件《银川市属企业实行资产经营风险抵押目标责任制总体方案》的精神和银建发〔1995〕62号文件《银川市城乡建设委员会系统资产经营风险抵押目标责任制实施办法》的规定，公司与银川市城乡建委、市地方税务局签订了《资产经营风险抵押目标责任制合同》。为了完成合同规定的各项目标任务，公司进一步加强了内部管理。

一、强化合同管理，规范企业运行

公司与内部承包部门签订了第三轮经营承包合同。鼓励司属基层部门走向市场参与竞争，改变了单纯确定利润基数的承包方式，采取分期上缴利润和资产风险抵押相结合的承包经营办法，促使基层负责人改变经营思想，增强风险意识，提高参与市场竞争的主动性。

1995年5月16日，经公司组织对上一年司属部门实行承包经营、单位工程全额承包、岗位责任制等各种形式的经济责任制的考核，绝大多数部门和科室都能完成或超额完成承包利润，较好地执行岗位责任制。为了兑现公司与各部门签订的承包经营合同，落实单位工程全额承包、岗位责任制等考核奖励办法，经理办公会议研究决定发放1994年度经营效益奖。对没有完成任务的4个厂、队的有关人员扣发了全年奖金和部分工资，保持了政策的连续性和执行合同的严肃性。

同年7月12日，公司决定自7月17日开始，由公司考核小组对司属内部经营承包部门、工段全额承包项目、科室岗位责任制上半年完成任务和工作情况进行考核。

1996年1月12日，银建三政发〔1996〕01号《关于对1995年度内部承包经营、全额承包、岗位责任制考核工作的安排》下发司属各部门。公司决定自1月16日开始，由公司考核小组对司属内部经营承包部门、工段全额承包项目、科室岗位责任制1995年度完成指标、工作情况进行考核。

公司考核小组：刘惠敏任组长，雷永禄、张仓峰任副组长，王兆林、王浩、席延江、吴炜、缪巧云、马维民、赵长林为组员。

公司于元月对1995年度各种形式的经济责任制进行了考核，根据考核结果，经2月2日经理办公会议研究，决定对完成各项承包指标部门职工的风险抵押金予以返还，并以银建三政发〔1996〕08号文件《关于返还风险抵押金的通知》下发司属各部门。

同年3月15日，银建三政发〔1996〕09号《关于对工段1994、1995年度全额承包项目结算审定及兑现的通知》下发司属各部门。经公司组织对工段1994、1995年度单位工程全额承包的结算，经过认真分析当时建筑市场行情及工程的实际施工情况，将公司各工段施工的内部项目的收费标准进行了调整。为了调动生产一线职工的积极性，落实公司与工段签订承包合同的有关条款，经3月13日经理办公会议研究决定，对工段1994、1995年度单位工程全额承包按合同进行兑现，并将单位工程结算审定及奖罚办法下发了通知：

（一）对工程结算后盈余的工段管理人员1994、1995年度的风险抵押金全部返还；对于亏损工段管理人员1994、1995年度的风险抵押金不予返还，同时，从当月开始扣发工资的25%，用以弥补亏损数额。

（二）对工程结算后盈余的利润，公司根据资金情况分期兑现。

要求工程结算后亏损的工段，制订分期还款计划。同时，公司成立了清查亏损工作领导小组，对亏损额较大的项目查明原因，进一步处理。

1996年3月19日，公司召开第五届职工代表大会暨公司行政主要负责人联席会议，与会人员听取了刘惠敏总经理所做的《关于资产经营风险抵押目标责任制合同执行情况暨请示兑现的报告》。会议认为：这个报告所列举的事实是符合实际的，有关经济技术指标的数据，经有关部门审计，是公允、真实、有效的。1995年在全体职工的共同努力下，"两个文明"建设取得了较好的成绩，一年来的工作应予肯定。为此，一致同意1995年公司《关于资产经营风险抵押目标责任制合同执行情况暨请示兑现的报告》。

1997年1月14日，《关于对1996年度内部承包经营、全额承包、岗位责任制考核工作的安排》下发司属各部门。公司决定自1月16日开始，由公司考核小组对司属内部经营承包部门、工段全额承包项目、科室岗位责任制1996年度完成指标、工作情况进行考核。

同年3月13日，公司召开了中层领导干部会议，会议由总经理刘惠敏主持，参加会议的有副总经理赵云利、郭文建、雷永禄、季光军，工会及党总支有关负责人，各科室、分公司、厂、工段的正、副职负责人员。会上刘惠敏总经理汇报了市政府关于市属企业资产经营风险抵押目标责任制延长期限的规定及市建委、市地税局与公司法人代表刘惠敏同志签订的1997年1月1日至1998年12月31日《资产经营风险抵押目标责任制合同》的主要内容。

同年5月22日，银建三政发〔1997〕26号《关于发放1996年度经济效益奖的通知》下发司属各部门。经公司对1996年各承包经营部门和实行岗位责任制的科室、实行单位工程全额承包的工段进行了全面考核，大多数单位都能完成或超额完成承包利润，各科室也能较好的履行岗位责任制，使公司1996年顺利完成了各项经济技术指标，取得了较好的经济效益。为了调动职工生产（工作）积极性，兑现公司与各部门签订的承包经营合同、单位工程全额承包合同及岗位责任制考核奖励办法，经5月22日经理办公会研究决定发放1996年经济效益奖。发放标准按考核结果、岗位职责，分档次发放，标准为200元至1100元不等。

是年7月25日，《关于对1997年上半年内部承包经营、岗位责任制、全额承包考核工作的安排》下发司属各部门。公司决定自7月30日开始，由公司考核小组对司属内部经营承包部门、科室岗位责任制、工段全额承包项目上半年完成任务、工作情况进行考核。

同年8月5日，银建三政发〔1997〕53号文件制定了《关于公司各副职年终考核的规定》。根据公司各领导的分工及工作发展的需要，经党总支7月23日会议研究决定，对公司各副总经理、副书记、工会主席进行年终工作考核，并与个人收益挂钩。同时制定了具体考核办法。

1998年1月5日，银建三党发〔1998〕01号文件《关于公司各部门年终考核工作安排的通知》下发司属各部门。公司决定自元月6日开始，由公司考核小组对司属内部经营承包部门、科室岗位责任制、工段全额承包项目、公司副职（包括党委副书记、工会主席）岗位责任制、党支部精神文明目标责任制及团总支1997年度完成任务、工作情况进行考核。

1998年5月16日，召开了公司第六届三次职工代表会议。全体与会代表听取和审议了总经理刘惠敏代表公司行政所做的1997年《资产经营风险抵押目标责任制合同执行情况暨请示兑现的报告》。经过与会代表的讨论和审议，认为报告所列举的事实符合实际，有关经济技术指标的数据是真实的。经与会代表审议并表决，予以通过。

5月17日，银建三工发〔1998〕03号关于对《资产经营风险抵押目标责任制合同执行情况暨请示兑现的报告》的评审意见（经5月16日六届三次职代会通过）报银川市建设委员会。

同年7月21日，银建三政发〔1998〕43号文件《关于对一九九八年上半年内部承包经营、岗位责任制、全额承包考核工作的安排》下发司属各部门。公司决定自7月23日开始，由公司考核小组对司属内部经营承包部门、科室岗位责任制、内部工程项目承包上半年完成任务、工作情况进行考核。

二、加强工程核算，降低工程成本

1995年3月2日，银建三政发〔1995〕08号文件《关于调整对工段三材供应办法的通知》下发司属各部门。公司在总结了1994年以来，单位工程全额承包办法一年的运行情况，在成本管理上存在着失控的现象，经2月28日经理办公会议研究决定，调整对工段所施工的单位工程的三材供应办法，各工段施工的单位工程所使用钢材的90%、木材（不包括模板、脚手架）、水泥均由公司材料供应站负责供应，不允许工段自行采购。

同年7月12日，公司《关于内部工程结算标准的规定》下发司属各有关部门。鉴于土建工程新预算定额取费规定的颁布执行，安装工程人工费调整规定发布，考虑社会性工资上涨等因素，经公司测算并研究决定，在建工程均依照新的预算规定进行结算。

1995年11月24日，自治区计委、城乡建设厅宁计定发〔1995〕388号《关于发布全区施工企业取费类别的通知》下发，自治区标准定额管理站对全区施工企业取费类别进行了1995年度检查审核，并换发了新的施工企业取费类别资格证书。全区有343家各类建筑施工企业，分四类取费类别，本公司列为一类取费单位（全区一类取费单位仅有7家）。

根据工段1994、1995年度单位工程全额承包核算中的问题，为了进一步加强单位工程成本的核算管理和监督，以保证工程成本的真实性，避免工程进度款的超付现象。1996年4月12日，公司制定了《关于公司内部工段核算管理办法》下发司属各部门予以执行。

1996年6月21日，银建三政发〔1996〕33号文件《关于成立清查亏损工作领导小组的通知》下发司属各部门。自实行单位工程承包以来，一些工程相继竣工，但这些工程大部分反映亏损，为了清查亏损情况，找出亏损原因，根据公司政发〔1996〕09号文件精神，经6月22日经理办公会议研究决定，成立清查亏损工作领导小组，清查1994、1995年度亏损额较大的工程项目工程款使用情况。领导小组：组长刘惠敏、副组长雷永禄。组员是赵云利、王冬青、王兆林、王浩、王功。

1997年9月19日，银建三政发〔1997〕55号《关于对承包项目工程亏损工段的处理决定》下发司属各部门。为了认真履行《企业内部项目工程全额承包合同》，使企业内部项目工程承包纳入依法管理的轨道，保证企业内部深化改革的顺利进行，公司清亏工作领导小组通过认真清理核查上报，经公司经理办公会议1997年9月18日研究决定：对东门菜窖3#商住楼，预制厂张拉台，东苑小区5#商住楼西三单元，6#商住楼东二单元及附属设施，东苑9#商住楼、8#商住楼，市毛巾厂生产车间项目在承包管理中，出现不同程度的问题，做出如下处理决定：

（一）以上工段所亏损数额工人承担的30%，由公司承担。剩余70%由工段长、材料员、施工员共同承担，其中工段长承担全额的45%，材料员承担全额的20%，施工员承担全额的5%。

（二）依据以上决定，原工段长、材料员、施工员所交抵押金分别进入各自所承担亏损责任应付数额，不足部分每月按实际收入的25%扣缴，直至扣完为止。

通过这次清亏核查工作的进行，公司将进一步加强项目工程承包核算、审计的力度，同时将进一步完善"承包合同"的责、权、利相关条款。要求各工段把好材料、机械、人工等成本费用关，完善内部管理制度，通过工程承包，合法的提高全员职工的收入，提高管理效能。

1997年1月10日，自治区人民政府宁政发〔1997〕5号文件《关于发布宁夏回族自治区建设工程施工招投标管理办法》的通知转发司属各部门。

三、清收拖欠工程款

1995年6月29日，根据建设部建企〔1995〕31号文件要求，为进一步贯彻落实建设部、国家计委、国家经贸委、中国人民建设银行〔1994〕279号文件《关于进一步做好清理工程款拖欠工作和防止新欠款的通知》精神，公司填报了施工企业被拖欠工程款情况调查表。截至1995年5月公司被拖欠工程款566.85万元。

1995年8月21日，公司召开了清收拖欠工程款工作会议。总经理刘惠敏，副总经理雷永禄，开发分公司、物业分公司、财务科、劳资科、办公室的负责同志及有关人员参加了会议。会议分析了公司当前的资金状况并讨论了缓解资金紧张局面的措施，进一步理顺了收款思路，明确并下达了开发分公司、物业分公司、财务科、办公室的收款指标。对与收款工作有关部门的工作提出了配合要求。会议规定：收款工作会议是公司常规性会议，定于每月21日下午召开，同时要求参加会议的部门、科室届时做好书面资料的汇报准备工作。

四、变更工段为工程项目经理部

1998年6月8日，银建三政发〔1998〕34号文件《关于改施工段为工程项目经理部的决定》下发司属各部门。

随着国家建筑业和基本建设管理体制改革的不断深化，建筑施工企业的生产方式和组织结构发生了根本的变化，以工程项目为核心的企业生产经营管理体制基本形成，建筑施工企业普遍实行项目负责制和成本核算制。为了全面推行项目法施工，使工程项目的进度、质量、安全、成本得到有效的控制，规范工程项目管理，适应建设工程管理体制改革的要求，公司改施工段为工程项目经理部。规定如下：

（一）项目经理部是代表企业履行工程承包合同的主体，是对最终建筑产品和建设单位全面、全过程负责的管理实体，是企业在某一个工程项目上的管理层。

（二）项目经理部的组建。

1. 按照项目法施工原理，组建项目经理部，其组织原则是项目经理负责全面管理，集体承包，单独核算，自负盈亏。

2. 公司内部施工队伍的项目经理由公司总经理聘任，项目经理选聘项目经理部管理人员3～5人；联营队伍自己组建项目管理机构，上报公司主管领导，经考察可行后，由总经理聘任。项目经理应具备以下条件，方可正式组建项目经理部；①必须持有项目经理资质证书；②必须有工程建设项目。

同年6月12日，银建三政发〔1998〕35号《关于公司联营项目经理部管理人员实行合同制职工管理的若干规定》发司属各部门。为了强化企业管理，全面推行法施工，稳定壮大施工队伍，扩大企业的市场占有率，给企业的经营管理提供方便的外部条件，推行施工现场的动态管理，使联营队伍和企业互为依存、互相促进、稳步发展，经公司6月5日经理办公会议研究决定，对联营项目经理部管理人员实行合同制用工管理。

第二节 党、工、团齐抓共管

一、成立党委

1996年11月10日，银建三党发〔1996〕20号文件《关于成立中共银川市第三建筑工程公司党委的请示》抄报银川市建委党委。随着企业生产经营的发展，公司党组织建设也在不断壮大，截至1996年，公司共有中共党员108人，下设5个党支部（含退休工人支部一个，计16人）。根据《党章》有关规定和企业发展状况，经公司党总支委员会讨论，向建委党委请示，拟成立中共银川市第三建筑工程公司委员会。

1997年1月16日，市建委银建党发〔1997〕05号文件《关于银川市第三建筑工程公司党总支部委员会换届改选的批复》抄送银川市第三建筑工程公司党总支委员会。经银川市建设委员会1997年1月15日会议研究，同意公司党总支委员会换届改选。党总支委员会仍由5人组成，实行差额选举，差额1人。刘惠敏、张仑峰、安仰宁、赵云利、季光军、郭建明为党总支委员会候选人，刘惠敏为党总支委员会书记候选人。

同年1月24日，召开了中共银川市第三建筑工程公司第三届总支部委员会第一次全体党员大会。会议按有关规定采取无记名投票方式和差额选举办法，进行了表决。刘惠敏、安仰宁、张仑峰、郭建明、季光军当选，组成了第三届党总支委员会。

经第三届党总支委员会召开第一次全体委员会议表决，刘惠敏当选为本届总支委员会书记。

同年3月12日，银川市建委银建党发〔1997〕14号《关于银川市第三建筑工程公司党总支委员会换届选举结果的批复》送银川市第三建筑工程公司党总支。经银川市城乡建设委员会党委1997年1月15日会议研究，同意中共银川市第三建筑工程公司第三届党总支委员会换届选举结果。

1997年4月30日，经上报银川市城乡建设委员会党委4月29日研究批复：张仑峰任银川市第三建筑工程公司党总支委员会副书记。

同年8月4日，银建三党发〔1997〕24号《关于各基层党支部换届改选的通知》发司属各党支部。根据党章有关规定，公司各基层党支部现有成员任期已满，准备换届改选，并就换届改选中党的领导干部必须具备的基本条件及有关事项做出明确通知。

同年8月21日，经公司各基层党支部换届改选，选出：

第一党支部委员：席延江、郭文建、王家驹、吴炜、张冀贤

书记：席延江

第二党支部委员：沙福海、陈德仓、马凤彩、秋华、陈明逵

书记：沙福海

第三党支部委员：季光军、郭建明、王孝、何万顺、伊玲英

书记：季光军

退休职工党支部委员：张仑峰、王凤琴、包秀梅

书记：张仑峰

公司以银建三党发〔1997〕25号文《关于各基层党支部委员会换届的批复》下发司属各基层党支部。

新一届基层党支部委员会的产生、对加强公司基层部门工作的领导，搞好公司各项工作起到了决定性的作用。

8月26日，市建委银建党发〔1997〕42号文件《关于成立中国共产党银川市第三建筑工程公司委员会的批复》抄送银川市第三建筑工程公司。根据《党章》第五章党的基层组织设置的有关规定，经建委党委请示市委组织部，同意成立中国共产党银川市第三建筑工程公司委员会。

同年11月11日，银建党发〔1997〕53号文件《关于中共银川市第三建筑工程公司委员会组成人员的批复》抄送银川市第三建筑工程公司党委。经银川市建委党委11月11日会议研究，同意公司党委由5人组成。

党委委员：刘惠敏、张仑峰、安仰宁、季光军、郭建明

党委书记：刘惠敏

党委副书记：张仑峰

公司党委的成立，为企业的生产经营、改革发展经济工作起到了引领、护航的作用。

二、工会工作和民主评议

在公司党委的领导下，在上级部门的指导下，公司完成了任职近8年的企业职工代表大会暨工会组织的换届选举工作。工会主席代表全体职工签订了《集体合同》，从组织上为企业民主管理、职工当家做主提供了保证。

1997年1月21日，银建工发〔1997〕01号文件《关于银川市第三建筑工程公司工会委员会换届报告的批复》抄送银川市第三建筑工程公司工会委员会。经建委党委1997年1月15日会议研究，同意公司工会委员会换届改选，第六届工会委员会由7人组成，实行差额选举，差额1人。

同年2月1日，银建三工发〔1997〕06号文件《关于第六届工会委员会选举结果的报告》上报市建委工会委员会。公司于1月31日举行了第六届一次工会会员代表大会，并由全体代表选举产生了第六届工会委员会委员暨正、副主席，选举结果报市建委工会。

同年2月24日，市建委银建发〔1997〕2号《关于银川市第三建筑工程公司第六届工会委员会组成人员的批复》同意公司工会委员会由安仰宁、王孝、沙福海、王家驹、张冀贤、吴炜、陈德仓7人组成。安仰宁为工会主席，王孝、沙福海为工会副主席。

1997年9月9日，为了全面贯彻落实《中共中央关于进一步加强和改进国有企业党的建设工作的通知》和全国总工会《关于做好国有企业领导班子考核工作的通知》精神，根据全国总工会《关于职工代表大会民主评议企业领导干部的实施意见》及市委组织部、纪检委、市总工会、经贸委等部门联合下发的《关于加强职工代表大会对企业领导干部民主评议和监督的意见》及银川市委组织部、纪检委、市总工会、经贸委《关于加强职工代表大会对企业领导干部民主评议和监督的意见》的有关规定，经公司工会提名，报公司党委9月9日会议研究批准，银建三工发〔1997〕09号《关于成立民主评议和监督工作委员会的决定》 成立了公司民主评议和监督工作委员会，成员如下：

主任委员：安仰宁（公司工会主席）

副主任委员：王孝、沙福海（公司工会副主席）

委员：王浩、王冬青、段光斌、张静、安仰宁、王孝、沙福海、吴炜、陈德仓、张冀贤、席延江

同年10月5日，银建三党发〔1997〕32号文件《关于印发职代会评议干部实施细则的通知》下发司属各部门。《银川市第三建筑工程公司关于职代会评议企业领导干部的实施细则（试行）》也经9月29日第六届二次职代会审议通过。民主评议对象是本企业的党委书记、副书记、总经理、副总经理。适当时，民主评议对象应包括本企业队、厂、科室、工段等部门副职以上的企业中层领导干部。

11月5日，根据银川市总工会的安排，公司举行了第六届二次职工代表大会的正式会议，对公司6位党政领导干部进行评议。

公司党政领导刘惠敏、张仑峰、季光军、赵云利、郭文建、雷永禄分别向职工代表陈述了述职报告。

经过监、计票人的统计，当场宣布了对领导班子整体测评中"信任程度"的投票结果。"信任"和"基本信任"共得票50票，占总数的98.04%。

在这次职工代表对公司领导干部的评议会议上，银川市纪检委常委、监察局副局长李双成，市总工会政研室部长丁有德，市建委党委副书记刘选民、副主任陈银生等监督了评议、投票的全过程，经过两天的述职和评议，形成了评议结果。6名被评议领导均被评为"称职"。职工代表大会对企业领导干部民主评议，真正把领导干部的"德、能、勤、绩"摆在了广大职工面前，起到了对企业领导的监督和鞭策作用。

三、共青团工作

1995年4月5日，根据《团章》规定，经公司党总支研究同意，公司团总支委员会于1995年4月4日召开全体团员大会，进行了换届改选，经全体团员大会选举产生了共青团第五届委员会。第五届团总支委员会由吴炜、陈明逵、朱晓云、侯惠斌、郝琮琮组成。吴炜当选为团总支书记，陈明逵任团总支副书记。

同年11月3日，经公司党总支同意，团总支决定在公司广大团员青年中开展创建"青年文明号"活动。"青年文明号"是共青团中央提出的"跨世纪青年文明工程"的重要活动内容。"青年文明号"创建活动是把青年工作融汇入于市场经济建设之中，渗透到生产、经营管理、服务各环节中，使青年在社会主义市场经济建设中创一流成绩、一流服务、一流技术技能，培养青年创业意识，弘扬敬业精神。

1997年4月21日，《银川市建三公司团总支1997年工作要点》发司属各团支部。

按照共青团银川市委的工作要点，以团员青年爱国、爱企业教育为主旋律，继续深入开展跨世纪青年人才工程和跨世纪青年文明工程，为公司经济发展和社会进步培养人才做出了应有的贡献。

1998年5月4日，公司团总支被共青团银川市委员会评为"红旗团支部"。

第三节 建立重能聘贤机制

一、聘任职能部门领导，启用年轻人充实生产一线

1995年3月28日，经公司经理刘惠敏同志提议，党总支会议研究决定，同意刘惠敏同志辞去市建三公司第一分公司经理职务，任命季光军同志为一分公司经理。

同年4月12日，经一分公司经理办公会议研究决定：聘任苏福为一分公司副经理，主管公司生产工作；聘任李慧珍为经营科副科长。

同年5月16日，银建三政发〔1995〕32号文件《关于冯健等兼职的通知》下发司属各有关部门。经5月6日经理办公会议研究决定，第五分公司副经理由冯健兼任，负责工程技术工作，杨雪峰兼任第五分公司会计工作。

2016年6月20日，银建三党发〔1996〕14号文件《关于干部任免的通知》下发司属各部门。根据公司6月20日经理办公会议研究决定：

（一）公司原综合维修队更名为"银川市建三公司第五分公司"。

（二）聘任张自忠为预制厂厂长。聘任赵国庆为第五分公司经理。

1996年4月12日，《关于公司领导调整分工的决定》下发司属各部门。根据建筑市场变化的需要，经研究决定，对公司领导分工进行如下调整：

总经理刘惠敏，负责公司全面工作、人事任免、调动及管理经理办公室；

副总经理赵云利，负责房地产开发分公司、劳资科；

副总经理郭文建，负责工程一科、工程二科、全质办、加工厂、预制厂、试验室、安装公司；

副总经理雷永禄，负责财务科、二至六分公司、物业公司、装饰部、隆湖公司、服务公司、综合队；

副总经理季光军，负责一分公司、经营科、预算科、材料科、动力科；

副书记张仑峰，负责人保科及党总支、团总支、民兵的日常工作；

工会主席安仰宁，负责工会、诊疗所、托儿所、理发室工作。

同年4月30日，根据银川市政府银政发〔1996〕173号文件《关于市属企业资产经营风险抵押目标责任制延长期限的通知》精神，经银川市建设委员会党委1997年4月29日会议研究决定：银川市第三建筑工程公司法定代表人为刘惠敏。

经企业经营者法定代表人提名，所在单位党组织研究，银川市建设委员会党委审定同意，聘任季光军、赵云利、郭文建、雷永禄为公司行政副经理职务。

1997年3月14日，银建三党发〔1997〕12号文件《关于公司各科室干部任免聘任的通知》下发司属各部门。经公司总经理刘惠敏提名，党总支会议研究决定，聘任各部门负责人如下：

刘华堂为经营科科长；赵云利为开发分公司经理；杜建威为开发分公司副经理；马义为开发分公司副经理；姚宝恒为工程一科科长；莫菁华为工程二科科长；宋玉兰为财务科科长；王浩为财务科副科长；王冬青为预算科科长；王兆林为办公室主任；王功为办公室副主任；张仑峰为人保科科长；席延江为人保科副科长；吴炜为全质办主任；范大成为全质办副主任；王恒运为劳资科副科长；崔进昌为医务所所长；刘梅芳为医务所副所长；沙光明为幼儿园园长。

1998年3月6日，银建三党发〔1998〕03号文件《关于对公司有关部门设置调整及有关人员任免聘任的决定》下发司属各部门。经公司研究决定，对以下部门调整设置安排如下：

（一）部门设置变动：

1. 合并材料供应站与设备动力科，成立材料设备科；
2. 撤销设备安装公司，归生产科管理；
3. 撤销隆湖公司，原人员编制归第三分公司；
4. 撤销服务公司，原人员编制归物业公司；
5. 撤销全面质量管理办公室，成立公司安全科。

（二）经公司经理提名，会议研究决定：

聘任莫菁华、姚宝恒为经理助理；聘任陈明遂为办公室副主任；免去吴炜全质办主任职务，聘任为安全科科长；免去范大成全质办副主任职务，聘任为安全科副科长；免去张冀贤隆湖公司经理职务，聘任为第三分公司经理；免去陈志福设备动力科科长职务，聘任为材料设备科科长；免去王功办公室副主任职务，聘任为物业分公司副经理；免去朱小宁材料站站长职务，协助陈志福工作（待后安排）；免去王功友设备安装公司经理职务；免去杨生德原第三分公司经理职务。

在公司党总支换届后，自下而上对企业行政副职、职能科室负责人及科室工作人员进行聘任，逐步形成企业人员竞争上岗的管理机制。

二、重用专业技术人员

1997年4月8日，经自治区职改办及自治区城镇集体企业职改办1997年4月8日会议评审，并经自治区城镇集体企业职改领导小组平衡验收批准，宁集企职改〔1997〕001号《关于刘惠敏等四名同志专业技术职务任职资格的通知》，确认刘惠敏高级工程师、赵云利高级经济师、雷永禄高级会计师、王兆林高级统计师专业技术职务任职资格。

1997年，公司重新调整了专业技术考评小组成员，制定了公司《专业技术职务考评标准》和《专业技术人员职称评聘办法》。根据学识水平、工作能力、敬业精神，择优聘任专业技术人员，对那些不在岗、不能胜任本职工作虽已评定了技术职称的人员进行了解聘或未聘。同时，为进一步调动技术人员的积极性，先后修订下发了公司《各部门负责人岗位责任津贴及管理干部奖金发放办法》《各类专业技术人员地区津贴标准》《生产一线职工岗位津贴发放的规定》。

1997年8月1日，《关于调整公司专业技术职称工作领导小组和对专业技术人员评聘有关问题的通知》下发司属各部门。根据宁政办〔1996〕80号文件精神，结合公司的实际情况，为进一步深化企业内部改革，推动企业机制转换，充分发挥专业技术人员的聪明才智，加强公司专业技术人员的评聘工作，经公司党总支1997年7月31日会议研究通过，成立公司专业技术职称评聘领导小组。

组长刘惠敏，副组长赵云利，成员有雷永禄、王兆林、郭建明、姚宝恒、安仰宁、张仑峰、王浩。

同年8月18日，银建三政发〔1997〕51号文件《关于重新修订各类专业技术人员地区津贴标准的通知》下发司属各部门。根据自治区有关文件规定，结合公司实际情况，经8月22日经理办公会议研究决定，对各类专业技术人员地区津贴发放标准再次修订。

根据银建三政发〔1997〕45号文件《银川市建三公司专业技术人员职称评聘办

法》，经公司专业技术职称评聘领导小组 1997 年 8 月 30 日会议研究通过，银建三政发〔1997〕52 号文件《关于公司专业技术人员聘任的通知》发司属各部门。对赵云利等 154 名专业技术人员予以聘任。

同年 9 月 20 日，根据银建三政发〔1997〕56 号文件《关于对近年来工作的大中专生进行短期培训的通知》，公司对近年来入职的大中专学生进行了为期 3 天的培训学习，主要内容有：工作量计算，工程成本核算，工程管理的相关规定和规范度等。

三、规范停薪留职管理

1995 年 1—12 月，公司先后与苏汉良等 34 名职工签订了停薪留职协议。《协议书》明确规定：（一）停薪留职期间计算工龄，不享受各种津贴、补贴和劳保福利待遇；（二）本人每月向所属部门交现金 120 元，如超过 3 个月不交者，公司即按自行离职处理；（三）协议期满后十日内到公司报到上班，如超过十日不回单位工作，公司即按自行离职处理。

相关链接：1983 年 6 月 11 日，劳动人事部、国家经济委员会下发了《关于企业职工要求"停薪留职"问题的通知》，即职工向所在单位提出保留公职，从事其他收入的工作时，单位不再发给工资、各种津贴和劳保福利待遇。停薪留职人员应按月向原单位交纳劳动保险金，其数额不低于本人原工资的 20%。

> **劳动人事部、国家经委关于企业职工要求"停薪留职"问题的通知**
> （一九八三年六月十一日）
>
> 今年以来，随着改革工作的发展，一些企业的少数职工要求"停薪留职"去从事个体经营。这是经济管理体制和劳动、人事制度改革中出现的新情况。为了妥善地解决这个问题，经国务院原则同意，暂按以下意见办理。
>
> 一、企业的固定职工要求"停薪留职"去从事政策上允许的个体经营，对于发挥富余职工的积极性，克服企业人浮于事的现象，有一定好处。但是，鉴于要求"停薪留职"的多数是有一技之长或年富力强的人员，他们离开企业对职工队伍的稳定和生产的正常进行会带来不良影响，因此，必须根据工作是否需要，严加控制，区别对待。
>
> 二、凡是企业不需要的富余职工，可以允许"停薪留职"。凡是企业生产和工作需要而本人要求"停薪留职"的职工，要做好思想工作，使他们安心于现任的工作。对于未经批准而擅自离职的职工，按自动离职处理。
>
> 企业职工要求"停薪留职"去农村从事技术开发和各种经营工作的，只要生产、工作离得开，应积极予以支持。

第四节　建立安全生产和质量保证体系

为了贯彻公司 "以质量树信誉、以信誉揽工程、以工程增效益、以效益求发展"

的宗旨，确保工程优良，公司成立了以生产经理为首的安全质量生产指挥小组，建立了质量保证体系，制定了质量预控措施，并坚持每星期召开现场碰头会，及时解决施工当中的棘手问题。

一、建立质量保证体系和制度

1995年3月1日，公司制订并下发了银建三政发〔1995〕11号文件《1995年度全面质量、安全管理工作计划》。工程质量目标为优良率25%，一次性合格率100%。配套下发了《1995年创优工程措施》《1995五年安全生产计划》等方面的详细措施和考核指标。

1996年为保证工程质量，公司制定了《质量责任制及质量保证体系》共12个方面的质量责任制和管理标准，对影响质量的主要因素制定对应措施。质量责任制及质量保证体系如下图所示。

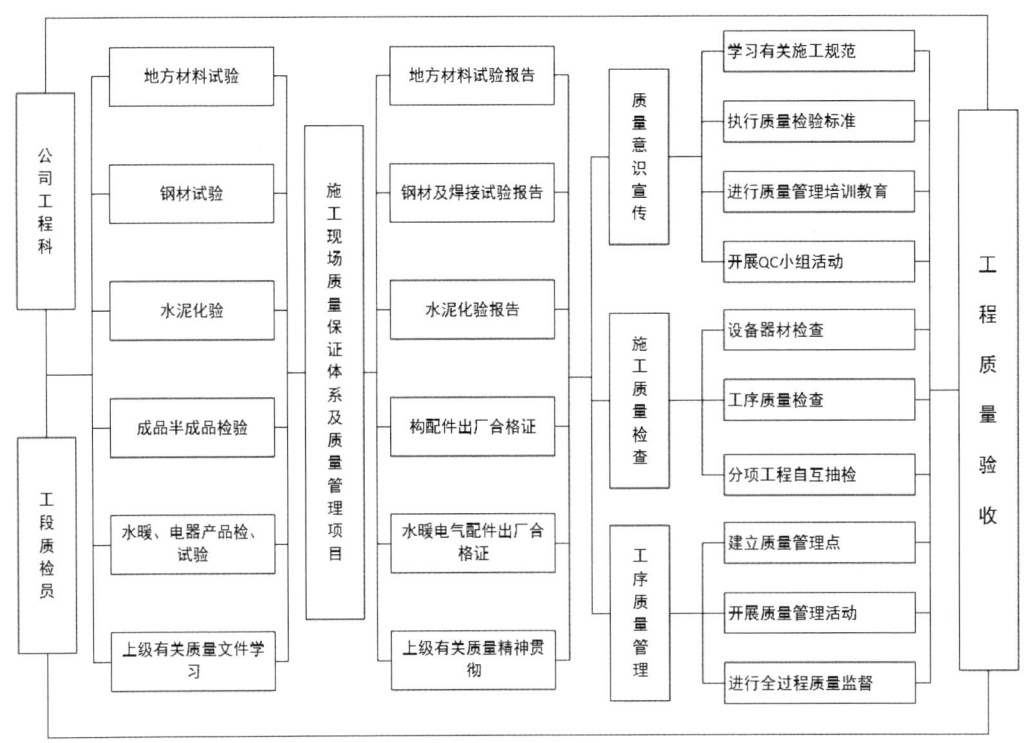

1996年3月16日，银建三政发〔1996〕10号文件《关于强化质量管理的六项规定及安全文明生产十项纪律守则》下发司属有关科室、厂、队、工段。

同年10月24日，按照公司全面质量管理领导小组的安排，公司印发了《关于1996年下半年质量管理活动开展情况检查的通知》，于1996年11月5—7日对开展

QC 小组活动的司属各单位活动情况进行全面检查。

同年 11 月 1 日，《关于今年冬季施工工作安排的通知》发司属相关科室、工段、队、厂。要求各工段按照公司所发的《冬季施工技术安全措施》各项规定，提前做好准备工作。在转入冬季施工后，严格按措施组织施工，并做好安全生产工作，对工人做好技术、安全交底工作，并进行检查。

1996 年，一分公司自治区残联康复中心综合楼 QC 小组被建设部工程建设质量审定委员会授予全国工程建设优秀质量管理小组。同年，自治区残联康复中心综合楼工程荣获全国工程建设优秀 QC 成果奖。

1997 年，公司认真贯彻"质量兴业"方针，成立以单位工程项目为保证体系的指挥小组，确定优良项目预控措施，坚持每周召开现场会制度，较好地解决了施工当中的棘手问题。全年工程质量检查，抽查 11124 点，合格 10056 点，合格率 90.39%；全年共获优良工程 12 项，优良率 45.38%。

1998 年 1 月 21 日，国家颁布了第一部建筑业法律、法规文献——《中华人民共和国建筑法》。根据自治区建设厅、银川市建委关于开展学习、宣传、贯彻《中华人民共和国建筑法》的通知精神，公司以银建三政发〔1998〕06 号文件下发司属各部门进行了安排，成立了学习贯彻《建筑法》领导小组。

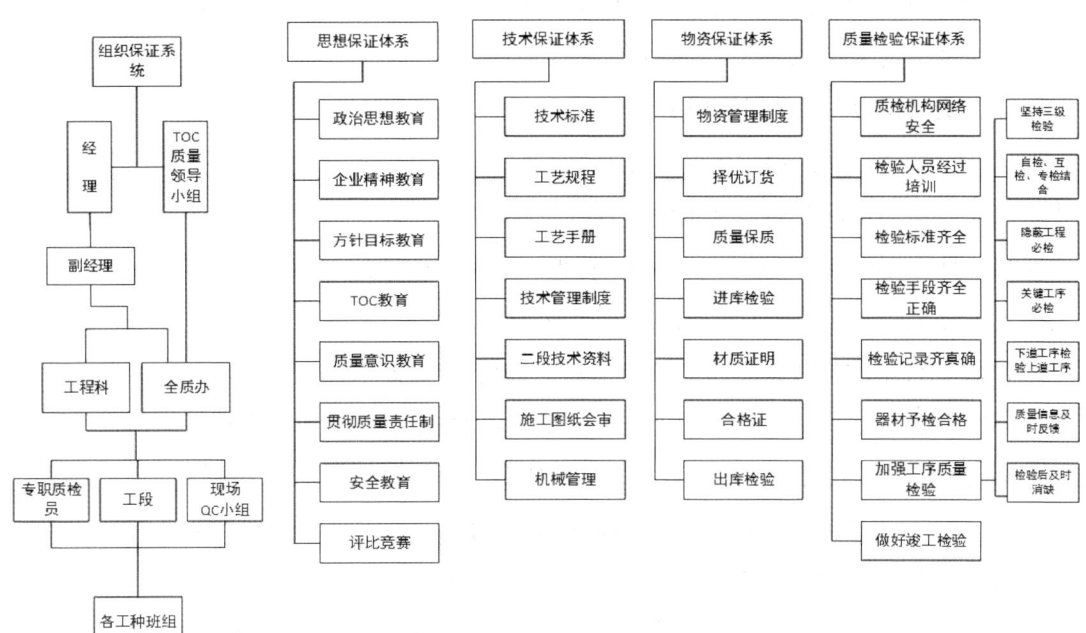

公司要求各部门认真学习贯彻《建筑法》，正确理解、掌握其实质内容及条文含义，用《建筑法》来指导企业的生产经营管理，以维护企业的合法权益。对公司安全生产、文明施工制度进行了汇编，切实做到了企业行为有章可循、有矩可守，促进了公司管理的制度化、规范化，同时针对公司实际，制定了本企业对工程质量及安全生产检查的奖罚规定。

同年3月25日，《关于公司1998年安全生产的具体安排》下发司属各有关部门。要求司属各厂、工段生产过程继续推行安全标准化管理，贯彻"安全第一，预防为主"的方针，严格按照建设部颁发的《建筑施工安全检查评分标准》（JGJ59—88）做好基础工作。重点放在"十防一灭"上，即防高空坠落、物体打击、机具伤害、电伤、起重伤害、坍塌伤害、钉伤、车祸、焊具爆炸、火灾，力争消灭伤亡事故，实现公司安全生产管理目标。

1998年4月16日，银建三政发〔1998〕17号文件《关于联营工段人员专业培训有关规定的通知》下发司属各分公司。经公司研究，决定对联营工段施工人员进行专业知识的培训。同时要求，凡在本公司承包建筑安装工程三年以上的联营工段人员需参加自治区、市有关部门组织的专业培训。

1998年，公司全质安全办会同工程管理部门把解决装饰分部较粗糙的缺陷作为QC小组活动的主题来抓，促进了工程观感质量的提高。全年各项目经理部接受上级有关部门安全质量检查6次，均取得了较好的效果。

二、奖优罚劣，激励创优质工程

1995年，为了促进银川地区建设工程质量不断提高，树立优质样板工程，银川市建委决定在银川地区开展设立工程质量的最高荣誉奖——"凤凰杯"的评选活动。按照评选条件，公司承建的唐徕幼儿园工程被评为银川地区首届"凤凰杯"优质工程，是银川市评选的三个获奖工程的第一名。为了鼓励先进，增强创新意识，推动全公司质量管理上台阶的步伐，1995年3月6日，银建三政发〔1995〕12号文件《关于对九四年度承建优良工程的工段、个人及未按合同无故拖延工期的工段奖罚决定》发司属各部门。根据公司有关规定，决定对达到优良工程的唐徕幼儿园工程每平方米奖励工段16元，计34192元。对达到市级优良工程的城区供电局校验楼和城区十六小学教学楼分别奖励33660元和17800元。对于银川市毛巾厂工程，施工工段按工程合同无故拖延工期19天，给公司信誉带来了不应有的损失，根据"企业内部项目工程全额承包"条款，罚工段3800元，并对工段长和施工员进行罚款处理。

1996年2月5日，银建三政发〔1996〕07号文件《关于对荣获1995年"凤凰杯"优质工程的工段及科室个人的奖励决定》下发司属各部门。经公司研究决定，对唐徕小区幼儿园获"凤凰杯"优质工程的柳培荣工段、工程二科、全质办及魏立业、郭建明、安建华等集体和个人给予奖励。

1996年4月10日，银政发〔1996〕52号，银川市人民政府、银川市危房改造指挥部《关于表彰奖励危房改造先进单位的决定》，公司被银川市政府授予银川市危房改造先进单位。

公司承建的唐徕幼儿园被评为银川市首届"凤凰杯"优质工程

几年来，公司贯彻"质量第一"的方针，是自治区唯一的"质量信得过的企业"，成为宁夏建筑施工行业的骨干企业。1997年优良工程面积37870平方米，占已竣工工程面积的46%，合格工程达100%。在"凤凰杯"优质工程评选活动中，公司承建的仁义巷9#楼工程，以总分第一的成绩夺得了桂冠；新华购物中心等9个工程被自治区、市质监部门核定为优良工程。1998年，竣工工程35项，竣工面积84807平方米，均为一次性验收合格工程，其中优良项目24项，优良率达到60.17%。

三、加大投入，提升企业现代装备水平

1997年公司在中山北街华苑小区沿街营业房建立了建筑材料试验室，投资18万元添置了试验设备，使企业在建筑施工材料检测、试验相配套、质保体系方面趋于完善。

1997年为了提升工程质量和生产规模，提高技术设备装备水平，公司投资70万元，购置了3台施工塔吊，为承建高层建筑，缩短施工周期，增强市场竞争力奠定了基础。

1998年，为了加快办公自动化进程，公司投资十多万元，给财务科、预算科先行配备了微机，启动了公司内部微机办公，为提高工作质量和效率创造了条件。

1998年5月6日，公司试验室通过宁夏建设厅二级资质审查验收，开始营业。为了规范试验室管理，公司制定了试验室的管理规定。

第五节 抓精神文明建设 促企业发展

1995年初公司党总支与银川市建委党委签订了《精神文明目标管理责任书》。《责任书》签订后，公司召开全体干部党员大会，进行了动员安排，同时与下属4个党支部签订了《市建三公司社会主义精神文明目标管理责任书》，定人定责，将开展思想政治工作、党建工作、精神文明建设工作、优质服务、职工法制教育、文化生活及社会治安综合治理、计划生育和卫生创建等工作均列入了责任书中。

1995年7月，公司总结了《搞好电化教育，促进两个文明建设》的工作，积极与市委宣传部、组织部、市纪委及市建委联系，并加入了其电教播放网，解决了电教片片源问题。在对企业员工培训过程中，公司始终围绕企业的中心工作，紧密结合时政焦点开展工作，从而促进了职工思想教育和党员队伍建设，受到上级主管部门的肯定和好评。公司党总支被自治区党委宣传部命名为全区党员教育联系示范点，同时还被西北地区城建公用事业职工思想政治工作研究会命名为思想政治工作先进单位，被银川市委、政府命名为精神文明单位，被建设部命名为精神文明建设先进单位。

1995年11月8日，公司制定了《银川市第三建筑工程公司法制宣传教育第三个五年普法规划》。通过"三五"普法，在全公司干部、职工中进行宪法、建筑专业法规和市场经济法规、法律的宣传教育，提高企业管理人员依法行政、依法经营的水平和能力。

按照《精神文明建设目标考核和奖惩办法》，公司组织考核检查小组每半年考核一次，对照精神文明建设目标管理责任书考核细则，逐条进行检查，做到了责任到人，层层落实。年终对支部进行考评后，按奖惩办法奖优罚劣。

1996年2月1日，按照《1995年精神文明建设目标管理责任书》的规定，建委党委和精神文明建设领导小组于1月15—19日，对与建委签订《责任书》的17个单位进行了全面检查考核。公司取得了总分前三名的成绩。评为建委系统精神文明建设优秀单位。

1997年1月6—10日，按照《1996年精神文明建设目标管理责任书》的规定，建委党委和委精神文明建设领导小组，对委属签订《责任书》的17个单位进行了全面检查考核，公司被评为精神文明建设先进单位。

1998年1月4日，银川市建委银建党发〔1998〕01号《关于1997年度〈精神文明建设目标管理责任书〉考核情况的通报和表彰奖励决定》发委属各单位。本公司经考核获得建委系统精神文明建设优秀奖。

1999年1月4日，银建三党发〔1999〕01号《关于对1998年度精神文明建设工作进行考核的通知》发司属各党支部。经公司党委研究决定：在对全公司各内部经营承包部门、科室岗位责任制、工段全额承包项目、公司各领导岗位责任制进行年度工作考核的同时，对党、团基层支部在1998年的精神文明工作进行考核。

1999年1月13日，银建党发〔1999〕03号文件《关于1998年度〈精神文明建设目标管理责任书〉考核情况的通报和表彰奖励决定》下发委属各单位党委、总支、支部。经考核，公司获银川市建委系统优秀奖。

截至1999年5月，公司连续四年被评为银川市文明单位，连续十一年被银川市政府评为"守合同、重信用"企业和银川地区建筑企业十强单位，连续三年被建设部授予精神文明先进单位称号。

第六节　培育新的经济增长点

公司坚持"一业为主，多种经营"的方针，相继组建成立了房地产开发分公司、物业分公司及第五建筑分公司、第六建筑分公司，逐步形成了"以建筑业为龙头，以房地产开发为支撑，建筑门窗等综合加工、构件、建材经销、设备租赁、服务配套"的产业格局。

一、设置分公司，扩大经营范围

1995年4月10日党总支扩大会议研究决定，银建三政发〔1995〕20号文件下发：

（一）成立市建三公司房地产开发分公司。赵永利兼任房地产开发公司经理。

（二）成立市建三公司物业管理分公司，沈思福任物业管理分公司经理，管理司属锅炉房、房屋租赁和公司各住宅区域管理工作。

同年6月9日，经理办公会议研究决定，成立银川市第三建筑工程公司第六分公司，聘任胡永德为第六分公司经理，主持全面工作。

1996年4月5日，经公司经理办公会议研究决定，同意成立银川市建三公司建筑机械修理部——属企业内部的分支机构。聘任陈志福同志为建筑机械修理部经理。

7月25日，经理办公会议研究决定，成立银川市第三建筑工程公司装饰分公司。并以银建三政发〔1996〕42号文件《关于同意成立银川市第三建筑工程公司装饰分公司的批复》送装饰分公司筹建办——属企业内部的分支机构，聘任王家驹同志为装饰分公司经理。

1997年5月28日，银建三政发〔1997〕27号《关于同意成立银川市第三建筑工程公司一分公司砂石厂的批复》抄送一分公司。经5月22日经理办公会议研究决定，同意成立银川市第三建筑工程公司一分公司沙石厂。与此同时，一分公司又筹建了涂料厂、珍珠岩保温材料厂，为企业培育新的经济增长点进行了积极探索。

二、加强各分公司的管理

1995年7月11日，公司经理办公会议研究制定了《关于对房地产开发分公司、物业管理分公司管理的暂行规定》。明确了各自职责和经营范围，加强了对开发分公司、物业分公司的管理。

同年9月4日，《关于加强对分公司管理的通知》下发司属各分公司和有关科室。针对分公司在管理、核算上还存在的一些问题，公司于1995年8月17日，召开经理办公会议，专门对分公司的工作和管理进行了研究，制定了具体管理规定。

三、房地产开发走向社会

1995年3月2日，银计发〔1995〕12号《关于下达我市1995年第一批房屋翻建投资计划的通知》发市各有关单位。通知将本公司开发东门菜窖3#、4#住宅楼翻建项目列入计划。这是公司房地产开发走向社会的第一个开发项目，此项目开发后取得了较好的经济效益。

4月18日，公司收到银计发〔1995〕55号文《关于下达我市1995年第二批商品房投资计划的通知》。兴庆区中山北街建材巷本公司幼儿园住宅项目翻建列入投资计划。

8月9日，公司收到银计发〔1995〕135号文《关于下达中房银川公司等单位商品房及房屋翻建投资计划的通知》。公司北门预制厂华苑一期1#、2#、3#综合楼项目列入翻建计划。

8月21日，《市建三公司房地产开发分公司关于商品房有奖销售办法》发司属各部门。为加快商品房销售，开发分公司制定了销售商品房奖励办法，鼓励本公司在职和退休职工参与公司的售房有奖活动，每销售一套住房或营业房，一次性交清房款者，按购房总价的 1% 进行奖励。同时对本公司职工购买住房制定了优惠政策，在购房合同签订后，按购房总价的 10% 给予优惠，以解决内部员工住房困难。

1996 年 5 月 21 日，银建三政发〔1996〕24 号《银川市第三建筑工程公司关于中山北街北门预制厂小区与银川市制镜厂联合开发的报告》上报银川市计委。

1997 年 2 月 28 日，银川市人民政府银政函发〔1997〕25 号《关于银川市第三建筑工程公司新建商品住宅楼用地的批复》同意三公司征用北桥西巷北侧满春乡农具厂集体土地 10873.39 平方米，占用国有土地 100 平方米，总计 10973.39 平方米，作为建设商品住宅楼建设用地。

1998 年 4 月 29 日，银川市城区计划与经济局银城计经发〔1998〕26 号文件《关于银川市第三建筑公司兼并银川市工艺制镜厂报告的批复》送工艺制镜厂。根据银川市委、政府及兴庆区党委、政府关于企业改制的有关精神，经兼并双方职工大会讨论，决定由银川市第三建筑工程公司兼并银川市工艺制镜厂。制镜厂兼并后，由公司出资对原厂职工进行了安置，对所用场地进行了房地产开发。

7 月 30 日，银建三政发〔1998〕57 号文件《关于银川康乐民族家具有限责任公司 86600 平方米房地产开发的可行性研究报告》上报市规土局。

开发分公司积极寻求开发项目，开拓业务，仅 1998 年开发房屋面积 53241 平方米，建设投资 3194.46 万元，销售房屋 214 套，占可销售房屋的 100%。并以此为契机，解决了部分内部员工的住房困难。

第七节 以人为本 依法维护员工利益

一、贯彻执行劳动合同法

1995 年 9 月 21 日，根据市人民政府银政发〔1995〕56 号文件《批转市劳动局关于在全市实行劳动合同制的安排意见的通知》精神，为了在公司内部全面推开这项工作，经 9 月 11 日经理办公会议研究决定，成立实行劳动合同制工作领导小组，由刘惠敏任组长，雷永禄、安仰宁任副组长，张仑峰、季光军、席延江、伊玲英、沙福海为成员。下设办公室，雷永禄任办公室主任，安仰宁任副主任；席延江、伊玲英、秦小娥、赵长林为工作人员。各分公司、厂、队、工段亦成立相应的领导小组。

同年9月25日，银建三党发〔1995〕13号《关于开展"贯彻落实〈劳动法〉，签订劳动合同、集体合同全员学习活动"的通知》发司属各支部、部门。为了进一步贯彻落实《劳动法》，为公司实施劳动合同、集体合同做好充分的准备工作，经公司实行合同制工作领导小组9月22日全体会议研究决定，开展贯彻落实《劳动法》，签订劳动合同、集体合同全员学习活动。

同年10月30日，银建三政发〔1995〕59号《推行劳动合同制第二阶段工作安排》发司属各部门。第二阶段的主要工作是：

（一）由党支部负责召开老职工代表、青年职工代表、各类专业技术人员代表（包括各工种）的座谈会，广泛听取职工的意见和建议，认真做好记录。

（二）起草集体合同，宣读劳动合同。

（三）核对职工工龄，参加工作时间等，经公司批准后张榜公布。

（四）在讨论集体合同、劳动合同的同时推荐职工谈判代表。

同年12月18日，《银川市建三公司全员劳动合同制实施细则》经第五届十三次职工代表大会通过。

1995年，根据市劳动局、市总工会的安排，本公司被确定为银川市职工劳动合同、集体合同签订工作的试点单位之一。

在广泛宣传和以座谈会形式征求意见的基础上，公司组成合同制工作领导小组，并先后召开11次会议，拟订出了《关于贯彻执行〈银川市第三建筑工程公司全员劳动合同制实施细则（草案）〉》，经反复征求各方意见后，于1995年12月18日提交第五届职工代表大会第十三次全体会议审议，并根据与会代表意见进行了修订，因此得到了54名与会代表的一致通过，使公司劳动合同制实施工作顺利进行。

在大量准备工作完成以后，公司于1995年12月26日举行了《劳动合同》签订仪式。市劳动局、市总工会等单位领导出席了签订仪式。

截至1995年12月31日，第一批469名职工与公司签订了《劳动合同》，并于1996年1月19日由市劳动局做了鉴证。1996年5月，第二批30名职工与公司签订了《劳动合同》，并经市劳动局鉴证。至此，与公司签订劳动合同职工共计499名，占536名应签人数的93.1%，公司《劳动合同》签订工作基本完成。

《劳动合同》的签订，在保障广大职工切身利益的同时，还存在企业难以解决的具体问题，如《劳动合同》签订以后，有些职工长期有病，不能上班。按照《劳动法》

有关规定，应发放生活费后辞退，但辞退后还存在他们由谁来接收、生活如何保障等问题，公司还存有顾虑，故未采取相应的措施，时至2016年也未能完全解决。

1997年12月26日，为切实维护职工合法利益，保证退休人员养老金按时全额支付，银川市社会保险事业管理局（甲方）与银川市第三建筑工程公司（乙方）双方就基本养老保险基金的征缴（含其他险种，下同）和养老金的支付事宜，达成以下协议：

1. 从1998年1月起，基本养老保险基金实行全额结算。乙方须按征缴基数与比例结算的金额，在每月十日以前以转账支票的形式划拨到甲方账户内。

2. 乙方一次性补缴养老金80万元后，甲方对企业实际支付的退休费按政策规定核定，其增加的养老金、政策性调整所增加的费用以及丧抚费、取暖费均由甲方负责支付。

按照协议，公司筹措80万元资金，将346名退休职工一次性移交社保局。退休职工工资由社保局发放，结束了20多年来退休职工由企业供养的历史，减轻了企业的负担，解决了退休职工的后顾之忧，使其安度晚年。

1998年3月12日，银建三政发〔1998〕13号文件《关于公司企业劳动合同管理工作的情况汇报》上报市劳动局。公司自1995年全面实行全员劳动合同，截至1998年2月，共计签订《劳动合同》职工525人，公司无下岗职工。

同年9月4日，市政府银政发〔1998〕142号市人民政府关于转发《自治区人民政府关于建立统一的企业职工基本养老保险制度的实施意见》的通知发各直属机构、有关企业。这时，公司已全面顺利完成了企业职工基本养老保险工作的签订和办理。

二、关心职工健康

1997年2月，经公司经理办公会议研究决定，公司医务所租用医疗机械，聘请医疗专家为全体在职职工进行了体检，让职工了解自己的身体健康状况和疾病的认识与预防，进一步提高身体素质。

诊疗所医务人员每周安排一天为生产一线职工送医、送药，为促进公司生产做出了一定的贡献。

三、改革工资分配机制

1995年9月6日，由于土建工程新的预算定额已颁布执行，以及职工工资调整和社会用工价格大幅度上涨等因素，使原有工资结算规定不能与之相适应，经公司测算并研究决定，制定了《关于调整工资结算的规定》。具体规定为：工资计算基数以预算定额人工费为依据，乘以不同系数予以结算。如下表所示。

队厂、工段	分部工程	规定工资结算系数
瓦工段	基础、主体、屋面工程 楼地面、装饰工程	0.9 1.12
加工厂	桩基工程 其他工程	0.6 0.8
预制厂	各类预制构件制作	0.6
水电工段 安装公司	水暖、电照安装工程	1.6
联营工段	土建工程 水暖、电照安装工程	0.5 1.0

同年10月25日，银劳发〔1995〕101号《关于下达我市所属集体企业1995年度工资总额同经济效益挂钩基数的通知》下发市属集体企业及有关企业。对银川市电器修造厂等集体企业九1995年度"工效挂钩"和"工资总额包干"的基数进行了核定，并就执行中的有关事宜做出通知。

1996年10月23日，根据银劳发〔1996〕034号文件精神实行全员劳动合同制，职工工资普调10%，经公司测算并研究决定，就有关工资结算系数做相应调整，公司《关于重新调整工资结算办法的规定》下发司属各部门。

1997年3月12日，银建三政发〔1997〕14号文件《关于对王冬青等25名职工给予晋升一级工资奖励的请示》报市建委。为了认真贯彻党的十四届六中全会精神，按照政治强、业务精、作风正的要求，对在精神文明建设中做出成绩者给予表彰奖励，经公司党政联席会议研究，第六届一次职代会审议通过，对王冬青等25名因在公司生产（工作）中连续三年做出突出贡献的职工给予奖励晋升一级工资的决定。

同年5月22日，银建三政发〔1997〕25号文件《关于实行全员上浮工资的通知》发司属各部门。1996年，公司在全体员工的团结拼搏下，超额完成了各项经济技术指标，取得了较好的经济效益和社会效益。经公司研究决定，自1997年5月起实行全员上浮工资一级。

7月18日，银建三政发〔1997〕37号文件《关于生产一线职工岗位津贴发放的规定》发司属各部门。为进一步体现工资分配向苦、脏、累生产一线职工倾斜的原则，以提高生产一线职工的工作热情，结合公司目前实际经济情况，经公司研究决定，对生产一线职工执行岗位津贴，按出勤每天3元，每月70元发放。

1998年4月2日，银建三政发〔1998〕15号《关于固定1997年度上浮工资及实行1998年上浮工资的通知》下发司属各部门。经公司4月2日经理办公会议研究决定，自1998年3月1日起固定1997年度上浮的一级工资，并继续实行全员上浮工资一级。

同年9月11日，经公司9月11日经理办公会议研究，结合年初公司被自治区党委、政府命名为"精神文明单位"，决定自1998年9月1日起，公司全员再上浮一级工资。

四、住房和住房制度改革

1990—1994年，公司大量地解决了企业员工的住房，1998年在对外开发房地产的同时，又为以前未解决住房的42户员工解决了住房。

1996年5月16日，下发了市政府银政发〔1996〕84号文《市人民政府关于印发银川市深化城镇住房制度改革实施方案配套办法的通知》。

1997年11月7日，银建三政发〔1997〕65号《关于成立住房改革领导小组的通知》下发司属各部门。为了贯彻执行《银川市深化城镇住房制度改革实施方案》精神，使公司职工住房改革工作顺利进行，经11月7日公司党委、经理办公会议研究决定，成立公司住房制度改革领导小组。

组长：刘惠敏，副组长：安仰宁、雷永禄

成员：王兆林、张仑峰、郭建明、沙福海

同年11月24日，银房改办发〔1997〕140号文件，关于《银川市第三建筑公司住房制度改革实施方案》的批复送达公司。审核批复如下：

（一）原则同意公司上报的住房制度改革实施方案。

（二）为促进公司房改工作的顺利进展，请在做好宣传动员工作的基础上，精心组织实施。

1998年9月23日，根据《银川市深化城镇住房制度改革实施方案》和银川市房改办〔1997〕140号文件批复，结合相关配套改革办法及公司职工住房实际，1998年9月23日，经理办公会议与职工代表组长联系会议研究通过了《银川市第三建筑工程公司职工住房制度改革实施方案》银建三政发〔1998〕63号文件。决定于同年10月开始进行房改，要求司属各部门组织本部门职工认真学习《实施方案》，在10月5日前将本部门参加公司房改人员名单报于公司办公室，领取购房申请表与工龄证明单，实施公司职工住房改革工作。公司共有195名职工参加了房改。

第八节 企业改制的准备工作

一、清产核资

1997年,根据银川市财政局、经济贸易委员会、地方税务局根据国务院办公厅《关于在全国城镇集体企业、单位开展清产核资工作的通知》以及自治区财政厅等四厅、委、局印发的《宁夏回族自治区城镇集体所有制企业、单位清产核资工作方案》及银财发〔1997〕58号文件关于印发《银川市城镇集体所有制企业、单位清产核资试点工作方案》的通知,决定在公司开展清产核资工作。

同年5月29日,银建三政发〔1997〕32号文件《关于开展清产核资工作的通知》下发司属各单位。公司成立清产核资工作领导小组。

刘惠敏任组长,雷永禄任副组长,郭建明、王浩、曾光丽、沙福海、陈志福、朱小宁、王冬青为成员,下设办公室,朱玉霞、杨雪峰为工作人员。

同年11月24日,银建三政发〔1997〕69号文件《清产核资工作总结》呈报银川市清产核资办公室。公司在上级党委、政府的领导下,在市清产办、市建委的具体指导下顺利地完成了清产核资工作的资产清查、价值重估、产权界定、资金核实、产权登记、建章立制,解决了固定资产账面价值与实际价值不等的问题,处理了以前形成的呆账、坏账,核清了公司的"家底"。

1998年1月5日,银川市清产核资领导小组办公室《关于银川市第三建筑工程公司〈银川市集体企业清产核资结果确认通知书〉》送达公司。

由于1991年银川市人民政府下达银政函〔1991〕23号文件,将原银川市第五建筑公司合并于银川三建,成立了银川市第三建筑工程公司一分公司。合并后,一分公司一直实行独立经营、单独核算。该公司有在职职工106人,离退休职工281人,资产总额2629.61万元,负债总额2621.69万元,净资产7.92万元。一分公司按资产负债状况已没有可供改制的净资产。为使公司改制工作顺利完成,1998年8月13日,公司以银建三政发〔1998〕50号文件呈报银川市国有资产管理局,申请根据企业实际困难对一分公司租赁使用的新市区文昌南路国有土地进行资产评估立项,并按银党发〔1998〕34号文件精神,批准将土地资产按视同交纳土地出让金进入企业改制,为企业顺利改制创造条件。

1998年8月25日，经银川市规划土地管理局银规土确字〔1998〕第041号确认，该宗土地使用期限17年，使用权总价为105.17万元。

1998年8月31日，银川市国资委银国资发〔1998〕129号文件《关于土地资产评估结果确认的通知》送银川市建三公司一分公司。根据《国有资产评估管理办法》及其施行细则的有关规定，市国资委对已经市规划土地管理局审核的该项土地估价报告〔银土估测98〕（086）号进行了验证，同意该报告估价结果。

9月15日，银川市国资委银国资发〔1998〕45号《关于市建三公司一分公司土地资产进入改制的决定》送达银川市第三建筑工程公司。鉴于一分公司现有职工106人，离退休人员81人，净资产7.92万元的实际情况，为支持企业改制，根据市委、政府银党发〔1998〕34号文件精神，经银川市国有资产管理委员会第六次会议研究决定，同意一分公司在新市区文昌南路的国有土地一宗，总面积28750平方米，土地使用权总价105.17万元全部进入企业改制，视同土地使用权出让，进入企业改制。

二、学习、讨论企业改制文件精神

1997年10月，根据党的十五大关于调整和完善所有制结构，加快推进企业改革精神，为进一步加大企业产权制度改革力度，为企业改制、改组创造更为宽松的外部环境，银川市委、政府结合企业的实际情况，制定并印发了银发〔1997〕31号文《中共银川市委、银川市人民政府关于当前企业改革若干问题的规定》，公司予以转发，并组织职工学习。

11月3日，公司以银建三政发〔1997〕68号文转发了《中共银川市委、市人民政府关于当前企业改革有关问题的补充规定》《银川市企业产权制度改革宣传提纲》，要求各单位结合公司〔1997〕68号文件组织本部门职工学习，认真领会文件精神，并由各党支部于11月10日前将学习情况汇总上报。

11月27日，经理办公会议研究决定，成立了市建三公司体制改革领导小组。按照上级有关文件精神，在全体员工的共同努力下，体制改革领导小组配合银川市企业体制改革进行了清产核资、人员分流、住房改革等一系列实质性的工作。同时拟订银川市第三建筑公司《关于公司改制人员分流的若干规定》《企业改制身份置换及职工增资配股》《企业章程》等文件草案，供职工学习、讨论。

1998年12月18日，银川市第三建筑工程公司第六届第四次职工代表大会召开，市建设委员会副主任陈银生、副书记张光华出席大会并讲话。大会审议和通过了《银川市第三建筑工程公司改组为银川三建有限责任公司的实施方案》和《银川市第三建筑工程公司企业改制身份置换及职工增资配股方案》，并讨论修改了《银川市第三建工程有限责任公司章程》。

在职代会分组讨论会上，来自公司各基层部门的职工代表和列席会议的中层干部就两个方案进行了热烈的讨论。由于对《方案》中一分公司（原市建五公司）与总公司（市建三公司）资产分配问题的理解角度、认识不同，争辩时有发生。经讨论、分析，与会代表就争论焦点问题最终达成了共识，即：（一）总公司与一分公司进行整体改制，按各自的净资产分别量化给职工；（二）第一分公司改制后仍将保留当前的经营方式，自主经营、自负盈亏；（三）改制前的债权债务问题由总公司与一分公司分别承担各自企业的债权、债务。两个方案经55名与会代表举手表决，以53票赞成，2票弃权通过。

1995—1998年，公司新一届领导班子狠抓企业内部制度的建立和落实，各项改革稳步推进，企业产值、利润及职工收入持续提高，较好地完成了各项经济指标。

公司内部经济形势发展良好，企业总产值每年以11.3%的速度递增，为1999年深化企业体制改革，顺利开展各项工作奠定了较好的基础。

1995—1998年各项经济指标完成情况

指　标	1995年	1996年	1997年	1998年
年产值（万元）	4856.38	5648.47	6208	6623
施工面积（m^2）	103033	105194	121612	162004
竣工面积（m^2）	54088	52713	82173	84807
工程创优率（%）	25	45	45.38	61.9
职工年收入（元）	4708	5513	6018	7006
纳税（万元）	178	154	178	200
利润（万元）	18.5	18.5	37.9	35
固定资产（万元）	1588	1706	1917	2304

注：此表根据公司各年度职代会审议后年终总结的数据汇总编制。

公司的精神文明建设与物质文明建设互相促进、协调发展。公司两次荣获全国集体企业全面质量管理"金屋奖"，连续三年获银川地区建设工程最高荣誉奖——"凤凰杯"优质建设工程奖。先后被建设部、国家统计局、自治区政府、银川市政府等部门授予全国建筑企业统计工作先进单位、模范纳税户、先进基层党组织、红旗团支部等称号。公司总经理刘惠敏被自治区党委组织部、宣传部、经贸委、团委、青年企业家协会授予"宁夏杰出青年企业家"荣誉称号。

1999年9月1日,《宁夏日报》刊登题为"向光荣的共和国纳税人致敬"的整版通告,公示了荣获"自治区模范纳税户"称号的企业,银川三建位列第7位。

第 7 章

改组改制 扬帆未来

1999—2001

在一个企业发展的道路上，总有一些影响深远的重大事件会成为这个企业员工的集体记忆，这些事件的过程和结果，员工的态度及倾向，将会影响这个企业未来的发展和方向。

第一节　改制成功　轻装上阵

自 1997 年下半年始，按照中国共产党第十五次代表大会关于加快、放开、搞活国有小型企业改革步伐的精神，依据"产权清晰、权责明确、政企分开、管理科学"的要求，对企业实行规范的公司制改革，使企业成为适应市场的法人实体和竞争主体。自治区党委、政府，银川市委、政府及有关部门先后出台关于企业产权制度改革的文件、规定和措施。银川三建在上级领导及相关部门的指导下，在广大职工的协助、支持下，沿着企业改革的方向前行。

一、风起云涌，孕育改制

1997 年 5 月，按照自治区财政厅、清产办等部门关于《宁夏回族自治区城镇集体所有制企业单位清产核资工作方案》的要求，公司进行了全面清产核资工作。7 月 12 日，由财政部姜洪南司长率领的检查组一行三人，在自治区、市国资委、财政局、清产办等部门领导陪同下，莅临公司检查清产核资工作。公司经理刘惠敏、副经理雷永禄分别向检查组汇报了企业概况及清产核资工作的进展情况。检查组对公司清产核资工作给予了较高的评价。认为公司在清产核资工作中，采取的措施全面，方法得当、详细、规范，对确保第二个阶段固定资产重估，提供了保证，奠定了基础。

同年 10 月，银川市委根据党的十五大关于调整和完善所有制结构，加快推进企业改革的精神，进一步加大企业产权制度改革力度，为企业改组、改制创造更为宽松的外部环境，结合银川市实际情况，制定下发银发〔1997〕31 号文件《中共银川市委、银川市人民政府关于当前企业改革若干问题的规定》。文件的主要内容是调整和完善所有制结构，对企业实行所有制改组，通过股份制改组、股份置换、有偿转让、国有资产出售等方式，使国有资本从一般性竞争行业中全部退出，从根本上转换了企业经营机制。

11 月 20 日，为了更好地学习、贯彻十五大精神，努力寻找能够极大促进生产力发展的所有制实现形式，推动公司企业改革工作，下发银建三政发〔1997〕6号文件《关于转发中共银川市委、银川市人民政府关于当前企业改革若干问题的规定》，全文转发了银发〔1997〕31号文件，并组织司属各部门广大干部、职工认真学习、领会文件精神，结合企业实际情况进行广泛的讨论。

12月1日，经11月27日经理办公会议研究决定，成立了银川市第三建筑工程公司体制改革领导小组，公司以银建三政发〔1997〕32号文件发司属各部门。

组长：刘惠敏

组员：雷永禄、赵云利、安仰宁、张仑峰、郭建明、沙福海、王兆林、王孝

下设办公室，办公室主任：雷永禄

成员：王兆林、王孝、王浩、席延江、曾光丽、陈明逵，负责办理日常事宜

1998年1月5日，银川市清产核资领导小组办公室下发了《银川市集体企业清产核资结果确认通知书》第19号、20号文件，对银川市第三建筑工程公司、市建三公司一分公司的资产予以确认。

同年，根据银川市住房制度改革办公室关于《银川市深化城镇住房制度改革实施方案》，结合公司职工住房情况，对206名职工进行了房改的前期核实申报工作，有195名职工参加了房改，对33名职工的住房进行了一次性出售。在公司开发的住宅楼中又解决了42名职工的住房问题。

根据银党发〔1998〕34号文件《中共银川市委银川市人民政府关于当前企业改革有关问题的补充规定》精神，经公司积极努力，市国资委（1998）45号文件批复，将一分公司新市区文昌南路土地，使用权总价105.17万元划拨给企业，由第一分公司按照公司《配股方案》具体量化到个人，进入公司的整体改制。

同年5月6日，公司体制改革小组全文转发了银党发〔1998〕34号文件，印发了《银川市企业产权制度改革宣传提纲》，供司属各部门全体干部、职工学习、讨论。又相继聘请了有关经济专家、教授向职工讲解十五大报告精神，并请市体改委段国贤、程锐娟等领导三次莅临公司，向全体管理人员和职工解读银川市企业改制政策、目的和改制后企业与职工的关系及利益，向职工既谈改革的益处，也告知了改制的风险，并在企业内部举办了改制研讨会，使职工在思想上认清企业改革的形势，明确企业改制的实质，统一了认识，达成了共识。

5月16日，经公司第六届第三次职工代表大会全体会议讨论，审议通过了公司体

制改革领导小组制定的《关于公司改制人员分流的若干规定》。

1998年9月，经公司职工代表大会讨论通过的《关于职工买断工龄界定时间的补充通知》下发司属各部门。有23名职工办理了离岗挂编手续，有37名职工自愿办理了买断工龄、自谋出路手续。公司一次性出资46万元，妥善解决了买断工龄职工的安置工作。

同年11月，公司体制改革领导小组成员根据《中华人民共和国公司法》、银发〔1997〕31号、银党发〔1998〕34号文件精神，走访区、市已改制企业，学习其成功经验。按照国家法律、法规，结合本公司实际情况，在银川市政府体制改革委员会负责人指导下，经过多次讨论、酝酿，征求基层意见，从公司整体利益出发，本着向职工负责、向企业负责、向社会负责的精神，公司体改小组草拟修订了《银川三建股份制改组实施方案》《职工身份置换及增资配股方案》《银川三建有限责任公司章程》。

1998年12月18日，公司召开六届四次职工代表大会，审议和通过了公司改组为银川三建工程有限责任公司的方案和《银川市第三建筑工程公司企业改制身份置换及职工增资配股方案》，审议通过了提交股东大会的《银川三建工程有限责任公司章程》。与会职工代表同意公司在资产评估，明晰产权的基础上改制为银川三建工程有限责任公司，会议对总公司与一分公司同步改制形成了以下共同意见：总公司与一分公司进行整体改制，按各自的净资产分别量化给职工；第一分公司改制后仍将保留目前的经营方式，自主经营，自负盈亏；改制前的债权、债务问题由总公司与一分公司分别承担各自企业的债权、债务。并上报银川市体改委、建委批准后实施。市建委副书记张光华、副主任陈银生出席会议并讲话。

1998年12月21日，《关于银川市第三建筑工程公司改组为银川三建工程有限责任公司的申请》上报银川市政府体制改革委员会。

1999年1月30日，银建三政发〔1999〕05号文件《关于公布职工身份置换及入股的通知》下发司属各部门。根据公司第六届四次职代会审议并通过的银川市第三建筑工程公司《企业改制身份置换及增资配股方案》的原则和规定，经公司组织计算，确定资产置换量化额（分值）及每位职工个人总分值、配股金额、入股金额、实际金额，并将有关事宜做明确通知如下：

职工入股自愿、股权平等、利益共享、风险共担、同股同利、按股分红、按股承担风险。

职工自愿选择投资入股，投多少资，按比例量化多少股，职工不投资入股的，不享受身份置换的股权，其身份量化置换的股权视为自动放弃。

2月12日，公司编制并公布了股东花名册。入股人数为431人，职工参股率达97.7%。

1999年3月2日，银体改委发〔1999〕04号文件《关于银川市第三建筑工程公司改组为银川三建工程有限责任公司的批复》抄送银川市第三建筑工程公司。经市体改委研究，同意公司整体改组为银川三建工程有限责任公司。

（一）公司名称：银川三建工程有限责任公司

　　公司地址：银川市解放东街17号

　　企业类型：有限责任公司

　　注册资本：834万元人民币

　　公司法定代表人：董事长

（二）同意市建三公司与原所属一分公司实行整体改制。

（三）原则同意公司《章程》及《职工身份置换和增资配股方案》《企业改制实施方案》等方面的改制方案。

3月25日，银建三政发〔1999〕07号文件《关于转发市体改委〈关于银川市第三建筑工程公司改组为银川三建工程有限责任公司的批复〉的通知》下发司属各部门。

3月29日，根据公司《章程》制定了《银川三建工程有限责任公司董事会、监事会选举办法》。

同年3月30日，公司关于《董事会成员、监事会成员选举条件》下发司属各部门。具体如下：

（一）董事会是公司制企业的经营决策机构，由董事组成，对外代表公司。董事会成员需具备以下条件：

1. 德才兼备，具有强烈的责任感和事业心，坚持四项基本原则，坚决贯彻和执行党和国家的方针、政策和路线。

2. 克己奉公，不谋私利，作风正派。

3. 具有一定的开拓创新意识和实事求是的工作作风。

4. 善于团结他人共事，具有较好的决策能力、组织管理能力和协调控制能力。

5. 具有一定的知识文化水平，掌握企业的管理、社会科学知识和专业知识。

6. 遵守国家的法律、法规。

（二）监事会是公司的监督机构，监事成员必须懂得企业管理的基本知识，以便更好地履行监督职能。监事会成员的条件如下：

1. 拥护党和国家的路线、方针、政策；
2. 懂得公司经营管理的基本知识；
3. 办事公正、公平、不谋私利；
4. 能够真正代表股东的利益，维护股东应有的权利；
5. 对于损害公司利益的行为进行监督和纠正；
6. 董事、经理和财务负责人不得担任监事。

1999年3月31日，公司召开企业党、政、工领导，中层干部、职工代表联系会议，公布并通过了董事会、监事会成员选举条件，以无记名投票选举的方式，选出了公司第一届董事候选人8名：刘惠敏、季光军、郭建明、赵云利、王浩、沙福海、刘华堂、安仰宁；监事候选人6名：席延江、张仑峰、雷永禄、陈明遂、张冀贤、姚宝恒。

4月2日，根据公司党委、体改小组联席会议决定，确定了经各基层部门推荐出的监票人、计票人。他们是王玉林、李彩霞、陈杭英、张静、陈淑叶、侯惠斌、罗银强、唐新宁、张素梅、杨利玲、马雅兰、孔秀云、曾光丽、陈喜萍、杨雪峰。大会总监票人、计票人：王兆林。

1998年底，公司有固定资产2241万元，注册资金1388万元；有固定职工486人，各类管理人员154人，其中工程技术人员107人，经济、会计等系列人员44人，全年生产工人2100人（含季节性临时工）。有塔吊6台，及各类运输、加工、焊接、试验等配套设备。从公司到下属项目经理部，有配套完整的技术质量、生产经营等管理体系，年施工面积16万平方米。公司下设5个分公司及开发公司、物业分公司、摩托车分公司、装饰分公司、综合加工厂、预制厂、材料设备站、诊疗所等部门。

二、水到渠成，改制成功

1999年4月9日上午，银川三建工程有限责任公司第一届股东大会在银川剧院隆重召开，公司431名股东到会。银川市体改委科长赵勇，市建委副书记张光华、副主任蒋光临等出席会议。大会由公司党委副书记张仑峰主持，公司股改领导小组组长刘惠敏向大会做了股改工作的进展报告。

银川市体改委科长赵勇宣读了银体改委发〔1999〕04号文件《关于银川市第三建

筑工程公司改组为银川三建工程有限责任公司的批复》。

吴炜宣读了公司《章程》，并经全体股东举手通过。大会举手表决通过《银川三建工程有限责任公司董事会、监事会选举办法》和总监票人、计票人，监票人、计票人名单。

大会根据银川市体改委〔1999〕04号文件批复及公司《章程》的规定，董事会、监事会按全体股东各自所持股权额，以无记名投票选举的方式，进行了选举。经过计票人、监票小组严格统计，选举产生了公司第一届董事会、监事会成员。根据公司《章程》规定，由全体股东在大会上以无记名投票的方式直接选出公司董事长。

第一届董事会、监事会成员合影

董事会董事：刘惠敏、赵云利、沙福海、季光军、郭建明、安仰宁

董事长：刘惠敏，为公司法定代表人

监事会监事：张仑峰、陈明遽、雷永禄

431名股东经过约11个小时的会议，两轮无记名投票选举后，尚缺董事1名、监事2名，按照会议通过的选举办法待后补选。

董事长刘惠敏代表当选董事、监事讲话，表示将不负众望，带领全体股东奋力拼搏，努力使企业在规模、实力和效益方面再上新台阶，实现企业第二次创业的宏伟目标。

市建委张光华副书记、全开新科长，市体改委赵勇科长分别做了总结讲话。他们对公司的体制改革工作予以肯定，并祝贺大会圆满成功。同时希望第一届董事会、监事会以职工利益为重，严格按公司《章程》开展工作，把银川三建工程有限责任公司的各项工作推向一个新的起点。

1999年4月22日，根据公司第一届股东大会的选举办法，经公司监事会成员选举决定：张仑峰为监事会主席。

孕育了近两年的公司体制改革工作终于迈出了决定性的一步。跨过这个界碑的三建人将会继续前行。虽然困难和坎坷还会突如其来，虽然前进的道路布满荆棘，虽然发展的挑战依然严峻，但以1999年为坐标，三建人认识到更加艰巨的责任和担当，怀揣着更为执着的追求和梦想，走上了更加宽阔的发展道路。

勤劳、智慧的三建人，用自己的双手，撑起了企业发展的蓝图。银川三建工程有限责任公司——这艘满载希望的航船已经起航，向着更远的方向前进。

第二节　改革规范人事制度　完成兑现考核目标

企业体制改革和经营方向确定之后，配备使用干部就是决定性的因素。结合新公司的成立，根据公司《章程》的有关规定，经第一次董事会研究决定，对公司经营班子成员进行了聘任，对组织机构设置进行了调整和规范，对相近的业务部门予以合并。成立了国际标准ISO9000质量认证办公室。按公司《章程》规定，由总经理对公司中层干部进行每年一次的聘任，与公司各生产经营部门签订了经营承包合同，为改制后的公司依法经营，在市场竞争中不断开拓进取提供了组织保证。

1999年4月20日，根据公司《章程》规定，经4月20日公司第一次董事会会议研究决定，聘任刘惠敏为公司总经理。

经总经理刘惠敏提名，董事会同意聘任季光军、沙福海、郭建明为公司副总经理；赵云利为公司总经济师；王浩为公司财务负责人。

公司董事会根据经营管理情况和市场变化，按照公司《章程》规定，经公司总经理提名，对各科室、分支机构负责人聘任如下：

（一）工程一科：科　长　赵永安（暂负责科室全面工作）

　　　　　　　　副科长　王　功（负责安全管理）

　　工程二科：科　长　吴　炜　　副科长　安建华

生产经理助理：范大成（负责全公司安全管理工作）

经 营 科：副科长　张　静

预 算 科：科　长　王冬青　　　副科长　王恒运

财 务 科：科　长　王　浩

人 教 科：科　长　席延江

办 公 室：主　任　王兆林　　　副主任　陈明逵

开发分公司：经　理　姚宝恒　　　副经理　杜建威　马义

物业分公司：经　理　沈思福　　　副经理　雷永禄

一分公司：经　理　莫菁华　　　副经理　苏福

二分公司：经　理　吕福亮

三分公司：经　理　张冀贤

五分公司：经　理　赵国庆

摩托车分公司：经　理　王家驹　　　副经理　张胜和

装饰分公司：经　理　潘少云

综合加工厂：厂　长　刘华堂　　　副厂长　钟读桐

预 制 厂：厂　长　朱小宁

材料设备站：站　长　陈志福

诊 疗 所：所　长　崔进昌　　　副所长　刘梅芳

原工段项目经理部及水电段负责人暂不变动，聘任期按签订工程承包合同期为准。

（二）有关事项。

1. 撤销安全科，原安全科业务归并工程科，科室业务章仍保留使用。

2. 撤销劳资科，原劳资科业务归并预算科。

3. 人保科改编为人教科，负责公司人事、教育、宣传、法规、保卫等事项。

1999年5月18日，经公司党委会议研究决定，对各基层党支部人员进行调整。公司党委《关于各基层党支部委员调整任命的决定》下发各党支部，各基层党支部支部委员任命如下：

任命陈明逵同志为第一党支部支部委员；

任命刘华堂同志为第二党支部支部委员；

任命莫菁华同志为第三党支部支部委员；

免去陈明逵同志第二党支部支部委员职务；

免去郭建明同志第三党支部支部委员职务。

一、改革用人制度

2000年3月，为建立现代企业制度，逐步改进和完善新的用人机制，创立"公开、公平、公正、择优"的用人环境，制定了银三建工有政发〔2000〕23号文件《银川三建工程有限责任公司用人制度改革实行办法》。用人制度改革的基本原则是对经理层、中层管理人员、各类专业技术人员和一般管理人员全部实行聘用制，全面引入竞争机制。全体员工择优上岗，对竞争上岗人员从德、能、勤、绩四个方面进行全面考核。摒弃干好干坏一个样、干多干少一个样的观念，让"能者上、平者让、庸者下"。通过考核，使业务能力过硬、能力较强的人员走上相应的管理岗位，改变过去"一纸定终身"的旧体制，初步形成了企业定岗、定编、定员的用人制度。

《用人制度改革实行办法》明确规定：高、中层管理人员选聘必须贯彻德才兼备和干部"四化"（革命化、年轻化、知识化、专业化）方针的原则，注重思想品德、政治立场、工作热情、领导才能和工作业绩。

聘任程序：公司总经理由董事会聘任或者解聘；由总经理提名，董事会聘任或者解聘公司副总经理、财务负责人；由总经理聘任或者解聘中层管理人员，并颁发聘任证书。

高层管理人员聘任期为三年，中层管理人员聘任期为一年。各承包部门负责人以承包经营合同为准。

考核内容：包括德、能、勤、绩等方面，重点考核政治素质和工作实绩。

年终综合考核采取考核与民主评议相结合的方法进行。

根据考核情况进行奖罚。对工作表现突出、为公司经营管理做出突出贡献、在群众中威望高的人员予以物质奖励和精神奖励，对有半数的人员认为不称职或长期完不成生产、工作任务的人员，由总经理予以解聘。

建立高、中层管理人员辞职制度。由于本人的工作能力、身体状况及其他原因申请辞职的，应予以批准；对工作不称职的，可责令其辞职，拒不辞职的予以解聘。

2001年3月29日，《关于公司专业技术人员聘任的通知》下发司属各部门。根据银三建工有政发〔2001〕9号文件规定，经公司专业技术职称聘任领导小组3月28日会议研究通过，对赵云利、王兆林等177名专业技术人员给予聘任。

二、坚持绩效考核，民主监督评议

公司坚持有目标、有计划、有检查、有考核、有奖惩的严谨工作方法。依据内部承包经营合同和岗位责任制考核办法，定期对司属各部门进行考核。半年检查考核一次，年终全面考核，并以考核结果作为效益奖发放的标准和聘用的依据。

1999年6月，公司对1998年各承包经营单位和实行岗位责任制的科室及单位、工程全额承包的工段进行了全面考核。经检查考核，大多数单位都完成或超额完成承包利润，各科室能够认真执行岗位责任制，使公司顺利地完成了全年度产值、利润等各项经济技术指标，取得了较好的效益。为了兑现和落实公司与各部门签订的承包经营合同、单位工程全额承包合同及岗位责任制考核奖励办法，经6月24日经理办公会研究决定，兑现和发放1998年经济效益奖。

2000年1月13日，《关于公司各部门年终考核工作安排的通知》下发司属各部门。决定自1月17日开始，由公司考核小组对司属内部经营承包部门、科室岗位责任制、工段全额承包项目、公司领导（正、副经理，党委副书记，工会主席）岗位责任制、中层干部岗位责任制、党支部精神文明目标责任制及团总支1999年度完成工作情况进行考核。

组长：刘惠敏　　副组长：张仑蜂、季光军

组员：王兆林　王浩　席延江　吴炜　金姝萍　王冬青　王恒运　陈国华

2000年8月4日，《关于对2000年上半年内部承包经营岗位责任制、全额承包考核工作的安排》下发司属各部门。决定自8月8日开始，由公司考核小组对司属内部经营承包部门、科室岗位责任制、内部工程项目承包上半年完成任务、工作情况进行考核。

同年12月23日，根据银三建工有政发〔2000〕79号文件《关于公司各部门年终考核工作安排的通知》，自12月25日开始，由公司考核小组对司属内部各经营承包部门、科室岗位责任制、各工段全额承包项目、公司领导（正、副经理，党委副书记，工会主席）岗位责任制、中层干部岗位责任制、党支部精神文明目标责任制及团总支2000年度完成工作情况进行全面考核。

经公司考核小组全面考核，大多数部门都能完成或超额完成承包利润，各科室能认真地执行岗位责任制。为了调动公司全体员工的工作积极性，兑现和落实公司与各部门签订的承包经营合同、单位工程全额承包合同及岗位责任制考核奖励办法，经理办公会议研究决定按考核结果发放 2000 年度效益奖。公司高层领导按评议结果，计算、补发预留工资。

2001 年 3 月 5 日，银三建工有政发〔2001〕08 号文件《关于对全公司机关工作人员评议的决定》下发司属各部门。

3 月 9—12 日，公司对中、高层领导和一般管理人员、专业技术人员、机关工作人员共 203 人进行了一次民主评议。这是公司首次较全面的评议。

此次民主评议，是自 2000 年仅对高、中层领导进行评议后进而对全部管理人员评议的深入，是公司企业改制后为适应现代企业制度的需要，建立一个公开、平等、竞争、择优的用人环境，一个程序完备、奖罚分明的用人体系而制定的评议办法。自此，全体员工实行聘用制，一年一聘，择优上岗。

此次民主评议的具体操作方法是"两个范围、一个标准"，高、中层领导为一个范围，由高、中层领导和股东代表参加打分；其余的管理人员、技术人员等是一个范围，由管理人员加上本部门高、中层领导参加打分。"一个标准"是指两个范围评议的标准是相同的，都是从德，即道德品质；能，即工作能力；勤，即工作的主动性和责任感；绩，即工作量和工作质量 4 个方面打分，每个方面又分"优、良、合格、差"4 个档次，96 分为满分，90 分以上为优，80～90 分为良，70～80 分为合格，70 分以下为差。此次评议结果，最高分为 93.9 分，最低分为 78 分。

5 月 21 日，经一届三次股代会表决通过的《银川三建工程有限责任公司 2001 年企业经营目标及考核办法》以银三建工有政发〔2001〕27 号文件印发。《经营目标及考核办法》将总产值、净资产增值率、工程质量、安全生产、职工平均收入、企业基础管理、精神文明建设等八项考核内容按分值进行细化。年终考核时，针对董事长、总经理全年完成经营目标任务情况予以奖罚。年终超计划完成利润，按超额部分的 10% 计发效益奖，并与考核得分挂钩计算。完不成利润目标的，取消奖励资格，按少完成利润的 10% 扣罚董事长、总经理下年度工资，若还不能扣完时，以个人股值的 1.5 倍从个人增资扩股额中扣除。副总经理、监事会主席、董事、党委副书记、三总师、工会主席等领导的处罚按相对百分比扣罚。

2002 年 1 月 29—30 日，为考核高、中层管理人员 2001 年度德、能、勤、绩四个方面及工作实绩和政治素质，公司在七楼会议室召开了中层以上干部、股东代表参加的民主评议会议。中层以上干部进行书面述职后全体参会人员进行了民主评议打分。经统计全部达到70分以上。

第三节 改革完善管理机制

一、首届股东代表大会召开

2000年6月9日，经公司董事会通过的《关于银川三建工程有限责任公司股东代表选举办法》下发司属各部门。为规范公司组织机构，保证公司的正常运行，维护股东权益，根据公司《章程》第二十八条规定，为了更好地集中广大股东的意愿，提高议事质量和工作效率，全体股东民主选举产生了50名股东代表，成立了首届股东代表大会，健全规范了有限责任公司的组织机构设置，为改制后公司依法经营，在市场竞争中不断开拓进取提供了组织保证。

同年7月19日，在董事长刘惠敏主持下，银川三建第一届股东代表大会如期召开。银川市建委书记焦天才、副主任徐庆、仝开新科长及公司50名股东代表参加会议。大会听取了董事会所做的《改制后的工作汇报》，听取并审议了《董事会2000年至2001年任期目标》《2000年企业经营目标及考核办法》《1999年利润分配方案》《关于一分公司进入公司整体经营的意见》的提案，并对提案进行了分组讨论。会上，股东代表对改制后公司的前景充满信心，对取得的成绩给予了充分肯定。

股东代表表决通过了《关于一分公司并入公司整体经营的决定》。决定将一分公司由原来的独立经营机构变为公司内部核算单位，采用与总公司实行合同承包、上缴利润、单独核算、自负盈亏的经营管理方式，改制为公司分支机构——银川市第三建筑工程有限责任公司一分公司。这样既解决了多年来遗留的"一司两制"困扰企业发展的历史问题，又统一了企业的管理，实现资产的充分利用，维护了企业和社会的稳定。

会上，银川市建委领导对公司改制一年来所取得的成绩给予了高度评价，焦天才书记肯定了银川三建的发展代表了企业先进生产力的发展方向，是建筑行业的佼佼者。并提出公司要进一步加强精神文明建设，提高全员整体素质，加大宣传、塑造企业形象，戒骄戒躁，争取取得更大的成绩。

2000年9月13日，公司召开了第一届第二次股东大会，376名股东参加了会议。

根据公司《章程》第三十八条、第四十七条规定，以无记名投票选举方式，经二分之一以上股东同意，补选刘华堂为第一届董事会董事，补选吴炜为第一届监事会监事。

二、优化股权结构，科学决策经营

2001年初，为了使改制后的企业管理层进一步加大风险意识和激励机制，根据市政府〔1999〕87号《银川市改制企业股权调整与管理暂行办法》的文件精神，调整企业股权设置，优化股权结构，使企业股权逐步向事业心强、有经营能力、有经济实力的股东手中集中，最终实现控股经营。由银川市建筑业协会刘天定秘书长联系，公司组织全体中层及以上管理人员分别由季光军、张仑峰、沙福海带队，到福建、云南等地改制企业进行实地调研，又组织部分人员到区内永宁、郊区、城区等5家改制成功企业进行考察、取经。根据调研学习，大家认为：改制成功企业的经验证明，股权相对集中、控股经营是企业发展的必由之路。

公司将考察结果向全体干部和股东做了汇报，征求了全体中层以上干部和基层股东意见，按照公司《章程》的有关规定，结合企业实际情况，经过充分酝酿讨论，董事会拟订了《银川三建工程有限责任公司二次配股认购方案（讨论稿）》。

同年5月19日，在刘惠敏董事长主持下，公司召开了第一届三次股东代表会议。会议讨论并表决通过了由董事会提交的《公司二次配股增资方案的提案报告》。5月21日，银三建工有政发〔2001〕28号文件《银川三建工程有限责任公司第二次配股认购实施方案》组织执行。

二次配股设置了经营风险奖励配股和增资扩股，在经营风险奖励配股中，个人除交纳配股的资金外，还须按公司配置股额的25%向企业交纳经营风险抵押金。当企业出现亏损时，首先以抵押金弥补企业亏损，以此强化企业经营者及管理层人员的责任和经营风险压力，逐步在企业发展中实现股权的集中经营。增资扩股按照入股自愿、股权平等、利益共享、风险共担、同股同利的原则，公司仅有12人以现金自愿入股196.7万元，大部分人员放弃了增资配股，企业增加了7名股东。二次配股交纳的出资，弥补和缓解了公司新上项目——混凝土搅拌站的资金困难。

三、加强合同和财务管理

2000年，根据中华人民共和国《合同法》，重新制定《银川三建合同管理办法》，对公司内、外部建设工程施工合同及其他经营性合同的签订与管理做了明确规定，严格了审批手续，使公司的合同管理和经营行为进一步规范化，更好地维护企业合法权益。

2000年7月1日，全国人大颁布了《中华人民共和国会计法》，公司在经济往来和财务核算方面，按照新《会计法》对会计核算的要求，以实际发生的经济业务事项，据实进行会计核算，填制会计凭证、登记账簿、编制财务报表，并经企业领导和财务负责人签字后上报。为了规范财务工作，统一核算方法，公司采取了以下措施：

内部会计监督和内控机制。建立了相应的财务、会计管理制度，其中包括《内部牵制制度》《稽核制度》《原始记录管理制度》《财务收、支审批制度》《财务操作管理制度》和《岗位责任制》等，在会计核算方面，由专人负责稽核。公司财务实行一级管理、二级核算，各项业务从原始凭证开始，严格把关。

财务清查方面。公司每年进行两次财产清查。上半年清查面占30%，主要有房地产开发办、医务所。下半年全部清查，不但清查库存材料物资的账和实物相符情况，查清盈亏原因，据实处理，而且对库存现金和银行存款，除了要求每周上报余额外，定期或不定期进行账实核对。账实核对定期半年一次，不定期核对在进行财务检查的同时抽查现金及银行存款，发现问题及时处理。

严格执行财务制度。2000—2001年共收回工程款1.089亿元，清理拖欠款938.8万元。其中通过经济诉讼15起，依法收回呆账、死账46.14万元，对企业的正常运行起到了积极的推动作用。

在财务管理方面用会计电算化替代手工制单、记账。1998年11月，公司购入HPE45服务器一台子、老金长城H266PC机2台、购入财务软件一套，包括工资、固定资产、upo报表、现金流量表、应收款、应付款及总账等财务核算软件，形成了小型核算网络。公司有财务人员6名，5名持有会计电算化证。公司在电算化管理方面制定了人员分工、个人操作、设置密码等一套较为完整的管理制度。

2000年5月20日，《关于银川三建公司会计电算化替代手工制单、记账的请示》报银川市财政局。经市财政局检查批准，予以正式实行。

公司自1999年1月开始使用会计电算化方式。会计电算化简单、快捷、精确的先进科学方法，提高了财务管理工作效率和核算水平。

2002年12月26日，宁夏华恒信会计师事务所华恒信会发〔2002〕011号审计报告认为：公司"会计报表符合《企业会计准则》和《施工企业会计制度》的有关规定，在所有重大方面公允地反映了贵公司2001年12月31日的财务状况及2001年的经营成果和现金流量，会计处理方法的选用遵循了一惯性原则"。

第四节 改革工资制度 发挥激励调解作用

进行工资制度改革，切实发挥工资收入的激励和调解作用，以适应市场变化对人才资源的需求，是促使企业发展的一项重要举措。

1999 年 7 月 24 日，经公司经理办公会议研究决定，制定并下发了银三建工有政发〔1999〕33 号文件《关于固定 1998 年度上浮工资及实行 1999 年上浮工资的通知》。自 1999 年 7 月 1 日起固定 1998 年度上浮的两级工资（原上浮一级工资的职工固定一级），并继续实行全员上浮工资一级。

2000 年 8 月 7 日，银三建工有政发〔2000〕57 号文件《关于成立岗位技能工资领导小组的通知》下发司属各部门。为不断引入竞争机制和企业发展的需要，打破原有档案工资模式，经公司 2000 年 8 月 5 日经理办公会议决定，成立岗位技能工资领导小组，负责岗位技能工资方案的调查、测算、制定工作。

组长：刘惠敏

副组长：季光军

成员：王兆林 席延江 王恒运 王 浩 马凤彩 马 进

根据劳动部有关改革工资分配的精神，经过领导小组 3 个多月的调研、测算、讨论，结合行业特点和企业的实际，制定了《银川三建公司岗位技能工资制实施办法》，使工资分配向技术含量要求高、工作责任大以及在科技、生产经营管理中的关键岗位和苦、脏、累、险岗位倾斜，打破了传统的计划经济体制下，按照工龄长短计算工资的模式，逐步实现按岗取酬，按任务、业绩取酬的分配目标，合理拉开工资收入差距，切实发挥工资分配在生产经营中的激励和调解作用，逐步向市场需求靠拢。

2000 年 11 月 14 日，银三建工有政发〔2000〕78 文件《银川三建公司岗位技能工资制实施办法》，经公司董事会第十三次会议通过，下发司属各部门。

2001 年 4 月 26 日，银三建工有政发〔2001〕20 号文件《银川三建公司岗位技能工资考核的实施办法》下发司属各部门。为调动全体员工的工作积极性和主动性，促使全面完成岗位责任制规定的各项任务，文件规定将每月各部门预留 20%～30% 的岗位技能工资，与完成任务的情况挂钩，实行考核发放。

第五节　一业为主定基础　多业并举促发展

首届董事会面对来自市场的强劲挑战,提出了"以建筑工程施工为基础产业,以房地产开发为发展产业,以第三产业及建筑边缘工业产品的生产为补充产业"的发展思路。在遵循市场规律,抓好基础产业的同时,拓展与建筑业相关的工业产品,在技术进步上挖掘新的经济增长点,三年形成了五项产业互相促进、互相补充、共同发展的新格局。

一、质量管理奠定基础

公司以建筑业为基础,狠抓工作面和工程质量,引入建立了全面质量管理体系,于2000年8月开始进行ISO9002国际标准质量体系认证工作。经北京兴原认证中心有限公司9000标准质量体系认证中心审核,2001年6月通过认证。

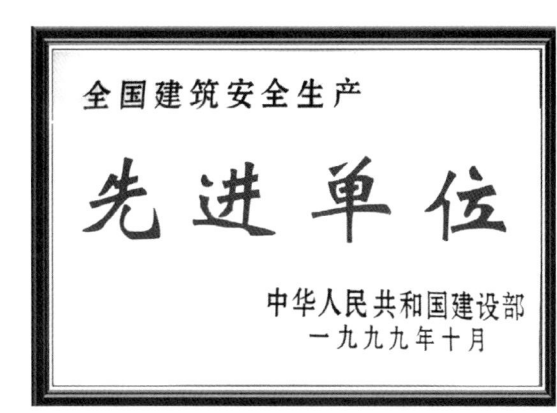

国际标准质量体系的认证,使公司员工的工程质量意识、保证体系、工艺操作、标准化管理等方面又向前推进了一个新层次,公司承建的工程得到了普遍好评。公安厅消防总队工程在市建委的综合大检查中被评为优良工程;宁夏公路局高家闸收费站工程被评为2001年度银川地区"凤凰杯"优质建设工程。公司先后被建设部,自治区建设厅,银川市政府、建委授予全国建筑安全生产先进单位、全国先进建筑施工企业等荣誉。提升了企业的社会信誉,增强了企业的整体竞争实力。

1999—2001年,公司承建工程130项,总建筑面积434742m^2,合同价款达28834万元。改制当年,施工产值一跃突破1亿元大关。

1999年9月,在银川市城乡建设委员会对银川地区申报的102家工程项目建设管理机构进行资质审查中,公司被评为首批甲级工程项目建设管理单位(银川市仅有两家甲级工程项目建设单位)。

二、房地产开发进入市场

房地产开发是公司的重要产业。自1995年以来,公司中山北街建材巷危房改造后,围绕开发建设了华苑一期住宅小区、东乐小区住宅楼,又征用了满春乡农具厂、银川市制镜厂、城区电器开关厂,分期进行了房地产开发。

1999年4月21日,银三建工有政发〔1999〕05号文件聘任:姚宝恒为开发分公司经理,马义、杜建威为副经理。

1999年6月23日,银川三建房地产开发有限公司经银川市工商局批准,注册成立。公司法人代表:刘惠敏。当年,经自治区建设厅审核,评定为房地产开发三级企业,2015年1月晋升为房地产开发二级资质。

房地产开发公司自成立以来,坚持"诚信铸品牌、创新求发展"的经营宗旨,广泛开拓市场。1999年开发的华苑二期262套商品房及2000年开发的华苑三期370套商品房于2001年底全部售完。

2000年3月,经市政府批准,以银政函发〔1999〕12号文件批复,同意银川康乐民族家具有限公司和银川三建联合对康民西区进行商品房开发建设。此宗土地使用权手续办理在银川三建房地产开发公司名下。

2001年6月13日,开发公司与宁夏文华房地产开发有限公司合作开发的兴庆区高台寺28998m²的文建小区开工建设。

1997—2001年,银川三建房地产开发公司先后开发建设了7个项目,主要有银川出租汽车公司、银川市西北物资商品楼、银川市康民西区、华苑一至三区、文建小区等项目。住宅楼和商业网点用房1074套,总建筑面积80382.33m²,经济收益12945.21万元。

公司开发的文建小区

三、商品混凝土公司隆重开业

1999年,根据建设部〔1996〕193号文件《关于印发〈关于加快预拌混凝土发展的若干意见〉的通知》、自治区人民政府办公厅〔1999〕71号文件《关于在银川市推广应用"商品混凝土"有关问题的批复》和银川市建委《关于印发〈银川地区推广使用散装水泥、发展商品混凝土的规定〉的通知》精神，公司组织有关人员到西安、兰州、上海等地进行实地考察，认为商品混凝土是一个新兴的产业发展方向，具有良好的发展态势和广阔的市场前景。

考察表明，商品混凝土具有专业化集中拌制、商品化集中供应的特点。推广应用商品混凝土是建筑业十项新技术之一，是建筑业改变小生产方式实现建筑工业化的重大变革。对于提高工程质量、扩大散装水泥的应用、降低原材料消耗、加快施工进度和保持良好作业条件，对减少环境污染、降低城市噪音、提高现代化机械使用程度有着明显的社会效益和综合经济效益。在各地中心城市，建立商品混凝土搅拌站已成为建筑业的一个重要组成部分，该项目符合国家产业政策和新型技术经济政策。

考察还表明，宁夏回族自治区仅宁夏建工集团有两台链条式小规模的混凝土搅拌站，在银川市建立混凝土搅拌站，有着广阔的市场前景。

为了调整产业结构，增强企业后劲，使企业可持续发展，经公司组织各部门反复讨论后，公司董事会于1999年7月24日研究决定，投资建立商品混凝土搅拌站。为了有序地完成项目建设，成立了银川三建筹建商品混凝土搅拌站领导小组。

组长：刘惠敏。

组员：季光军、沙福海、郭建明、赵云利、王　浩

下设办公室，办公室主任：沙福海

陈明逑、孔　涛、沈景远负责办理日常事宜

计划于2000年3月建成投产。

1999年7月26日，银三建工有政发〔1999〕35号文《关于银川三建工程有限责任公司建立商品砼搅拌站的申请》呈报银川市建设委员会审批。

1999年9月3日，银三建工有政发〔1999〕47号文件《关于报送〈银川三建工程有限责任公司建立商品砼搅拌站可行性研究报告〉的报告》上报银川市计划经济委员会。

1999年11月16日下午，在公司四楼会议室，由银川市计委牵头，组织市建委、市散装办、市经贸委、市交警队、市规土局、市建行，自治区建设厅等9个单位近30人召开了银川三建年产10万立方米商品砼项目可行性研究报告审定会。此次会议旨在广泛征求各有关部门的意见，以取得这些政府部门对该项目今后工作中的支持。市建委徐庆副主任、公司经理刘惠敏详细介绍了该项目的可行性和产生过程及意义。

1999年11月22日，经银川市计划委员会同有关部门研究，市计委银计发〔1999〕447号文件《关于银川三建有限责任公司建设"年产10万立方米商品砼搅拌站可行性研究报告"的批复》抄送银川三建工程有限责任公司，批复如下：

（一）商品砼项目符合国家产业政策，有利于降低城市噪音，减少环境污染，提高工程质量，扩大散装水泥的应用，项目可行。

（二）建设规模：生产规模为年产商品砼10万立方米。

（三）投资及资金措施：项目总投资1392万元。其中固定资产投资1192万元，流动资金200万元。资金来源为银行贷款600万元，其余部分通过企业自筹及合作方投入解决。

随着落实场地、设备的考察采购、安装调试、生产注册等工作的相继完成，2000年5月18日，银川三建混凝土工程有限公司隆重开业。

前来参加庆典祝贺的区内外单位有100多家。宁夏军区原司令员胡世浩亲临现场祝贺并题词："富而思进"。自治区经贸委主任吕重光，自治区体改委主任杨茂林，自治区建设厅副厅长史是伟，银川市人大常委会副主任董全有，银川市副市长王学祥，市政协副主席徐凤新，市建委主任陈银生、副主任徐庆等领导，上海建工集团副总裁倪豪，上海华东建筑机械厂有限公司董事长季泉勇、总经理吴庸、西北区销售经理钱德浩、陈丽新等贵宾300余人参加了开业庆典。

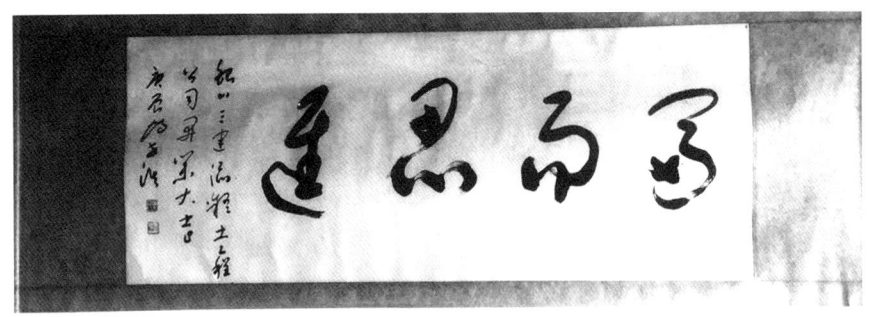

在公司总经理季光军的主持下，刘惠敏董事长致辞并介绍了混凝土公司筹建过程。王学祥副市长发表了热情洋溢的讲话。吕重光，史是伟，徐庆等领导致贺词，杨茂林、王学祥、董全有、陈银生、倪豪等为混凝土公司开业剪彩。

混凝土公司的开业，标志着企业经营单一、科技含量较低的局面得到了进一步的提升和改善，成为银川三建新的经济增长点。这一新型产业的实施，极大地提高了公司在建筑市场上的竞争地位，带动了全区商品混凝土的推广，增强了企业的竞争力。

混凝土公司首任经理陈明逵，副经理沈景远。

2000年6月9日，银川市政府第十八次政务会议审议通过了《银川市推广应用商品砼管理办法》，对银川地区商品混凝土产业给予了极大的支持，公司混凝土的生产销售乘势而上。

银川三建混凝土工程有限公司开业庆典

2001年，公司在扩建二期搅拌站的基础上，又购置了3辆混凝土运输车和2台60型混凝土拖式泵，使混凝土公司的生产能力翻了一番。由年产10万立方米商品混凝土提高到年产20万立方米。

首批混凝土运输车和60搅拌站

2001年6月，混凝土公司生产供应了银川市第一污水厂SBR反应池大体积混凝土，这是混凝土公司首次生产供应大体积、抗渗、抗冻融特种混凝土。为了确保SBR反应池混凝土质量，成立了QC质量小组。池底浇筑完工后，QC小组裂缝探测成果被国家工程建设质量奖审定委员会评为2001年度全国工程建设优秀质量管理小组。这是宁夏工程建设领域首获此奖。

2001年8月11日，建设部部长俞正声视察了建设中的银川市第一污水处理厂等自治区重点工程。9月15—16日，由建设部、监察部组成的检查组对银川市建筑市场情况和建筑质量进行检查，对银川市第一污水处理厂、城区四小教学楼工程提出了表扬。

由于混凝土公司严把质量和售后服务关，销售的商品混凝土由2000年9884m^3、产值357万元增长到2001年销售46491m^3、年产值近2000万元，生产能力、经济效益显著提升。

商品混凝土产业不但拓宽了公司的发展领域，提高了企业的机械装备水平和产品科技含量，同时也为推动宁夏提高建筑工程质量、加快施工进度、建设文明城市，推广使用散装水泥、发展商品混凝土，做出了积极的贡献。

在2003年大银川建设中，公司生产的商品混凝土供不应求，推动了宁夏商品砼业的大发展。

四、绿源散装水泥储运有限公司成立

2000年10月，根据国家在建筑项目上强力推广使用散装水泥的政策和银川市专门从事散装水泥经营运输空白的商机，为了进一步盘活企业的资产，公司与银川市散装水泥办、市城乡建设实业公司三家合资436万元，联合成立了银川绿源散装水泥储运有限公司。公司是以散装水泥储运、散装水泥罐出租为主要业务的服务型企业，固定资产258万元，有散装水泥罐87个。到2005年，各种规格水泥罐增加到115个。有水泥罐运输车2辆，2001年增加到4辆，为施工企业提供服务。

公司资金占总投资额的52%，刘惠敏任董事长，李文坚任总经理，雷永禄任副总经理，公司以推广销售散装水泥为主要业务，同时带动运输和散装水泥罐出租共同发展。2001年销售总额654万元，实现利润38.25万元。

五、物业等产业的发展

2000年初，根据国家西部大开发的战略部署和宁夏将加强基础设施投入的动向，公司适时成立了市政工程分公司和四分公司，为积极投入大银川建设做好准备。

随着公司房地产开发项目的不断拓展，作为房地产产业的配套服务行业，物业管理公司应运而生。2000年3月21日，经理办公会议研究决定，将银川市建三公司物业管理分公司注册为独立法人单位，成立银川三建物业管理有限公司，使物业管理纳入自主经营、自负盈亏的经营性管理轨道。物业公司是公司的下属独立经营机构，刘惠敏同志为公司的法定代表人。

至2001年，物业公司已承接东苑、东乐、华苑、康乐4个封闭小区的物业管理服务工作，另有东环北路3#、建材巷13#两个商住楼（院）的保安、保洁、绿化、车辆看管、供热及维修的管理任务，总管理服务面积近 90000m²。

2000 年，公司又投资 6 万元，为材料设备科购买了一台钢模整形机，不仅减轻了工人的劳动强度，也为公司增加了新的业务范围。

第三产业及建筑业边缘工业产品，如保温材料厂、白灰厂、房屋出租等业务也为公司增加了较好的经济收入。

第六节 精神、物质文明双丰收

1999—2001 年，第一届董事会任职三年期间，得到了全体股东的支持和拥护，全体员工齐心协力，务实苦干，使公司在改制后的综合实力和社会效益有了显著地提高。新的经营体制为企业带来了活力，经济效益成倍增加，职工收入大幅度提高，企业竞争力进一步增强。三年共完成总产值 3.64 亿元，利税累计达 1945.87 万元。公司经济效益，各项经济技术指标均呈递增趋势，超额完成了股代会制定的各项计划目标。

改制后三年与改制前 1998 年各项指标完成情况对比

指　标	单　位	1998年完成数	1999年完成数	2000年完成数	2001年完成数	改制三年平均数	比改制前1998年增加（%）
总产值	亿元	0.66	1.03	1.27	1.34	1.21	83.3
竣工面积	万平方米	8.48	14	15.39	12.03	13.8	62.8
工程优良率	%	60.12	61.9	77.51	77.56	72.32	20.3
职工年平均收入	元/人	7006	7576	9126	10566	9089	29.7
实现利润	万元	35	58.56	103	312.71	158.09	351.7
股东分红率	%		7.12	10.66	12	9.92	

注：此表数据摘自公司各年度年终总结汇总。

改制后，公司董事会抓住机遇，加快发展，开展多种经营业务，拓展企业发展空间，三年实现了"三个目标"。

一是实现了固定资产的保值增值。1999—2001年,公司的固定资产增加了1373.91万元,由1998年的2242.51万元增加到2001年的3616.42万元,提高了公司机械化程度,带动了施工产值的增长,企业的经济实力快速增强。

二是实现了企业利润的大幅度上涨。公司利润由1998年改制前的35万元,到改制后2001年提升到312万元。充分利用了银川市政府改制前三年返回所得税的优惠政策,彰显了改制后企业的活力和优势,提高了公司的社会形象和市场占有率。

三是实现了职工收入的连年递增。1998年改制前职工年均收入是7006元,2001年职工年均工资及福利收入突破1万元,比1998年增长42.7%。

股东三年累计分红268.82万元,超额完成了首届董事会为股东所做的三年全部收益达到了返还股东所交入股额的承诺。

净资产由改制前1998年的1377万元,至2001年底达到2471万元,与改制前相比,增加了1094万元。

改制三年来,"五个产业"(建筑业、房地产开发、商品砼、散装水泥储运、物业服务)的分布、"四项改革"(改革人事制度、改革管理机制、改革调整股权、改革工资制度)的深化,为"三个目标"的实现提供了有力的保障,为公司的经济发展奠定了良好的基础。

三年来公司注重发挥党组织的政治核心作用,以经济建设为中心,狠抓精神文明建设,党、政、工、团密切配合,保证和促进了企业生产经营的快速发展。

2001年4月,公司在《宁夏日报》刊登广告,面向全国征集企业司徽,收到了近百幅作品。经过公司评审筛选,来自江西一位设计师的作品中标。司徽由汉语拼音"三建"首个字母"S"和"J"组合而成,"J"与其后并排3个逐步增高、突出圆形上端的"1"合成罗马数字"Ⅲ",形似3栋拔地而起的高楼,诠释了企业的经营性质,寓意三建公司蒸蒸日上的美好未来。司徽主色是象征环保的绿色,代表生命、健康和活力,整体造型为开口不封闭的圆形,寓意三建开放、创新、包容的胸襟和勇气。

银川三建集团有限公司司徽

通过各种途径提高职工素质和企业的技术实力。公司党委通过管理干部会议,党、团会议,简报,黑板报等形式对职工长期进行潜移默化的职业道德和社会主义价值观的教育，同时鼓励、资助职工参加大中专院校的函授和各类岗位培训。三年引进大中专毕业生17人。增强了企业的发展后劲。

帮助职工解决实际困难。三年共补助困难职工3.68万元、192人次，累计发放职工子女助学金4.55万元。继2000年为女职工进行了一次全面身体检查后，2001年又投资4万元为全体职工进行了一次体检。

2001年8月，银川市劳动局确定公司为银川市职工医疗保险参加单位，公司一次性向银川市社保局交纳了76万元，为全体职工参加了医疗保险。至此，公司为职工参加了养老、医疗、工伤、生育、失业五项保险，使全体员工切实感受到了企业的温暖，增强了企业的凝聚力和向心力。

发展不忘回报社会。公司始终认为企业的发展离不开社会各界的支持和帮助。2000—2001年分别向银川师范学校、银川十中捐款2.7万元、3万元，得到了社会的广泛赞誉。

1999年末至2000年初，又开展了一次"公司上台阶，为民做奉献"活动，通过银川电视台、报纸等媒体发布告示，义务为银川市内本公司历史上所承建工程的住户维修水、暖、电设施，服务了社会，提高了企业的社会形象。

公司还组织职工积极参加献爱心捐款活动，如"救助贫困母亲、特困生""1+1助学""献爱心——挽救生命""见义勇为基金会"等。职工家属有困难公司组织员工踊跃捐款，帮助其渡过难关。三年各种捐款累计逾2.5万元。

2002年3月20日，公司召开了第一届四次股东代表大会，全体股东代表听取审议并通过了第一届董事会和监事会2001年暨任期三年的工作报告以及公司2001年度利润分配方案。大会还推荐了第二届董事会、监事会的候选人。

由于企业精神文明建设和经济发展工作措施得力、效果显著，公司先后获得建设部精神文明建设先进单位、自治区文明单位、自治区先进基层党组织、全国先进建筑施工企业等荣誉称号。

2000年4月，公司董事长刘惠敏被自治区党委和政府授予自治区劳动模范光荣称号，同年当选为中共银川市第十一次党代会代表。

第 8 章

开拓创新 谱写发展新篇章

2002—2004

第一节　体制创新　科学规范经营

2002年3月，公司改制后的第一届董事会、监事会三年任期届满。根据《章程》的有关规定，公司于3月23日召开了银川三建工程有限责任公司第二届股东大会，银川市建设局局长陈银生、总经济师仝开新参加了会议。全体股东根据公司《章程》，按法定程序民主选举产生了公司第二届董事会董事、董事长，监事会监事、主席，分别是：

董事会董事：刘惠敏、季光军、郭建明、沙福海、刘华堂、王　浩、吴　炜

董　事　长：刘惠敏（公司法定代表人）

监事会监事：安仰宁、张仑峰、陈明逵、席延江、赵永安

监事会主席：安仰宁

3月30日，公司召开了第二届一次董事会会议。会议决议如下：

（一）根据公司《章程》，经董事长刘惠敏提名，董事会同意聘任季光军为公司总经理。

（二）根据公司《章程》，董事会同意季光军总经理提名，聘任郭建明、沙福海为公司副总经理，王浩为总会计师，王冬青为总经济师。

董事会首次将公司董事长、总经理分设，探索将企业的决策权和经营权分离，向规范的企业法人治理结构迈进。

（三）会议决定将认证办改为企业管理办公室；撤销产品销路日渐萎缩的预制厂，原预制厂业务归并加工厂，其他机构设置不变。上届公司经营班子自4月3日起自行撤销。

2002年4月2日，《关于公司领导班子成员日常工作分工的通知》下发司属各部门。经公司党委书记、董事长、总经理研究决定，将公司领导班子成员日常工作分工如下：

董事长刘惠敏：负责贯彻、检查董事会决议的实施情况。主持拟定公司的经营计划和投资方案等工作。

总经理季光军：全面负责公司的生产经营工作及日常行政管理工作，组织实施公司的年度经营计划和投资方案等工作。

副总经理沙福海：负责协调政府、建委"督办"的工作及与公司合股的绿源公司、

砂石厂的协调工作；检查落实分管部门经营承包合同的完成情况。

总会计师王浩：负责全公司的财务核算工作及对各部门财务工作的业务指导，拟定公司年度财务的有关方案，组织公司经济活动分析，检查落实公司财务工作的执行情况。

总经济师王冬青：负责全公司的预决算审核工作（包括招投标预算编制及标底审核），编制全公司年度生产指标的计划，组织审核公司内外施工合同的会签工作及公司内部经营承包合同各项指标制定的测算工作。

党委副书记张仑峰：负责党委的日常工作，全公司的综合治理、保卫、民兵、精神文明、宣传教育工作；协调与银川市公安局、街道办事处、武装部、精神文明办公室的工作。

工会主席安仰宁：协调党委和公司各级组织做好政治宣传工作、工地的安全、文明施工宣传及民事调解等工作；协调与银川市、建委等各级工会组织的工作。

4月4日，根据银三建工有政发〔2002〕14号文件和第一届董事会任期考核情况，经季光军总经理对公司各科室、分公司干部提名，刘惠敏董事长批准，聘用了各管理部门人员，核定了编制名额。

工程一科科长：赵永安　副科长：高国泰　定员：5人

工程二科科长：冯　健　副科长：安建华　定员：7人

安全科科长：莫菁华　定员：2人

经营科科长：张　静　定员：3人

预算科科长：王冬青（兼任）副科长：张斌杰　定员：8人

办公室主任：王兆林

副主任：赵长林　定员：3人　工作人员：2人

财务科科长：王浩（兼任）副科长：金姝萍　定员：5人

人教科科长：席延江　定员：5人

企管办主任：张冀贤　定员：3人

劳资科科长：王恒运　定员：2人

工会　定员：1人

开发公司经理：吴　炜　副经理：马　义　杜建威　定员：9人

砼公司经理：陈明遂　副经理：沈景远　定员：9人

加工厂厂长：刘华堂　副厂长：马凤彩　定员：8人

材料设备科科长：范大成　副科长：夏永胜　定员：6人

二分公司经理：吕富亮　定员：4人

三分公司经理：陈卫华　定员：4人

四分公司经理：白雪融　定员：4人

五分公司经理：赵国庆　定员：4人

防水分公司经理：刘志怀　定员：2人

摩托车分公司经理：王家驹　副经理：张胜和　定员：2人

物业管理分公司经理：沈思福　定员：5人

诊疗所所长：崔进昌

副所长：刘梅芳　医务人员6人、工作人员：2人

第一项目部经理：段光斌　定员：4人

第二项目部经理：马　进　定员：4人

电工段段长：张雪峰　定员：1人

水暖段段长：陆建初　定员：1人

一分公司：

经理：扈永发　副经理：贾银星

生产部主任：贾银星（兼）　定员：3人

财务部主任：曾光丽　定员：3人

预算部主任：陈喜萍　定员：2人

综合办公室主任：王　孝　定员：2人

综合建材厂厂长：李　军　定员：2人

材料站站长：祖银生　定员：2人

油工队队长：李惠英　定员：1人

加工厂待定。

5月18日，总经理季光军组织召开了2002年新一轮各承包部门合同签约会议。公司从签约合同到竣工决算，都纳入公司整体、统一管理之中。

2002年6月4日，经第二届二次董事会研究决定下发〔2002〕6号文件《关于选举产生公司第二届股东代表有关事项的通知》，将选举产生公司第二届股代会代表有

关事宜通知如下：

（一）第二届股东代表产生具体工作由公司董事会领导，由部门所在党支部牵头，各部门组织进行选举工作。

（二）根据公司《章程》第二十八条规定，第二届股东代表由50名代表组成，经2002年3月23日公司第二届股东大会选出第二届董事会董事、监事会监事12人为第二届股东代表的当然代表外，本次组织选举的第二届股东代表为38名。

（三）第二届股东代表的选举产生，由于股权分散、选举按部门所在股东的股权总额，划分为十五个小组，由各党支部牵头，按公司下达给各小组的代表名额进行选举。

6月6—9日，全体股东分组，民主选举产生了50名股东代表。至此，公司第二届董事会任期的管理体系全部配套健全。

6月15日，公司召开了第二届第一次股东代表大会，大会审议通过了第二届董事会任期经营目标及考核办法，并以银三建工有政发〔2002〕27号文件印发各部门。简摘如下：

期限：2002年1月1日—2004年12月30日，共三年。

任期经营目标：

实现利润：三年共完成345万元。2002年完成100万元，2003年完成115万元，2004年完成130万元。

考核指标：三年共完成总产值3.6亿元。2002年完成1亿元，2003年完成1.2亿元，2004年完成1.4亿元（指标除产值外还有员工收入等七项条款）。

考核办法：利润为各项考核的基础，指标按分值考核。

其他目标和具体办法（略）。

董事长刘惠敏在会上对股东代表们提出了新的要求：要自觉学习党的路线、方针、政策，提高判断是非及参政、议政能力，及时为公司的决策建言献计。工作中要起模范带头作用，钻研业务，提高工作能力，树立奉献精神和责任意识。

2004年，公司聘请了宁夏朔方律师事务所刘继承为企业的法律顾问，维护企业的合法权益不受侵犯，指导企业健康合法经营。南耀华律师因年龄较大不再担任公司法律顾问。

第二节　经营创新　拓宽发展新局面

在竞争激烈的市场经济大潮中，企业要想立于不败之地，必须紧跟时代步伐，不断更新思想观念，以引导企业逐步向前发展。

企业经过几年的整合发展，本着"地域相近、产业相连、资本属性相同"的原则，初步形成了"以建筑业为龙头，以商品砼和房地产开发为两翼，以建筑工业产品的生产为补充"的产业格局，公司经营业绩稳步提升，走上了多元化可持续发展之路。

一、建筑、市政工程施工携手并进

2001年，国家进行西部大开发战略部署，公司紧抓国家大力支持宁夏进行基础设施建设的契机，施工领域从建筑行业向市政领域进行拓展。

2002年，公司第一次大面积承建了建发城市花园7#、10#楼，领秀一居1#、2#十二层4栋高层建筑。施工中针对楼层高、面积大的特点，为确保工程质量，公司成立了质量保证小组，严格按照图纸施工，确保安全生产，使4栋高层建筑的工程质量和安全生产均处在较好的控制状态中，保证了施工质量。

2003年，公司先后施工承建了银川市大团结广场、西夏广场、人民广场等广场工程；用73天完成了南三环宽32米、长2.2公里道路工程；开工建设了经五路、利民街、固原中央大道、中宁县旧城改造等道路工程；承建了银川、中卫垃圾填埋场，陶乐供排水管道等环卫工程，实现了公司道路、市政施工"零"突破，使市政施工产值在公司总产值的比重迅速提高，成为了公司新的经济增长点。

在承建西北最大的休闲广场——大团结广场的心脏工程旱地喷泉、人民广场下沉广场等工程时，公司委派

公司承建的大团结广场

了赵永安等7名专业工程师对各作业班组进行技术指导，随时解决施工中遇到的困难。经过80多天的昼夜奋战，大团结广场、人民广场施工项目顺利完工，为2003年6月全国少数民族运动会在宁夏银川召开献上一份厚礼。

二、房地产开发立足银川，走向全区

房地产公司继华苑一、二、三期商品房销售以后，又联合开发了文建小区$3^{\#}\sim7^{\#}$、$9^{\#}\sim11^{\#}$建设项目，共8栋楼175套，近3万平方米，于2002年12月全部竣工交付使用，销售额达到3325.6万元。

2003年2月27日，银川市计委银计发〔2003〕73号文件《关于下达华苑小区（四期）商品房投资计划的通知》，批复由银川三建房地产开发公司开发建设兴庆区原电器开关厂用地。华苑小区四期$14^{\#}\sim17^{\#}$四栋楼于2003年5月开工，2003年12月底竣工交付，总建筑面积10317.34m^2。其中住宅112套、车库9套，销售额约2335.9万元。与华苑前3期连成一片，成为一个较具规模的成熟社区。

2003年，公司与银川康乐木器厂有限公司联合开发了原银川亚麻厂用地。

因为公司开发建设的商品房注重户型设计，价格合理，工程质量优良，加之售后服务做得好，售房率达90%以上。2003年，在银川市房管局房地产交易所公布的"五月份商品房销售排行榜"中银川三建房地产开发公司排名第9位。

随着所有土地交易均要进入二级市场的新政策出台，土地交易全部实行"招、拍、挂"的方式出让，企业获得用地的要求提高。根据银川商品住宅开发量猛增，拍卖地价一再攀升的局面，公司决定走出银川，到外县市进行房地产开发。

2003年8月，三建房地产开发公司介入了灵武市旧城改造项目，投资开发佳乐苑小区。2004年2月3日，灵武市建设局向房地产开发公司颁发了

公司承建的灵武佳乐苑小区

房屋拆迁许可证。灵武佳乐苑项目的拆迁工作由开发公司自行组织。随着拆迁工作的艰难推进，2005年5月31日—7月6日，在灵武市政府的组织下，对剩余的15户拆迁户进行了反复动员，最终实现顺利拆迁。

2005年7月10日，佳乐苑小区项目1#～4#楼开工建设（其余楼号相继陆续开工）。该项目是开发公司在激烈的市场竞争环境下，走出银川的第一个开发项目。该项目占地面积22611.5m^2，共11栋楼（1#～11#楼），规划总建筑面积39355.3m^2，其中，住宅建筑面积30148m^2，269套；商业建筑面积9845m^2，共计121套；自行车库578.76平方米。

佳乐苑小区的开发建设，是银川三建房地产开发成功地向外市县扩展迈出的可喜的第一步。

三、商品混凝土成为重要的经济增长点

商品混凝土生产销售是公司的发展产业。混凝土公司建立时，就从高要求、从严规范，形成了一整套较完善的生产、安全、运输、浇筑、售后服务等管理制度，严格把好产品质量和售后服务关，赢得了社会的普遍认可。

自开业以来，所生产供应的商品混凝土全部合格，没有出现因质量问题而引起的经济纠纷。2002年施工新华百货老大楼扩建的18层写字楼和中级法院13层楼等项目工程，都受到了建设方、施工方的赞誉。

防止有害裂缝的出现，特别是大体积混凝土裂缝的消除，是一个国内外混凝土界都不能够完全控制住的难题。在浇筑银川市第二污水厂7000多立方米的混凝土污水处理池底池、池壁时，混凝土公司以生产高质量的混凝土为起点，为克服混凝土的"塑性收缩"和"化学减缩"，经理陈明逮带领技术人员多次进行混凝土试配、试验，提高混凝土的密实度，严格控制中粗沙的质量；采用锤破碎石、控制压碎指标和含泥量；科学控制

混凝土公司浇筑的SBR反应池

混凝土水灰（粉）比例、坍落度；派专业技术人员到施工现场，指导施工人员规范操作，强调混凝土的浇捣方法和二次振捣、多次压面、浇水养护、遮盖等工艺，控制混凝土内外温差，防止干燥收缩出现裂缝。工程结束后，经建设部专家检测，7000多立方米混凝土浇筑的池底、池壁没有出现一条有害裂缝，所有指标都达到设计要求和国家规范标准，这在全国建筑市场上都是少有的范例。

商品砼公司在赢得了质量和信誉的同时，取得了显著的经济效益。2004年供应混凝土的项目工程有90多项，生产供应混凝土6.66万立方米，产值2602万元。2002—2004年，共生产商品混凝土21.6万立方米，产值7086万元，成为公司重要的经济增长点。

由于商品砼产业市场前景看好，银川市2000年只有两家商品砼生产厂家，到2004年，增加到十家。为了提高商品砼在市场的竞争实力，2003年公司又投资250万元购置了一台德国施维英汽车泵；为了满足高层建筑施工现场的需求，出资60万元购置了一台80m^3/h混凝土拖式泵，扬程达200米；购置了60m^3/h拖载地泵两套，增加了混凝土运输汽车3辆，提高了企业的市场竞争实力。

四、整体搬迁加工厂

2003年，在实施大银川建设中，公司在上海路以南、唐徕渠以西的综合加工厂被政府规划为唐徕公园绿地，属于政府动员强拆的范围。在收到政府拆迁补偿的款项后，经公司董事会考察、研究，决定将加工厂整体搬迁到永宁望远工业园区。

同年7月12日，经望远工业园区现场办公会议研究，同意银川三建综合加工厂在工业园区迁建。

8月6日，永宁县人民政府、永计经发〔2003〕160号文件《关于银川三建工程有限责任公司综合加工厂迁址扩建项目的批复》下发，批准公司在永宁望远工业园区征地100亩（实际征地98.66亩），用于整体迁建加工厂。

经过一年多的厂区建设，到2004年底，公司为加工厂新基地投资630万元，完成了一期建设。混凝土桩基张拉台已投入使用，两个生产车间已进入设备安装阶段。

整体迁建后的加工厂产品及规模如下：

产品种类：塑钢门窗、防盗门、砼砌块。

建设内容：从德国或意大利进口塑钢加工成套设备和防盗门加工成套设备，部分关键设备从国内购买。

总投资及资金来源：项目总投资 1310 万元，其中，银行贷款 710 万元，公司自筹 600 万元，计划建成一个环境优美，设备齐全的现代化生产基地，提高加工厂的技术装备能力，优化产品结构。

五、调整整合分公司和项目部

2002 年 6 月 13 日，经公司董事会会议研究同意，公司与中卫物华房地产开发有限公司董事长贾宝华商议决定：合作成立银川三建工程有限责任公司中卫分公司，为银川三建下属分支机构，于 6 月 21 日正式挂牌成立，王贞全为分公司经理，冯建平为副经理。

2003 年 3 月 7 日，《关于公司相关机构调整的通知》下发司属各部门。为了适应竞争激烈的市场需求，经 2003 年 3 月 6 日公司董事会会议研究决定：二、三、五分公司合并成立新的二分公司，分公司经理为段光斌；撤销一、二项目部，成立公司直属项目部，项目部经理为龙震。

整合后的直属项目部先后施工建设了华苑 14#~17# 住宅楼、上前城检察院办公楼、新基地加工厂办公楼等工程，锻炼了队伍，积累了经验。

同年 6 月 4 日，制定《公司内部项目经理部管理试点办法》。对项目经理部的人员组成、管理原则、劳动力的使用和管理、工程材料的采购和管理、财务管理以及管理目标、考核办法等做了详细、具体的管理规定。

第三节　机制创新 优化用人和分配机制

管理机制创新是激发管理主体能动性的内在因素，只有激发管理主体的主观能动性、工作积极性，才能激发员工的创造性，认真干好本职工作。

一、优化用人机制

2003 年，为了进一步理顺用人机制，同时解决富余待岗员工长期搁浅、管理困难的问题，出台了《银川三建工程有限责任公司人员聘用管理办法》。规定公司全体管理人员上至董事长、总经理，下至普通科员全部竞争择优上岗。每年根据个人岗位责任工作情况，从德、能、勤、绩四个方面进行考核打分，择优筛选员工走上相应管理岗位，实行一年一评、一年一聘，从制度上规范员工的正常淘汰和流动，力求在用人机制上与灵活的私营企业在同一起跑线上参与市场竞争。

2003年9月8日，公司下发了《关于赵永安职务聘任的通知》，聘任赵永安为公司总经理助理，兼任工程一科科长。

同年9月23日，根据公司第一次介入施工大型道路及给排水工程和施工的难度，经理办公会议研究决定，委任副总经理郭建明为银川高新区经五路市政工程项目经理，雷光新为项目副经理。

2004年，公司新聘了8名年轻的部门助理参与中层领导工作，给年轻人搭建施展才华、提高能力的平台，鼓励更多的员工积极进取、努力工作。

2004年12月12日，经公司党委研究决定：成立银川三建工程有限责任公司党委办公室。办公室主任由赵长林担任。

二、优化分配机制

（一）调整岗技工资

在分配机制上，公司充分发挥薪酬的激励和调节作用，以适应市场变化对人才资源的需求，三年做了两次大的调整。

继2001年打破了传统计划经济下的工资模式，首次推行岗位技能工资后，2002年9月公司又制定了《奖励工资考核发放办法》，与原文件配套实行，每人每月增加了40～450元不等的奖励工资，使工龄工资在工资总额中的比例下降，技能工资和奖励工资的比例上升，以体现按劳取酬和按技能取酬的原则。调整后的员工工资居于社会平均工资中等偏上水平。仅此一项，公司全年多支出工资60多万元。对奖金的发放，实行量化分解、动态考核。

2002年9月24日，《银川三建公司岗位技能工资制实施办法》经公司第二届五次董事会会议通过。决定在提高原工资标准的基础上将员工每月奖励工资与完成生产（工作）任务挂钩，实行考核发放。

2003年，根据中华人民共和国《劳动法》："用人单位根据本单位的生产经营特点和经济效益，依法自主确定本单位工资分配方式和工资水平"的精神，为建立健全激励机制，不断推进改革，公司修订了《银川三建公司岗位技能工资制调整实施办法》（以下简称《实施办法》），并于4月19日第二届二十一次董事会会议同意并予以执行。

《实施办法》从岗位技能工资制的基本内容、岗位技能工资制的规定、岗位技能工资制的实施范围、岗位技能工资制的管理等方面做出具体规定。岗位技能工资调整的主要内容是：根据工作责任、风险程度、业务技能等综合考虑定岗，由原来制定的11岗调整为16岗，进一步细化了岗位职责、岗位技能和工资标准，使员工各岗位的工资标准逐步与社会工资标准接近。

调整后的岗位技能工资是以按劳分配为原则，以劳动（工作）技能、专业知识发挥程度、工作劳动责任、劳动强度和劳动条件等基本要素为组成内容，以衡量岗位技能为主要依据，按照员工在企业整体经营管理和生产作业工作中所发挥的作用而确定劳动报酬的基本工资制度。岗位技能工资与企业内部劳动制度、人事制度、保险福利改革等配套实施。

（二）高层领导实行年薪制

2002年6月17日，依据自治区党委书记陈建国同志在自治区第九次党代会上"对重点企业的经营者和科技骨干实行年薪制和期股、期权制"的报告精神和公司《章程》第五十八条的规定，并借鉴同行业的先进管理办法，结合公司的实际情况，经2002年6月15日第二届第一次股东代表大会通过，制定了银三建工有政发〔2002〕28号文《银川三建第二届股代会关于企业领导成员年薪标准、考核办法及发放规定》。

董事长、总经理、副总经理、监事会主席和党委副书记、三总师、工会主席各高层领导，其年薪按四个档次划分。

《领导成员年薪标准及考核发放办法》规定：依据《银川三建第二届董事会任期经营目标及考核办法》分年度进行考核，包括总产值、净资产增值率、工程质量、安全、职工年均收入、股东分红率、企业基础管理、精神文明建设共八个方面，按目标完成情况逐项考核扣减得分，按得分兑现领导集体的年薪。根据考核评议情况，完成目标利润，按规定计发年薪标准工资，每超额完成目标利润15万元，年度年薪提高5%，增长幅度不得超过10%；每少完成目标利润10万元，年度年薪降低10%。领导成员每月工资发放金额为年薪标准的5.83%，预留的30%年薪工资，经考核，经营目标完成，并经有关部门对利润数额审定后，方可兑现。同时规定：1. 经对领导层集体考核后的得分标准为基数，对领导者个人进行考核；2. 每年年终对领导层成员进行一次考核评议。参加考核评议的人员有公司中层以上管理干部和股东代表。以最终的领导层集体考核得分为基础，依据个人考核得分多少予以兑现所扣留的年薪和奖励。

公司首次对公司高层领导人员实行年薪制，使企业领导个人收入与企业利益相挂钩，进一步完善了对企业领导者的激励和约束机制，加大其经营风险的动力和压力，最大限度地调动经营者和经营班子的积极性与创造性。

第四节　管理创新　增强企业活力

企业只有不断创新管理，才能有持续发展的动力。才能适应日益激烈的市场竞争需要。

一、依法修订《章程》

1999年4月，顺应时代的发展，公司由集体所有制改为股份制，并按照《公司法》制定了公司《章程》。当时的《章程》在指导建立初始的股份制公司的运行、调解各种关系方面起到了积极的作用，促进了公司的发展。但是，随着政治、经济的发展变化，随着股份制运营的管理日趋成熟，改制初期形成的《章程》日益暴露出了不足，因此，2003年4月5日，在第二届二次股代会上，股东代表提出并通过了关于修订《章程》的提议。

根据股代会的决议，公司《章程》的修改，本着有利于建立现代企业制度，推动公司长期发展；有利于维护公司及股东的合法权益，保障公司正常运行；有利于规范公司的组织与行为，调整好公司的各种关系的原则，历经以下7个时段的工作。

（一）2003年4月24日，公司召开了第二届三次董事会，对4月5日第二届二次股代会决议的相关工作进行了研究，决定成立修订《章程》工作小组。由刘惠敏任组长，安仰宁、王兆林、席延江、孔涛任组员。

（二）公司《章程》修改小组在原《章程》的基础上，根据《公司法》，结合本公司实际，借鉴了建委系统内同规模、同历史的一些改制企业的《章程》，同时参考了一些大型改制成功企业的《章程》，6月1日修订出了第一稿，发给工作小组各成员审阅修改。

（三）6月9日，修订《章程》小组召开了第二次会议，小组成员集中逐条讨论对一稿的修订意见，并修订出了第二稿，于6月25日发给各位董事、监事审阅、修改。

（四）全体董事、监事对二稿又提出了各自的意见，出台了第三稿；并交全体员工讨论。

（五）7月15日，第三稿经过全体员工15天的讨论，将收集一线员工的意见提交董事会，经董事会又一次修订，决定第四稿修订后，交公司股代会审议。

（六）2003年7月19日，公司第二届三次股东代表会议召开。董事长刘惠敏做关于公司《章程》修改草案情况的报告。会议分组讨论了公司《章程》（修改草案），经过修改、集中审议，一致同意提交股东大会表决。

（七）2003年7月26日，公司第二届三次股东大会召开，大会通过了修订的《银川三建工程有限责任公司章程》。7月31日，公司新的《章程》下发司属各部门。

新的公司《章程》主要在以下几个方面做了调整：

补充遗漏，修订原《章程》的不足。改制初期，对股份制企业的运行规则，此次做了相应的补充。

对董事会董事、监事会监事的选举规则进行了修订。

对由初次改制到深化改革的文字和相关内容进行了修改。具体内容的顺序安排、词语表达更加准确严谨。

各级机构的权力责任更加明确、具体。

有关章节根据企业的具体情况，更贴近公司发展的需要。

修订后的公司《章程》，使各级机构的权利、责任更加明确、具体，更贴近公司发展的需要。

二、清理资产，配置期股

2004年3月15日，宁夏华恒信会计师事务所对银川三建工程有限责任公司及所属子公司拟核实资产价值所涉及的全部资产和负债进行了评估。评估人员对委估资产和负债实施了实地勘察、市场调查与询证等必要的评估工作程序，对委估资产和负债在2003年12月31日前所表现的市场价值做出了公允反映，并以华恒信评估字〔2004〕第009号文件下达了《银川三建工程有限责任公司整体资产评估报告书》。

2004年4月20日，银川三建第二届四次股代会召开。50名股东代表、27名列席代表参加了会议。代表们认真审议并通过了董事会、监事会提交的《董事会2003年经营工作情况的报告》《2003年监事会工作报告》《2003年利润分配方案》，听取了《2003年财务工作报告》。

与会代表一致认为：董事会工作报告实事求是，完成任期经营目标数据准确，工作内容确切。在分组讨论中，针对公司股权过于分散、内在活力不足、阻碍了企业发展的问题，代表们提出了进一步完善股权结构调整的提议。

2004年7月，依据银川市委、政府〔2004〕15号文件《关于进一步加快和深化企业改革的意见》精神，为了进一步深化股权改革，建立健全法人治理结构，董事会根据股东代表大会的提议，提出再次对企业股权进行优化。经过充分的征求意见、讨论、修改，结合公司的实际情况，在考虑企业长远利益和当前利益关系的基础上，公司股权调整领导小组拟订了《银川三建工程有限责任公司配置期股认购实施方案》（草案）。

2004年11月17日，在董事长刘惠敏主持下，召开了公司二届五次股东代表大会，会议讨论并表决通过了由董事会提交的《银川三建工程有限责任公司配置期股认购实施方案》，并以银三建发〔2004〕56号文件下发司属各部门贯彻实施。

《银川三建工程有限责任公司配置期股认购实施方案》按照公司领导班子及中层以上经营管理人员在公司所承担的经营责任予以配置，并由个人按比例交纳增资配股和风险抵押金。期股持有人的分红权直接与企业的经营效益挂钩，并制定了考核与奖惩办法，使公司的股权进一步优化，以实现决策迅速、管理科学、适应灵活多变的市场需要，使企业的生命力进一步增强。

三、ISO9000 国际认证体系的应用

自从2001年6月企业工程质量管理通过了北京兴原认证中心有限公司ISO9000国际质量管理体系认证后，2002年初开始在公司全面推行，贯彻实施。

2002年12月25日，《关于ISO9000标准2000版质量管理体系文件发布的通知》

公司所获质量管理体系类奖牌

下发司属各部门，要求各部门认真贯彻执行新的质量管理体系文件条款，全面推动2000版质量管理体系的运行。

为了确保质量管理体系的有效运行，根据9000质量标准的版本审核和持续改进的要求，2003年4月，公司对2000质量版的运行情况进行了一次内审。内审结果表明改版后的质量管理体系运行是有效的，是符合标准要求的。

2003年5月，由公司总经理组织召开了管理评审会议。会议评审了质量管理体系运行的适应性、充分性和有效性，同时提出了改进意见。2003年5月26日，公司银三建工有质发〔2003〕1号文件《持续改进质量管理体系，促进企业不断向前发展》下发公司领导及司属各部门。

2003年5月19—20日，在全国"安全生产月"前夕，由公司总经理季光军带队，安全科牵头组织，监事会、各分公司经理、安委会、企管办、防非典办、工程科等相关人员组成工程质量、安全生产、文明施工、ISO9000国标质量标准、防非典工作综合大检查小组，对公司各施工段、项目部进行全面大检查。旨在通过检查，正确评价各个部门的管理和项目部工程质量、文明施工的管理水平，推动公司各项工作整体协调发展。根据检查结果，于6月9日以银三建通发〔2003〕8号文件《银川三建五月综合大检查情况通报》下发司属各部门、各项目部。质量管理体系的有效运行，进一步规范了企业各部门工作和施工质量的管理行为，促进了工程质量的进一步提高。

2003年，公司施工的银川市金凤区锦绣苑22#楼被自治区建设厅评为"西夏杯"优质工程。

四、安全生产规范化

（一）安全生产实行挂牌管理

2002年5月，根据国家行业标准JGJ59—99《建筑施工安全检查标准》的规定，结合企业实际情况，公司出台了《关于加强安全生产文明施工的管理规定》。为了提高安全生产和文明施工管理水平，消除安全隐患，杜绝伤亡事故的发生，经公司决定：对各项目部、施工段安全生产、文明施工实行红、黄、蓝牌的挂牌管理。

施工现场的安全隐患一经查出，安全科视隐患程度对施工现场给予挂红、黄、蓝牌警告，即存在隐患处，挂黄牌警告，限期整改，如果整改仍不合格，则处以1000～5000元罚款；存在重大安全隐患，挂红牌责令停工整改，如果仍整改不合格，则处以3000～7000元罚款。挂牌停工、罚款相结合的整改制度加大了公司对施工现场的安全管理，同时对职工进行有效的安全生产教育。

2002年7月5日，在银川市建设局组织的建筑施工安全生产知识竞赛中，公司参赛选手在30支代表队中脱颖而出，以预赛第一、复赛第一、决赛第一的优异成绩，为公司争得荣誉，提高了社会的影响力。为此，公司对参赛的五名选手杨军、吴晓华、张海铭、王彦荣、康宁及工作人员给予奖金奖励和大会表彰。

（二）安全生产警钟长鸣

2003年，公司发生两起重大伤亡事故。

6月28日18:00时左右，公司承建的春满园12#楼施工现场，发生一起施工人员高空坠落伤亡事故。

事故发生后，主管生产的副总经理郭建明、工会主席安仰宁、生产一科科长赵永安，迅速赶赴事故现场进行调查了解，并立即向市总工会、市建设局质安科、市安监站等有关部门进行了电话报告，并以银三建政发〔2003〕48号文件《关于春满园十二号楼工程"6·28"伤亡事故的报告》上报银川市建设局。

公司成立了以总经理季光军任组长的伤亡事故调查小组，以配合市调查组的调查工作。遵循事故调查"四不放过"（事故原因未查清不放过，责任人员未处理不放过，整改措施未落实不放过，有关人员未受到教育不放过）的原则进行调查，分析事故原因。7月4日，根据《中华人民共和国民法通则》，经法律公证处公证，与死者家属协商，签订了《伤亡事故赔偿协议》。

5月3日上午11时50分左右，由公司一分公司施工的新思路8#楼室外工程发生管沟土方坍塌事故，造成四川籍民工茂斌被压埋死亡。

按照公司相关规定，对两起责任事故以银三建工有政发〔2003〕47号文件《关于对新思路8#楼、满春园12#楼室外工程安全事故相关责任人处理决定》下发司属各部门。除对死亡家属赔偿外，对施工现场项目经理、工长及一分公司和公司安全科负责人进行了事故责任罚款处理。

公司法定代表人刘惠敏受到自治区城乡建设厅副厅长王建国的约谈，并参加了个人安全执业资格重新上岗的培训考试。

公司对发生的两起重大伤亡事故。经过事故调查、分析，认为主要原因是民工安全意识淡薄，违章作业，现场管理人员违章指挥、管理缺位、相关责任人和公司存在着管理不到位的问题。

7月1日，为了进一步强化公司安全生产管理工作，银川三建政发〔2003〕50号文件《吸取"6·28"教训进一步强化安全管理的工作安排》下发司属各部门。文件制订了纠正错误的具体措施，明确了安全管理的要点，规范了具体执行的要求。

7月2日，银三建工有全发〔2003〕1号文件《关于调整公司安委会人员组成的决定》下发司属各部门。

由于公司机构变动、人员调整等因素，经公司党委研究决定，对公司安全委员会组成人员进行调整。

主任委员：刘惠敏

副主任委员：季光军、郭建明、安仰宁

委　　员：莫菁华、赵永安、冯　健、席延江、王恒运、扈永发、段光斌、白雪融、
　　　　　龙　震、刘华堂、陈明逵、范大成、崔进昌

公司积极总结教训，针对 2003 年严峻的安全生产形势，及时召开安全生产会议，对全体中层干部、所有项目经理，进行安全生产警示教育，对相关责任人给予了严

组织项目经理和安全员进行培训

厉的经济处罚，提高了安全科对项目部安全生产管理处罚的上限，将安全责任落实到人，严格追究。制定了《关于加强公司安全管理的若干规定》，规定每年 4 月、9 月分两次由总经理组织，对全公司管理人员进行安全教育。安全科每两个月组织一次项目部和生产部门安全管理人员的集中学习，进行行业安全标准教育。项目部每周进行一次安全教育活动；各班、组长每天进行安全交底一次，同时规定了项目工程安全检查、监督相关规定的实施，以提高全员的安全意识，杜绝安全隐患，强化文明施工。

2004 年，公司以历年发生的安全事故为戒，增加了人力，配备了工程检查车，专用检测仪器，进一步完善措施，加大了安全培训和检查力度，各承包部门、各项目部形成了一把手负责、安全生产与经济指标两手一起抓的良好氛围，全年没有发生人员重伤和死亡事故，实现了安全生产状况的好转。通过 2004 年的强化管理，提高了全体员工的安全意识，企业的安全管理工作也更加规范化和制度化。

第五节　文化创新　提升员工素质

随着大银川建设的推进和市场一体化，区外建筑企业大量涌入，建筑业市场面临重新洗牌。中小建筑企业要想得到产业层次和发展水平的提升，增强市场占有率，就

必须着力培育自己的核心竞争力和独特的企业文化。

一、加大培训，提高员工素质

2002年12月12日，《银川三建2003年冬季工程质量新规范培训安排》下发司属各部门。组织全体工程管理人员参加ISO9000标准2000版转换、内审员等专业技术培训，工程质量管理人员新规范培训。

2002—2004年，每年利用冬季施工淡季，对所有企业管理人员和从事与质量有关的工作人员进行综合知识和专业知识的培训。组织收看电化职业安全教育、企业管理、提升个人素养教育等录像光盘，共播放27次50多个小时，3544人次收看。仅2003年就出资近5万元组织全体生产管理人员160人脱产集中进行了20天的质量规范新标准和安全标准的培训。

公司采取及时对员工进行专业技术职称的评定、调整聘用专业技术人员地区津贴标准、报销业余参加学历教育人员和取得岗位证书人员的学费等方式，引导企业员工特别是技术人员钻研专业知识，提高业务技能和素质。仅2002年就有28人参加宁夏大学、长安大学、电大、党校等学历学习。

2004年初，组织工程管理人员100多人参加自治区建设厅组织的质量、安全技术管理培训，全部取得了新规范培训合格证书。组织瓦工、钢筋工、木工、水暖工、电工等各专业工种100多人，参加了市建设局建筑业协会举办的持证上岗培训班。至年底，公司有各类专业技术人员170人，占全员在岗人员的52%，满足了企业生产的需要。

2004年，全年直接用于培训的教材和讲课费用近2万元，培训时间35天。通过培训学习，进一步提高了员工的整体素质，促进了企业稳步发展。

二、塑造企业文化

2002年，公司在社会上公开征集了企业标志，订做了司徽，并逐步推行施工现场统一标识。2003年，公司注册了网址，逐步健全网络信息传递，为以后的办公自动化、提高工

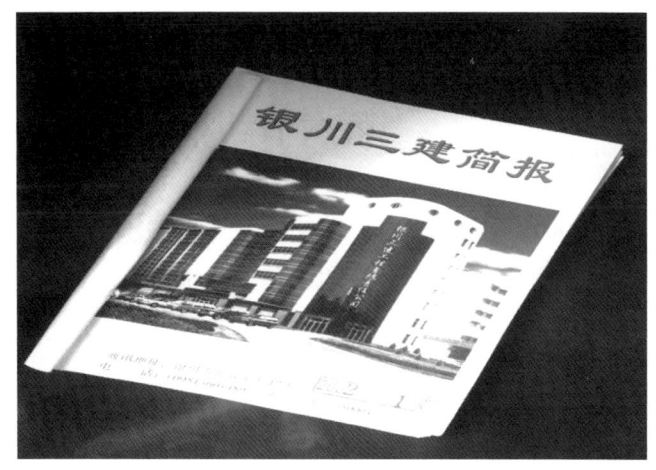

银川三建简报第一期

作效率和企业形象做了铺垫。

利用黑板报、《简报》等宣传形式，报道公司各阶段、各方面主要工作，宣传先进人物的先进事迹，在《新消息报》等报刊上刊登公司有关报道，努力塑造良好的企业形象。

积极组织职工开展和参加相关部门各种文体活动，活跃职工生活，提高整体素质。

2003年、2004年，公司投资23.36万元，为全体员工订做了夏、秋两套统一工作服装，全体员工以全新的精神面貌投入到日常工作中。

2003年，公司响应银川市政府"绿化、美化银川"的号召，投资10万余元，在贺兰山下荒滩地营造了百余亩银西防护林。公司党、团员和职工义务种植树两万余棵。经过三年的精心管理，2006年经银川市政府相关部门检查验收并移交，成活率约达到90%，被银川市政府、首府绿化委员会评为首府绿化工作先进单位。

2003年4月，SARS病毒肆虐，公司按照上级党委精神，果断投资3.26万元为全体员工注射增强免疫力的针剂、发放抗病毒中药等，所有工地全方位检查、严格管理。经过全体员工的共同努力，当时公司没有因SARS而影响生产，各项工作有序进行，各项经营指标优质、高效完成。

2004年，利用冬休假期，公司出资32.88万元，组织全体员工200多人分4批到海南省参观，开阔了员工视野，增强了企业凝聚力。

2004年，公司为困难职工25人每人发放补助5300元，为全体女职工进行了一次体检，使员工充分享受到企业经济发展的成果，感受到企业的关怀。

第六节　牢记使命　未雨绸缪

2005年3月28日，公司召开第二届六次股东代表大会。董事长刘惠敏做了《第二届董事会2004年暨任期三年工作报告》，监事会主席安仰宁做了《第二届监事会任期三年工作报告》，总会计师王浩做了《第二届董事会2004年暨任期三年财务工作报告》，总经理季光军宣读《公司2004年度股利分配方案》。全体股东代表分组讨论，并审议通过了董事会和监事会的报告与利润分配方案。

代表们一致认为：第二届董事会任期三年，坚持以市场为导向，团结带领全体员工紧紧围绕企业经济建设开展工作，在企业经营管理中不断创新、勇于改革，拓宽了公司新局面，形成了"以建筑业为龙头，以商品砼和房地产开发为两翼，以建筑工业产品的生产为补充"的产业格局，成绩是显著的。

2002—2004年，公司两次调整增发工资238.63万元，累计分红342.83万元。到2004年底，企业净资产为3085万元，比2001年增加了614万元。

第二届董事会各项经济技术指标完成情况（2002—2004年）

指　　标	三年计划数	三年实际完成数	三年计划完成情况
实现利润	345万元	570	165.2%
总产值	3.6亿元	4.9亿元	136.1%
净资产增值率	年均递增1%	2002年2.3% 2003年1.3% 2004年1.68%	超额完成
工程质量	一个西夏杯 一个凤凰杯	三年"两杯"	完　成
安　　全	无重大责任伤亡事故	死亡2人	未完成
职工平均收入	年均递增5%	年均递增7.8%	超额完成
股东分红率	≥4%	2002年10% 2003年9% 2004年6.3%	超额完成
企业基础管理	上级考核合格	上级考核每年都在合格以上	完　成
精神文明建设			

注：摘自银三建发〔2005〕8号文件《银川三建第二届董事会2004年暨任期三年工作报告》。

三年来，董事会同党委、监事会、经营班子一道团结全体员工，积极开展工作，取得了较好的经济效益和社会效益。公司先后获得"全国用户满意施工企业""全国安康杯竞赛优胜企业""中国质量万里行承诺单位""自治区五一劳动奖状""自治区百家依法诚信纳税单位""模范纳税户"，自治区、市"重信用、守合同企业"等荣誉称号。

2002年，董事长刘惠敏又被选为银川市第十二次党

公司荣获五一劳动奖状

代会代表和自治区第九次党代会代表。

董事会参考监事会和相关部门意见,经过总结,归纳了第二届董事会在工作中存在的主要问题。

一、管理机制方面

企业决策机构、权力机构、监督机构与经营管理者之间的制衡机制还不能完全有效地发挥作用,经营者激励、约束不足,股权结构还不够科学,公司科学治理问题依然存在。

专业人员的评价、激励和流动机制不够完善,还没有建立起以职业能力为导向、工作业绩为重点,注重职业道德和职业知识水平的技能人才评价体系,管理人员和专业人员个人技能,自身素质的业务技术和综合协调能力还有待提高。

二、企业生产管理方面

ISO9000 质量体系贯彻在公司有关部门还流于形式,在具体执行过程中距离标准要求有差距。

一些分公司生产、文明施工仍存在着管理不严、监督不到位、服务不及时、检查考核走形式等现象。

各项管理制度的落实、贯彻执行不够严谨,部门工作之间的沟通、协调不够及时,对联营项目部、内部项目部的管理还要进一步探索和完善。

2004 年由于管理不到位,一分公司材料站的部分钢管、钢模、扣件,被租赁人蓄意违约倒卖。(相关链接:案发后,经公司报公安机关立案、侦查,检察院起诉,银川市中级人民法院以〔2006〕银刑初字第 2 号刑事判决书确认为诈骗案。诈骗犯因诈骗多家单位被判处有期徒刑 15 年。公司以银三建发〔2007〕24 号文件《关于对一分公司材料站、公司设备科发生被骗事故进行处罚的通报》,对材料站站长处以赔偿经济损失 19811 元,撤销其一分公司材料站负责人职务)

三、制约企业发展的外部因素

建设资金短缺矛盾十分突出,工程款拖欠特别是混凝土公司的拖欠款较多,制约了企业发展。

受土地、信贷等国家宏观调控政策的影响,宁夏建筑市场面临滑坡,将给 2005 年的经营带来很大的困难。

查找不足,未雨绸缪;正视现实、迎难而上,是三建人的精神所在!

第 9 章

凝心聚力 砥砺前行

2005—2007

经过几年的产业调整，银川三建已形成了"以建筑业为龙头，以房地产开发和商品砼为两翼，以建筑工业产品的生产为补充"的产业格局，走上了多元化发展之路。2007年企业资质为：房屋建筑总承包安装二级、市政工程施工二级、商品混凝土二级、房地产开发三级。公司有各类专业技术职称人员210，占全员工的63%，满足了生产和经营的需要，成为一个极具活力和竞争力的企业。

第一节 内强实力 迎难而上

一、董事会、监事会依法换届

2005年3月，经宁夏华恒信会计师事务所对公司财务情况进行审计，并经公司二届六次股代会审议，第二届董事会圆满完成了任期内各项主要经营目标。根据《公司法》和公司《章程》的规定，公司于7月12日在金凤凰影剧院召开了银川三建工程有限责任公司第三届第一次股东大会，进行换届选举。

会议由董事长刘惠敏做《银川三建第二届董事会任期三年工作报告》、监事会主席安仰宁做《银川三建第二届监事会任期三年工作报告》、公司总会计师王浩做《银川三建第二届董事会任期三年财务工作报告》。

会议以无记名投票方式选举产生了公司第三届董事会董事、监事会监事。

董事会董事：刘惠敏、季光军、王浩、安仰宁、刘华堂、吴 炜、陈明逵

监事会监事：沙福海、赵永安、席延江、扈永发、冯 健

当日，分别召开了公司第三届一次董事会和三届一次监事会会议。选举刘惠敏为董事会董事长（公司法定代表人），沙福海为监事会主席。

同年4月8日，公司召开了第三届二次董事会会议，会议决议如下：

根据公司《章程》规定，经董事长提名，董事会聘任季光军为公司总经理。

根据公司《章程》规定，董事会同意季光军总经理提名，聘任赵永安为公司副总经理、王浩为总会计师、王冬青为总经济师、吴炜、陈明逵为总经理助理。

2005年4月14日，由季光军总经理对公司各科室、分公司负责人提名，经刘惠敏董事长批准，对公司各科室、分公司干部予以聘任并进行定编。

工程一科科长：安建华　　副科长：陈卫华　　科长助理：张志军（定员5人）

工程二科科长：冯　健　　副科长：高国泰　　科长助理：吴晓华（定员7人）

安全科科长：莫菁华　　科长助理：孙元恒（定员4人）

经营科科长：孔　涛（定员4人）

预算科科长：王冬青（兼）　　副科长：张斌杰（定员8人）

办公室主任：王兆林（定员2人）　　工作人员4人

党委办公室主任：赵长林

财务科科长：王　浩（兼）　　副科长：金姝萍（定员5人）

人教科科长：席延江　　副科长：何银华（定员5人）

劳资科科长：王恒运（定员2人）

企管办副主任：洪　波（负责全面工作）　　王　孝（定员3人）

开发公司经理：吴　炜（兼）　　副经理：马　义、杜建威

经理助理：严崇银（定员9人）

砼公司经理：陈明遴（兼）　　副经理：张海铭、沈景远

经理助理：唐新宁

机械总工：张冀贤　　工作人员1人（定员9人）

加工厂厂长：刘华堂　　副厂长：贾银星　　厂长助理：勉智勇

工作人员1人（定员9人）

材料设备科科长：夏永胜　　科长助理：赵成文（定员4人）

一分公司经理：扈永发　　副经理：杨军

工程部主任：眭效烨（定员4人）　　预算部主任：陈喜萍（定员4人）

财务部主任：曾光丽（定员4人）　　综合办副主任：何万顺

综合建材厂厂长：李　军（定员2人）

二分公司经理：段光斌　　经理助理：王　琳（定员6人）

三分公司经理：雷光新（定员5人）

四分公司经理：白雪融（定员4人）

市政分公司经理：保　翔（定员4人）

防水分公司经理：刘志怀（定员2人）

中卫分公司经理：冯建平（定员4人）

直属项目部经理：龙　震（定员3人）

水暖段段长：陆建初

物业公司经理：沈思福　　经理助理：徐自发（定员4人）

绿源公司经理：王　功　　副 经 理：张仑峰（定员3人）

诊疗所所长：张　滢（定员4人）

各部门管理工作人员的聘任，由各部门负责人依据本人述职、考核情况进行聘任，并报总经理批准。

2006年3月30日，经第三届六次董事会会议研究决定，对公司机构设置进行了调整。公司工程一、二科合并为工程科，冯健任科长；一分公司预算部合并于公司预算科；公司企管办合并于办公室；撤销一分公司综合建材厂。

二、工会、职代会平稳过渡

2005年7月12日，公司工会委员会任期已满，为了职代会平稳过渡，经工会主席办公会议研究，公司党委同意，决定本届职工代表大会代表的选举，采取职代会、股代会代表同步选举的方式，即：被选出的代表既是职工代表，又是股东代表，以促进职代会和股代会参与公司各项事宜的议事效率。

经基层推荐，工会研究，党委同意，第二届一次职工（会员）代表大会选举，报市建设局工会批准，公司第二届工会委员会由沙福海、王孝、贾银星、周月玲、唐新宁5人组成。沙福海任工会主席，王孝任工会副主席。

银川三建第三届一次股东（职工）代表大会召开
（主席台右四为银川市住建局原工会主席马银华）

经2005年7月28日公司第三届一次股东代表暨第二届一次职工代表大会通过，制定了第三届董事会任期经营目标及考核办法如下：

（一）期限：2005年1月1日至2007年12月31日，共三年。

（二）企业精神：诚信立业、追求卓越。

（三）任期经营目标及考核办法：

1. 实现利润：三年共完成 480 万元。

2. 考核指标：三年共完成总产值 3.9 亿元。2005 年完成 1.2 亿元，2006 年完成 1.3 亿元，2007 年完成 1.4 亿元。

净资产增值率：0.5%

工程质量：合格率 100%；三年获得一项，争取两项"西夏杯"或"凤凰杯"。

①安全：无重大责任伤亡事故。在自治区、市安全检查中合格率 100%，争取优良。三年中争获全国性奖励一次或区、市奖励二次。

②职工平均收入：每年比上年增长 5% 以上（含 5%）（企业领导层年薪不包括在内）。

③股东分红率：每年在 4% 以上（含 4%）。

④企业基础管理：健全制度、管理落实、体制创新、严格考核、体现企业文化，实现经营目标。

⑤精神文明建设：上级考核合格，继续保持荣誉。

3. 考核办法：利润为各项考核的基础，指标分年度按分值考核。

按照总产值、净资产增值率、工程质量、安全、职工平均收入、股东分红率、企业基础管理、精神文明建设八项内容所含分值，对照考核指标完成情况，分项考评、分项计分、综合计算，并以此为依据评价工作，兑现年薪。

（四）其他需达到的目标（略）。

三、依法修改《章程》，合理流转股权

《章程》是企业内部最基本的规章文件，是企业从事生产经营活动的行为准则。1999 年企业体制改革时，公司制定了《章程》，2003 年做了第一次修订，但修订后的《章程》由于受当时《公司法》有关条款、规定的限制，仍不能跟上社会和企业发展的步伐。

2006 年 1 月 1 日，中华人民共和国新的《公司法》颁布。新《公司法》为保证国家、企业、个人各方面的合法权益，对有限公司的设立条件、股东分取红利、股东转让股权等条款有了新的补充规定。《公司法》作为一部纲领性法律文件，修订后更加有利于企业的运行。为了适应新形势下企业的发展，进一步完善企业治理结构，公司及时组织全体股东和职工学习新颁布的《公司法》。

通过学习，董事会认为有必要修订公司《章程》，向《公司法》中"有限责任公司由五十个以下股东出资设立"的规定靠拢。本着既要符合新《公司法》的规定，

又要有利于企业长期发展的原则,经过企业全体员工充分酝酿,反复讨论,对公司《章程》的3条内容进行了修改,对股东的股权流转从制度上做了详细的规定。特别是对于调离公司、解除劳动合同的股东和去世的股东分不同情况做了相应的约束性股权转让的规定。

2006年5月22日,按照公司《章程》规定程序,公司召开了第三届二次全体股东大会。会议应到股东442人,其中在岗股东220人,不在岗股东213人,去世股东9人。持股总额为1585.71万元。会议宣读了修改公司《章程》的说明;宣读了公司《章程(草案)》所修改的部分;并分3个组进行讨论、审议。修订后的公司《章程》以到会股东股权97%的赞成票表决通过。

同年5月31日,根据修订后《章程》相关条款规定,经公司第三届八次董事会会议研究决定,《关于公司接受股权转让有关事项的决定》下发司属各部门。从此,公司股权流转开始制度化、规范化运行。既解决了股东个人的需要,又对企业产权结构调整、减少股东人数起到了积极的作用。《决定》就本次公司接受办理股权转让的股东范围、接受的比价、转让的期限等有关转让股权事宜做了明确规定。

截至2006年12月30日,按照《关于公司接受股权转让有关事项的决定》的规定,经董事长批准,公司接受了潘少云等170名股东的股权转让,接受转让股权金额为2364750元人民币,其中,调出企业的股东和已经去世股东的股权全部转让到了公司。

改革的切口越深,付出的代价就越大,得到的回报就越高。面对220名在岗股东、222名不在岗股东的实际情况,这次公司《章程》的修订,在公司治理结构上为企业以后的稳定发展奠定了扎实的基础。

截至2007年12月30日,经过股东股权有序合理流转,公司股东由2006年公司《章程》修订前的442人减少到了210人。股东的减少,在向《公司法》规定的股东人数靠近的同时,不但提高了公司决策的时效性,也为未来股权向企业的管理骨干、技术骨干集中,留下了空间,为企业的长远发展、灵活应变市场提供了制度保障。

四、改革薪酬制度,激发员工活力

根据公司《章程》第五十三条的规定,经2005年7月29日公司第三届一次股东代表暨第二届一次职工代表大会通过,对公司经营者继续实行工效挂钩的年薪制。制定了经营者年薪标准、考核办法及年薪发放的规定,并以银三建发〔2005〕34号文件制定了详细的《关于实行公司经营者年薪标准、考核办法及发放规定》,进一步完善了对经营层的激励和约束机制。

2007年，随着人力资源的市场化程度的提高，经2007年4月13日第三届十四次董事会会议研究决定，调整员工薪酬。执行调整修订后的《银川三建岗位技能工资制调整实施办法》，使薪酬激励机制尽可能与市场需求保持一致。

本次薪酬改革，调整后的工资总额比上年度提高6%，将原设置的16岗细化为22岗，增大了岗位技能工资的比例，以促进和发展生产为目的，使工资分配向专业技术水平和管理协调要求高、工作责任大以及在科技、生产管理等关键岗位和苦、脏、累、险岗位倾斜，充分利用收入杠杆，体现员工不同岗位的价值。本次调资，90%以上的职工工资都不同程度地予以上调，少的每人每月上调40～50元，多的每人每月上调400～500元，甚至更多。通过增加员工收益，调动了员工的生产、工作积极性。

第二节 提升基础管理 各产业协同发展

公司以建筑业为基础产业，以房地产开发和商品砼生产为两翼，以建筑工业产品的生产和物业服务等相关业务为补充的产业格局的形成，提升了公司的综合实力。

一、工程施工，质量至上，信誉第一

公司基础产业建筑施工，自2002年承建了银川市兴庆区领秀一居多栋12层商住楼后，先后施工建设了建发城市花园、国际花园4号楼等高层建筑，北塔乳业集团办公楼等一万平方米以上建筑。逐步进入了技术难度高、工程体量大的施工领域，施工范围覆盖全区大部分县、市和周边省、市，施工业务扩展到市政道路、广场、桥梁、排水、污水处理等基础设施。

随着企业业务的发展壮大，市政工程量比重也在加大。2006年施工建设了30公里长，混凝土管径60厘米的平罗大水沟截潜引水工程、中卫滨河大道、应理桥等市政、道路工程。

2006年4月，公司市政分公司承建了石嘴山主要交通干道星光大道C段Ⅲ标段工程。合同段全长2.3公里，宽度60米，道路等级为城市主干道Ⅱ级，沥青混凝土高级路面，抗震烈度为8级。施工用于倒洪沙的管涵5个，涵管直径1.3～1.5米。

亲水北街休闲广场中深入艾依河中的栈桥

2007年3月，由龙震任项目经理的公司直属项目一部施工亲水北街休闲广场时，由于工程随机变更的因素较多，深入艾依河水中的栈桥、亲水台施工难度较大，驻工地管理人员力克难题、周密组织，仅用了2个月的时间就完成了总面积7533平方米的工程，得到银川市政府的好评，也为公司取得了较好的经济效益。

2006年11月，由张泽谦任项目经理的公司直属第二项目部承建了宁夏银川建材制品厂新厂建设工程。该工程包括综合楼、车间、锅炉房、厂区道路等13个单体工程，历时一年，至2007年11月顺利完工。

2005—2007年，公司共承建施工项目121项，相继承建了石嘴山光明寄宿中学、银川市文化城仿古建筑群、银川市金波南路排水工程、宁东能源化工基地4.3公里道路、银川第三污水处理厂中水处理项目、中卫滨河大道、中卫应理桥等一批区、内外建筑装修、市政、土石方、绿化、湿地、公路、桥梁、基础设施等工程。承建的所有工程均通过了当地有关部门的验收和肯定，为企业赢得了良好的社会形象。银川市塞上骄子31#楼、灵武市佳乐苑小区1#楼分别被评为2005年、2006年自治区"西夏杯"优质工程，银川市经济开发区诚信街道路和塞上骄子31号楼分别被评为2005年、2007年银川市"凤凰杯"优质工程。

在2008年1月25日召开的2007年度总结表彰大会上，公司对西夏杯工程——佳乐苑小区1#楼施工的第一项目部奖励3万元；对第三分公司施工的"凤凰杯"工程——银川市诚信街道路工程奖励3万元。

2006年7月6日，公司召开了2006年第一次ISO2000质量体系外审末次会议。由中国质量认证中心、宁夏分中心的有关专家对公司质量管理体系进行认证。此次外审共分三个审核小组，对质量管理体系进行了为期两天的全面审核。审核小组按照 GB/T9001—2000《质量管理体系要求》《质量手册》《程序文件》及有关的支持性文件的要求，对公司房屋建筑工程、市政公用工程、预拌混凝土、混凝土预制桩四个产品及质量管理体系的效果进行了复评审核，最后审核专家再次确认了公司 ISO9001—2000 质量管理体系运行是有效的、符合的、适宜的。至此，公司认证 7 周年后，再次通过评审。

三年来，公司先后获得"全区安康杯竞赛优胜企业""全国用户满意施工企业""银川市建筑企业十强单位"等荣誉称号。

二、房地产开发拓宽经营渠道

2005 年初，房地产公司开发的灵武市佳乐苑小区开工建设，总建筑面积 39355.3 平方米，共 11 栋楼，其中住宅 269 套，商业用房 121 套，2006 年 12 月竣工交付使用。此工程得到当地政府和市民的好评，被自治区建设厅评审为建筑节能示范工程。

自治区建筑节能示范工程专家评审会现场

到 2007 年底，佳乐苑小区住宅楼销售面积已达 99.2%，营业房销售面积达 71.8%，租售率达 92.6%，实现销售额 3481 万元，取得了较好的经济效益。三建房地产公司被银川市地税局核定为 2007 年"银川市房地产企业纳税 50 强"之一。

2007 年 7 月，应灵武英才中学的邀请，开发公司与英才中学联合开发唐城商业中心项目，该项目是灵武市政府为市民办理的十件实事之一。商业中心项目为仿古建筑，近 4 万平方米，共 4 栋 60 套商业用房，全框架结构，于 2008 年 12 月底竣工交付使用。

2007 年 10 月，公司与银川市新意念装饰设计公司联合中标同心县伊欣苑房地产开发项目标，并签订了联合开发项目合同。该项目占地 44.35 亩，是公司开发规模的又一次突破，开发项目实行风险共担，利益共享的联合开发模式，公司占股50%，是市场资本运作新的探索和尝试，旨在降低开发成本，分解风险，优势互补，拓宽房地产开发经营渠道，增加企业经济效益。

三、混凝土公司加强竞争实力

三建混凝土公司经过6年的发展，2006年已具备国家二级资质，有完善的建材试验室、健全的管理制度，已通过GB/TISO9001—2000国际标准质量体系认证，具备生产C10至C60各等级强度混凝土及抗渗、抗冻融混凝土、高强混凝土、低收缩混凝土等特效混凝土。

公司有两座HZS60混凝土搅拌站，整个生产过程实现了上料、外加剂添加、称量、技术控制全由微机自动化管理。公司先后承接了银川市第一、第二、第三污水处理厂，宁夏国际CBD商务中心，银川市中级法院办公楼，新华百货老大楼，农业银行综合楼，中国人寿保险公司等大型工程的大体积混凝土、特种混凝土（抗渗、抗冻融、抗腐蚀）的施工。生产供应浇筑的混凝土质量均达到国家验评标准，没有出现因商品混凝土的质量而引起纠纷、投诉，产品质量和施工质量受到了社会的认可，做到了营销、生产、服务三位一体。2005—2007年累积生产销售商品混凝土27.3万立方米，累计实现产值8353万元。

混凝土公司新进一批混凝土运输车

2007年4月19日，经公司第三届十五次董事会会议决定，公司又投资267万元收购了贺兰山套门沟的鑫远建材（石料）有限公司，主营石材加工，归属混凝土公司管理，任命张志军为公司经理，进一步延伸了商品混凝土的产业化链条。（注：石料公司于2010年4月整体出售给宁夏瑜燕辉建材有限公司）

三建加工厂生产车间

四、加工厂完善配套设施，提高生产技术

三建加工厂自2005年在永宁望远工业园区新基地建成办公楼、木工车间、铝塑门窗车间后，购进国内最先进的电脑自动化控制中空玻璃窗、隔热断桥技术等现代化生产线，具备年产8万平方米高中档铝塑门窗、5万平方米中空玻璃、4000立方米预制桩的生产能力。2006年，承接灵武市佳乐苑小区6600平方米塑钢窗，宁夏浩海房地产公司2300平方米塑钢窗以及其他工程的门、窗，质量和进度得到了建设单位和质检部门的认可。

2006年，在公司的统一安排下，加工厂又新建了两栋长72米、宽18米的钢结构车间，完善了配套设施。2005—2007年，加工厂完成产值925.66万元。

第三节　群策群力　谋企业发展

2007年元月，为了不断调整发展思路，使公司保持旺盛的进取状态，结合企业实际，公司部署了调整产业格局和解决存在的实际问题等7个研讨专题，分部门负责完成。

（一）《论公司内部项目部的全面管理》，该专题由工程科课题组负责。小组负责人：冯建。

（二）《银川三建房地产开发公司发展思路》，由房地产开发公司课题组负责。小组负责人：吴炜。

（三）《混凝土搅拌站扩站的必要性》，由混凝土公司课题组负责。小组负责人：陈明逵。

（四）《公司建材业的现状及未来发展方向》，由加工厂课题组负责。小组负责人：刘华堂。

（五）《公司年度财务计划与落实》，由公司财务管理课题组负责。小组负责人：王浩。

（六）《关于公司人力资源的管理》，由公司人教科课题组负责。小组负责人：席延江。

（七）《进一步调整产业结构做大做强企业》，由公司办公室组织课题组负责。小组负责人：王兆林。

1月6日，董事会召开了各专题小组负责人会议，董事长提出了报告既要结合企业实际，又要适度超前的可行性要求，并规定各专题小组在2007年2月10日前完成任务。

各专题研究小组按计划以书面形式从市场形势分析、公司目前现状、产业结构、产业调整的必要性、产业调整的方向及建议等方面认真地做了论述，对公司的发展从理论和思想上起到了积极的引导作用。

公司刊物《三建人》对办公室王兆林专题研究小组的《调整产业结构，促进企业快速发展》进行了连续两期的报道。起到了企业发展群策群力、集思广益、挖掘潜力的作用。

第四节 筑管理基础 建安全大厦

2006年复工以后，公司发生了3起安全事故。

4月19日上午，在公司第二直属项目部承建的灵武佳乐苑小区5#楼工地，土建班一名普工在四层楼地面弯腰清洁垃圾时，被塔吊工周世忠操作的塔吊砖笼下放时从背上压倒。经诊断为：外伤致胸部疼痛，骨压痛，骨质未见异常改变。

5月3日下午，在公司第二直属项目部承建的灵武佳乐苑小区5#楼工地，当普工杨超从五层楼地面阳台区一侧经过一脚手板到对面阳台的过程中，由于脚下打滑，坠落在二层楼地面外侧的安全网内。经诊断：颈部活动受限，局部压痛，左上肢感觉减退，颅脑轴线扫描未见异常。

9月30日，在公司第一直属项目部承建的灵武佳乐苑小区7#楼工地上，设备科人员在安装物料提升机标准节时，由于卷扬机钢丝绳脱落到滑轮槽外，机修工黄建国将钢丝绳调整到滑轮槽内时，右手中指被钢丝绳挤压在滑轮槽内。经诊断为：右手中指挤压伤。

以上3起事故，不仅影响了公司正常的经营生产秩序，同时也给公司造成直接经济损失约44200元。造成事故发生的原因：（1）安全管理、安全教育不到位、安全技术交底不全面；（2）违章指挥、违章作业、安全意识淡薄、侥幸心理严重；（3）安全防护设施、设备不到位、未正确使用个人防护用品，存在安全隐患。

2007年，国务院批准通过的《生产安全事故报告和调查处理条例》自6月1日开始实施。

6月18—24日，公司总经理季光军带领安全科、工会、各分公司经理、诊疗所、人教科等部门负责人，检查了中卫、大武口、阿拉善左旗及银川各工地的安全生产情况。

2007年7月7日，公司组织各分公司、承包部门、项目部等所有工程管理有关人员100多人，在公司七楼会议室召开了银川三建贯彻落实安全生产有关法律、条例大会。会上，季光军总经理通报了安全大检查发现的问题，生产副总经理赵永安总结了上半年工程质量、安全生产、文明施工情况；安全科长莫菁华与大家一起学习了国务院发布的《生产安全事故报告和调查处理条例》。

7月19日，在季光军总经理的带领下，党委副书记赵长林、工会主席沙福海等公司党政工领导，带着防暑慰问品到加工厂、搅拌站、项目部等基层生产部门进行了检查、慰问。

第五节 企业文化彰显力量

一、《简报》改版，《三建人》报脱颖而出

2006年7月25日，经过调查论证，筹备组织，公司将原16开黑白照片和插图的《银川三建简报》改版为八开四版，彩印《三建人》报。

《三建人》报每年6期（双月刊），每期对开4版彩色印刷。设置新闻、市场、创业、

风采、文化5个栏目，主要报道行业发展走向、企业各项重大事件、生产经营动态、改革举措、企业先进、优秀人物典型事件、企业文化宣传、职工建言献策、生活感悟、学习工作心得等内容。

从《简报》到《三建人》报，展示了三建人风雨兼程、艰苦创业的春夏秋冬，伴随着企业发展的各个历史时期，记录了三建创业、改革、发展的足迹；诉说三建人耕耘的艰辛、收获的喜悦；展现三建人特别能吃苦、特别能打硬仗，勇于开拓的精神；见证了三建人追求理想的执着和每一个辉煌瞬间的精神。

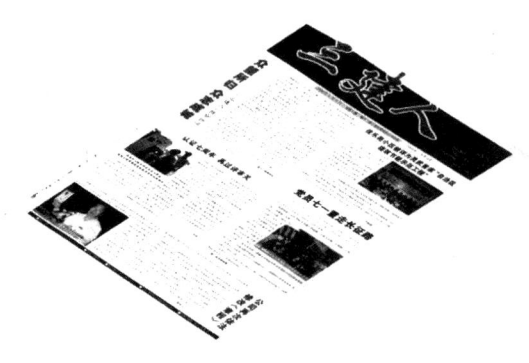

第一期《三建人》报于2006年8月1日正式印刷

《三建人》报的定位旨在宣传党的政策、传达公司理念、关注行业动态、反映员工活动、强化业务沟通、引导员工行为、塑造公司形象力。

《三建人》报的发行范围已扩大至自治区、市建筑行业、上级主管部门、政府领导、建筑、市政、房地产、建材同行及与公司合作的建设单位、全区各大媒体等，联络了企业与社会各界的感情，搭建了公司与外界协作、沟通的桥梁，扩大了企业的声誉，提升了企业的社会影响。

二、开展各项活动，构建和谐企业

经过多年的发展，公司已初步形成了人事、薪酬、生产、安全、学习、培训、用人制度、奖惩制度、管理制度等银川三建的企业文化体系。

利用冬闲时间，组织全体管理人员聆听企业现代知识讲座，开展时事政治、人生价值、企业管理、安全技能、工程施工技术、特殊工种上岗等专业培训，多年来，已形成公司一项常规性、制度化的工作。

2006年，公司每逢双月，由团总支牵头、公司党委委员与团员青年设定专题，进行思想、工作交流座谈会。旨在倾听青年员工的心声，帮助青年员工健康成长、培养业务骨干及后备管理干部。

2006年7月初，按照年初下达的党委工作安排，党委下属一支部和三支部的党员来到六盘山红军长征纪念馆，"重走长征路"进行爱国主义教育。

2007年12月中旬，为迎接2008年奥运会，公司组织全体员工，举办了银川三建2007—2008辞旧迎新迎奥运登山比赛。大家在登山运动中增强了团结、锻炼了体魄。

由工会牵头，开展慰问退休员工、离退休员工及在职员工家属，看望生病员工等送温暖活动，2007年慰问员工共支出7050元。

2005年10月16日，公司出资6万余元，为全体员工进行全面体检。

2007年两次为考上大中专院校的员工子女发放助学金。公司积极参加银川市建设局组织的"送温暖、献爱心"及"博爱一日捐"常态化募捐活动，110名员工参加，共捐款9250元。

公司发展了，不忘回报社会。2006年六一前夕，公司安排加工厂制作了配套的100多个课桌、200个凳子，捐助给宁东镇中心小学，解决了该校课桌椅短缺的实际困难。同年为银川师专和银川十中分别捐款3万元和2.7万元，用于购置教学设备。

无论是制度的建立落实，还是企业各项活动的开展以及板报、《三建人》报、施工现场标牌、职工培训等，都在体现着积极的企业文化，旨在全方位引导员工树立正确的价值观，凝心聚力地推动三建事业向前发展。

2007年，公司经自治区精神文明办复查被重新命名为自治区精神文明单位，并荣获全市劳动关系和谐模范企业。

第六节 栉风沐雨 稳健发展

2006年5月13日，公司召开了第三届二次股东代表大会，会议听取讨论并表决通过了董事会、监事会2005年工作报告和公司2005年度利润分配方案，听取了公司2005年财务工作报告。

2007年1月27日，在董事长刘惠敏的主持下，公司召开了第三届三次股东代表会议。会议听取讨论并表决通过了董事长刘惠敏关于《公司董事会2006年工作报告》、总经理季光军做的《2006年利润分配（草案）报告》、总会计师王浩做的《公司2006年财务情况工作报告》，党委副书记赵长林宣读表彰2006年度先进集体、先进生产（工作）者，并由公司领导为受表彰的先进集体和先进生产（工作）者颁奖。

财务审计工作是公司的一项常规性工作。2008年3月18日，公司委托宁夏华恒信会计师事务所对公司各年度财务状况进行了审计。华恒信会发〔2008〕036号审计报告认为："会计报表符合国家颁布的《施工企业会计制度》的规定，在所有重大方面公允地反映了银川三建工程有限责任公司2007年12月31日的财务状况及2007年的经营成果。"

2008年3月29日，在董事长刘惠敏的主持下，召开了公司第三届四次股东代表大会。会议听取讨论并表决通过了公司董事会2007年任期3年工作报告、公司监事会2007年暨任期3年工作报告和公司2007年度利润分配方案，听取了公司董事会任期3年财务工作报告。

与会股东代表一致认为，三年来，面对市场的严峻考验，董事会带领全体员工，不畏艰辛、迎难而上，创新机制，积极开拓市场，较好地完成了第三届股代会确定的各项经营目标。

2008年3月18日，公司委托宁夏华恒信会计师事务所对公司各年度财务状况进行了审计，华恒信会发〔2008〕036审计报告认为：公司财务报表在所有重大方面按照企业会计准则的规定编制，公允反映了公司当2007年财务状况以及经营成果和现金流量。经审计，公司2005—2007年实现总产值4.75亿元，利润总额553.78万元。其中：

2005年总产值13067万元，实现利润171.3万元；职工年人均收入14039元，比上年增长6%。

2006年总产值13986万元，实现利润194.5万元；职工年人均收入14891元，高于上年6.07%。

2007年总产值2.05亿元，实现利润187万元；职工年人均收入16529元，比2004年13244元增长24.6%。

第三届董事会各项经济技术指标完成情况（2005—2007年）

指　　标	计划数	实际完成数	计划完成程度
总产值	3.9亿元	4.75亿元	超计划21.8%
实现利润	480万元	553.78万元	超计划15.37%
净资产增值率	0.5%	0.67%	超计划0.17%
工程质量	合格率100%、西夏杯1个 凤凰杯1个	西夏杯2个 凤凰杯2个	超计划完成
安　　全	无重大责任伤亡事故	死亡一人	未完成
职工年均收入	高于5%以上	16529元/年（2007） / 13244元/年（2004）	超额完成
股东分红率	4%	7.62%	提高3.62%
企业基础管理	健全制度 严格考核	银川市建设局 考核97.3分	良　好
精神文明建设	考核合格	考核良好	良　好

注：此表根据《公司董事会2007年暨任期三年工作报告》编制。

企业基础管理及精神文明建设工作，经上级考核，三年平均得分97.3，公司先后被授予建设部精神文明建设先进单位、全国建筑安全生产先进单位、自治区五一劳动奖状、自治区模范纳税户、"银川市建筑企业十强单位"等荣誉，是银川市人民政府"重点挂牌保护单位"。

第 10 章

科学发展 组建集团
2008—2010

第一节 依法治企 照章行权

一、第四届董事会依法产生

2008年3月，公司第三届董事会、监事会任期届满。3月29日，在董事长刘惠敏的主持下，召开了公司第三届四次股东代表大会。会议听取讨论并表决通过了公司董事会、监事会2007年暨任期三年工作报告、董事会2007年度利润分配方案，听取董事会任期三年财务工作报告，推荐了第四届董事会、监事会候选人。

2008年4月3日，银川三建第四届一次股东大会在银川市大自然宾馆召开。会议听取了董事长刘惠敏做的《董事会2007年暨任期三年工作报告》、监事会主席沙福海做的《监事会任期三年工作报告》、总会计师王浩做的《董事会2007年暨任期三年财务工作报告》，经过无记名投票，选举产生了公司第四届董事会、监事会成员。

董事会董事：刘惠敏、季光军、刘华堂、陈明逯、王　浩、吴　炜、赵永安

监事会监事：沙福海、赵长林、扈永发、段光斌、孔　涛

当天，分别召开了公司第四届一次董事会会议和第四届一次监事会会议，选举刘惠敏为公司董事长（法定代表人），选举沙福海为公司监事会主席。

2008年4月3日，银川三建工程有限公司第四届第一次股东大会召开

4月5日，公司召开了第四届二次董事会会议。根据公司《章程》的规定，经董事长刘惠敏提名，会议决定：任命季光军为公司董事会副董事长，陈明逯为公司总经理。

4月9日，公司召开了第四届三次董事会会议，董事会同意总经理陈明遆提名，聘任赵永安、吴炜、刘华堂为公司副总经理，王浩为总会计师。

4月10日，《关于银川三建工程有限责任公司第四届董事会、监事会、经营班子选举结果的报告》呈报银川市建设局。

同日，根据公司政发〔2000〕23号文件精神，由陈明遆总经理对公司各部门负责人提名，经刘惠敏董事长批准，聘任了各科室、分公司中层管理人员。

工程科（定员6人）：

科长：段光斌　　副科长：安建华（开发公司项目负责人）、陈卫华

科长助理：白金珍

安全科（定员3人）：

科长：莫菁华　　副科长：孙元恒

经营科（定员4人）：

科长：孔涛　　科长助理：钱进

开发公司（定员10人）：

经理：吴炜（兼）　　副经理：杜建威、严崇银　　主任核算师（副职）：马义

预算科（定员6人）：

科长：李彩霞　　副科长：陈喜萍

办公室（定员8人，含司机）：

主任：王兆林　　副主任：洪波

财务科（定员5人）：

科长：王浩（兼）　　副科长：金姝萍

人教科（定员6人）：

科长：席延江　　副科长：何银华

砼公司：

经理：张海铭　　副经理：沈景远、唐新宁

实验室主任：朱晓云　　车队队长：张小峰

建材公司经理：张志军

加工厂厂长：刘华堂（兼）　　副厂长：贾银星、勉智勇

材料设备科科长：夏永胜

一分公司经理：扈永发　　副经理：杨军

工程部主任：眭效烨　　财务部主任：曾光丽

二分公司经理：冯建平　　经理助理：张怡

三分公司经理：唐英福

四分公司经理：白雪融

市政分公司经理：保　翔

防水分公司经理：刘志怀

佳龙苑项目部经理：龙　震

水泥制品厂项目部经理：张泽谦

物业公司经理：沈思福　　副经理：邱小平

绿源公司经理：王　功　　副经理：张仑蜂

诊疗所所长：张　滢

4月17日，经公司党委书记、董事长、总经理研究决定，对公司领导班子成员日常工作进行了明确分工。

董事长刘惠敏：负责贯彻、检查股东会、股代会、董事会决议的实施情况。

副董事长季光军：协助董事长做好董事会和全公司的管理工作。

总经理陈明逵：全面负责公司的生产、经营、开发、混凝土公司工作及日常行政管理工作。

副总经理赵永安：负责全公司工程的质量、安全、进度、文明施工、ISO9002贯标的管理工作。

副总经理吴炜：负责公司房地产开发、物业服务的管理工作。

副总经理刘华堂：负责公司建材加工、施工设备的管理工作。

总会计师王浩：负责全公司的财务核算，对全公司各部门财务工作进行业务管理和指导。

党委副书记赵长林：协助党委书记做好党委和公司各级组织的政治宣传与企业形象宣传等工作。

监事会、工会主席沙福海：负责监事会、工会的日常工作。

5月30日，根据公司《章程》及银川三建通发〔2008〕6号文件《关于选举银川三建第四届股东代表通知》的要求，经各股东小组分组按程序组织选举，选出安建华等 38 名股东代表，加上董事、监事 12 名当选股东代表，第四届股东大会共选出 50 名股东代表。

2008 年 6 月 7 日，经第四届一次股东代表大会通过，制定了《银川三建第四届董事会任期经营目标及考核办法》。

（一）期限：2008 年 1 月 1 日至 2010 年 12 月 31 日，共三年。

（二）任期经营目标及考核办法。

1. 实现利润：三年共完成 660 万元

2. 考核目标：

（1）总产值：三年共完成 6.6 亿元，2008 年成完 2 亿，2009 年成完 2.2 亿元，2010 年成完 2.4 亿元。

（2）净资产增值率：0.5%。

（3）工程质量：合格率 100%；三年获得一项，争取两项"西夏杯"或"凤凰杯"。

（4）安全：无一般安全责任事故。在自治区、市安全检查中合格率 100%，争取优良。三年中争获全国性奖励一次或自治区、市奖励二次。

（5）职工平均收入：每年比上年增长 10% 以上（含 10%）。（企业领导层年薪不包括在内）

（6）股东分红率：每年在 5% 以上（含 5%）。

（7）企业基础管理：健全制度，管理落实，体制创新，严格考核，体现企业文化，实现经营目标。

（8）精神文明建设：上级考核合格，继续保持荣誉。

3. 考核办法：利润为各项考核的基础，指标分年度按分值考核。

4. 其他目标（略）。

6 月 12 日，经公司第四届五次董事会会议研究决定，制定了《公司经营班子任期经营目标》和《关于公司经营班子成员薪酬标准、考核办法及发放规定》，两个文件将公司 2008—2010 年 3 年的产值、利润、员工收入增长率等各项指标分年度同经营班子个人收入直接挂钩，并制定了相应的考核兑现办法。

二、规范制度，夯实管理基础

2008 年 4 月 18 日，为规范资金管理，公司依据财务制度及相关法律法规，制定了《关于资金审批管理的暂行规定》下发司属各有关部门执行。

5月12日，为了组织实施股东大会、股代会和董事会决议，提高公司各部门执行工作的效率，对工作中出现的问题及时跟踪改进，公司总经理陈明遂主持召开了由各副总经理、总会计师参加的经营管理层人员会议，讨论制定了《经理办公会议例会制度》。决定每半月召开一次经理办公会议；每月召开一次经营班子扩大会议，邀请副董事长，党委副书记，监事会、工会主席参加。每年召开不少于3次的中层管理人员会议，为及时处理应急事项可临时召开相关会议。

同年6月3日，制定下发了《银川三建生产事故报告和调查处理规定》，根据公司产业结构布局，《规定》从事故的分类、安全生产责任制划分、安全生产事故报告、事故的调查处理、相关责任人的处罚、未发生事故部门的奖励6个方面做出了详细的规定。

6月9日，按照公司《章程》第五十三条的规定，借鉴同行业的先进管理办法，结合公司的实际情况，经6月7日公司第四届一次股东代表大会通过，制定了《关于实行公司经营者年薪标准、考核办法及发放规定》。《规定》明确了领导成员每月发放的工资额为年薪标准的5%，预留40%的年薪工资，经考核经营目标完成，并经有关部门利润数额审定后，方可兑现。考核依据《银川三建第四届董事会任期经营目标及考核办法》分年度按各项指标进行考核。

6月13日，依据公司《章程》第三十八条的规定，按照经营班子成员所分管的工作量、工作压力、风险程度及承担的职责，经第四届五次董事会会议研究决定，制定了《关于公司经营班子成员薪酬标准、考核办法及发放规定》，对公司总经理、副总经理、总会计师、监事会主席、工会主席、党委副书记薪酬标准、考核办法及奖励兑现做出具体规定，以期达到"岗位和薪酬的统一，付出和收入的统一，市场需求和企业经营的统一"。

2009年3月16日，为进一步加强物业公司所辖住宅小区治安防范工作力度，银三建政发〔2009〕12号《关于对物业公司所辖小区治安问题集中整治工作指导方案》下发银川三建物业服务有限公司，要求物业公司根据方案精神，做好具体详细的辖区治安整治工作。

2009年5月29日，银川三建集团成立，各项规范管理制度随即出台。

同年9月28日，为了规范公司工程项目投标报价、预（决）算编制费的收费管理工作，银三建政发〔2009〕40号文件《关于工程项目投标报价、预（决）算编制费收取的管理办法》下发司属有关部门。

2010年12月14日，为了规范集团财务运行管理，经公司董事会、监事会联席会议研究，通过了《银川三建集团财务预算管理暂行规定》《银川三建集团资金筹措及使用暂行规定》《银川三建集团内部审计暂行规定》《银川三建集团经济分析暂行规定》《关于建立施工项目台账及材料发票收缴的暂行规定》，并下发集团各相关部门。

第二节 强化安全理念 确保安全生产

2008年5月，公司召开2008年度安全生产工作会议。总经理陈明逵就2008年安全管理工作的指导思想、安全隐患排查治理、综合治理消除隐患、狠抓安全责任落实、狠抓安全基础建设工作、安全生产管理目标和奖罚7个方面，做了周密安排，强调安全管理要向"指导服务、监管检查"转变的指导思想。会上，董事长与总经理、总经理与各生产部门签订了《安全生产目标责任书》。

2009年4月25日，总经理陈明逵主持召开了2009年度安全生产工作会议。公司副总经理以上领导、工程管理人员、项目部管理人员、各承包部门负责人参加了会议。邀请银川市建筑行业管理处徐少华副处长、李全福大队长参会指导工作。会议通报了公司承建工程的质量、安全检查情况，各层级签订了《安全生产管理目标责任书》。董事长刘惠敏强调了安全生产的"四个结合"：思想重视与实际工作结合起来、安全教育与硬件投入结合起来、经常性教育与集中整顿结合起来、全面管理与重点部位管理结合起来。

2010年4月3日，2010年度安全生产工作会议召开。会议由公司总经理陈明逵主持，公司董事长、副董事长、副总经理、各子（分）公司负责人、全体工程管理人员、项目经理及项目部管理人员参加。银川市建筑行业管理处徐少华副处长和方贵元队长参会指导工作。

会议公布了2010年公司安全生产目标。董事长与总经理、总经理与副总经理、总经理与各子（分）公司负责人层层签订了《安全生产管理目标责任书》。

2008—2010年，公司没有发生重大安全伤亡事故，安全保证了生产，公司被评为银川市十强建筑企业、2010年度银川市建筑行业先进单位、全区建筑企业先进单位。公司总经理陈明逵被银川市委宣传部等12个部门评为"银川市第五届十大杰出青年企业家"。

第三节 践行科学发展观

一、树立科学发展理念

根据上级党委的统一部署，2009年9月11日，公司党委制定了《银川三建集团开展深入学习实践科学发展观活动实施意见》，9月15日，经集团党委研究决定，成立了深入学习实践科学发展观活动领导小组。

组长：刘惠敏　　　　副组长：赵长林

成员：季光军、陈明逵、吴　炜、刘华堂、张仓峰、杨　军

领导小组下设办公室，赵长林任办公室主任，成员有何银华、洪波，正式启动了学习实践科学发展观活动。

2009年9月24日，按照银川市委、市建设局行业党委学习实践科学发展观活动的通知精神和工作部署，结合企业实际，制订下发了《银川三建集团关于开展深入学习实践科学发展观活动实施方案》。

同日，召开了全体管理人员的动员大会，党委书记刘惠敏做了《关于开展在集团公司深入学习实践科学发展观活动》的动员报告。

围绕《方案》的要求，公司提出了"诚信经营、不断创新、科学发展"的主题，在科学发展观指导下，着重统一全公司九个方面的认识：（一）转变经营观念，加快自我发展；（二）夯实基础，做大做强现有产业；（三）解放思想，寻求壮大企业的新途径；（四）不断深化企业改革，在创新中发展；（五）着眼于把实现员工利益赋予企业发展的全过程；（六）着眼于速度和效益的有机统一；（七）着眼于经济与文化的良性互动；（八）着眼于近期利益和长远利益相结合的可持续发展观；（九）着眼于积累和消费的统一。

集团利用4个月的时间，以党发〔2009〕15号、18号、19号文件分别对学习阶段、

查找问题阶段、整改落实阶段三个阶段工作做了具体安排。在学习和具体整改工作中,牢牢把握解决实际问题、推动科学发展的主题,扎实推进体制机制创新。经过三阶段的活动,取得了推动企业科学发展的实践成果和制度成果。

2010年1月8日,《银川三建集团科学发展观活动第三阶段总结》上报银川市建设局,并通过验收。

2010年3月13日,在党委副书记赵长林的主持下,召开了全体管理人员大会,对开展科学发展观三阶段的活动进行了全面总结。

二、发挥和调动专业技术人员积极性

2009年4月8日,为了在企业内部营造尊重知识、尊重人才的浓厚氛围,激励公司中青年员工进取向上,满足企业生产经营需要并形成长效机制,公司制定下发了《关于鼓励员工考取建造师资格证书的实施办法》。

(一)凡经考试取得建筑工程,市政公用工程一、二级建造师的职工,其培训费、考试费用予以报销,同时公司给予个人2000元现金奖励。

(二)凡已获取二级建造师者,公司鼓励继续考取一级建造师。其报销相关费用奖励标准执行第一条。

(三)已考取资格证书者,一经公司聘任相关技术职称,按银三建政发〔2007〕16号文件规定标准给予相应补贴。

2009年9月28日,根据银三建通发〔2009〕10号文件规定,经公司专业技术职称评聘领导小组会议研究,对吴炜等131名专业技术人员进行聘任,聘期2年。

银三建政发〔2009〕39号《关于调整专业技术人员地区津贴标准的通知》下发司属各部门执行。为了激励员工考取建造师、造价师、会计师等专业资格证书,对专业技术人员的技术津贴发放标准再次予以调整。调整后的专业技术人员技术津贴发放标准由每人每月170元调整到平均每人每月250元。技术津贴发放标准分为四档,最高为每月400元,最低为每月100元。

三、科技兴业攻难关

2008—2010年,公司分两次投资1255万元,为混凝土公司扩建了一套120m³/h混凝土生产线,购置了12辆10立方米混凝土运输车、1辆46米汽车泵及相应试验设备。混凝土公司还为所有混凝土运输车、泵车加装了GPS定位系统,应用现代化科技方法加强了车辆管理。使其生产、装备能力比创建初期翻了一番。2010年,生产销售商品混凝土25.4万立方米，比2007年年产10.1万立方米增长了2.5倍。

混凝土公司试验室按照公司的安排，开展高强度混凝土试配工作，用8个月时间，试配了700组2100块试样。经过无数次配料搅拌—成型—养护—试验—数据分析，无效的数据留作参考，有效的数据再进行反复的校验，最终成功地试配出C55高强混凝土，在浇筑70多米高的三森国际酒店工程中，经过质量验收完全合格。2011年浇筑的C55以上高标号混凝土比2010年增长了1.6%，以科技带动了生产力的提升。

2008年4月，银川三建混凝土公司荣获银川市总工会颁发的银川市五一劳动奖状。

2009年5月，公司投资9.79万元购置了电脑、打印机、复印机等设备，进一步提高了公司职能部门的办公自动化程度。

2008年1月7日，公司承建的览山景观剧场工程开工建设。览山景观剧场是庆祝宁夏回族自治区成立50周年大庆主会场。该工程分观众看台、演出平台、办公室、化妆间、休息室、配电室、监控室、大厅及走廊等设施，工程施工面积6091平方米，可容纳14252名观众。

为了保证该重点项目的顺利施工，公司派副总经理赵永安总负责、协调工程的施工和技术，项目负责人康春生全面负责材料采购、工程施工。整个冬季览山剧场工程没有停工。上百名施工、

工人们加班加点，在工地吃晚饭

管理人员在户外空旷的西湖之畔，穿着军大衣，冒着零下十几度的严寒，大年三十都在坚持施工，每天工作十几个小时，没有周末、节假日。

2008年2月4日，春节来临，银川市市长王儒贵偕市政府领导班子成员一行到览山剧场施工现场慰问施工人员。他代表市领导感谢工人放弃节假日辛勤工作，奉献五十大庆。嘱咐大家注意安全。

7月25日，自治区党委书记陈建国带领自治区党委、人大、政府、政协四套领

导班子数十人来到览山景观剧场工程施工现场，检查工程进展情况，对工程质量和工期给予了充分的肯定。

全体施工人员攻克技术难题，夜以继日，经过7个多月的奋战，当年8月29日，览山剧场如期竣工。一座宏伟、壮观的大剧场屹立在贺兰山下，保证了自治区50周年庆典大会在剧场的如期召开，展现了三建人尊重科学，苦干、实干、巧干，能打硬仗的作风。

雄伟壮观的览山景观剧场

2007年5月，公司承建了银川文化城一期仿明清建筑群，建筑面积20225平方米。为了体现建筑群的观感认识，公司组织有关技术人员和项目负责人走访了古城西安，到相关部门学习取经，钻研施工技艺。在公司工程管理和施工人员精心组织和指导下，工程于当年10月全部竣工，保证了文化城的秀美、古朴，又不失现代感的形象，成为古城银川的又一张文化名片。

2010年7月，公司一分公司在青铜峡黄河楼首次承建了跨度最大的现浇钢筋混凝土九孔圆弧拱桥。该桥总长度178米、宽度15米，拱桥为实腹式。各孔净跨最小11米、最大13米。为了攻克混凝土浇筑中会造成拱圈侧移变形的难题，公司管理人员与项目部技术人员

青铜峡黄河楼九孔桥

经过多次研究论证，制订了安全可靠的施工技术方案。施工中严格按规程施工，保证了混凝土浇筑的质量。2013年12月，一座宏伟大气的九孔圆弧拱桥横跨在黄河景观水道上，连接滨河大道及黄河楼两侧，形成了一道雄浑壮丽的风景。

第四节 改制十年再回首

一、产业链抵御市场风险

2009年4月,银川市第三建筑工程公司改制为银川三建工程有限责任公司已经整十年。

经过十年的调整、发展,公司产业结构已呈现出建筑工程施工、市政工程施工、房地产开发、商品混凝土产销、物业服务、门窗加工安装、设备租赁等产业整体良性发展趋势,减少了对单一产业的依存度,增强了抵御市场风险的能力。

(一)建筑施工产业

2008—2010年,先后承建施工了银川文化城、银川建材制品厂、银川九中、领秀一居小高层住宅楼、灵武市廉租房等工程。2009年公司承建24670平方米银川锦祥家园18层商住楼一次性验收合格,并交付使用。

公司承建施工的市政、广场工程主要有:大团结广场、人民广场、西夏广场、清水北街休闲广场、文化广场、览山景观剧场、彭阳县污水处理工程、吴忠市太阳山污水处理工程、30公里平罗大水沟截潜引水工程等等。

道路工程主要有:银川市南三环双向八车道、大武口星光大道、金凤区福州北街道路给排水工程、西夏区金波南路道路给排水工程、宁东基地景观大道道路、中卫市美利工业园道路工程、中卫市区22公里滨河大道等等。

桥梁工程主要有:中卫市应理桥、青铜峡黄河楼九孔桥、通贵乡民生渠(属惠农渠支渠)下闸桥等。

2009年5月13日,自治区党委书记陈建国、银川市委书记崔波等领导到公司承建的银川实验小学施工现场视察。公司总经理陈明逵汇报了工程进展情况。

公司施工的银川市第一污水处理厂深度水处理及利用工程日处理污水5万吨,主要是为北塔湖补给用水和北塔公园绿化用水。2009年8月开工建设,2010年12月竣工验收,经试运行,一切情况正常,被评为2010年度银川市"凤凰杯"和自治区"西夏杯"优质工程。

2000—2010年,公司承建的银川市锦绣苑小区22#楼、银川市塞上骄子小区31#楼、银川市诚信街道路工程、灵武市佳乐苑1#楼、银川市第一污水厂中水回用工程获得自治区"西夏杯"优质工程。银川市唐徕小区143#楼、银川市工商银行6#楼、银川市唐徕小区幼儿园工程、银川市步行街仁义巷9#楼等工程荣获银川市"凤凰杯"优质工程荣誉。

（二）房地产开发产业

改制十年以来，房地产开发公司先后成功开发了银川市华苑三区、华苑四区、文建小区，灵武市佳乐苑小区，同心县伊欣苑小区等，开发总建筑面积近20万平方米。位于灵武市中心的唐城商业中心是仿唐古建筑风格，一期总建筑面积约3.8万平方米，2007年7月开工建设，2008年12月竣工交付。

银川市第一污水处理厂中水回用工程被评为西夏杯优质工程

2010年7月27日，经银川市经济技术开发区管理委员会审查批准，公司在西夏工业园区投资近600万元，购置土地43.25亩，建成钢结构和彩钢板生产车间三栋。

在开发建设和经营过程中，公司将经济效益、社会效益、环境效益有机结合，先后被银川市政府、自治区建设厅、自治区工商管理局授予银川市危房改造先进单位、银川市纳税50强之一、自治区"销售放心房"单位等荣誉称号。灵武市佳乐苑小区被自治区住建厅列为自治区建筑节能示范小区，获得银川市墙改办建筑节能专项资金奖励10万元。

（三）商品混凝土产业

混凝土公司自2000年5月创建以来，新投资近1000万元，经过三次建扩站，现有两套60立方米/小时混凝土生产线和一座120立方米/小时混凝土生产线。有完善的试验、检验设备，整个生

新投资扩建的120站和新购置的运输车

产实现了上料、外加剂添料、技术控制均由微机自动化管理。2008年,购置了一辆普茨迈斯特混凝土汽车泵,臂长48米。新购置6辆10立方米混凝土运输车。新设备的添置,使混凝土搅拌站的生产能力翻了一番。三套混凝土生产线每小时生产混凝土240立方米。到2010年,混凝土公司有16辆混凝土搅拌运输车、48米混凝土汽车泵1辆、37米混凝土汽车泵2辆、60立方米/小时型拖式泵2台、80立方米/小时拖式泵1台、50型装载机4台。高效的搅拌、运输、泵送设备可保证大方量工程连续供应。

混凝土公司在实践中形成了一整套完善的生产、安全、售后服务体系。几年来承建的混凝土浇筑的大型工程有:银川市第一、第二、第三污水处理厂,金鹰集团18层CBD中心,18层新华老百货大楼,24层宁夏农业银行办公楼,大团结、人民、新月、西夏广场,银川市中级人民法院,凯达大酒店,宁夏政协活动中心,太阳都市花园14层会所,上海路景观桥,12层领秀一居1#、2#住宅楼,北国商厦等,产品质量和施工质量得到了建设单位和社会充分认可,荣获银川市五一劳动奖状和自治区推广散装水泥、发展商品混凝土先进单位称号。2000—2009年累计生产供应混凝土81.46万立方米,仅2008—2010年生产供应混凝土52.4万立方米。

(四)华瑞建材工贸有限公司

银川三建华瑞建材工贸有限公司的前身是银川三建加工厂。2003年8月整体搬迁至银川市永宁县望远工业园区,2009年5月5日,更名注册为银川三建华瑞建材工贸有限公司。

占地面积98亩,投资2000多万元,建成一栋综合办公楼、四栋标准车间及大型混凝土预制构件平台等附属设施。购进国内先进的塑钢门窗、断桥隔热铝塑窗、中空玻璃生产线。配套设备有:剪板机、折弯机、电气焊等机械。具备年产8万平方米高中档塑钢门窗和铝合金门窗,5万平方米中空玻璃、4000立方米预制桩生产

能力。同时对外加工钢板剪裁、折弯、焊接业务和混凝土构件的生产、安装。

经统计，改制10年，华瑞建材公司累计完成工作量2245.6万元，仅2008—2010年就完成工作量1587万元。

（五）三建物业服务公司

随着公司房地产开发业务的扩大，承建小区物业服务在不断增加，1995年5月，银川三建物业公司成立。截至2010年，物业公司共管理服务东苑小区、文建小区、华苑1~4区、恒安苑小区等12个居住小区，管理服务面积204221.89平方米。随着岁月流逝，这些小区因早年规划设计滞后，基础设施陈旧，年久渐成老旧小区，各居民区房屋维修量逐年增多；房屋节能、保暖性能差，已成为痼疾。2009年，物业公司经过努力、多方协调，向银川市房改办争取房屋维修金36万元，2009年5月投资22余万元，对所管辖区楼房的屋面防水进行了全面维修。同年10月，又投资26万元，对公司物业服务辖区三台供暖锅炉进行了大修，保证了冬季服务辖区内住户的供暖。但是取暖费、物业服务费的收取非常困难、缺口太大，难以维持正常管理服务工作，考虑到相当一部分住户为公司老员工和一些社会及政策原因，粗略统计，自2000年至2009年，集团财务补贴物业费约200万元，扶持物业公司运行，坚持为辖区住户服务，承担社会责任。

（六）三建设备租赁分公司

2009年，设备租赁分公司有各种机械设备61台（套），公司在做好为集团各建筑施工项目提供施工机械设备安装、拆除、维修、保养服务，提供周转材料维修、保养服务的同时，开拓设备租赁市场业务，使公司的周转材料、设备充分发挥经济效益。2010年，公司投资471570.52元，建设库房13间，面积719.26平方米，扩大了公司固定资产。

（七）银川绿源散装储运公司

以散装水泥储运、散装水泥罐出租为主要业务的银川绿源散装水泥储运有限公司，2008年有各种散装水泥罐115个，还配有特种散装水泥罐车4辆，满足了经营的需求。

1999—2009年，公司获得的省部级以上荣誉有：全国先进建筑施工企业，全国用户满意施工企业，全国安康杯竞赛优胜企业，建设部精神文明建设先进单位，自治区"守合同重信用"企业、五一劳动奖状、先进基层党组织，自治区模范纳税户，自治区文明单位等荣誉。据2007年银川市政府公布，全市完成建筑业总产值排在前十位的建筑企业中，银川三建名列第七位。

二、改制十年成果显著

2009年公司注册资本为3480万元，账面净资产为4372万元。以银川三建工程有限责任公司为母体，下设4个子公司分别是银川三建房地产开发有限公司、银川三建混凝土工程有限公司、银川三建华瑞建材工贸有限公司、银川三建物业服务有限公司；控股银川市绿源散装水泥储运有限公司、7个分公司和30多个项目部；施工机械设备61台（套），功率2006千瓦。

公司在编276人，拥有各类专业职称120人，其中高级职称5人，中级职称53人；有注册建造师21人，其中一级2人、二级19人，在岗员工管理人员110人。

改制十年（1999—2009年）公司累计完成总产值22.31亿元，是改制前十年（1988—1998年）4.18亿元的5.33倍。累计完成利润2080.89元，是改制前十年（1988—1998年）158.89万元的13倍。

第五节 制定规划　科学发展

改制十年来，公司产业领域由单一的建筑施工逐步发展到市政建设工程、房地产开发、商品混凝土生产、建筑工业产品加工等，产业链条在延伸，劳动生产率逐年提高，经济效益持续增长。然而，新的形势下，面临激烈的市场竞争，要求企业持续发展，必须有一个清晰的思路，奋斗的目标，以排除前进道路上的障碍，解决发展过程中的问题。

2009年6月25日，经董事会研究决定由办公室主任王兆林执笔，起草制定集团公司《银川三建集团五年发展规划》。《规划》的起草，经过了对市场广泛的考察调研，在多次征求了基层部门意见后，经董事会反复讨论修改，几易其稿，历时半年形成了《银川三建集团五年发展规划草案》。

2010年1月21日，公司召开了专家评审会议，邀请了宁夏社科院经济研究所张庆宁研究员和自治区、银川市专家、领导：陈银生、刘延刚、聂志勇、徐庆、张晓东等对《规划草案》进行了评审、修订。

2010年3月9日,历时8个月、几经修订的《银川三建集团第一个五年发展规划》经董事会决议正式批准实施。

《规划》从指导思想、企业现状与发展环境、发展目标、实施要点、保障措施五个方面为集团2010—2014年五年发展理清了思路、规划了蓝图、指明了方向。

2010年2月3日,公司召开五年规划征求专家意见会

这是集团公司第一次制定企业5年发展规划。《规划》对企业规模、效益、管理等要达到的目标进行了全面规划,同时对保障措施、激励机制提出了具体的方案。

《规划》的发展目标摘录如下:

(一)规模目标

力争五年内报批房屋建筑工程总承包一级资质和房地产开发二级资质,取得水利工程、钢结构工程、仿古建筑工程专业承包三级以上资质。

商砼产业通过技术创新、提高产品质量、开发新产品、扩大生产规模、提高经济效益、增加市场竞争力。

华瑞建材公司依托现有土地资源,对主营业务上下游产品的研发,采取联合开发或参控股等经营方式,拓宽经营范围,使之成为具有一定实力的建材加工企业。

物业服务、房屋设备租赁业通过规范物业管理,增强服务功能,提升服务质量,开拓经营项目,逐年稳步提高经营效益,促进企业稳定发展。

(二)效益目标

5年内总产值以年均20%的速度递增,2014年完成企业总产值12亿元,2014年实现利润总额430万元;房地产5年累计开发20万平方米,2014年开发销售额1亿元;职工年均收入增长率不低于12%;资产负债率每年下降1.5%,2014年降低到76%以下。

（三）管理目标

1. 依法不断完善集团公司《章程》，建立起股权流转和股权激励的长效机制，提升集团股权管控水平。

2. 规范健全企业各项管理制度。

3. 推进人力资源的管理和培训，完善薪酬考核激励机制，优化人才结构。2014年中、高级职称人数分别为65人、12人；一、二级建造师分别为16人、50人。

4. 加强集团安全质量标准化管理，减少一般安全质量事故，杜绝重大安全质量事故的发生。五年内创区、市优质工程杯七项，区级安全质量标化工地十五项。

5. 增强集团自主创新能力，推进机制创新、管理创新、技术创新，进一步提升企业发展质量和可持续发展能力。

集团第一个五年规划的制定，是公司管理的重大突破，体现了企业持续大发展的意志和愿望，标志着集团进一步进入科学管理、健康有序发展的轨道。

第六节 党建工作　再上台阶

一、党委换届，公推直选

2010年6月，中共银川三建工程有限责任公司委员会第二届委员会任期届满。

7月，根据《中国共产党章程》和《银川市基层党组织换届选举公推直选办法（试行）》，公司成立了公推直选工作领导小组，制订了党委、支部委员会换届选举公推直选工作实施方案，采取了自下而上、先基层支部、后党委的方式进行换届选举。

7月10日，银三建党发〔2010〕15号《关于做好基层党组织（支部）换届选举准备工作的安排》发司属各党支部。截至11月20日，公司党委下属5个支部的换届选举工作顺利结束。经公司党委批复：

第一党支部支部委员：何银华　严崇银　钱　进　罗建龙　洪　波

支部书记：洪　波

第二党支部支部委员：常明福　腾　云　勉智勇

支部书记：勉智勇

第三党支部支部委员：张仑峰　马自力　杨　军

支部书记：杨　军

第四党支部支部委员：张海铭　唐新宁　陈明逵

支部书记：陈明逵

第五党支部支部委员：贾银星　杨雪峰　龙　震

支部书记：龙　震

11月22日，按照公推直选进行换届选举的要求，公司公推直选工作领导小组组织党员群众首先对公司党委委员会组成人员、纪委委员会组成人员候选人初步人选进行了自荐。根据自荐人选召开大会，组织党员和群众公开推荐，后经公司党委会议对党员、群众推荐人选进行集体研究，确定了党委委员会、纪委委员会组成人员候选人初步人选，对候选人按规定进行了公示，同时上报银川市行业党委审批。

2010年12月4日，按照银川市建筑行业党委、银建行党发〔2010〕52号文件《关于同意银川三建集团公司党委召开党员大会进行换届选举的批复》，中共银川三建集团有限责任公司委员会换届选举党员大会在集团总部七楼会议室召开。公司63名正式党员、4名预备党员出席了会议。

大会由集团党委书记刘惠敏代表党委向大会做了《银川三建集团党委第二届委员会工作报告》。《报告》从四个方面进行了总结：一是对5年党委主要工作和公司经济目标完成情况、产业发展情况、机制创新情况、精神文明建设情况进行了汇报；二是对2010年工作进行了简要报告；三是对企业存在的问题进行了分析；四是对下届党委工作提出了建议。

大会根据《党章》的规定和选举办法，采取无记名方式对党委的8名候选人、纪委的4名候选人进行了差额选举。经过投票选举，季光军等7名同志为中共银川三建工程有限责任公司委员会委员；选举杨军等3名同志为中共银川三建工程有限责任公司纪律检查委员会委员。以无记名投票方式，选举刘惠敏同志为党委书记，赵长林同志为党委副书记、纪委书记。

12月7日，《中共银川三建工程有限责任公司委员会选举结果的报告》报银川市建筑行业党委。

12月10日，银川市建筑行业党委银建行党发〔2010〕88号《关于中共银川三建工程有限责任公司委员会选举结果的批复》发集团党委，经市建筑行业党委会议研究同意：

中国共产党银川三建集团新一届委员会由刘惠敏、赵长林、陈明逵、季光军、孔涛、洪波、龙震7名委员组成,刘惠敏为党委书记,赵长林为党委副书记。

中国共产党银川三建集团纪律检查委员会由赵长林、杨军、贾银星3名委员组成,赵长林为纪律检查委员会书记。

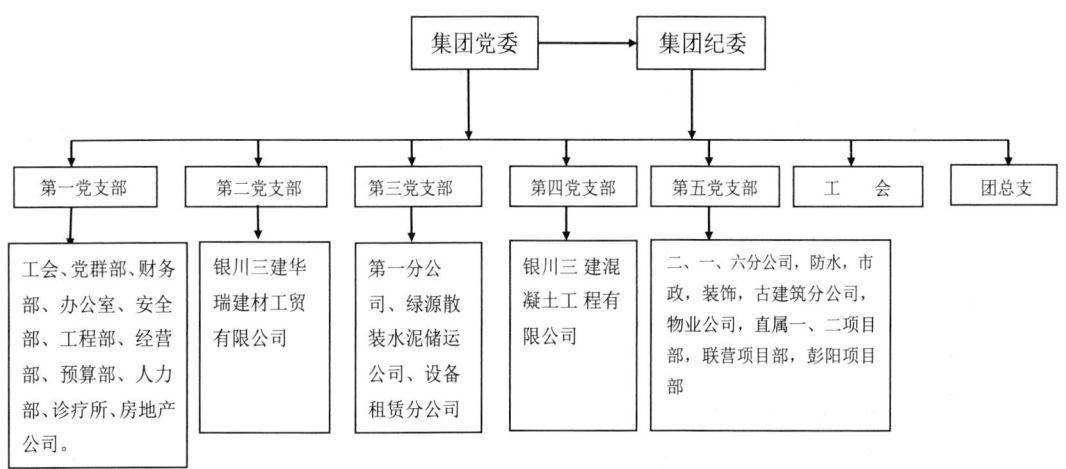

银川三建集团党委组织机构

二、党建工作再上台阶

2008年5月21日,公司党委依法选举了出席银川市建筑行业党员代表大会代表。他们是刘惠敏、季光军、陈明逵、赵长林、刘华堂、吴炜。

5月29日,在银川市建筑行业党员代表大会上,公司董事长刘惠敏当选为银川市建筑行业党委委员。选举刘惠敏、陈明逵、吴炜出席银川市建设局党代会代表。

2008年6月28日,庆七一讲党课、学党章,重温入党誓词,坚定党员对党忠诚、积极工作,为共产主义奋斗终生的信念,组织全体党员赴延安参观学习。

2008年10月25日,聘名家、教授对全体员工进行职业道德、敬业精神、专业技能知识的讲座,提高员工素质。

2009年6月2日,公司工会送电影进工地,对农民工进行安全生产、施工知识等宣传教育活动,寓教于乐,起到了良好的效果。

2010年,张海铭、龙震被银川市团委评为银川市建设行业青年岗位能手。

2009年7月,公司被银川市党的建设工作领导小组命名为银川市第一批基层党建工作示范点。

第七节 组建集团　致远前行

一、银川三建集团成功组建

2009年，对三建人而言是定格在记忆中难以忘怀的岁月。这一年，中华人民共和国成立50周年，恰逢公司成立30周年、企业体制改制10周年，这一年，银川三建集团成功组建。

2009年5月29日上午9时，庆祝"银川三建集团成功组建，银川三建工程公司成立30周年，银川三建改制10周年"庆典大会在银川三建集团总部七楼会议室举行。

公司召开银川三建集团成功组建、银川三建工程有限责任公司成立30周年、改制10周年大会

银川市建设局局长蒋光临、副局长王志勇，公司原经理桑建华、陈银生出席了庆典仪式。公司近200名管理人员参加了会议。

会议由季光军副董事长主持，刘惠敏董事长致辞。当蒋光临局长宣布"银川三建集团正式组建"时，桑建华、陈银生两位前任经理揭下了墙上的红色幕布，刻有"银川三建集团"六个大字的铜牌霍然跃出，熠熠生辉，在掌声、礼炮声的轰鸣中，银川三建集团成功组建！

银川三建集团的成功组建，标志着公司规模的扩大和实力的增长，预示着企业发展的前景更加广阔，担负的责任更加重大。尽管市场竞争依然激烈，尽管前行的道路依然漫漫，三建人将义无反顾，踏上新的征程。

当晚在香渔王子大酒店，公司全体员工、退休的原中层以上干部、调离了公司的历届中层以上负责人共三百多人参加了庆典晚会。

集团成立后，企业管理制度随之跟进和进一步完善。

2009年6月27日，经公司董事会会议研究决定，银三建集政发〔2009〕1号文，制定了《银川三建集团组织机构管理暂行规定》。6月30日，银三建集政发〔2009〕2号文制定了《银川三建集团执行相关管理制度的暂行规定》，以便理顺集团与母子公司的管理关系，保证公司正常的经营运行。

上述两个管理规定以确定集团组织机构设置、管理运行机制。

（一）集团成员组成

以银川三建工程有限责任公司为母公司，下设5个独立注册的子公司：

1. 银川三建房地产开发有限公司
2. 银川三建混凝土工程有限公司
3. 银川三建华瑞建材工贸有限公司
4. 银川三建物业服务有限公司
5. 银川市绿源散装水泥储运有限公司（参股公司）

（二）集团组织机构设置

代表集团行使综合管理职能的是集团的核心企业即母公司银川三建工程有限责任公司。银川三建集团采取与母公司"两块牌子、一套班子"的领导体制，负责整个集团重大问题决策。

设银川三建集团理事会，理事会设理事长、副理事长、理事。其分别由银川三建工程有限责任公司第四届董事会、董事长、副董事长、董事担任。

原银川三建工程有限责任公司党委、经营层、监事会、工会、共青团和其他管理组织均为集团职能管理部门，负责人和管理人员均为原在职人员。

各子公司暨仍在履行经营承包合同的单位，负责人和管理人员均为原在职人员。

原银川三建工程有限责任公司职能科室，均为集团的职能管理部门，负责人和管理人员均为原在职人员。

（三）集团职能

银川三建集团理事会：为集团的管理和决策机构，在集团未形成新的《章程》前，依据银川三建工程有限责任公司《章程》赋予董事会的权力，开展集团理事会的工作。

原银川三建工程有限责任公司相关组织转为集团的管理组织，依照公司《章程》和相关管理职责开展工作。

集团内部职能管理科室，仍按原银川三建工程有限责任公司岗位职责、管理制度执行。

银川三建集团业经银川市工商行政管理局登记完毕。自2009年7月1日起，正式启用"银川三建集团"印章。

二、改科室为部室，调整机构人员

2009年2月27日，经第四届七次董事会会议决定：人教科与办公室合并为综合办公室；银川绿源散装水泥储运有限公司业务合并于材料设备科，一套班子、两部业务；成立银川三建工程有限责任公司第五分公司。

经2010年3月11日公司四届十一次董事会会议研究决定：

（一）公司内部职能管理部门原有"科室"全部更名为"部室"，设置如下：

经营部、工程技术部、安全生产部、预算部、财务部、办公室、党群部，原"科长"称谓全部统一改为"部长"。

（二）由陈明逵总经理提名，经刘惠敏董事长批准：聘任孔涛为银川三建工程有限责任公司总经理助理。

（三）为适应市场经济发展需要，扩大企业经营规模，提升企业整体经营实力，原材料设备科变更为设备租赁分公司，分公司经理仍由夏永胜担任。

（四）成立银川三建工程有限责任公司第六分公司，聘任麦涛为经理。

（五）成立银川三建工程有限责任公司古建筑公司，聘任龙震兼任经理。

各生产部门称谓不变。

（六）承包部门的财务人员由集团统筹安排、指派，其他管理人员由各部门负责人提名聘用。

2010年7月26日，根据银川三建政发〔2010〕3号文件精神，由陈明逵总经理提名，经刘惠敏董事长批准：聘任严崇银为银川三建房地产开发有限公司经理；因吴炜同志已调离本公司，免去其副总经理及相关任职。

第八节　第四届董事会超额完成任期目标

2009年4月27日，银川三建集团第四届二次股代会召开。股东代表以高度的主人翁意识，审议并通过了董事长刘惠敏做的《2008年度董事会工作报告》、监事会主席沙福海做的《2008年度监事会工作报告》、副董事长季光军做的《2008年度利润分配方案》，听取了总会计师王浩做的《2008年度财务工作报告》。

2010年3月27日，银川三建集团第四届三次股代会召开。会议在刘惠敏董事长主持下，听取、审议了董事会2009年工作报告、监事会2009年工作报告、2009年度利润分配方案，与会代表通过了以上两个报告和一个方案，会议还听取了2009年度公司财务工作报告。

2011年3月21日，公司第四届四次股代会召开，股东代表认真审议并全票通过了董事会、监事会工作报告、2010年度利润分配方案，讨论了董事会提交的财务收支报告和《章程》修订草案。

会议民主推荐了第五届董事会、监事会领导班子候选人，提交第五届一次股东大会选举确定。

三年来，第四届领导班子率领全体员工砥砺前行，超额完成了任期内的各项目标。

经济指标持续增长。2008—2010年，三年完成产值合计为16.92亿元，比股代会制定的计划数6.6亿元增长156.36%；员工收入年均递增16.6%，由2007年人均16529元增长到2010年人均32971元，股东现金分红率分别是6.5%、7%和8%，股权配送分别是4.5%、6%和12%。

产业结构稳步调整。群体工程、桥梁、集污、顶管、仿古等技术难度大的工程增多，没有发生重大质量、安全事故。三年创"凤凰杯""西夏杯""明珠杯"优质工程共5项、创标化工地6项，被评为2008年度、2009年度全区建筑安全工作先进单位。

员工素质稳步提高。大中专以上的学历和具备各项职称人数占全员比例分别由2007年的33%、51%提高到2010年的40%、65%。

第四届董事会各项经济技术指标完成情况（2008—2010年）

指　　标	计划数	实际完成数	计划完成程度
实现利润	660万元	794.42万元	120.36%
总产值	6.6亿元	16.92亿元	256.36%
净资产增值率	1.5%	5.18%	比计划增长245.3%
工程质量	合格率100%，争创"凤凰杯""西夏杯"两项优质工程	合格率100%，创"凤凰杯""西夏杯""明珠杯"共五项优质工程	完　成
安　　全	合格率100%，无重大安全责任事故	合格率100%，无重大伤亡事故	完　成
职工年均收入	高于10%以上	32971元/年（2010年） 16529元/年（2007年）	超额完成
企业基础管理	上级考核合格	上级考核评为先进单位	完　成
精神文明检查	上级考核合格	上级考核评为先进单位	完　成

注：表中数据根据公司各年度工作总结汇总。

公司第四届监事会评价认为：第四届董事会经营运行符合国家法律规定；企业管理逐步规范；公司各位董事、经营班子、高级管理人员在执行公司职务时恪尽职守；财务管理符合国家相关规定；经营成果审计过程合法，结论真实；利润分配公正、公开；公司整体运行稳定，发展势头良好。同时，监事会对公司经营层中存在的历年拖欠款额度较大，员工队伍不稳定等问题提出了意见。

第四届董事会在全面超额完成任期各项目标任务的同时，协同党委等各级组织，不失时机对员工进行素质教育和陶冶情操。

2008—2010年，公司先后分两批组织中层以上管理人员赴台湾、港澳、广州、珠海、深圳参观旅游，开阔眼界，增长知识。组织全体员工赴福建、厦门、武夷山、石狮等地旅游参观，使全体员工丰富了文化生活，进一步增强了企业的凝聚力和向心力。

2007年12月19日，用冬休时间组织全体员工和青年团员来到贺兰山下，进行"迎新年、迎奥运"登山比赛。

各项工作的开展，使企业在取得经济效益的同时，获得了荣誉和嘉奖。

2008年11月15日,银川市总工会,银川市劳动和社会保障局等7个部门联合发文,表彰了银川市12家劳动关系和谐模范企业,银川三建位列其中。

2009年,公司位列银川市建筑业十强企业第六位;被自治区建设厅评为2008年全区建筑安全工作先进单位;全区有832家施工企业,在仅有的8家4A级诚信施工企业中,银川三建有限责任公司排名第五。

2010年3月,公司再次被自治区建设厅评为2009年度全区建筑企业先进单位;银川三建房地产公司被评为银川市房地产开发A级诚信企业;公司获银川市诚信建设先进企业称号;4月,公司总经理陈明遑被银川市委、政府评为"银川市十大杰出青年企业家"。

第11章

践行规章 依法治司

2011—2013

时光跨入 2011 年，这年 4 月，公司第四届董事会任期届满。困难和风险也接踵而来。万达、中海、恒大等全国房地产大鳄和央属及外省施工企业大量进驻宁夏，国家货币信贷政策收紧，房地产市场调控政策效应显现、基本建设投资增速的下滑等，使企业的发展面临着更加艰巨的困难和挑战。

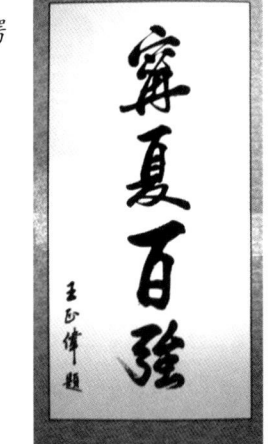

第一节 依法治司 促企业发展

一、依法选举董事会、监事会，择优聘用各级负责人

2011 年 3 月 28 日，根据《公司法》和公司《章程》，召开了银川三建工程有限责任公司第五届一次股东大会。会议以无记名投票方式，民主选举产生了公司第五届董事会董事、监事会监事。

董事会董事：刘惠敏、季光军、陈明逑、刘华堂、王浩、孔　涛、赵永安

监事会监事：沙福海、赵长林、段光斌、龙　震、张海铭

当日，按程序召开了董事会和监事会会议，选出第五届董事会董事长和监事会主席：

董事会董事刘惠敏（公司法定代表人），监事会主席沙福海。

在这次股东大会上，全体股东通过了修订的《银川三建工程有限责任公司章程》。

3 月 30 日，召开了第五届二次董事会会议，决定聘任季光军为副董事长、陈明逑为公司总经理；聘任赵永安、刘华堂、孔涛为副总经理，聘任王浩为总会计师。

3 月 31 日，按照银三建政发〔2000〕23 号文件精神，根据公司全体管理人员实行一年一评议，一年一聘任制度，经中高层管理人员对 2000 年个人工作的述职、民主评议结果，由陈明逑总经理对集团各部门负责人提名，经刘惠敏董事长批准，对司属各部门负责人进行聘任，并对部室人员定编如下：

工程技术部部长：段光斌　　　　副部长：罗建龙（定员 6 人）

安全生产部部长：孙元恒（定员 4 人）

经营部部长：孔　涛（兼）　　　副部长：钱　进（定员 4 人）

预算部部长：李彩霞　　　　　　副部长：陈喜萍（定员 6 人）

办公室主任：王　功　　　　　副主任：洪　波（定员 13 人、含司机、门卫）

人力资源部副部长：白金珍（主持部室全面工作）（定员 3 人）

财务部部长：金姝萍（定员 4 人）

党群部部长：何银华（定员 2 人）

开发公司经理：严崇银　　　副经理：陈卫华

主任核算师（副职）：马　义　　经理助理：任桂红、张　怡

项目办经理：莫菁华、安建华　　（定员 10 人）

砼公司经理：张海铭　　　副经理：唐新宁、朱晓云

试验室主任：朱晓云（兼）　　车队队长：张小峰

华瑞公司经理：刘华堂（兼）　　副经理：勉智勇

物业公司经理：贾银星　　　副经理：邱小平

设备租赁分公司经理：夏永胜　　副经理：张仓峰（兼绿源公司经理）

一分公司经理：扈永发　　副经理：杨军

二分公司经理：冯建平

三分公司经理：唐英福

四分公司经理：白雪融

五分公司经理：刘宝珠

六分公司经理：麦　涛

市政分公司经理：保　翔

防水分公司经理：刘志怀

装饰分公司经理：祝汉忠

古建筑分公司经理：龙　震

直属一项目部经理：龙　震（兼）

直属二项目部经理：张泽谦

彭阳项目办副经理：张志军（负责彭阳县所有在建工程项目全面管理工作）

诊疗所所长：刘　莉

2011 年 11 月 18 日，经公司第五届六次董事会会议研究决定：撤销银川三建工程有限责任公司装饰分公司，免去祝汉忠装饰分公司经理职务。

2013 年 3 月 23 日，根据公司政发〔2000〕23 号文件精神，由陈明逵总经理提名，

经五届十次董事会研究决定，聘任龙震为银川三建工程有限责任公司总经理助理。

二、选举股东代表，制定任期目标

2011年6月2日，第四届股东代表任期届满，根据公司《章程》第三十条规定，经公司第五届三次董事会会议研究决定，本届股东代表大会选举产生40名代表。（含已当选的董事、监事12人为当然代表。）

6月7—8日，经公司享有选举权的118名股东分组选举，选出了第五届股东代表。公司以银三建通发〔2011〕5号文《关于银川三建工程有限责任公司第五届股东代表确认的通知》发司属各部门。

同年6月21日，经公司第五届一次股东代表大会通过，制定了第五届董事会任期经营目标及考核办法。简摘如下：

（一）期限：2011年1月1日—2013年12月31日

（二）任期经营目标：

1. 利润指标：三年共完成利润1060万元，其中2011年完成310万元，2012年完成350万元，2013年完成400万元。

2. 考核指标：

①总产值：三年共完成产值30亿元。

②工程（产品）质量：合格率100%。三年获得两项、争取三项自治区级或市级优质工程奖。

③安全生产：无重大安全责任事故。杜绝一般事故，避免重伤事故；自治区、市安全检查中，合格率100%；三年创建6～9项自治区级或市级安全生产、文明施工标准化工地。

④职工平均收入：员工年均收入递增12%以上（不含公司领导年薪）。

⑤股东分红率：每年在10%（含10%）以上。

⑥资产负债率：达到80%以下。

⑦精神文明建设，企业基础管理：完善制度，落实管理，实现经营目标，上级考核合格。

（三）考核办法：利润为各项经济指标基础，指标分年度量化考核（略）。

（四）其他目标（略）。

2011年5月27日，总经理陈明遒与各承包部门负责人签订了《2011年目标管理责任书》。双方就完成的任务、责任、奖罚进行了书面签字盖章。

2012年6月4日和2013年4月25日，集团总经理与各承包部门负责人分别签订了2012年度和2013年度《经营目标责任制合同》。

2011年，公司聘请了宁夏辅德律师事务所许永强和宁夏德声律师事务所主任李佳为企业的法律顾问，为公司提供各种形式的法律服务，维护企业的合法权益。

三、改革优化股权

同年11月18日，根据公司第五届一次股东代表大会通过的《银川三建第五届董事会任期经营目标及考核办法》和《银川三建集团五年发展规划》中关于优化股权结构的要求，经11月17日第五届六次董事会会议研究决定，成立了公司优化股权改革办公室。由公司董事会直接领导。

股权改革办公室组成人员：主任赵长林，成员沙福海、刘华堂、王　浩、王　功、白金珍。

股权改革办公室职责：

（一）负责公开向社会聘请有企业股权改革专业（经历）的律师事务所或专业律师或者相关企业改革的中介组织机构，考察、核实、择优选聘，报告董事会同意后，商议签订委托合同，委托其对公司优化股权改革，进行法律、法规、政策等相关事宜的把关，并起草拟定《银川三建工程有限责任公司优化股权改革方案》。

（二）负责优化股权改革方案在形成决议通过之前的日常工作。

股权小组经过两个多月大量筛查后考察了宁夏四家较大的律师事务所，而后提请并经董事会研究同意，聘请了宁夏辅德律师事务所许永强律师为公司设计、拟订优化股权的改革方案，公司同辅德律师事务所签订了服务合作协议。

经过许永强同公司优化股权改革办公室近一年的工作，优化股权设计了两个配套方案。方案拟订修改完毕，经股改小组讨论，取得了一致意见，提交公司董事会予以研究并通过。于2012年11月13日，由董事会提交第五届三次股东代表大会审议。《银川三建工程有限责任公司对应2011年12月20日前注册资金调整公司股东出资持股实施方案》《银川三建工程有限责任公司股权激励、奖励实施方案》经公司第五届三次股东代表大会审议、表决通过。公司将股代会通过的方案以银三建政发〔2012〕19号、20号文件下发司属各部门遵照执行。

《银川三建工程有限责任公司股权激励、奖励实施方案》分别对股权激励、奖励的目的和意义，股权激励、奖励的依据，股权激励的对象和范围，股权激励的种类、总量和个量及个人出资增配比例，激励收益股和奖励收益股权利、义务的界定，激励收益股转为奖励收益股的条件及变更的考评，建立长效的激励、变更及终止机制等7个方面进行了详细、具体的规定，突出了激励与风险、务实和操作的实用性。

第二节 强化基础管理 增强执行力

企业的基础管理最重要的是制度管理，把科学的制度转化为竞争的优势是推动企业发展的重要途径。

一、加强经营领导者的考评激励机制

2011年6月21日，经公司第五届一次股代会会议审议通过，银三建政发〔2011〕20号文《关于实行公司经营者年薪标准、考核办法及发放规定》发司属各部门。《规定》对经营者在完成企业年度利润为基础的同时，还从总产值，工程（产品）质量、进度，安全生产、文明施工，职工平均收入，股东分红率，资产负债率，固定资产增加收入，企业基础管理，精神文明建设8个方面进行了规定，同时对各项指标完成情况及所对应项目设定了分值，以100分考核。尤其是增加了拖欠农民工工资和受到行业主管部门、建设单位通报包括新闻媒体批评的考核。《规定》还制定了考核奖罚和考核兑现的细则，以便于严谨执行。

同年8月16日，根据公司第五届一次股代会对董事会下达的经营目标，参照董事会领导成员年薪标准，经营层成员和有关领导所分管的工作、承担风险和责任程度，经公司2011年8月13日第五届五次董事会会议研究决定，并以银三建政发〔2011〕22号文件《关于公司2011—2013年经营层及有关领导年薪标准、考核办法及发放规定》发司属有关部门。主要内容如下：

（一）经营指标

年　度	产值（亿元）	利润（万元）
2011	8.5	310
2012	10	350
2013	11.5	400

1. 三年共完成总产值30亿元，利润1060万元。

2. 指标考核：按《银川三建第五届董事会任期经营目标及考核办法》制定的经营目标的有关条款执行。

3. 管理目标：各项经营和管理目标，共有七个方面的目标（略）。

（二）经营层及有关领导薪酬标准

职务	年薪（万元）	预留考核工资（万元/年）	工资标准（元/月）
总经理	23	9.2	11500
副总经理	16.5	6.6	8250
总会计师 监事会主席 党委副书记 工会主席	12.5	5	6250

（三）考核办法

对经营层及有关领导进行集体考核，以利润为各经济指标基础，指标分年度量化考核。

（四）经营班子奖罚兑现规定（略）

（五）对经营层成员及有关领导个人考核兑现（略）

2011年10月24日，为了引导个人工作细化、对班子成员量化考核，使领导个人收入与工作绩效、管理目标相挂钩，公司以银三建集政发〔2011〕8号文件制定了《银川三建集团经营层成员及有关领导绩效考评细则（暂行办法）》。《细则》分三个章节，对经营层成员、行政班子成员、党委、工会各级领导，依据各自分工，划分了26项考评细则，按各自分工的责任程度，工作衔接的权重，制定了各子项分值，作为年终个人工作考核的一部分，结合年终个人述职、民主评议得分结果，一同按比重作为年薪兑现的依据。

2012年4月11日，银川三建第五届二次股代会召开。股东代表和列席代表参加了会议。在董事长刘惠敏主持下，代表们听取、审议并通过了《第五届董事会2011年工作报告》《第五届监事会2011年工作报告》《2011年度利润分配方案》，听取了公司《2011年财务工作报告》。

2013年4月19日，由董事长刘惠敏主持，公司召开了第五届四次股东代表大会。37名股东代表和中层管理人员参加了会议。代表们听取、讨论、审议并表决通过了集团《2012年董事会工作报告》《2012年监事会工作报告》《2012年利润分配方案》,听取了公司《2012年财务工作报告》。代表们对公司运行中的问题提出了个人建议,董事长在大会上给予了肯定,对代表们提出的问题给予解答。

二、强化激励机制,促员工队伍建设

2011年5月17日,公司第五届二次董事会会议研究决定,自2011年5月起实行《银川三建集团岗位绩效工资实施方案》。

《方案》分为九章:《总则》《实施范围》《实施原则》《薪酬结构》《岗位绩效工资制的基本内容》《岗位绩效工资制的运行》《岗位绩效工资制的规定》《薪酬的支付》《附则》。《方案》还按集团中层管理人员、管理人员、集团生产工人、后勤人员的工资按岗位制定了具体的标准。详细地规定了员工入职、工作、病事假、退休、返聘、福利享受等不同岗位待遇规定。

岗位绩效工资制是以员工被聘上岗的工作岗位为主,根据岗位技术含量、责任大小、劳动强度和环境优劣确定岗级,以企业经济效益和参考市场劳动力价位确定工资总量,以员工的劳动效果为依据支付劳动报酬。充分贯彻按劳分配、绩效优先的原则,是劳动制度、人事制度与工资制度密切结合的薪酬制度。至此,员工工资由岗位工资、绩效工资、年功工资、津贴、奖金五部分构成。同时制定了部门绩效考核评分表、管理人员考核评分汇总表、生产工人考核评分汇总表等考核表格及考核评分方法,以达到公开、公平、公正、激励的竞争原则,客观评价员工的工作业绩、工作能力及工作态度,使员工的个人收入和绩效与公司的经济效益相挂钩,提升企业的整体运行效率和经济效益。

经测算,新的绩效考核工资,员工工资上调幅度在12.2%~60.4%,全公司年增加工资总额270万元。

2011年6月1日,银三建通发〔2011〕2号文件《关于调整员工缴存住房公积金的通知》下发司属各部门。公司调整了员工住房公积金缴存比率,由原来档案工资基数的5%,调整到岗位工资的6%,较大幅度上调了公积金缴存比率,同时,根据股代会的决定,对股东配送了2010年红利。

2013年7月22日,经董事会研究,批准下发了银三建集政发〔2013〕8号文件《关于银川三建集团岗位绩效工资实施方案》调整的通知。调整后的员工薪酬仍由岗位工资、绩效工资、年功工资、津贴、奖金5个部分构成。确定管理人员岗位工资和绩效工资的比例为 6∶4，即岗位工资占本人基本工资的 60%，绩效工资占本人基本工资的 40%；生产工人、后勤服务人员岗位工资和绩效工资的比例确定为 7∶3，着力构建导向明确、标准科学、体系完善的绩效考核评价制度。

2011—2013 年，公司根据企业发展实际和社会薪酬变化情况，进行了两次工资调整改革，进一步理顺岗位绩效工资层级和标准水平，建立了规范的工资、奖金、福利体系。

2013 年 6 月 28 日，为了统一规范外出驻工地代表的远程补贴，银三建通发〔2013〕4 号文《关于调整工程项目驻工地代表远程补贴标准的通知》，调整了工程项目驻工地代表远程补贴。

（一）施工项目位于兴庆区黄河以西距集团总部 5～10 公里（含 5 公里），按实际出勤天数每人每天补贴 6 元，10～15 公里（含 10 公里），按实际出勤天数每人每天补贴 10 元。

（二）施工项目位于金凤区范围内的按实际出勤天数每人每天补贴 10 元。

（三）施工项目位于西夏区、永宁县、贺兰县范围内的给予按实际出勤天数每人每天补贴 12 元。

（四）施工项目位于吴忠、青铜峡、大武口、平罗、灵武、宁东基地、河东等地区的给予按实际出勤天数每人每天补贴 25 元，给予每月一次往返车费报销。

（五）施工项目在宁东基地以外区域（煤矿）、中卫、中宁、太阳山、红寺堡、同心、盐池、惠农、阿拉善盟等地区的给予按实际出勤天数每人每天补贴 35 元，给予每月一次往返车费报销。

（六）施工项目在固原、彭阳、隆德、泾源、海原、西吉及内蒙古（除阿拉善盟）、甘肃等邻省区的给予按实际出勤天数每人每天补贴 40 元，给予每月一次往返车费的报销。

（七）其他报销标准（略）。

2012 年 5 月 16 日，为了营造员工学习的良好氛围，公司制定了《专业岗位培训及学历教育费用报销的规定》，对经集团公司领导同意参加学历教育者，对晋升专业技术职称参加相关考试（计算机、英语）和继续再教育学习者的学习费用经领导批准，按比例或全额给予报销。

2012 年 6 月 17 日，为了满足企业生产经营的需要，鼓励员工考取各类执业资格证书，形成有利于企业和个人发展的长效机制，银三建集政发〔2012〕4号文制定了《关于鼓励员工考取建造师等执业资格证书的实施办法》。对考取各类资格证的员工按考取职称的级别，分别给予2000～3000元不等的奖励，同时一经集团专业技术职称评聘小组的聘任，按职称等级每月给予200～800元不等的技术职称津贴。两年评聘一次。

2013年4月22日，经自治区人力资源部和社会保障厅评审，公司白金珍、马芳、殷颖、邵佳、张磊、安丽、王佳7名员工分别获得高级工程师、工程师、助理工程师、助理会计师、经济师专业技术资格，公司根据文件规定予以聘用。

2011—2013年，公司共招聘员工31人，有8人通过自学考试拿到了本科文凭，2名拿到了大专文凭；有5人取得了高级职称，12人考取中级职称，31人获得初级职称。先后有2人、21人和3人分别考取了国家注册一级、二级建造师和房地产经纪人，为企业储备了人力资源。

发扬成绩、树立典型、表彰先进是公司激励员工积极向上，争先进、创佳绩的常规性激励机制。公司每年度在对企业内先进集体和优秀员工表彰的基础上，同时对2011—2013获得银川市及自治区厅、局级以上党政部门、行业部门表彰的先进集体奖项31项，先进工作（生产）者19人予以表彰。三年中公司共拿出83万多元对获得公司和上级表彰的先进集体与个人予以嘉奖。

三、民主监督，提高执行力

公司依据各项管理规定，对集团年度计划、承包经营指标完成情况、创杯工程、标准化工地、安全责任目标兑现等，做到年前有指标、有计划，年中有考核、有检查，年底有考评、有奖罚、有兑现，严肃执行各项规定，不断提高自身管理水平。

公司通过对各分支机构的半年考核、年度考核、资产盘点等，对于发现的问题要求限期整改，按期检查整改结果，加强和规范对各分支机构的内部控制，促进各分支机构进一步规范运作，提高分支机构经营管理水平和风险防范能力。

2013年11月，公司党委召开了由各支部书记参加的以"加强作风建设，带头强化执行力"为主题的党员领导干部专题民主生活会和民主评议党员组织生活会。公司高层领导根据事前征求的意见和会议主题，开展了批评与自我批评。会后员工和党员以无记名填表，民主评议了领导班子和班子各成员的工作。

2013年12月，集团监事会、纪检委、总会计师组成联合调查小组，对混凝土公司进行了检查调研。根据调研结果针对混凝土公司外拖欠款居高的难题，成立了由有关领导、专业律师和财务人员组成的清欠领导小组，强力推动清欠工作，并定期向董事会汇报。

第三节 安全生产 责任到人

安全重于泰山，是三建各级领导常抓不懈的工作。

2011年4月23日，公司适时召开了2011年度安全生产工作会议。会议通报并部署了当前安全生产、工程质量工作情况及今后的具体安排，层层签订了《安全生产管理目标责任书》，组织管理人员观看了安全警示教育片。

同年9月29日，集团召开2011年度第二次安全生产专题会议。集团各职能部门工程管理人员，各施工项目部工程管理人员及集团各分公司安全生产管理人员参加了会议，会议邀请了自治区安监总站安监科科长韩利钧到会指导。会议要求全体生产管理人员以对职工生命高度负责任的心态，尽职尽责地做好本职工作，确保集团年度安全管理目标的实现。

同年12月21—23日，集团董事会、监事会全体成员进行了为期3天的冬季安全停工检查。

2012年4月12日，2012年度安全生产工作会议召开。集团董事长、副董事长、总经理、副总经理、监事会主席、安全部全员、工程部全员、各分公司经理、项目部经理、安全员80多人参加了会议。

会议传递了2012年工程质量和安全生产工作要点，通报了3、4月份工程综合大检查情况和奖罚情况。公司副董事长、总经理、副总经理分别对工程安全情况进行了安排和部署。会上董事长与总经理、总经理与生产经营部门负责人层层签订了新一轮《安全生产目标管理责任书》。自治区建筑管理总站安监科科长到会，并对公司的安全工作进行了指导。

2012年4月26日，中卫市建设局在公司承建的中卫市众一山水城工地召开了2012年中卫市建筑安全质量标准化工地和节能现场会暨农民工培训月启动仪式。自治区安监总站潘利民站长、中卫市副市长吴汉宝、中卫市建设局有关领导和建设、施工、监理等50多家单位参加了会议、观摩了现场。

2012年12月18—21日，董事会、监事会全体成员对公司承建的重点工程进行停工综合大检查。重点检查停工工程的安全问题。

2013年4月20日，公司召开了2013年度安全生产工作会议。会上，董事长与总经理、总经理与各生产部门负责人等层层签订了《安全生产目标管理责任书》。会议警示工程管理人员要以敬畏之心抓安全工作，要以人为本，敬重客观规律，尊重科学，敬畏法律法规，按章办事，以铁的手腕抓安全，确保安全生产。

第四节 各产业协同共进 提升集团整体实力

集团公司建筑施工、市政施工、房地产开发、商品混凝土销售、建筑门窗生产、物业服务及其他产业互相拉动，互为依存，整体推进，稳步发展。

一、积极推进资质升级

根据《银川三建集团五年发展规划》规模目标预期要求，为了推进企业资质升级工作，经2013年3月22日公司第五届十次董事会会议研究决定，成立并下发了银三建集政发〔2013〕3号《关于成立公司资质升级领导小组》的通知。

资质升级领导小组组成：

组长为季光军，副组长为陈明逵、孔涛。成员：洪波、白金珍、钱进、孙元恒、罗建龙、金淑萍、严崇银、任桂红、勉智勇、何银华。

领导小组的职责是全面实施公司房屋建筑、房地产开发资质升级和其他专业资质增项的各项工作。

2013年9月，经过不懈的努力，经自治区建设厅审核，公司获得钢结构三级资质。

2014年7月31日，经住建部批准，银川三建工程有限责任公司晋升为国家房屋建筑施工总承包一级资质，企业上下欢欣鼓舞。为此，公司为全体员工增发了一个月的岗位工资。

建筑施工资质的升级带动了集团其他产业的提升，经过专业机构审核，集团通过了质量、环境、职业健康、安全管理四大体系的复审，通过了四项认证，进一步完善了企业管理体系。

二、建筑施工、市政施工产业拓宽

2011—2013年,公司承接施工了421个工程项目,遍布全区22个市县。最南端到泾源县新民乡,北至石嘴山惠农区,西至中卫市,东至盐池县。超过亿元的工程项目有彭阳四中、彭阳民生家园、中宁石空工业城出租房、金凤区福通安置区二期C区、固原裕丰苑、银川国际汽车城等。

银川正源北街泵站排水工程管径1.8米,最深埋置10米,五处穿越道路顶管施工。金凤区嘉园小学风雨操场工程是球形钢结构,屋架长45米,跨度32米,提升了公司建筑施工的技术和能力。至此扩大了集团房屋建筑、市政施工的范围。

公司施工的101省道至罗山大道连接线工程双吉沟大桥全长107米,单跨最长20米、高8米,使用直径4米的并排波纹管,管涵长63米,经罗山大道工程项目指挥部对十个标段工程质量等方面综合考评,公司施工的第六标段综合检查中排名第一。

一分公司施工的青铜峡黄河大峡谷大禹文化园古建筑工程分为五个单体,核心建筑物大堂净高16米,结构跨度大,工艺要求高,技术难点大。田建华项目部通过编制合理施工方案、精心施工,工程按工期顺利完成。

六分公司施工的国际汽车城3号楼工程,地下负2层,深达9.7米,地上17层,高88米,面积2.6万平方米,主体结构混凝土浇筑从C35—C50四种标号同时施工,混凝土总体量达2700立方米,项目管理人员和施工人员同心协力,攻克难关,工程质量、安全施工和进度得到有效控制。

2014年12月竣工的大禹文化园古建筑群被评为自治区"西夏杯"优质工程

多年来，集团全体工程管理人员克服施工项目点多、量大、技术要求高、管理人员短缺等困难，放弃周末、节假日休息时间，加大安全施工检查力度，保证施工质量，驻工地技术人员特别是常驻偏远工地的同志，舍小家为大家，勤奋敬业，为集团经济发展做出了积极贡献。正因为有工程管理人员鞠躬尽瘁的精神，公司被自治区住建厅评为全区建设工程管理优秀建筑企业。

2011年9月27日，自治区副主席李锐、自治区住建厅厅长刘慧芳等领导冒雨视察公司承建的彭阳县民生家园工程。领导们仔细询问了有关工程概况、施工细节。视察后，李锐副主席对工程建设给予了充分肯定。

三、房地产稳中有进

2011年是房地产开发公司合作项目全面展开的一年。同心县伊欣苑二期、青铜峡学府壹号一期、大武口景悦苑二期3个楼盘10多万平方米相继开工建设（景悦苑二期后来更名为曙光华庭）。开创了房地产开发公司历年来三个之"最"——一年中开工楼盘最多（3个楼盘），单体工程体量最大，建筑物楼层最高。

2012年，房地产开发公司取得了销售实际收入突破一亿元的好成绩，为集团资金调配打下了坚实的基础。

3个楼盘工作情况简介如下：

同心县伊欣苑二期工程于2010年10月18日开工，建筑面积约27000m^2，由4栋五层砖混住宅楼和3栋两层营业网点组成。共计住宅143套（含一期1套），营业房96套（含一期49套）。2012年11月6日，同心县伊欣苑二期工程通过了同心质监站的竣工验收，取得了建设工程竣工验收备案表，并交付业主使用，同时，移交给当地一家物业公司统一进行管理。截至2012年12月31日，销售了124套住宅房，住宅销售率达到87.3%。

同心县伊欣苑楼盘，截至2013年12月31日，一期住宅已全部销售完毕，营业房共60套，销售37套，剩余23套。二期住宅共计142套，销售139套，剩余3套，销售率98%；营业房47套，销售40套，剩余7套，销售率85%。2013年实现销售金额17424894元，收回房款22617757元。

青铜峡学府壹号一期工程13栋楼7个项目部，于2011年4月20日开工，建筑面积约97733m^2，由11栋5~9层框架住宅楼和2栋3层营业网点组成。2012年11月19日，工程通过了青铜峡质监站的竣工验收并已交付业主使用。

2011年7月16日,银川三建集团在青铜峡的开发项目——青铜峡学府壹号盛大开盘。同时,从银川三建房地产冠名的五人制足球赛也于当日

青铜峡学府壹号

正式拉开序幕。青铜峡市政府王自成、霍岩宏两位副市长等主要领导亲临现场,充分肯定了银川三建对青铜峡人居标准的提升作用。

截至2013年12月31日,青铜峡学府壹号一期累计销售了167套住宅房(其中2013年销售了31套),剩余155套,累计销售率52%;累计销售了5套营业房(其中2013年销售了1套),剩余13套,累计销售率27.8%。累计销售金额49194643元(其中2013年销售金额9553773元),2013年收回房款15903129元。

大武口景悦苑二期工程,规划总建筑面积约80000m^2,由3栋11层点式住宅楼、1栋17层板式商住楼和1栋26层集公寓、商务办公、酒店于一体的综合大厦及地下车库组成。2011年10月10日,开工了3个11层点式楼和17层板式商住楼（B#楼）以及地下车库等5个单体工程,建筑面积38420m^2。于2013年4月交付使用。截至2013年12月31日,销售住宅158套,剩余109套,销售率59%,销售总额53759290元。

大武口曙光华庭（原景悦苑）

四、混凝土公司加大投资，科学管理增效益

2013年，集团公司先后投资835万元，新增了1套三一重工生产的180立方米/小时混凝土生产线，拆除报废了2套运行了14年的60立方米/小时混凝土生产线，并于当年8月投产，购置了10辆10立方米的混凝土运输车和1辆车载泵。同时安装了1套混凝土生产管理软件，从原材料进场、产品检验、混凝土出厂、结算，全部实现了计算机信息化管理，杜绝了过去手工录入的人为误差，有效地提高了生产管理效率。

2013年，公司混凝土试验室做水泥、砂、石、砼强度等各类试验2968批次，通过大量试配，在保证产品质量的前提下，调整了水泥用量，降低了生产成本。

截至2013年年底，混凝土公司共有2套生产线、混凝土运输车26辆、汽车泵5辆、车载泵2辆、拖泵3辆，绝大部分设备得到了更新，提高了竞争实力。2013年，生产供应混凝土22.3万立方米，实现产值6805万元，实现利润611.94万元。当年收回货款5223万元（包括以物顶账），收回历年拖欠款323万元。

2011—2013年，混凝土公司生产销售混凝土59.9万立方米，实现产值19943.5万元，三年收回货款14760万元。

2014年，经公司积极努力，办理了第三轮资源综合利用国家减免税，有力支持了企业的经济发展。

2011年6月，银川三建混凝土公司被评为"十一五"期间全区发展散装水泥先进集体。

2014年4月，混凝土公司被自治区质监局、工商局、国税局等八部门评为宁夏履行社会责任优秀企业。

五、华瑞公司拓宽经营渠道

2011年，华瑞公司承建了宝湖湾二期外窗工程。该工程使用的亚铝70系列内开外倾窗，材质、品质、技术要求都处于我区领先地位。全年承建门窗单位工程43项，面积5.8万平方米，完成施工产值820.84万元。

2012年全年承揽34个门窗单位工程，其中红花渠商业街1~4号楼仿古门窗的完成，提升了公司知名度，拓宽了施工领域。

2013年华瑞公司全年施工了3.43万平方米的门窗生产任务，完成工作量1402万元，是年计划的155.8%。回收拖欠款883.96万元，收回车间、场地租赁费39.87

万元。2011—2013 年华瑞建材公司完成工作量 2539 万元，全面完成了集团下达的产值利润等各项指标。

六、物业公司服务能力不断提升

物业公司是集团历年开发项目的后期服务单位，承担着 16.5 万平方米、1682 户住户的供暖、安保、卫生等物业服务工作。

2012 年，物业公司争取到银川市物业办拨付的小区维修资金 28 万元，对华苑四期屋面防水、单元门对讲系统及文建小区屋面防水进行了维修。通过硬件设施的改善，提高了服务质量，改善了服务区住户的居住环境。

2013 年，对外拓宽物业管理，管理面积增加到 20.77 万平方米。经积极努力，向政府有关部门又申请到专项资金 10 万元，对东苑小区的路面进行了维修。、

2013 年，集团公司投资 44 万元对东苑、建丰苑、华苑小区的 3 台锅炉和室外管网进行了改造、维修，保证了冬季正常供暖。

七、加强分公司管理

2011 年 6 月 22 日、2012 年 4 月 18 日、2013 年 4 月 25 日，集团公司分别向下属各分公司、直属项目部、混凝土公司、华瑞建材公司、房地产开发公司、设备租赁分公司、物业公司下达了各年度生产计划安排及主要工作（生产）指标，并分年度签订了各承包经营部门经营目标责任合同。

按照公司与各分支机构年初签订的经营目标责任制合同，公司通过对各承包经营部门的日常检查、半年考核、资产盘点、年度考核等，对于发现的问题要求限期整改，并予以督查，加强和规范各分支机构内部规范运作，提高分支机构经营管理水平和风险防范能力。公司考核小组依据经济承包合同考核前有安排；考核中有目标、有要求、有评议，逐项打分；考核后有总结，有奖惩，做到公开、公平、公正、奖罚分明。

每年年终经考核后，对各承包部门均兑现了当年的奖励、未完成任务的给予了弥补亏损的处罚。各部室根据年终评议打分，发放了效益奖。

2012 年 1 月 17 日，银三建政发〔2012〕1 号文件《关于兑现生产部门全面完成安全生产目标责任奖励的决定》下发印发，经考核后研究决定：对全面完成安全生产目标的华瑞建材工贸公司、物业服务公司、防水公司的有关责任人兑现了奖励。

同日，银三建政发〔2012〕2 号文《关于兑现荣获 2011 年度安全标准化工地称

号的项目部奖励的决定》发司属各部门。根据公司与各项目部签订的《安全生产、文明施工管理目标责任书》，对殷建军、白雪融、汪希林等9个获得安全生产、文明施工标准化工地荣誉称号的项目部分别兑现了奖励。

为了解决各分支机构在生产经营中的资金困难，提高企业资金的运行效率，完善集团内部的资金管理，规范集团与各内部分支机构、各施工项目部以及各分公司与所属项目部之间资金的借贷使用，2012年5月31日，银三建集政发【2012】10号文制定了《关于集团内部资金借贷的暂行规定》，加大了对联营项目，开发合作单位的融资支持，解决了项目部招投标的资金压力和施工中的短期资金应急，同时增加了集团的经济收入，降低了企业融资成本。

2011年，在公司的大力支持下，设备分公司投资50多万元，在原有空地上新建库房13间约900平方米，改造旧库房15间约870平方米。出租场地三块，合计5000平方米。不但改造了旧场貌，还带来了一定的经济效益。

2013年，一分公司完成施工产值8749万元；二分公司年完成施工产值6771万元，比上年翻了一番，六分公司完成施工产值1.31亿元，超计划64.36%。

第五节 培训学习 形式多样

培训学习是公司加强企业文化建设的重要内容之一，也是三建持续发展的原动力。组织管理人员学习最新的管理理念、组织工程技术人员学习专业技能知识，团结了员工，提高了素质。

2011年2月11—25日，公司组织全体员工共251人，分七批次分别前往福建和台湾参观学习。员工们在旅行中加强了团结和沟通，陶冶了情操，开阔了视野，增长了知识。

3月3—9日，安全生产部和工程技术部组织公司工程管理人员以及生产部门工程管理人员60人，进行了春季开（复）工前的安全和质量教育培训。培训采取外聘银川市建筑行业管理处专家以及内部人员授课相结合的方式。

2012年2月21—28日，为了强化工程质量安全管理，公司组织了专业技术人员培训。主要内容为：《施工用电》《建筑设计》《结构设计》《质量通病防治》等。

2012年2月,商品混凝土公司组织泵车、罐车司机、微机操作员等近50人参加的管理制度、操作规程等培训,并邀请了银川市交警大队交警讲解交通安全知识,增强员工安全意识。

3月3—10日,公司组织了全体管理人员进行综合知识培训,聘请了职业培训讲师给大家讲了《以阳光的心态来工作》;分集播放了电视远程教育讲座《高效执行力》等综合知识教育片。

2012年12月8日,公司进行2012—2013年度员工培训。聘请自治区发改委有关专家做宁夏区域经济分析、宁夏知名职业经理人做"打造高效团队"专题讲座、聘请专业律师进行《合同法》讲座。选购了电教片光盘《做最有价值的员工》《政务礼仪》等,公司副董事长季光军还对新员工进行了企业发展历史的回顾讲座,旨在全面提高管理人员的综合素质。

2013年12月4日,集团公司开始进行2013—2014年度员工培训。

银川三建2012—2013年员工培训现场

聘请了自治区发改委领导、公司法律顾问、税务专家做十八届三中全会精神、《公司法》、营改增及相关税法学习等专题讲座。选购了光盘——《阳光心态》《绩效考核》《为家请打好这份工》《做最称职的高管》等。此次企业综合管理培训历时近两个月,52个学时。

十年树木,百年树人。正是在这种坚持不懈、潜移默化、润物无声的长期培养教育中,银川三建涌现出了一批批先进英模人物,集团公司也一直走在自治区、银川市建筑行业的前列。

2011年3月6日,赵长林被评为银川市建设局和中共银川市委员会优秀党务工作者;勉智勇被评为银川市建设局优秀共产党员;卫济功被银川市建设局评为先进个人；赵永安被评为2010年全市建筑业优秀建造师；陈国华荣获2009—2010年度银川市"凤凰杯"优秀项目经理。

2011年9月8日，在有200名巧匠参赛的银川市第五届建筑行业职工（农民工）职业技能大赛中，银川三建夺得半数状元。公司员工王小明、逯立何分别获"镶贴状元"和"电工状元"称号。

同年4月，总经理陈明遂被中国海员建设工会授予全国保障性安居工程建设劳动竞赛优秀建设者荣誉称号。（宁夏共有8人获此殊荣）

同年8月，公司副总经理赵永安荣获中国建筑业协会2011年度全国建筑业企业优秀项目经理。

2011年3月，公司分别被评为全区建筑业企业先进集体、2010年度全市建筑业施工总承包先进企业。

2011年6月公司再次获得2011—2014年度自治区文明单位，蝉联2009—2010年度自治区"守合同、重信用"企业。

2011年6月，经自治区政府投资项目代建制管理办公室和组织专家进行资格评审，银川三建工程有限责任公司顺利取得代建资格，标志着公司已具备参与竞标代建管理政府投资非经营项目的资格。

2011年8月，由自治区经贸委组织评审，公司入选"宁夏企业100强"，排名第69位。

同年9月，公司被评为中国建筑业协会建筑企业经营和劳务管理分会理事单位。

2012年春季，公司组织全体员工参加了银川市住建局开展的览山剧场义务植树活动。

2012年3月，公司再次被自治区建设厅确定为最高级别——4A级诚信施工企业，同时先后被评为自治区和银川市2011年度"建筑业优秀企业"。

2012年10月25日，在来自全区28个单位，198

公司员工参加览山剧场义务植树活动

名建筑工人、农民工参赛的"建发杯"建筑行业技能大赛上，公司参赛选手梁建伟、韩兵、刘堆先、李伟分别获得电工二、三等奖，砌筑三等奖，抹灰三等奖，同时还被授予"自治区技术标兵"称号。

2012年9月5日，公司再次入选2012年"宁夏企业100强"，排名第78位，是全区获此殊荣的两家建筑企业之一。

2013年7月，公司再次荣获宁夏住房和城乡建设厅宁夏优秀建筑业企业和4A级诚信施工企业称号。

第六节 勤勉尽职 再接再厉

一、第五届董事会圆满完成各项指标

2014年4月1日，在董事长刘惠敏的主持下，召开了公司第五届五次股东代表大会。会议讨论并表决通过了《公司第五届董事会任期三年暨2013年度工作报告》《第五届监事会任期三年暨2013年工作报告》《公司2013年度利润分配方案》及《银川三建工程有限责任公司转增股本及相应调整股东股权实施方案》，会议听取了公司董事会任期三年暨2013年财务工作报告。会议还推荐了公司第六届董事、监事候选人，听取并讨论了公司《章程》有关条文修改草案。

2011—2013年是公司第五届董事会、监事会任职暨银川三建集团自2010年起第一个五年规划实施阶段。

三年期间董事会较好地完成了任期制定的各项经济指标。三年完成总产值合计31.98亿元，比股代会制订的计划数增长6.6%。其中施工产值29.73亿元，商品砼产值2.0亿元，建筑工业产值2539万元，商品房销售总额1.96亿元；三年利润合计1586.95万元，比股代会计划数增长49.71%，实现利税11634.96万元。

2011—2013年，公司办公设备、混凝土公司生产设备、库房、车间建设等固定资产累计投入2548.14万元，三年分别比计划提高了7%、13.5%、5.6%，超计划完成股代会制定的每年增加5%以上的目标。

第五届董事会各项经济技术指标完成情况（2011—2013 年）

指　标	计划数	实际完成数	计划完成程度
实现利润	1060 万元	1586.95 万元	增长 49.71%
总产值	30 亿元	31.98 亿元	增长 6.62%
工程质量	合格率 100%	合格率 100%	完　成
安全生产	无重大安全责任事故，自治区、市安全检查合格率 100%	无重大安全责任事故，区、市安全检查合格率 100%	完　成
职工年均收入	高于 12% 以上	58396 元/年（2013 年）／32971 元/年（2010 年）	每年增长 20.99%
股东分红率	每年在 10%（含 10%）以上	2011 年 12%　2012 年 12%　2013 年 7%	年均 10.33%
固定资产率	年增长 5%	2011 年 7%　2012 年 13.5%　2013 年 5.6%	年均增长 8.7%
资产负债率	80% 以下	83.2%	差计划 3.2%
精神文明检查企业基础管理	实现经营目标上级考核合格	实现了经营目标，上级考核被评为先进	完　成

注：1. 计划数以《第五届董事会任期经营目标及考核办法》为基数。

2. 实际完成数根据公司《第五届董事会任期三年暨 2013 年工作报告》摘录。

监事会认为第五届董事会、经营层在克服资金紧张、拖欠款严重，以及建筑、房地产行业宏观调控等诸多困难的情况下，规范运营机制，积极开拓各项业务，较好地完成了任期内的各项工作任务。三年来的经营工作每年都经过了考核和审计部门的财务审计，经营财务数据真实可信，各项管理符合国家相关规定，认真履行各项职责，企业的精神文明和物质文明建设得到共同提高，成绩是肯定的。监事会同时认为，公司董事、经营班子、高层管理人员在履行职务时，能够恪尽职守，利润分配公正、公开，公司整体运行平稳。

2014 年 4 月，银川天诚信合会计师事务所对公司财务报表，包括 2013 年 12 月 31 日的资产负债表、2013 年度的利润表以及现金流量表进行了审计，并做了银天诚审字〔2014〕35 号《银川天诚信合会计事务所审计报告》，《报告》表明，公司"财务报表在所有重大方面按照企业会计准则的规定编制，公允反映了贵公司 2013 年 12 月 31 日的财务状况以及 2013 年度的经营成果和现金流量"。

二、顺利实施"一五"规划

2013年，完成总产值12.35亿元，实现利润758.68万元，提前一年超额完成了第一个五年规划制定的年产值12亿元和利润430万元的目标。职工年均收入增长率、利润总额、股东分红率都达到了规划目标。固定资产投资1202万元，超额完成了规划目标。

2012年9月，宁夏企业100强发布委员会参照国际通行做法，以2011年企业营业收入为入围标准，自治区党委宣传部、组织部，自治区经信委、住建厅、工商局、税务局等16个相关部门对入围企业的社会责任担当情况进行了审查评价，经审定，发布了2012年"宁夏企业100强"，银川三建名列其中。全区建筑企业仅有两家获此殊荣。

第 12 章

创新发展 再启新程

2014—2016

第一节 回顾与展望

一、总结工作，表彰先进

2014年1月23日，公司召开了2013年度总结暨表彰大会，大会由党委副书记赵长林主持，党委书记、董事长刘惠敏做了《银川三建集团2013年工作报告》。《报告》从各项经济指标完成情况、各项产业稳步推进、加强基础管理、增强企业执行力、加强精神文明建设、第一个五年发展规划经济目标执行情况5个方面回顾了公司2013年主要工作，提出了工作中存在的主要问题和2014年的主要工作思路。

副董事长季光军宣布了公司《关于表彰奖励2013年度先进集体、先进生产（工作）者的决定》，对银川三建房地产开发公司、第六分公司、银川三建设备租赁分公司、裴向阳项目部等31个先进集体，孙元恒、罗建龙、眭效烨等49名先进生产（工作）者予以表彰奖励，对被银川市建筑行业党委表彰的段光斌、严崇银、钱进、张志军、王功、勉智勇、杨军提出表扬。

公司副总经理赵永安宣布了公司《关于表彰奖励荣获"沙坡头杯"优质工程的决定》。对荣获2013年度"沙坡头杯"优质工程的中卫众一山水城37#楼工程殷建军项目部，工程技术部段光斌、罗建龙、杨振忠、张克利、马芳、张春燕、刘文，驻工地代表卫济功，安全生产部孙元恒、张雪峰、沈思福、殷颖予以表彰，并分别给予最高30000元、最低800元不等的现金奖励。

宣布了公司《关于兑现荣获2012—2013年度安全标准化工地称号的项目部奖励的决定》。对获得安全生产、文明施工标准化工地荣誉称号的殷建军等9个项目部兑现奖励。

序号	工 程	项目部（负责人）	奖励金额
1	中卫众一山水城三期23#楼	殷建军	10000元
2	中卫众一山水城三期1#、2#、3#楼	勉学贤	10000元
3	中卫众一山水城三期4#、8#、9#楼	汪希林	10000元
4	宁夏大学公共租赁住房项目（Ⅱ标段）	王开合	10000元
5	彭阳栖凤花园21#楼工程	张彦福	10000元
6	彭阳栖凤花园22#楼工程	李东元	10000元
7	彭阳栖凤花园23#楼工程	安有奎	10000元

续表

序号	工　程	项目部（负责人）	奖励金额
8	彭阳栖凤花园 24#、25# 楼工程	裴向阳	10000 元
9	彭阳栖凤花园 26# 楼工程	詹登国	10000 元

宣布了公司《关于对全面完成安全生产目标的部门兑现奖励的决定》。对 2013 年度全面完成安全生产目标的设备租赁分公司和防水分公司的夏永胜、张仑峰、李德信、刘志怀分别予以表彰，并给予 800～1500 元现金奖励。

党委副书记赵长林宣布了公司党委《关于兑现 2013 年精神文明建设目标管理责任书的决定》和《关于对荣获宁夏建筑行业职工职业技能大赛及公司优秀通讯员进行表彰奖励的决定》。对工作较为突出的第五党支部表彰奖励，并授予精神文明建设先进单位，对公司选拔参加宁夏建筑行业职工（农民工）职业技能大赛取得电工二等奖的梁建伟，获得电工、砌筑工、抹灰工三等奖的韩兵、刘堆先、李伟给予表彰奖励，授予季立红、勉智勇、韩蓓蓓优秀通讯员称号并给予表彰奖励。

银川市城乡建设委员会行业党委书记倪天福出席会议并讲话。集团党委、董事会、监事会、经营层领导刘惠敏、季光军、赵长林、陈明逵、沙福海为获奖者颁奖。

在这次总结表彰会上、公司用于表彰奖励的资金计 33.36 万元。

当天下午 5 时，公司全体员工、各项目负责人、合作开发人员 300 多人在上陵波斯顿酒店五楼多功能厅举行了集团新春团拜会。公司所属各部室、分支机构的员工自排自演了精彩的文艺节目。

在 2014 新春团拜会上，总经理陈明逵现场抽取了二等奖

2014 年 4 月 1 日，在董事长刘惠敏的主持下，公司召开了第五届五次股东代表大会。35 名股东代表和公司中层以上领导出席会议。会议听取、讨论并表决通过了董事长刘惠敏所做的《第五届董事会任期三年暨 2013 年工作报告》、监事会主席沙福海所做的《第五届监事会任期三年暨 2013 年工作报告》，听取、讨论通过了《2013

年度利润分配方案》及《银川三建工程有限责任公司转赠股本及相应调整股东股权实施方案》，会议还听取了总会计师王浩所做的《第五届董事会任期三年暨2013年度财务工作报告》。

公司监事会报告指出：第五届董事会、经营层三年来财务工作每年都经过了考核和审计部门的财务审计，因此，监事会认为公司三年经营，财务数据真实可信，各项管理符合国家相关规定，认真履行了各项职责，企业的精神文明和物质文明建设得到了共同提高，成绩是肯定的。

会议通过了公司党委、董事会联席会议推荐的第六届董事会、监事会成员候选人的提议，听取并讨论了公司《章程》修改草案。

4月3日，银三建政发〔2014〕5号文件《关于公司第五届五次股代会通过有关报告和方案的通知》连同相关报告、方案下发公司各部门。

二、着手未来，聘用责任人

2014年4月5日，根据公司《章程》规定，在公司七楼会议室召开了银川三建有限责任公司第六届一次股东大会。135名股东参加了大会并听取了《银川三建第五届董事会任期三年工作报告》《第五届监事会任期三年工作报告》《第五届董事会任期三年财务工作报告》，听取了公司《章程》相关条文补充、修改的说明，表决通过了银川三建工程有限责任公司《章程》的补充和有关条文的修改。

会议选举产生了公司第六届董事会、监事会。同时，由职代会选举产生了一名职工监事。按照《章程》规定，由董事会、监事会分别选举了董事长、监事会主席。选举结果如下：

第六届董事会、监事会成员合影

董事会董事：刘惠敏　季光军　陈明逵　刘华堂　赵永安　孔　涛　龙　震

董　事　长：刘惠敏（公司法定代表人）

监事会监事：赵长林　段光斌　张海铭　勉智勇　严崇银（职工代表监事）

监事会主席：赵长林

2014年4月8日，公司召开了第六届一次董事会会议。根据公司《章程》规定，经董事长刘惠敏提名，会议决定：聘任季光军为公司董事会副董事长，陈明逵为公司总经理。

同时，董事会同意陈明逵总经理的提名，聘任赵永安、刘华堂、孔涛为副总经理，聘任龙震为总经理助理，王浩为总会计师，高淑梅为副总会计师。

4月22日，经董事长、党委书记、总经理研究，将集团领导班子成员日常工作做了分工，并以银三建集政发〔2014〕4号文件《关于集团领导班子成员日常工作的通知》印发相关领导和司属各部门。

同年4月10日，根据银三建集政发〔2013〕10号文件精神，经总经理提名，董事长批准，下发了银三建集政发〔2014〕2号文件，聘任了集团各部室、子公司、分公司负责人（并定额各部门工作人员）：

工程技术部部长：段光斌　　副部长：罗建龙

部长助理：陈国华（定员7人）

安全生产部部长：孙元恒　　副部长：冯建平（定员5人）

经营部部长：钱　进（定员6人）

预算部部长：陈喜萍（定员7人）

办公室主任：王功　　副主任：洪波（定员15人，含司机、门卫）

人力资源部部长：白金珍（定员3人）

财务部部长：金姝萍（定员5人）

党群部部长：何银华（定员2人）

开发公司经理：严崇银　　副经理：陈卫华（兼大武口项目办经理）　张　怡

经理助理：任桂红（定员16人）

砼公司经理：张海铭　　副经理：朱晓云　　经理助理：乔海涛

车队队长（副职）：张小峰

实验室主任：徐　涛（助理职务）

华瑞公司经理：勉智勇　　　经理助理：张　磊

物业公司经理：邱小平　　　副 经 理：黄晓军

设备租赁分公司、绿源公司经理：夏永胜

一分公司经理：杨　军　　　经理助理：刘　文

二分公司经理：贾银星　　　经理助理：蒲军彦

三分公司经理：唐英福　　　四分公司经理：白雪融

五分公司经理：刘宝珠　　　六分公司经理：麦　涛

古建筑分公司经理：龙　震（兼）

市政分公司经理：保　翔

彭阳、固原项目办经理：张志军（负责彭阳县、固原市所有在建工程项目全面管理工作）

诊疗所所长：刘　莉

4月12日，根据银三建集政发〔2014〕2号文件精神，由集团各部门负责人提名，经集团公司总经理批准，聘用了各部门管理人员、工作人员，共计125人。

5月7—10日，根据公司《章程》规定，经公司全体股东分组选举产生了金姝萍等35名第六届股东代表大会代表。

2015年7月13日，因王浩已退休离岗，经公司研究决定，免去王浩总会计师职务。公司财务部及各分支部门的财务业务由高淑梅负责分管。

2016年3月，银三建集政发〔2016〕4号文件《关于集团各部门负责人聘任的通知》，聘用阮赫男为工会主席助理，调整孙元恒担任一分公司副经理；一分公司刘文任安全生产部副部长，负责部室全面工作。

2016年4月27日，银三建通发〔2016〕1号文聘任吴炜为公司副总经济师。

2016年6月21日，经董事长、党委书记、总经理研究决定，对集团领导班子成员的工作做了适当调整，并以银三建集政发〔2016〕9号文件《关于调整集团领导班子成员日常工作分工的通知》下发集团各部门。

同年7月19日，银三建集政发〔2016〕16号文件《关于对任桂红等职务任免的通知》，聘任任桂红为人力资源部副部长，因白金珍调离公司免去人力资源部部长职务。8月，因钱进调离公司，免去其经营部部长职务，由经营部部长助理徐升接替其业务工作。

2016年12月，公司聘请了宁夏辅德律师事务所主任王东宁和宁夏德声律师事务所主任李佳为法律顾问，为公司的健康发展保驾护航。

第二节 创新发展 规划蓝图

一、评审总结"一五"规划

2015年1月20日，公司党委、董事会、监事会、行政、工会经过充分准备，对第一个《银川三建集团五年发展规划》进行了认真评审，一致认为：自公司成立以来，制定的第一个五年发展规划结构严谨，目标明确，措施得当，清晰地描述了银川三建集团五年目标远景和具体的实施步骤，有效地指导了企业的全面发展。各级领导、部门负责人、全体员工团结一致为之奋进，经过五年的不懈努力，集团各项主要经济指标均超额完成，重大管理目标全部实现，为企业的发展奠定了扎实的基础。

2015年1月31日，公司召开了全体管理人员大会，由陈明逯总经理代表公司董事会、党委，对第一个《银川三建集团五年发展规划》实施情况进行了报告，会后以银三建集政发〔2015〕2号文件《关于印发〈银川三建集团五年发展规划〉实施情况报告的通知》下发到集团各部门。

二、"一五"规划实施情况简介

（一）效益目标

2010—2014年实施的《银川三建集团五年发展规划》是公司自成立以来的第一个五年发展规划。五年来，集团的注册资本、技术人员数量、企业设备装备水平都有了明显的提升，建筑施工工作量五年累计完成53.63亿元，商品混凝土产业完成104万立方米，房地产开发10.8万平方米，门窗产业完成4449万元，物业公司管理面积从12.3万平方米增长到20.77万平方米。

企业总产值、利润、员工收入每年分别以22.76%、23.25%、17.38%的速度递增，资产负债率由80.79%降到67.2%，固定资产五年累计投资2653万元，企业上交税金逐年增长，2014年达到5266.17万元，是规划前2009年1974万元的2.67倍。

"一五"规划实现经济目标

项目\年份	产值（万元）		利润（万元）		员工年均收入（元）		企业资产负债率(%)	
	计划数	实际数	计划数	实际数	计划数	实际数	计划数	实际数
2010	60427	80300	298.91	306.89	3.1769	3.2042	79.29	85.05
2011	72512	91600	334.78	331.19	3.5887	4.5398	77.79	82.89
2012	87014	100470	374.95	500.51	4.0193	5.1154	76.29	86.00
2013	104416	123500	419.94	758.68	4.5016	5.8396	74.79	80.62
2014	125299	140388	470.33	759.26	5.0418	6.3206	74.00	67.20
五年累计	449668	536258	1898.91	2656.53	—	—	—	—

注：1. 此表摘自银三建集政发〔2015〕2号文件。

2. 员工年均收入未计算股东股权分红、高层领导年收入。

（二）规模目标

企业规模目标重点分为资产规模的扩大升级和产业延伸两个方面。

建筑业：建筑工程公司注册资本由2009年的3148万元增加到2013年的5140万元。

2014年7月31日，住建部对企业资产状况、人员构成、施工业绩、三年结算收入审核后批准，晋升银川三建工程有限责任公司为房屋建筑总承包一级资质。公司钢结构经银川市专业部门审核增项为三级施工资质。

房地产业：房地产公司注册资本从2009年的2534万元增加到2014年的4600万元，由三级晋升为二级资质。现尚有100.06亩的土地储备，未售商品住宅20493.31m^2、营业房7056.12m^2。

商品砼产业：投资2076.10万元，增加了一套砼生产线180m^3/h成套设备，购置了砼运输车16辆、车载泵2台、49米和56米泵车各1台，2014年11月联合成立了银川三建灵武军汉混凝土分公司。

产业延伸：投资425万元建设了西夏区工业园基地一期工程。两栋车间3107.98m^2。2014年12月成立了银川三建华治劳务有限公司，核定为一级资质。

其他产业：设备租赁分公司顶账88万元购入塔机2台，投资151.56万元新建库房2384m^2。实行了集团企业内部资金有偿使用的借贷制度，提高了流动资金的使用效率。

（三）管理目标

"一五"期间，进一步规范了公司的法人治理结构，五年来依法按《章程》规

公司西夏工业园区基地

定选举了公司第五届、第六届董事会、监事会；审议通过了相关工作报告；确定了经营期董事会、经营层的各项目标和考核办法，并与个人收益挂钩。

对公司《章程》和相关制度进行修订，建立了公司股权进出流转的交易办法。根据企业发展需要，为企业中层以上管理人员设立了激励、奖励股。

推行以绩效为先的薪酬考核机制，完善了《董事会任期经营目标及考核办法》《经营层成员及有关领导绩效考评细则》《银川三建集团绩效工资考核发放办法》等制度。

按照《规划》制定的任务，先后制定了《安全生产管理制度汇编》《关于建立施工项目台账及材料发票收缴的暂行办法》《关于集团财务预算、资金使用、内部审计、经济分析的暂行规定》和《关于集团内部资金借贷的暂行规定》等制度，强化了内控制度建设。

优化人才结构，高级职称人数、建造师储备均已完成和超额了《规划》目标，中级职称工程技术人员尚差13人。

2009—2014年企业工程专业技术人员储备情况

年份	计划专业技术职称人数				实际专业技术职称人数			
	工程职称		建造师		工程职称		建造师	
	中级	高级	一级	二级	中级	高级	一级	二级
2009					41	4	2	19
2010	48	6	5	30	39	4	4	32
2011	53	8	8	35	41	5	4	41
2012	58	10	10	40	46	6	4	48
2013	63	11	12	45	65	16	18	56
2014	65	12	16	50	52	12	20	69

注：2014年度工程系列高级职称共有12人，其中外聘3人；中级职称共有52人，其

中外聘8人，表格摘自银三建集政发〔2015〕2号文件。

目标分类	目标	规划要求	实际完成	完成程度	备注
工程管理	工程质量	交验合格率100%	100%	完成	
	安全生产	检查合格率100%	100%	完成	
		无重大伤亡事故	现场事故2起	未完成	
	区市优质工程	"创杯"7项以上	5项	少完成2项	其中区级1项
	区级标化工地	15项以上	16项	多完成1项	其中区级2项
重点产业	商品砼、建材产品	合格率100%	100%	完成	
	安全生产	无死亡及重大伤害、交通事故等	砼公司交通事故2起	未完成	
	物业服务	小区无火灾，机械伤害，压力容器爆炸等	无	完成	

注：此表摘自银三建集政发〔2015〕2号文件。

"一五"规划的评审结论在对公司工作肯定的同时，提出了企业工作中存在的人力资源储备不足、安全隐患较大、区级创杯项目进展缓慢、工程管理被动、创新能力欠缺等问题，并对制定下一个五年规划提出了建议。

2015年2月2日，为祝贺公司"一五"规划的全面实现，集团公司出资，为全体员工发放奖金，每人1000元。

三、"二五"规划展宏图

2014年11月13日，董事长办公会议根据《银川三建第一个五年规划》实施情况，一致认为《规划》是经过对大量前沿改革政策的解读，经过对企业人、财、物诸多条件的客观分析，认真地归纳、梳理，科学的、逻辑地规划企业的发展前景，适度超前制定各项发展目标，绘制企业中长期发展蓝图，使员工看到远景、明确目标、凝神聚力、团结一致，经过努力，使企业得到较大的进步是必要的。会议认为：制定《规划》，是企业应对市场经济风险的挑战，克服困难、大胆创新，以推动企业经济持续健康发展，稳中求进是可行的。会议提出了制定《银川三建集团第二个五年规划》的意见及当前需要介入的工作。

2015年2月9日，集团董事会、党委联席会议讨论决定：将《银川三建集团第二个五年发展规划》草案的拟订工作由董事长刘惠敏直接负责，办公室拟稿。

同年3月，集团在对"一五"规划实施评审总结的基础上，根据国家经济总量和建筑业存在下调的新常态，以及自治区调低经济发展增速，弱化房地产业的经济发展环境和企业当时的实际状况，经过工作人员调研编写，集团党委、董事会、监事会、行政、工会多次讨论，反复修改，拟订了集团第二个五年（2015—2019年）发展的经济目标、规模目标、管理目标和战略发展思路，形成了《银川三建集团第二个五年发展规划》的初步框架草案。

经过对规划草案的反复修改，并邀请了区、市相关领导、专家指导论证，达成了共识，于6月10日，集团党委、董事会、监事会、行政、工会联席会议讨论通过了《银川三建集团第二个五年发展规划》，并以银三建集政发〔2015〕9号文件印发集团各部门实施。

《银川三建集团第二个五年发展规划》分为六部分：指导思想、企业现状、发展环境、发展目标、产业发展要点、保障措施。核心是发展目标。

发展目标：根据当前社会发展环境，结合企业的实际情况，在顺应建设项目设计、施工、管理一体化；建筑产业现代化；施工技术标准化；生产结构多元化的政策导向下，兼顾企业当前改革和长远发展，经济效益和全面进步的关系，《规划》的发展目标重点为经济目标、规模目标和管理目标。

（一）经济目标

2015年，集团总产值定为11亿元，以后每年平均增长11.75%（力争13%）；利润600万元，以后年均增长7%。在2014年基础上，员工收入年均递增8%，资产负债率年均递减1.0%，预拌混凝土产值年均递增15%，门窗产业产值年均递增10%。房地产开发争取5年完成建筑面积12万平方米，物业服务争取公共设施管理3万平方米。

2019年，利润达到786万元，员工人均收入达到9.29万元，资产负债率为63.91%，五年总产值累计为65.5亿元，力争超过70亿元。

总产值分期目标

年份 名称	2015	2016	2017	2018	2019
增长率（%）	—	—	11	17	19
产值（亿元）	11	11	12.21	14.29	17

注：摘自银三建集政发9号文件《银川三建集团第二个五年发展规划》。

（二）规模目标

1. 2019年企业净资产达到1亿元。

2. 实现水利水电、公路工程施工总承包三级资质；钢结构工程专业承包二级资质；

做好市政公用工程施工总承包一级资质的准备。

3. 成立（或并购）工程设计有限公司。

4. 成立新的建筑工程施工总承包三级资质公司，五年时间内升级为建筑工程总承包二级资质。

5. 各类专业人员储备目标（到 2019 年）：

职称人员：中级 125 人，高级 13 人。

建造师：一级 35 人，二级 142 人。

财会中高级人员：12 人。经济统计中高级：8 人。

技术工人（中级及以上）：160 人。

金融、法律、信息化人员：4 人。

6. 投资建设华瑞建材公司和西夏工业园区金属门窗生产、钢结构基地。

7. 考察、筹备成立投资公司。

（三）管理目标

1. 不断完善集团母公司《章程》，完善股权流转和股权激励的长效机制。

2. 规范集团管控体系，强化内控制度建设，加强工作程序制度化、操作行为规范化、管理工作信息化的建设，完善集团各级经营目标及风险责任考核制度。

3. 系统修订工程投标细则、工程内部承包合同、工程管理、信用建设、奖优罚劣等项规定，完善人员、财务、材料、设备、劳务用工等项制度，探索工程项目管理的新路径。

4. 加强集团建筑工程、房地产开发、预拌混凝土、建材加工产品、物业服务的安全质量标准化管理，施工现场（厂内）作业无中毒、火灾、爆炸、机械伤害、道路交通运输等生产事故；物业服务小区无火灾、机械伤害、压力容器燃爆等生产事故。工程竣工一次交验合格率达到 100%，商品混凝土、建材加工业产品质量合格率达到 100%。

5. 五年实现"西夏杯"工程 3 项，市级奖杯 10 项，区级标准化示范工地 3 项，区、市级建筑施工安全质量标准化工地 16 项，为争创"鲁班奖"创造条件。

6. 完成施工项目技术工法 3 项，争创 1 项国家级技术工法。

7. 实现国家级"文明单位"和"守合同、重信用"企业。保持"宁夏 100 强企业"称号，巩固 5A 建筑信用等级。

8.2016年完成企业简史的编撰。

2015年6月22日,公司召开了由董事长刘惠敏主持,全体管理人员参加的《银川三建集团第二个五年发展规划》(2015—2019年)启动实施动员大会。会议宣读了《规划》全文。董事长刘惠敏对《规划》形成的过程,制定的意义,完成《规划》的有利条件,企业面临的内、外部不利因素,如何面对以及解决的思路做了阐述。鼓励大家团结一致,克服困难,为完成《规划》制定的各项目标而共同努力。

第三节 创新管理 向目标挺进

一、制定措施,调整目标

2014年5月20日,根据公司《章程》的相关规定,集团召开了银川三建第六届第一次股东代表大会。大会听取了董事长刘惠敏《关于公司第六届董事会任期经营目标确定的说明》;分组讨论并表决通过了《银川三建第六届董事会任期经营目标及考核办法》《关于实行公司经营者年薪标准、考核办法及发放标准》,并以银三建政发〔2014〕17号、18号文件印发公司各部门。

同年5月26日,经董事会研究决定,《关于公司2014—2016年经营层及有关领导整体任务指标、年薪标准、考核办法及发放规定》以银三建政发〔2014〕19号文件下发公司各部门。

2014年8月1日,经第六届四次董事会确定,集团下发了银三建集政发〔2014〕8号文件《关于公司第六届董事会、经营层任期管理目标具体工作的安排》,由总经理陈明遒主持召开了工作动员大会。将今后一个阶段管理方面的工作分解、细化,责任落实到部门和主管领导,明确内容,限定时间,确保各项工作按时完成。

2015年3月23日,在董事长刘惠敏主持下,集团召开了第六届第二次股东代表大会,全体股东代表、职工代表和中层管理人员参加了会议。

会议听取讨论并表决通过了《第六届董事会2014年工作报告》《第六届监事会2014年工作报告》《2014年利润分配方案》,会议还听取了《2014年度财务工作报告》。

2014年完成总产值14.03亿元,实现利润759.26万元,员工工资增长了25%。公司再次被评为"2014宁夏100强企业"排行第45名,是全区仅入围的两家建筑企业之一。实现了第六届董事会良好开局。

同年7月11日,由党委书记、董事长刘惠敏主持,召开了集团党委、董事会、监事会及行政主要负责人参加的联席会议。会议研究制定了集团"二五"规划着手的9项重点工作任务,对企业当前所具备实施"二五"规划的条件和困难进行了讨论。

9项重点工作是:1.实现企业净资产1亿元目标;2.建筑企业资质就位和各项资质升级事宜;3.创"全国文明单位";4.创国家级"守合同重信用企业";5.公司股权激励流转工作的推进;6.企业管理信息化推进;7.完善集团财务管理体系和核算制度;8.公司发展史编撰事宜;9.成立创新组织和建立创新工作制度。

2015年7月初,针对"二五"规划的9项重点任务,公司成立了4个工作领导小组,分别是:创全国文明单位、工作领导小组,组长赵长林、副组长陈明逵,成员孔涛、龙震、洪波、张海铭、勉智勇、杨军、王功、白金珍、何银华、邱小平、阮赫男、邵佳。

集团相关专业资质增项、升级、换证工作领导小组,组长季光军,副组长陈明逵、孔涛,成员洪波、白金珍、钱进、孙元恒、罗建龙、金姝萍、严崇银、任桂红、何银华。

集团创国家级"守合同重信用"工作领导小组。组长陈明逵,成员王功、洪波、钱进、金姝萍、孙元恒、张海铭、勉智勇、杨军、贾银星、罗建龙、邵佳。

企业信息化建设工作领导小组,组长陈明,副组长孔涛,成员龙震、高淑梅、洪波、何银华、钱进、孙元恒、罗建龙、金姝萍、白金珍、张海铭、勉智勇、严崇银、杨军、贾银星、邵佳、阮赫男、王彦荣、邱小平、夏永胜。

制定了各小组工作职责,确定了相关责任人、牵头部门及协作部门,并分工实施。由董事长负责召集,每个月召开一次董事会扩大会议,各小组将当月工作完成情况和进度向董事会进行汇报,以此协调工作中间的问题,督办推进各项任务按计划完成。

2015年8月15日,银川三建集团第六届三次股代会、第四届二次职代会合并召开,全体股东代表和职工代表参加了会议。会议由党委书记、董事长刘惠敏主持。代表们听取了总经理陈明逵对2015年上半年公司经营情况的汇报,根据国家国民经济增速由10%左右降到6%~7%的结构性调整大势,大会审议并表决通过了《调整公司第六届董事会2015、2016两年部分经营指标的建议》和《关于调整经营者年薪》建议。

同日,由公司行政拟定、董事会提交的《银川三建集团人力资源管理制度》,经集团公司第四届二次职工代表大会审议通过,以银三建集政发〔2015〕13号文件印发集团各部门执行。《制度》从人员招聘、入职、试用、转正;劳动关系;劳动合同的签订、续订、聘任、解除；退休与返聘；考勤管理，薪酬福利；绩效管理与评议；培训等 8 个方面规范了员工个人行为，规范了企业的人力资源管理。

8 月 18 日，经第六届三次股东代表大会审议，通过了《关于调整公司第六届董事会 2015、2016 两年部分经营指标和经营者年薪的通知》。《通知》分别对第六届董事会 2015、2016 两年部分经营指标，总产值、利润、职工平均收入、股东分红率、经营者年薪进行了调整。

调整情况如下：

（一）总产值：2015 年由 15 亿元调整为 11 亿元；2016 年由 17 亿元调整为 11 亿元。

（二）利润指标：2015 年由 650 万元，调整为 600 万元；2016 年由 760 万元，调整为 642 万元。

（三）职工平均收入：年均收入递增 10% 以上，调整为递增 7%（含 7%）以上。

（四）股东分红率由 6% 以上调整为 5% 以上。

（五）经营者年薪：董事长年薪调整降低 11%，副董事长和总经理均降低 4%。

公司以银三建政发〔2015〕18 号文件《关于调整公司第六届董事会 2015、2016 两年部分经营指标和经营者年薪的通知》下发司属各部门。

2015 年 8 月 22 日，经董事会研究决定，将公司经营层 2015、2016 两年部分经营指标和经营层领导年薪做了调整，并以银三建政发〔2015〕21 号文件下发司属各部门。

2015 年 8 月 27 日，经公司经理办公会议研究、董事长批准，公司银三建政发〔2015〕22 号文件《关于调整各经营承包部门 2015 年部分经营指标的通知》下发司属各部门，对公司下属各经营承包部门的产值、利润不同程度的调整降低了 18% ~ 30%。

2015 年 10 月，根据《"二五"规划》相关目标，公司出台了《银川三建集团技术与管理创新工作实施暂行办法》。《办法》从成立组织到领导小组工作职责、创新工作内容、创新成果的申报、评审程序、创新成果奖励等五个方面进行了部署。从"技术创新"和"管理创新"两个方面确定了内容。

2015 年 11 月 7 日，经公司董事会会议研究决定，成立了《银川三建简史》编辑委员会。11 月 9 日，集团以银三建集政发〔2015〕15 号文件《关于成立银川三建志编辑委员会的通知》下发集团各部门。《通知》对编辑委员会的职责、编纂工作计划及相关工作做了明确的要求和安排。

当年12月18—31日，集团开展了2015年年终资产盘点。盘点分为自查和复查两个阶段，盘点复查工作由总经理陈明逵任组长，副总会计师高淑梅具体负责。公司组织财务部、工程部、安全部、人力资源部等部门负责人对公司财务及所属部门已自盘的设备、存续的所有固定资产、开发未售房产等开展全面清查。盘点结束后，由负责人员向董事会呈报了《银川三建集团资产清查情况报告》。

在2015年年终盘点中，公司委托宁夏明大房地产评估中心和宁夏明大土地评估中心，以2015年12月31日为节点，对公司当前的建筑面积5065.52m^2 3栋办公楼，银川清和北街13号～47号沿街1～3层营业综合楼4400.81m^2，中山北街390号1～5层综合楼1119.73m^2，华瑞建材公司4栋车间及办公楼6878.17m^2，华瑞建材公司、材料设备分公司用地115.99亩进行了评估。评估增值部分全部未做财务账目调整，仅作为企业对资产状况的清理和掌握。对公司西夏工业园35.68亩土地和3栋钢结构车间等各区域接近现值的房屋价值均以公司账目为准，未作评估。通过盘点、清查，截至2015年12月31日，集团公司账面净资产为11258.45万元。

2016年12月28—31日，集团开展了2016年盘点复查工作。本次盘点复查由副董事长季光军、总经理陈明逵、副总会计师高淑梅负责，组织财务部、工程部、安全部、人力资源部等部门负责人对公司下属各部门的工具、用具、存续所有固定资产开展全面的清查。

年终盘点工作已成为公司每年的常规性工作，目的是为了摸清集团家底，督查工作，规范管理，整合资源，助力企业发展做好准备。

二、严格考核，及时督查

2014年4月11日，公司组织了由全体股东代表和全体中层以上管理人员参加的工作民主评议会议。公司高层行政管理人员14人进行了书面述职。述职后全体参会人员对公司中层以上41名管理人员从"德、能、勤、绩"四个方面，以95分为满分进行了无记名民主评议打分。

2015年5月26日，根据银三建政发〔2014〕19号文件《关于公司2014—2016年经营层及有关领导整体任务指标、年薪标准、考核办法及发放规定》，由董事长刘惠敏主持，副董事长、总经理以及各部门负责人参加的经营层成员及有关领导个人绩效考核会议召开。与会人员对照考评表中的"企业总产值、工程质量、安全生产、职工年均收入、组织纪律"等26个子项，分别对除董事长和副董事长外的高管层共9人进行评议打分。本次评议打分，结合股东代表及中层管理人员年度年终民主评议打分各占百分之五十比重的双重考评，综合计算个人得分，按得分率计发年薪，预留考核工资和综合奖励。

公司对全体中层以上管理人员的民主评议自1999年企业改制当年即参考以前年度对高层人员的评议办法，在不断完善的过程中，每年都进行评议，并将评议结果和反映个人的优劣项分别注明，以书面形式予以反馈个人，同时将评议结果作为计发年薪和奖金及下一轮企业用人的参考依据。

2015年7月22—27日，由总经理陈明逮带队，对各经营承包部门进行了上半年工作考核。除了华瑞公司、物业公司、混凝土军汉分公司3个部门实现了"时间过半、任务过半"，其他生产部门都没有达到"过半"的目标。

2016年1月7—23日，由副董事长季光军、总经理陈明逮带队的考核领导小组对集团各职能部室、生产经营部门、基层党支部、团总支2015年年度工作完成情况进行了考核。考核小组采取听汇报、看资料、现场检查、集中点评的方式，主要从工程量的承揽及完成情况、工程款及拖欠款的回收、工程（产品）质量、安全生产及文明施工、合同履约及管理、部门绩效考核、基础管理、精神文明建设及2015年集团年终考核提出整改的问题，对各生产经营承包部门进行了考核。

2016年3月2日，宁夏信友会计师事务所审计了公司财务，包括2015年12月31日的资产负债表，2015年度的利润表、现金流量表、所有者权益变动表及会计报表附注。并以宁信友审字〔2016〕第075号《宁夏信友会计师事务所审计报告》表明："三建工程公司财务报表在所有重大方面按照企业会计准则的规定编制，公允反映了三建工程公司2015年12月31日的财务状况以及2015年度的经营成果和现金流量。"

经过统计和会计师事务所对集团公司的审计和对各部门的核对，2015年全公司实现总产值11.31亿元，其中建筑施工产值10.02亿元；商品砼混凝土产值1.02亿元；建材工业产值2668万元；商品房销售回笼资金1194万元。全年实现利润610.02万元，职工年平均工资67757元，同比增长7.2%。股东分红率7.5%，完成了当年的经济计划指标。

2016年1月29日,公司召开了银川三建集团2015年度总结暨表彰大会。集团党委书记、董事长刘惠敏做了《适应新常态、团结一致、突破困境、调整新思路、扎实管理、蓄势再发》为主题的总结报告。银川市建筑行业党委副书记罗正余到会并讲话。大会表彰奖励了预算部、工程部、财务部等20个先进集体;表彰奖励了段光斌、李波宁等49名先进工作(生产)者。

对荣获2015年度"西夏杯"优质工程的青铜峡大禹文化园田建华项目部、一分公司、公司工程部分别予以奖励。根据年初签订的《安全生产目标责任书》,对物业服务公司、混凝土公司灵武分公司相关责任人进行了表彰奖励。

公司获得先进项目部的代表上台领奖合影

公司用于表彰奖励先进工作(生产)者和先进集体的资金计35.49万元。2016年7月21—26日,按照集团工作安排,由总经理陈明逮担任考核检查小组组长,对集团各生产经营承包部门2016年上半年的工作进行了检查、考核。通过上半年考核、各生产经营部门均未实现时间过半、任务过半的年度目标,公司经营层根据情况制定了下半年工作督查措施。

2017年1月20日,经过统计核算,2016年公司全年完成工作量11.5亿元,实现利润642.14万元。

三、选举第四届工会委员会,股代会、职代会合署履职

2014年7月25日,因公司工会委员会任期到届,且部分委员外调或退休,根据《工会法》《中国工会章程》,公司党委扩大会议决定进行银川三建工会委员会换届改选,并报请银川市建设局批复,成立了公司工会委员会换届改选工作领导小组。

组长:刘惠敏　　　　副组长:沙福海

组员:季光军、陈明逮、赵长林、孔　涛、龙　震、洪　波同年11月14日，银川市建设局银建工发〔2014〕30号文件《关于银川三建工程有限责任公司工会委员会换届的批复》抄送公司党委。同意公司工会委员会换届。

同年12月3日，银川三建第四届职工（会员）代表暨工会换届选举大会召开。党委书记刘惠敏做了《银川三建第四届职工（会员）代表暨工会换届选举大会筹备情况的说明》，会议听取、审议并通过了第三届工会主席沙福海所做的《工会工作报告》《经费审查工作报告》。依法民主选举产生了新一届工会委员会。

银川三建第四届工会委员会成员由赵长林、贾银星、洪波、邱小平、杨洪波5人组成。选举赵长林同志为工会主席。经费审查委员会成员：贾银星、邱小平、金姝萍。主任：贾银星。女工委员会成员：洪波、何银华、韩蓓蓓。主任：洪波。

12月15日，市建设局银建工发〔2014〕32号文件《关于银川三建工程有限责任公司第四届工会委员会组成人员的批复》送达公司工会委员会，同意公司的选举结果。

在这次职工（会员）代表的推荐选举前，经过党委、董事会联席会议决定，根据公司的实际情况，为了提高议事效率，简化工作机构，股东代表即为职工代表，共计34名，另选了6名未持股份的年轻骨干为职工代表，共计40名员工组成第四届职工（会员）大会的代表。

四、"营改增"对企业管理的考验

国家财政部、国家税务总局〔2016〕36号文件自2016年5月1日起，在全国范围全面推开营业税改增值税的征收办法，将建筑业、房地产业、金融业、生活服务业纳入试点范围，由交纳营业税改为交纳增值税。

2016年3月17日，宁夏回族自治区国家税务局、地方税务局联合下发了2016年第1号公告，建筑业核定征收企业的所得税，根据上一年收入总额，确定公司的所得税，经测算由2%提高到了4%，翻了一番。

"营改增"工作2013年国家就已启动，在上海、重庆作为试点。为了能快速适应"营改增"政策，公司自2014年起就先后派财务人员到外省、市和区内相关机构参加学习，做好营改增的准备工作。

2015年6月30日—10月9日，集团组织全体财务人员及有关部门负责人30多人参加"中税网"在线网络培训计划，计24课时。

2016年3月，建筑业营改增实施在即，为了能快速适应"营改增"政策，享受国家税制改革的红利,降低纳税风险,推动"营改增"工作顺利、平稳开展。集团先后于4月4日、7日和11日分别召开了"营改增"内部培训及宣传贯彻会议。集团主要领导、全体财务人员、公司所有项目部经营承包人及项目部财务人员300多人参加了动员会议和业务培训,副总会计师高淑梅从"营改增"税制改革带来的变化、企业所得税核算方式的变化、需要急待解决的问题及营改增后对成本发票的管理要求等几个方面做了专题讲座。

4月26日,依据相关文件精神,结合公司财务实际核算和具体规定,集团制定了《关于公司实行营改增、对内部承包项目工程款及税费收支管理的暂行办法》。《办法》确定了公司自2016年元月1日起所有接转和新开工程核算,全部以票据收、付相对应的形式,按核算纳税的要求归集成本,推动企业营改增平稳过渡。

召开"营改增"政策解读及业务培训会议

为了企业"营改增"的顺利接轨,彻底解决公司以往年度按核定交纳所得税与实行增值税相衔接的问题,2016年5月30日之前,按新的核算纳税口径,公司集中资金共向银川市地税局交纳了2015年及以前年度的企业所得税3710.95万元,2016年8月30日又交纳700万元,累计交纳2015年以前年度企业所得说4410.95万元。

集团建筑公司、房地产开发公司和物业公司按照"营改增"规定,按期依规全部上缴增值税,终结了营业税实施了几十年的纳税时代。

2016年7月11日,集团下发了《关于建设工程项目成本管理的暂行办法》,提出了集团财务成本的管理、核算方式及相关衔接工作的要求。

同年8月4日,集团组织召开了"银川三建安全生产暨落实'营改增'相关政策会议"。会议由集团副总经理赵永安主持,公司领导陈明遂、刘华堂、高淑梅、吴炜，安全生产部、工程技术部、驻工地代表，一、二级建造师，所有财务人员，各生产经营部门负责人，负责质量、安全的有关人员，工程项目负责人等159人参加了会议。

会上，集团相关领导对安全生产、工程质量进行了安排，提出了具体要求。副总会计师高淑梅对企业实行营改增后项目部成本管理及内部承包项目工程款、税费收支等相关规定进行辅导学习和解读，结合营改增对集团各级财务管理工作做了进一步安排。

自2016年5月实行营改增后，到2016年年底，通过财务分析，集团建筑公司新开工程项目发生工程收入14510.68万元（含税），进项税仅为705.98万元，销项税为1438万元，应纳税额732.02万元。企业税负率上浮2.04%，多纳税296.70万元。

2016年10月11日，国家税务局调研组一行，在自治区政府办公厅参事纪栋梁处长陪同下到公司调研自营改增以来企业税负变化情况，询问了营改增运行过程中存在的问题，并就今后政策导向和存在的问题同调研组进行座谈和交流。

第四节 抓质量安全 创优质工程

一、抓质量安全，定具体措施

2014年3月5日下午至3月12日上午，结合公司生产实际，由安全生产部、工程技术部、党群部共同组织集团工程管理人员和生产部门安全管理人员67人，进行了工程安全、质量管理知识培训，共44课时。

2014年4月22日，公司召开2014年首次安全生产工作会议。会议由总经理助理龙震主持，董事长、副董事长、总经理、工会主席、副总经理和安全部、工程部全员、各生产部门负责人、各工程项目负责人及集团全体工程管理人员近150人参加会议。

会议通报了集团工程质量、安全生产、文明施工情况，传达了集团2014年质量、安全管理要点；传达了区市行业主管部门有关文件精神，并对集团2014年的工程质量、安全生产、文明施工、安康杯、安全生产月等工作做了具体安排，有关领导分别对集团2014年安全生产工作做了总体要求和部署。

会上，董事长与总经理、总经理与各副总经理、总经理与各生产部门负责人分别层层签订了《安全生产目标管理责任书》。

2015年3月9—14日，公司聘请了自治区相关专家和公司专业

银川三建2014年首次安全生产工作会议

人员对集团83名工程技术人员进行了为期五天半的工程质量、安全生产培训学习。培训的主要内容为《有关工程质量通病情况的成因分析及防治案例》《高层建筑物、深基础、高大模板支撑体系》《钢结构、混凝土施工等项目的关键施工技术及项目管理要点》《顶管、给排水、道路桥梁、活水处理、道路检测技术、广场施工》等施工质量、技术要点，为复工做好了准备。

同年4月28日，集团下发了《2015年工程质量管理要点》和《2015年安全生产管理工作要点》，按照"打基础、盯重点、强过程、促创优"的工作思路，坚持市场与现场联动，技术与管理并重，质量行为与质量实体齐抓，确保建筑质量始终处于受控状态。通过宣传发动、健全机制、落实责任等措施，全面提升管理水平和工程质量标准。

2015年4月30日下午，集团召开了2015年度安全生产动员和工作安排大会。会议由总经理助理龙震主持，所有涉及生产管理的人员和项目部129人参加了会议。会议通报了集团项目工程质量、安全生产、文明施工中存在的问题，对创"安康杯"和安全月工作做了具体安排。公司分管生产工作的副总经理赵永安对集团2015年安全生产工程（产品）质量工作做了总体安排和要求。

会上，董事长与总经理、总经理与各副总经理、总经理与集团公司13个生产部门的负责人分别签订了《安全生产目标管理责任书》。

2015年11月11—14日，由公司总经理陈明逵带队，集团党委、董事会、监事会全体成员对公司承建的全区11个市县40多项在建工程项目进行了综合检查。12月11日，又分别对混凝土公司、混凝土灵武分公司、华瑞建材公司、物业公司、设

备租赁公司的生产经营、设备保养、停工准备、安全防护等情况进行了检查。

2016年3月29日，银川市建筑行业管理处下发了《2016年第一批建筑业企业不良行为通报》。公司承建的静沁苑地下停车场工程项目因"施工现场临建设施未采用A级防火材料搭设、项目负责人无故不在施工现场履行安全生产管理职责，未按规定编制有关专项施工方案"被扣诚信分300分（一项西夏杯的奖励仅为300分）。

2016年4月5日，银三建政发《2016年工程质量管理工作要点》《安全生产管理工作要点》下发司属各相关部门、项目部，确定了以下目标。

（一）安全管理目标

1. 杜绝死亡事故，避免重伤事故，遏制一般事故，年度轻伤事故率控制在2‰以内。杜绝重大机械设备事故、火灾、中毒事故，遏制道路交通运输事故，杜绝工程（产品）、质量安全等生产事故。

2. 标化工地：3000平方米以上房屋建筑工程、1000万元以上市政道路工程必须创建安全质量标准化工地。

3. 示范工程：10000平方米以上群体房屋建筑工程争创自治区安全文明建安杯示范工程1项。

4. 坚决遏制安全生产不良行为，诚信体系不良行为，消除行业主管部门的行政处罚、通报、农民工工资上访投诉等行为。

（二）质量管理目标

1. 工程质量检查、监督覆盖率100%；结构工程质量验收合格率100%；建筑节能工程达标率100%；工程竣工验收合格率100%；工程竣工验收备案率不低于80%。

2. 建筑工程质量回访率100%。

3. 完成两项市级、一项区级优质工程。

同年4月7日上午，集团所属混凝土公司陈建双、马福贵在工作时因违章操作，导致泵车第四臂失去液压支撑，将更换油管的泵工马福贵头部挤压，导致死亡。事故造成公司直接经济损失105万元，造成混凝土公司停产两天。事故发生后，集团组织事故调查组，对事故进行了分析，追查了相关责任人的责任。根据银三建政发〔2008〕8号文件、银三建集政发〔2013〕8号文件规定，对相关领导及事故责任人分别予以行政处罚和经济处罚。

4月7日，银川三建集团2016年度首次安全生产工作会议召开，会议由总经理助理龙震主持，集团董事长、副董事长、监事会主席、总经理、副总经理、全体工程管理人员、各生产部门负责人、各工程项目承包人参加了会议。会议通报了复工以来公司工程质量、安全生产、文明施工综合检查情况，传达了集团2016年质量、安全管理要点。对全年工程质量、安全生产、文明施工等工作做了具体安排，有关领导分别对集团2016年的安全生产工作做了总体要求。

会上，董事长与总经理、总经理与各副总经理、各生产部门负责人逐一签订了《安全生产目标管理责任书》。

2016年6月6—17日，由公司总经理助理龙震带队，副董事长季光军、工程技术部与安全生产部参加的联合检查组对公司37个工程项目计124个单体在建工程施工情况进行了综合检查。

6月21日，银三建集政发〔2016〕11号文件《关于调整银川三建集团安全生产事故报告和调查处理规定的通知》下发集团各部门。

《通知》从"规定的适用范围及负责人、各级部门和领导的职责、事故报告级别、报告方式、内容、程序、时间，事故调查处理的相关规定、相关责任人的处罚"等5个方面做了详细的规定，进一步规范了集团安全生产事故报告和调查处理程序，明确了各级人员对所发生事故的责任，加强了集团安全生产管理工作。

二、创优质工程，树企业品牌

2015年4月29日，银三建政发〔2015〕15号文《2015年工程质量管理工作要点》发司属各相关部门、项目部。

2015年6月，由一分公司项目部施工的大禹文化园工程被宁夏建筑业协会评为2015年度自治区"西夏杯"优质工程。该工程位于黄河西岸，总建筑面积1.28万平方米，工程由台阶、牌匾、钟楼、明堂、大殿等部分组成，采用大跨度、高支模现浇混凝土框架结构。项目将现代结构与古建筑形式同民族地域特色有机融合。

2015年8月1日，重新修订的《银川三建集团实施和奖励"创杯、创标化"工程的暂行办法》开始实施。《暂行办法》从"创杯、创标化"工程的规模要求、表彰奖励标准、"创杯、创标化"工程的实施步骤、申报需提交的资料等方面进行了具体规定。《暂行办法》对荣获国家级、自治区级、市级质量和安全奖项的项目部，公司奖励标准从1.5万元到60万元不等。对获标准化、质量奖杯的主管部室、分公司、开发公司相关人员也根据获奖级别，责任程度，分别细化和提出了奖励标准。

2016年1月29日，公司对获得自治区安全文明标准化工地称号的平罗县34#地块六标段棚户区改造工程刘俊项目部，对获得银川市安全文明标准化工地称号的银川永泰城纬十路道路给排水桥梁工程王安项目部，分别给予25000元和15000元奖励。

2016年8月，自治区建设厅《2016年上半年全区建筑领域突出问题专项治理工程质量安全招标投标监督执法检查情况通报》（宁建发〔2016〕64号），通报表扬了集团承建的惠农区中央储备粮银川直属库惠农分库建仓项目。该工程履行了基本建设程序，工程质量安全总体责任落实到位，标准化工地建设达标、工程项目质量安全保证体系健全、质量安全管理措施完善，给予通报表扬，并记载企业良好记录、诚信体系加200分。该工程项目经理为李文强，集团派驻工地质检员为段光锋。

同年8月3日下午，自治区主席刘慧、副主席王和山在中卫市委书记张柱、市长万新恒陪同下，来到公司施工的中卫物流园工程现场，对项目建设情况进行调研。

2016年8月24日，宁夏建筑业联合会下发了《关于表彰2015年度宁夏回族自治区"西夏杯"优质工程及获奖单位的决定》。公司承建的银川市残疾人康复中心工程被评为2015年度自治区"西夏杯"优质建设工程。该工程项目建筑面积9518平方米，项目负责人是康春生，项目经理是辛燕军，集团派驻工地代表是刘惠志。

2014—2016年，集团承建了银川市兴庆区康怡园二区、景墨家园C区、寺南小区、友爱小区等6个小区与9栋楼的老旧小区改造工程，主要有外墙保温、瓷砖、墙裙、部分塑钢等更换改造内容，施工面大，且繁杂，涉及住户多。项目部派专人每天对所建工程进行巡视、检查、调解。在沿街营业房搭设双层防护棚，实施全封闭施工；随时清理现场垃圾减少业主出行不便，受到了居民和商铺的好评。2016年11月16日，银川市文化街山河湾社区工作人员给公司送来了一面锦旗，锦旗上书写着"优秀企业、优质工程、为民解忧"12个金色大字。该项目负责人李根成，集团派驻工地质检员张泽谦。

2015年12月，中国建筑业协会〔2015〕39号文件《关于公布2015年全国建筑业AAA级信用企业的决定》。宁夏仅有3家建筑企业入围，银川3建列入其中。

第五节 创新思路　谋求更快发展

一、科技创新，拓展市场

根据《银川三建集团第二个五年规划》中提升集团科技进步和管理创新的目标要求，2015年7月，公司出台了《银川三建集团技术与管理创新工作实施（暂行）办法》。成立了以总经理陈明遂为组长的创新工作领导小组，明确了小组工作职责、创新成果申报、评审程序、成果奖励等，从五个方面进行了部署。从技术创新和管理创新两个方面确定了工作内容。

技术创新：（一）工程管理、施工工法、施工技术、施工方案、施工工艺、新材料应用；（二）产品研发，产品生产技术和工艺，引进技术的应用；（三）优质工程的专项措施和实施；（四）BIM技术应用；（五）开发项目整体规划和实施。

管理创新：（一）企业体制与机制、组织管理、职能管理、经营思路、管理方式与方法、法务工作、互联网；（二）建筑产业化、市场拓展、深化联营合作、项目承包管理；（三）人力资源、赋税（"营改增"）、薪酬、投融资、股权激励和流转；（四）合理化建议等某个方面的可行性研究；（五）结合企业实际对行业政策、作业环境的研究；（六）企业运行某个方面具体的系统分析和解决方案等。

《办法》对创新成果的申报、评审程序做了明确规定，分一、二、三级对创新成果分别给予1000～60000元的奖励。对于专业性突出、管理新颖的项目可以用创新带头人姓名命名，并发给终身成就奖牌，同时向上级、社会推荐劳模典型。

2015年10月23日上午，银川市住建局组织的SMC常温改性沥青新型材料推广及应用观摩会在公司施工的银川市永泰城经十三路现场召开。经十三路总长1187米，道路面层是4厘米厚的SMC常温改性沥青层。参会主要单位有交通运输部科学研究院、四川国星高分子树脂有限公司、银川市建设工程综合检测站以及在银的市政、道路企业负责人。观摩会由市住建局副局长张晓东主持，住建局党委书记李志刚在现场做了点评。

永泰城经十三路项目负责人王安、马宝文，驻工地质检员李宗阳。

2014年11月，公司在灵武石沟驿成立银川三建混凝土公司灵武军汉分公司。公司位于灵武市原石沟驿煤业公司汽车队院内，占地约30亩，建设HZSl180混凝土生产线两条，相应配套试验室、控制设备、GPS及计算机软件。年前生产商用混凝土100万立方米。企业法定代表人：陈明逵。企业负责人：王汉军、李军。

二、创新薪酬管理机制

实行效能工资制度是全面建立现代企业工资分配制度的改革与实践。效能工资是按照劳动者个人或集体的工作量或工作效率来确定工资数额的一种工资分配形式。

2016年8月，经公司董事会研究决定，自2016年第三季度起，实施银三建集政发〔2016〕18号文件《银川三建集团2016年员工效能工资实施暂行办法》。主要内容如下：

员工薪酬在集团统一分配的框架下，各分支机构，职能部室的效能工资实行自主考核、自定标准、逐级管控、统一发放的运行办法。

本着绩效优先，兼顾公平的原则，实行绩效挂钩，按劳分配、按贡献和技能分配为主，其他要素为辅的分配机制。

效能工资在兑现上，与集团年度生产经营，经济效益，个人责、权，德、能、勤、绩有效挂钩。

以集团现行岗位绩效工资为基础，充分发挥部门负责人对其部门所属员工绩效管理和薪酬分配的直接作用，推动部门工作效能的提高。

2016年各部门效能工资总额

部门	经营部	工程技术部	安全生产部	预算部
金额（元）	27434	48965	30687	30179
部门	办公室	人力资源部	财务部	党群部
金额（元）	62983	11583	21735	6880
部门	工会	一分公司	二分公司	四分公司
金额（元）	5680	51681	35226	9980
部门	六分公司	开发公司	华瑞公司	物业公司
金额（元）	5212	42297	66522	73320
部门	砼公司	砼灵武公司	设备租赁	驻工地代表
金额（元）	85798	12528	15988	144881

注：此表摘自银三建集政发〔2016〕18号文件。

效能工资的核准及发放程序为：各部门人员的效能工资由部门负责人会同主管领导，依据部门所属人员的工作职责、绩效、劳动纪律等自行制定本部门效能工资的分配标准及发放考核细则；根据制定的考核细则确定发放标准；经主管领导初审、人力资源部审核、总经理审批后由集团财务部发放。效能工资按半年及年终考核后各发放总额的 50%。

三、企业信息化建设迈出实质性步伐

企业信息化建设是集团"二五"规划重点任务之一。

2015 年 7 月 18 日，经第六届十次董事会会议研究决定，成立了企业信息化建设工作领导小组。

2015 年 11 月，根据"二五"规划中推进企业信息化建设的目标，公司投资近 19 万元，购置联想 X3650M5 服务器，聘请专业人员，建立了银川三建网站，对全体管理人员进行了电脑办公软件应用培训。

2016 年，公司引进了 OA 网络智能办公软件系统。9 月 5 日，集团组织各部门有关人员到启元药业现场观看 OA 软件实际操作和运行演示。

2016 年 6 月 20 日，公司新浪官方微博认证成功。

当年 10 月 10 日，集团对各分公司、项目部负责人及其财务人员进行了 OA 智能软件的初次培训。

2016 年 11 月，公司部分办公和财务等相关业务工作流程已经进入 OA 协同办公智能管理平台试运行阶段。经营管理、综合办公、人力资源管理，开发项目管理等业务工作流程正在进行编制评审，逐步进入试运行阶段。

四、LOW-E 节能玻璃窗进入市场

2016 年华瑞公司生产的断桥铝合金 LOW-E 玻璃窗经过银川市建设工程综合检测站检测达到了专业节能要求，已逐步进入市场。当年华瑞公司资质升级为"金属门窗工程专业承包一级"。

五、物业公司拓展服务业务，提升服务质量

2016 年 4 月 2 日，集团物业公司中标宁夏幼儿师范高等专科学校的物业、宿管及保洁服务项目。宁夏幼儿师范专科高等学校占地面积 500 多亩，总建筑面积 12 万平方米，其中一期宿舍楼 48000 平方米、实训楼 35000 平方米。

2016 年 7 月，经三建物业公司多方努力，银川市政府对三建物业公司服务的建丰苑、东苑小区实施改造，改善了小区的居住环境。

2016 年 10 月，根据国家环境保护有关规定，物业公司将辖区 1713 户，计 14.5 万平方米采暖供热服务移交政府，三座锅炉房停止了运营，终止了物业公司 26 年的供热服务历史。

六、加强基础产业建设

2016年10月,在环保部检查中,混凝土公司因砂石料露天堆放不符合环保规定而被勒令停工。集团公司按照国家环保规章,投资200多万元,建造了近4000平方米的钢结构全封闭料场和添加了半成品余料的二次回收加工设施,使混凝土公司及时复工生产、减少了损失。

当年报废了5台混凝土运输车,改装了2台运送泵车。

截至2016年12月31日,混凝土公司全年生产产值为1.11亿元。

2016年,集团投资40多万元对集团一分公司办公楼专项维修。7月27日开始施工,11月6日完工。

2016年4月27日,银川三建房地产开发有限公司被银川市住房和城乡建设局、银川市房地产业协会评为2015年度银川市房地产开发诚信企业,被自治区建设厅评为A级信用企业。

七、股权流转夯实企业发展根基

根据《银川三建集团第二个五年发展规划》管理目标,经2016年8月1日第六届十九次董事会研究决定,集团公司成立了股权流转、股权激励方案设计领导小组。

2016年8月8日,银三建政发〔2016〕12号文件《关于成立股权流转、股权激励方案设计领导小组的通知》下发司属各部门。

(一)领导小组组成人员

组长:陈明逵　　　副组长:赵长林　　许永强(法律顾问)

成员:刘华堂、孔涛、吴炜、高淑梅、龙　震、张海铭、严崇银、洪　波

领导小组下设办公室,办公室设在工会,办公室主任吴炜。

(二)领导小组工作职责

1. 熟悉掌握企业股权改革的相关法律、法规和政策。

2. 开展市场调研,学习借鉴优秀股改企业先进经验。

3. 负责股权流转、股权激励方案的设计工作。

4. 负责股权流转、股权激励方案形成决议通过之前的日常工作。

5. 负责定期向董事会汇报股权流转、股权激励方案设计工作进展情况。

6. 负责股权流转、股权激励方案设计过程中主要资料的收集、整理和归档工作。

（三）其他事项（略）

2016年8月—12月30日，公司股权流转、股权激励方案设计领导小组经过了对公司股权结构情况的统计、社会调研、研究讨论、拟订方案、提交董事会审议五个阶段的工作，所制订的《银川三建集团有限公司退休股东股权退出优惠流转实施方案》《银川三建集团有限公司股权激励奖励实施方案》的核心是逐步废除股东股权终身制，通过股权有序合理流转，让股权始终掌握在公司在职在岗的经营骨干人员手中，并通过努力得到实惠，始终保持股权提升企业价值的生命力，为企业长远发展奠定根基。

2017年4月6日，《银川三建集团有限公司退休股东股权退出优惠流转实施方案》《银川三建集团有限公司股权激励、奖励实施方案》经集团公司第六届五次股东代表大会审议、表决通过，并印发集团各部门执行。

八、创新提升企业文化

2016年5月3日，集团主办的内部刊物《三建人》报被中国建筑业协会评为"全国建筑行业优秀报纸"。《三建人》报企业员工人手一份，同时还发送到施工现场、同行企业、政府相关部门，加强了企业与员工的沟通扩

大了企业与社会的联系，成为银川三建在社会上的一张名片。

为了较全面地记录银川三建自1956年以来的创业、改革、发展的历史，发扬企业艰苦奋斗，努力进取的三建精神，集团于2015年11月9日下发了银三建集政发〔2015〕15号文《关于成立银川三建志编辑委员会的通知》，成立了以刘惠敏董事长任总编的《银川三建志》编辑委员会，组织人员编写《银川三建志》和《银川三建历年承建工程汇编》。以期达到"存史、资质、教化"，以史为鉴，激励当代，启迪后人的目的。（注：《银川三建志》后改为《银川三建简史》）

2016年8月，为了弘扬银川三建"质量至上、恪守诚信、科技引领、追求卓越"的企业宗旨，公司制定了《银川三建职工职业精神公约》。

集团每年利用冬季施工淡季，聘请区市有关专家、学者、播放光盘对全体管理人员进行时事政治、经济分析、企业综合知识等培训80～120课时。

通过多年培训以及资助员工学历教育，集团形成了浓厚的学习氛围，2014—2016年，有12名员工通过自学拿到了本科文凭，三年间企业考取中级职称6人、初级职称11人。先后有2人、29人分别分别考取了国家注册一级、二级建造师。目前，公司有高级职称7人，中级职称46人，初级职称49人；一级建造师5人，二级建造师40人。仅2015年，用于企业员工培训的费用为38.74万元。

2016年12月2—13日，混凝土公司组织全体员工62人利用施工淡季进行了2016—2017年度业务培训。此次培训的主要内容是质量控制、混凝土基础知识、安全知识、爱岗敬业、交通安全、机械车辆设备日常维护保养、情绪管理、责任与人生、人力资源管理解读。培训由公司管理人员针对自己擅长的业务，结合混凝土公司实际备课主讲，穿插播放电教片《建国大业》《建党伟业》，为来年更好地做好本职工作打下了良好的基础。

2014—2016年，在自治区、银川市、吴忠市等组织的"建筑工人技能大赛"中，公司职工韩兵获得自治区建筑工人技能大赛电工组第一名；梁建伟获得吴忠市技能大赛电工组第一名；羊三贵获得银川市技能大赛砌筑组第二名；史礼仁获得钢筋组第二名；李学坤获得电工组第三名。公司被授予优秀组织奖。

2014年11日，公司总经理陈明逵被中国建筑业协会评为"2014年度全国工程建设质量管理先进工作者"。

2016年12月12—14日，为了活跃职工生活，增强员工身心健康，集团聘请专业教练，在湖滨体育馆对全体管理人员进行了健身操培训。

2016年12月17日上午，混凝土公司全员62人利用冬季施工淡季组织开展职工趣味运动会。项目有：摸石头过河、拔河、双人背靠背蹲跳接力、螃蟹背西瓜、二人三足绑腿赛跑等，此次活动将竞技性和娱乐性融为一体，增强了员工的凝聚力和团队精神，提高生产一线工人的归属感，每个项目评出了一、二、三等奖，中午举行了隆重而简朴的颁奖仪式。

同日，混凝土公司召开了积分制管理总结大会，会上对生产人员全年获得的积分汇总情况进行了通报，并进行排名奖励。生产人员一共分3个组进行考核：生产组、运输组、泵送组。这3个组获得积分排名第一的是马强、何汉中、王浪浪；

第二名是温小琴、王永生、杨彪；第三名柳常青、张明明、赵超。

从 2008 年 6 月开始，党委党群部每周通过电信软件给全体员工发送一条"卓越团队"短信，引导员工树立健康的价值观和人生观，至 2016 年 12 月底已发送短信 396 条。

第六节　抓党建　创文明单位

一、争创全国文明单位

2015 年 8 月 1 日，银川三建集团创建全国文明单位动员大会召开。全体管理人员、党、团员、入党积极分子参加了会议。会议邀请了银川市建筑行业党委副书记罗正余、兴庆区党委宣传部副部长、文明办主任杨晓玲到会指导工作。集团党委副书记赵长林宣读了《银川三建集团创建全国文明单位实施方案》，并对创建工作进行了总体部署。集团党委书记、董事长刘惠敏做了动员报告。

二、集团党委按章换届

2016 年 10 月 25 日集团党组织委召开了全体党员大会，根据《党章》规定和上级党委的批复，进行中国共产党银川三建集团第四届委员会换届选举工作。

会议由集团党委副书记赵长林主持。大会首先由党委书记、董事长刘惠敏代表党委向全体党员做了《第三届党委任期工作报告》。按照规定程序，大会通过了选举办法和监、计票人，通报了候选人基本情况。全体党员以无记名投票方式选举产生了第四届党委、纪委领导班子成员。又经党委、纪委委员会议选举，选出了党委和纪委书记。

党委委员：刘惠敏、赵长林、陈明逵、孔　涛、龙　震、洪　波、严崇银

党委书记：刘惠敏　　党委副书记：赵长林

纪委委员：赵长林、杨　军、邱小平

纪委书记：赵长林

银川市建筑行业党委副书记罗正余和党群部部长李淑清到会指导换届工作。罗正余副书记代表行业党委向新一届党委领导班子表示热烈祝贺，对全体党员提出了在新一届党委领导下开展好"两学一做"活动，立足岗位，努力工作。希望集团党

委一班人要不断深化改革、加强领导、再创企业辉煌。

选举结束后,公司以银三建党发〔2016〕23号文《中共银川三建集团委员会、纪律检查委员会换届选举结果的报告》上报上级党委。

新当选的党委纪委委员,左起:严崇银、龙震、孔涛、陈明达、刘惠敏、洪波、赵长林、杨军、邱小平

银川市建筑行业党委的〔2016〕88号文件批复,同意公司的选举结果。

2016年11月8日,公司党委,纪委合署召开了会议,集团党委书记、纪委书记分别对新当选委员进行了工作分工。党委书记刘惠敏对各委员的工作和自身行为,提出了五个方面的要求。会后,《银川三建集团党委委员、纪委委员具体分工》以银三建党发〔2016〕26号文件下发集团各基层党支部、部门。

三、抓班子树形象,把握方向

2016年,集团党委现有党员62人,下设5个党支部、一个工会、一个团总支,

2016年12月24日,集团党委召开了以"加强作风建设,带头强化执行力,践行三严三实"为主题的领导班子民主生活会。

会前党委向各支部提前下发了《党员领导班子民主生活会前征求意见表》,征求全体党员对公司党委班子、党委委员以及其他公司高层领导的意见和建议。党群部汇总集中了全体党员对领导班子的意见和建议后传递给每个领导班子成员。会上班子成员针对以往工作中的问题和不足、党员们提出的意见和建议做了批评和自我批评,对2017年的工作提出了改正措施和努力方向。银川市建筑行业党委副书记罗正余、党群部部长李树清及公司纪委成员、各支部书记、党群部部长参加。

多年来,党委班子民主评议群众满意度均超过95%。

2016年7月4—6日,集团党委委员、副董事长季光军一行代表集团慰问公司在中卫、中宁、盐池、吴忠、大武口、灵武、银川等地承建的30多个施工现场和集团生产经营部门。送去了菊花茶、绿豆、白糖等价值3万多元的慰问品。对生产一

线的工人和管理人员不畏酷暑加班加点工作的精神给予了赞扬。

2015年6月,经银川市建筑行业党委通过民主测评,听取汇报、查阅资料,批准测定集团党委为二星级基层党组织。2016年6月,又被评为四星级基层党组织。

2016年6月20日,在自治区党委组织部召开的全区社会组织党的建设工作座谈会暨非公企业"双强六好"表彰大会上,集团党委被评为"全区非公企业'双强六好'党组织"。(双强六好是指发展强、党建强、生产经营好、企业文化好、劳动关系好、党组织班子好、党员队伍好、社会反映好)

四、抓队伍建设,提高素质

2014年6月25日,在纪念建党93周年暨表彰大会上,公司邀请了银川市建筑行业党委书记倪天福做了"反对四风、强化服务、提高执行力"专题讲座。

2015年7月1日,为纪念中国共产党成立94周年,集团党委组织全体共产党员、共青团员、入党积极分子参观了宁夏黄河军事文化博览园,到爱国主义基地接受教育。在银川舰旁,面对党旗,党员和入党积极分子举起右手,集体重温了入党誓词。

在银川市住建局召开的七一表彰会上,公司党委被银川市住建局党委评为先进基层党组织。邱小平、陈喜萍被银川市建筑行业党委评为优秀共产党员,勉智勇被评为优秀党务工作者,公司团总支被市住建局团委评为五四红旗团支部,邵佳被评为优秀团干部,张意被评为优秀共青团员。

2016年3月,集团党委按照上级行业党委要求,以银三建党发〔2016〕12号文件《关于在"两学一做"学习教育中开展"合格党员"大讨论活动的通知》下发司属各基层党支部,要求各党支部围绕"践行三严三实,做合格党员"(严以修身、严以用权、严以律己、谋事要实、创业要实、做人要实)这一主题展开学习讨论,以期通过讨论,提升党员综合素质和整体形象,推动企业向前发展。

2016年6月25日,集团"纪念建党95周年表彰大会暨专题党课教育"会议召开，党委组织全体共产党员，入党积极分子、共青团员和中层以上管理人员参加会议举行了新党员宣誓、老党员重温入党誓词仪式。高淑梅、邱小平、谢俊忠3名党员分别做了"谋事要实"为主题的大会发言，启发全体参会人员认真学习，钻研务实，做好本职工作。

12月1日，党委邀请了自治区企业高级培训师蔡博老师进行了"做好'两学一做'，构建和谐团队"专题党课教育。

2015年5月14日，公司有8名党员获选行业党委第二届党代会代表，他们是：陈明逯、赵长林、龙震、洪波、高淑梅、杨军、张志军、韩蓓蓓。

2015年6月4日，经银川市建筑行业党员代表民主选举，公司党委副书记赵长林当选为第二届银川市建筑行业党委委员。

2016年7月12日，集团党委委员、副董事长季光军当选为银川市建筑业协会副会长。

2016年10月，经住建局党委系统民主选举，集团公司陈明逯、赵长林、杨军当选为银川市住建局系统党代表。

2016年11月15日，集团总经理陈明逯当选为中国共产党银川市第十四次党代会代表，参加了11月28日召开的中国共产党银川市第十四次代表大会。

经自治区银川市兴庆区文明办综合复审，公司被评为"2015—2018年度自治区文明单位"。

五、热心社会公益，担当社会责任

公司2013年先后出资12.6万元义务维修银川市穆斯林孤儿院，出资2万元捐助雅安地震灾区，出资5万元赞助自治区建筑工人技能大赛。

2015年出资1万元赞助银川市"党内关爱基金"，购买441套教辅书，捐赠给灵武市3所小学。

2015年10月，公司注册了103名志愿者，参加了"银川公益日""法制宣传日""义务植树宣传"学雷锋志愿服务等一系列活动。

2016年5月30日，六一儿童节到来之际，集团和项目部为吴忠市红寺堡区大河第九小学学校购买了排球、篮球等运动器材和作业本、铅笔等学习用具，价值2万多元。

2016年7月12日，为了鼓励集团员工子女求学上进，减轻员工子女就读大、中专院校的经济负担,集团公司召开党、政、工联席会议,决定对银建三政发〔1994〕15号、工发〔1994〕04号文件《关于为职工子女提供助学费用的决定》进行适当的调整,提高员工子女就学补助标准。调整、提高后的补助标准分学年补助,按本科四年、大专三年、中专两年计算,分别补助8000元、5400元、3000元(宁夏区内录取的大、中、专生略低)。7月20日,公司以银三建党发〔2016〕16号文件《关于调整集团员工子女上学补助费用的通知》下发集团各部门执行。

2016年10月17日是我国第三个扶贫日,由自治区党委宣传部、文明办、扶贫办、妇联、教育厅、工商联等单位联合主办的"全区扶贫日爱心捐赠活动"在光明广场举行,公司现场捐款2.4万元。

集团党委副书记赵长林(左三)代表集团在自治区扶贫日捐款2.4万元

第七节 初衷不改谋发展 凝心聚力启新程

2014—2016年,在国家经济总量下调,"去产能、去库存、去杠杆、降成本、补短板"的方针指引下,集团党委、董事会一班人积极并适应经济发展新常态,以企业经济建设为中心,紧紧围绕集团第六届一次股代会确定的各项目标任务,以"二五"规划为抓手,协调各级组织,带领全体员工,凝心聚力、攻坚克难,较好地完成了预定的各项任务。

一、各项经济指标稳定增长

2014—2016年完成总产值合计36.85亿元,比上届董事会提高了15.23%,比股代会制订的计划数 36 亿元提高了 2.36%。其中施工产值 33.52 亿元、商品混凝土产值 2.69 亿元、建筑工业产值 6366 万元、商品房销售总额 8224.80 万元。3 年实现利润 2041.42 万元,比股代会计划数 1842 万元提高 10.83%。三年累计缴纳税金 18581.58 万元。

2014—2016 年,办公设备、混凝土生产设备、库房、车间建设等固定资产累计投入 1487.41 万元,投资年均增长 6.94%,超股代会确定的每年增加 3% 以上的目标。

第六届董事会各项经济指标完成情况

指　　标	三年计划数	实际完成数	完成计划情况
实现利润	1842 万元	2041.42 万元	完成计划 110.83%
总产值	36 亿元	36.85 亿元	完成计划 102.36%
工程质量	合格率 100%,三年创 3 项争取 5 项区、市级优质工程	合格率 100%,三年取得区、市级优质工程 7 项	完成
安全生产	无重大安全责任事故,区市安全检查合格率 100%,三年创 1 项示范工地、18 项区级或市级标化工地	发生一起安全责任死亡事故。施工现场区市安全检查合格率 100%。获区、市级标化工地 21 项。	未完成
员工年均收入	2014 年收入增长 10%,2015、2016 年递增 7%(含 7%)以上	2014 年增长 8.24% 2015 年增长 7.2% 2016 年增长 6.62% 年均增长 7.35%	超额完成
股东分红率	2014 年 6% 以上,2015、2016 年 5% 以上	2014 年 7.5% 2015 年 6.5% 2016 年 7%	三年分别比计划提高 1.5%、1.5%、2%
固定资产投资率	年均 3% 以上	三年统算投入年均增长 6.94%	完成计划 231.3%
资产负债率	75% 以下	2014 年 67.2%、2015 年 63.79%、2016 年 69.15%	完成
精神文明建设	实现经营目标,上级考核合格	实现了经营目标,经上级考核三年均被评为先进	完成

注：1. 计划数以《第六届董事会任期经营目标及考核办法》《关于调整公司第六届董事会 2015 年、2016 年两年部分经营指标和经营者年薪的通知》为基数。

2. 摘自《第六届董事会任期三年工作报告》。

集团公司为全体员工参加的养老、失业、医疗、工伤、生育五项社保费用全部按时足额上缴，仅2016年的上缴总额为449.83万元，其中公司承担缴纳335.31万元。2012—2016年，连续三次被银川市社会保障局和银川市税务局评为"社会保险诚信示范单位"。

2016年，集团将员工住房公积金缴存比率提高到12%，全年上缴总额为53.02万元，其中公司承担缴纳26.07万元。

2015年起集团实施效能工资，当年增发工资67.66万元。2016年增发工资77.77万元。

二、"二五"规划有序推进

2015年3月，《银川三建集团第二个五年发展规划》制定发布，对集团今后五年的工作进行了全面布局，董事会随即梳理出需要着手实施的9项重点工作，具体进展如下：

银川三建"二五"规划九项重点工作进展情况

序 号	重点工作	进展情况
1	实现企业净资产一亿元目标	2016年底，实现了企业净资产一亿元目标
2	企业资质就位和各项资质升级事宜	已核准晋升房地产开发二级资质；公路施工总承包、路面、路基、水利水电专业三级资质；钢结构晋升为二级资质
3	创国家级"守合同重信用企业"	2016年荣获国家"守合同重信用企业"
4	创全国文明单位	创造条件工作中
5	推进公司股权激励流转工作	已经第六届五次股代会通过了《退休股东股权退出优惠流转实施方案》和《股权激励奖励实施办法》，已在实施
6	推进企业管理信息化工作	已进入试运行智能平台阶段。启动了OA协同办公
7	完善集团财务管理体系和核算制度	尚在完善阶段
8	成立创新组织和建立创新工作制度	制定了《技术与管理创新奖励办法》，建立了组织
9	公司发展史编撰事宜	《历年竣工工程汇编》《银川三建简史》完成

2015年8月7日，经宁夏企业家联合会评选，集团公司再次入围"宁夏企业100强"，名列第69位。自2011年至2015年，集团公司连续五年入围"宁夏回

族自治区百强企业"。

2015年,公司被中国建筑业协会评审为"全国建筑业AAA级信用企业"。

2016年10月12日,国家工商行政管理总局向银川三建集团颁发了2014—2015年度"守合同、重信用企业"奖牌。

三、初衷不改启新程

2017年1月21日,集团公司在满春大酒店召开了辞旧迎新团拜会文艺会演,全公司近300人参加了团拜会。集团下属五个党支部和团总支自编自演了舞蹈、小品、合唱、独唱等11个节目。精彩的表演,热烈的气氛,展示了三建员工朝气蓬勃、积极向上的精神风貌,增强了企业的凝聚力和员工的进取信心。

自信人生二百年,会当水击三千里。踏着祖国改革的步伐,银川三建在搏击风浪中前进、在市场挑战中成长。2017年是集团公司第二个五年规划实施的第三年,也是第七届董事会起始之年。市场经济是竞争的经济,企业今后的路仍将艰难而曲折。雄关漫道真如铁,而今迈步从头越。今时公司产业链条关联互补、资产存量具备规模、人员结构层次优化、管理基础扎实有效,积极向上的企业文化,得到了社会各界的认可。相信有董事会、党委的坚强领导,有全体员工的砥砺奋进,集团将以创新改革为动力,整合资源,凝聚全员的智慧和力量,同心实干,促进企业各项事业再上新台阶,为建设富饶宁夏、美丽银川做出更大的贡献。

附 录

大事记

本大事记文字记载历时 60 年。由于 1956—1978 年是合作社组成的过渡且频繁变革时期。因种种原因，原始资料存世少之又少，也很零散。也由于各组成部门的早期人员已大部分离世，因此给大事记编写工作带来了诸多困难，所记述的仅有资料大多是通过走访在世的老职工、老领导，以座谈、回忆、口述等方式搜集、积累、整理。尽管编写人员力求完善尽全力挖掘整理，但所录入的事件必然还存在很多的不足和遗憾，恳请大家予以谅解。1979 年公司成立之后的大部分资料来源于公司文件、档案资料和书面记载，通过筛选梳理，按照时间先后顺序逐一编排，供大家参阅。

1956 年

新中国成立之后，在国家对农业、手工业、资本主义工商业进行社会主义"三大改造"的政策指引下，开始"公私合营"。通过银川市手工业联合会工会的积极促进，1956 年银川市城区 40 余名从事油漆、裱糊、彩画、粉刷的个体手工业者、民间手艺人自愿组织起来，成立了银川市油裱社，社部办公地点在现解放西街迎宾楼位置，原城区公社大院旁，一所旧住宅街面房，计 3 间。

油裱社成立之后的主要生产任务是自行承揽民间需求的裱糊、粉刷、彩画、书写标牌、私人油漆家具、扎制花圈等手工工作，职工常年处于有活来干、没活回家状态。

中央发出走人民公社集体化道路的指示，银川市人民政府相继在城区成立了人民公社，在辖区组建了各街道办事处，以各街道办事处相继组建了当时的"东关、南关、西关、北关"等房屋修缮队、劳动服务队，后依据各修缮队、服务队所在位置，归属于各街道办事处领导。

银川市油裱社和相关街道的房屋修缮队、劳动服务队是银川三建工程有限责任公司最早的组织机构。

1959 年

银川市油裱社并入新成立的银川市康乐木器厂。

1962 年

7月：原银川市油裱社成员集体从"银川康乐木器厂"分离，变更恢复为集体性质，重新命名为：银川市油裱合作社。社领导先后由俞斌、陈学斌、宁永、江守贵等同志担任，20世纪70年代之前社领导成为"主任"。

10月：原中山南街办事处修缮队与新华街办事处修缮队合并，组成银川市房屋修缮第三合作社，首任社主任刘志新，会计谭述伟，技术员由乔国梁、高力群担任，施工队长罗忠；工长先后由欧志连、任兴远、吴光明、李秀峰、王全喜、黄士秀、王振东、雷有忠等人担任。办公地点在原和平南街意志巷内（现解放东街，宁园南边）。职工近百人。

11月：经上级部门决定，原银川市中山北街办事处修缮队，民生街办事处修缮队，银川城区公社农场劳动服务队合并，组建成立"银川市房屋修缮第四合作社"，首任社主任崔玉亭，会计先后由胡吉功、陈玉章、严子州、丁根楠、李青云等人担任，技术员先后由秋程、王伯春、石公正担任。社部办公地点在原中山北街建材巷内（现中山北街银河巷37#）。施工负责人由原各修缮队队长担任，分别为周占元、赵杏林、纳文斌、马生录等人。职工120人左右。

1963 年

9月："银川市房屋修缮合作联社"成立，简称"银川市房修联社"，时间为1963—1968年。至此，银川市各房修合作社归房修联社管理。

1964 年

3月："四清"运动开始，历时3年。

10月：房修四社承揽的三栋"银川市食盐仓库"交工，该工程主体墙身高度为8米，跨度12米，木制人字梁，工程负责人赵杏林。

1965 年

5月：银川市油裱社办公地点迁至银川市民族南街57号现宁丰宾馆以南、工商银行以北（原蔡将军住宅内）。

8月：房修联社任命陈汉同志为房修四社主任。

10月：房修四社首次承揽了盐池县剧院大型剧场工程，并顺利完工，该工程总面积近3000平方米，剧场舞台外墙高度10米，施工负责人赵杏林。

1966 年

6月：中共中央发布开展文化大革命运动的"十六条"文件，各房修社在上级主管部门银川市房修联社领导下，相继组织成立文化大革命的相关组织，银川市建筑业造反派组织影响较大的为"房修兵团"。各基层房修社相继成立了"革命委员会"。

9月：房修四社承建的"黄河农具厂"厂房、办公室工程完工并交验合格，工程负责人赵杏林。

9月：迁赶"牛鬼蛇神"运动中，房修三社、房修四社、油裱社都有人数不等的"成分较高""历史问题"人员被遣送边远山区，其中油裱社4人，房修三社人数未能查实，四社达31人。

1967年

房修四社承建自治区党委高干宿舍工程，圆满完工，该工程为砖木结构，施工负责人赵杏林。

1968年

5月：房修联社调派，任命张满为银川市房屋修缮第四合作社主任，接替陈汉主任职务。

6月：由银川市革命委员会批准：先后成立了各社革命委员会。三社主任冯雪虎，副主任苏文信；四社主任张满，副主任申得灵、马生录；油裱社主任江守贵。

7月：房修四社承建银川卫校家属院宿舍工程竣工，施工负责人赵杏林。

7月：房修三社职工业余秦腔剧团成立，业余时间自编自演，活跃了职工文化生活。

8月：银川市房修联社改称"银川市房建公司"，各房屋修缮合作社归银川市房建公司管理。

1969年

8月：房建公司决定：进行分社生产经营管理，各房修社恢复原建制，实行独立核算。上级直属领导部门仍为"房建公司"。

9月11日：接银川市房建公司革委会扩大会议"有关机构改革中遗留问题处理纪要"文件批示：对房建公司撤并后，原各房修社物资、场地分配、遗留未完工程、工用具划分等问题进行了明确产权分配。

一、房建公司原东门料厂、材料归三社，原北门外料场、材料归四社，原新城料场、材料归二社。

二、施工设备划分，各社一份。

三、未完工程共计38项，分摊各社，其中三社有一项（新市区五金公司）；四社有四项，分别为长城机床厂工程、石油处工程、棉织品厂工程、机械队工程。

四、各社瓦、木工工具各归各社。

10月：经上级部门调派，任命白建全为银川市房屋修缮第四合作社主任。

10月："文化大革命"中，为贯彻上级要求，各房修社实行军事化管理，施工队队长称为"连长"，单项工程负责人称为"排长"，时间延续为两年。

1970年

4月："一打三反"运动开始。上级派驻工作组进入各社，负责对各社运动全面领导。郭遵琅、马贵、张林堂任各社运动领导小组组长。运动中各社均有不同人数受到冲击。

7月：经上级部门批准，各房修社首批通过社会招收员工，由银川市各街道办事处报名审定，推荐经市劳动局批准备案，新收职工近百名，其中三社45人，四社46名，大部分为社会青年和部分社会闲散劳动人员。

8月：房修四社首次承建了位于新市区北京西路与同心路交叉口商业楼工程新市区百货大楼，该工程为三层砖混结构；新市区三层五金百货大楼工程，施工负责人赵杏林、张冀贤。

9月：房修三社承建了第一栋工业生产厂房——银川电线厂电磁、拉线车间，结构为二层砖混结构。工程负责人王全喜。

10月：根据中央部署安排全民开展"斗私批修"运动。

11月3日：房建公司革命委员会下发《财会人员会议纪要》，会议对各房修社财会人员从五个方面，对各社今后财务管理、材料预决算、固定资产、易耗品、工用具、劳动工资、差旅费报销、职工交通费、劳动工资、成本核标、车辆管理、工程领料等进行了较详细规定要求，使各社管理工作逐步统一。

12月16日：房建公司下达《关于职工工资福利开支方面的若干规定》讨论稿。共有18条规定，下发各社，要求统一执行。（此稿较详细地展现了20世纪70年代初期，房修社劳动工资管理状况）

1971年

1月：房修四社出台《房修四社职工储金会管理办法》。

3月：银川市房建公司组织撤销，各房修社统归银川市建设局管辖。

4月：四社党支部下达《关于开展比、学、赶、帮竞赛通知》和《群众民主管理办法通知》。

5月：房修四社承建了银川市建材厂（贺兰山套门沟）工程，开工前期主要单项工程为：车间、学校、医院、宿舍；后期工程为20米高石灰窑工程，历经两年全部完工，项目负责人为张冀贤、纳洪政、马明祥，工程技术负责人史公正、陈志义。

6月：经各社部研究，房修三社、四社职工医务工作室分别挂牌成立，医务人员由社内选拔职工外派学习培训后，回社为职工服务。"赤脚医生"是当时历史阶段的新生事物。三社医务室工作人员王凤芹，四社医务室工作人员刘梅芳。

7月：房修四社承建新市区消防队工程，有车库、办公楼和高20余米瞭望塔。这是20世纪70年代初施工的工程中最高的一栋建筑物。

1972年

1月：银川市建设局下达各房修社当年工作计划指标，其中，房修三社：全年要求完成的工作量为74万，房修四社为75万。

4月：根据建设局革委会下达指标：各单位要大办"五七"农场，各房修社积极响应，房修三社农场在银川市东门外燕鸽大队地域内，具体驻场人员雍万里；房修四社在贺兰县华建农场所属区域筹办农场，指派专人管理种植，具体由黄跃、杜吉福负责。

4月：经上级部门批准，各房修社组建以来首批招收专业工种学徒工，本次学徒工中有木工、油工、电工等工种，其中三社新增徒工20余名，四社新增12名。劳动工资待遇依照国家规定。学徒期3年，月工资男性18元，女性18.5元。

6月：油裱社首赴外县市集中人力完成了青铜峡304厂职工宿舍顶棚工程，及区医院粉刷工程。

六月：房修四社承建的自治区运输公司家属院工程交工，该工程为平房，砖木结构，负责人张冀贤。

6月：房修三社施工的自治区秦腔剧团宿舍楼、银川鞋厂车间、银川市印刷厂车间、自治区防疫站宿舍相继完工。

7月：市建设局任命闵杰为房修四社主任、书记，任命顾春海、申得灵为副书记。

9月：为响应上级的安排，各社均安排人力、物力，建造"人防工程"。房修三社在社部大会议室下修建；房修四社在原社部院内会议室下、加工厂库房下先后修建防空洞各一个，大部分为下班后义务劳动修建而成。

1973 年

3月：因银北公路修建，需占用四社北门料厂、车队用地，社部与自治区交通局公路处达成协议，北门料厂搬迁。新料场地址在现清河北街永康巷口对面。

4月：经上级部门调派，任命商丽君为银川市房修四社主任。

4月：上级任命郭遵琅为房修三社主任，张天良为副主任。

9月：由房修四社施工的银川市人民银行家属楼交工，该工程为砖混结构三层，位于和平新村。施工负责人杨汉清。

11月：房修四社首次承揽的高度24米的新市区煤球厂水塔工程交工，施工负责人马明强、范玉田，技术负责人史公正。

1974 年

3月：银川市建设局下达局系统集体所有制单位劳动工资计划：其中油裱社当年用工人数为80人，三社421人，四社335人（含部分临时用工人数）。

4月：房修三社投资上马一套木材加工"带子锯"，使多年人工拉大锯加工原材料这一行业逐步退出历史舞台，同时开展对外加工业务。地址在原东门外加工厂内。

5月：房修三社承揽施工的自治区交通局住宅楼工程完工。

1975年

10月：在社部领导的大力支持下，房修四社加工厂抽调木工技术人员赵竹君等同志，组成技术革新小组，历时一年成功仿造出一台带子锯进行木材加工。

1976年

10月：经银川市劳动局批准，银川市建设局下属各房屋修缮合作社，及城镇小企业面向社会，按城区办事处划分，由上级下达招工指标，招收普壮工、技术工人学徒工。房修三社招收42名，房修四社招收46名，年龄限制在35周岁以下。

11月：根据银川市建设局及上级文件精神，各社开始贯彻落实历届"运动"中冤假错案，抽调专职人员开展此项工作。申诉人员中，有据可查的，四社15人，三社、油裱社人数不详。

12月：下乡、返城青年招工进城。为落实国家有关政策，银川市劳动局、计委下文，由银川市建委负责审批，委属各房修社按照上级下达招工指标，负责被招收人员的政审、体检，同时对部分符合条件的返乡知识青年进行招工，当年房修四社共接收杭州支宁知青11人，返城、返乡青年26人。房修三社接收人数不详。

1977年

6月：按照自治区《民用建筑试行标准》、国家《关于厂矿企业职工住宅宿舍建筑标准的几项意见》通知，社部下达贯彻学习宣传活动，从严要求工程质量。

8月18日：中国共产党第十一次全国代表大会胜利闭幕，根据上级党委指示精神，各社职工掀起宣传、学习、贯彻大会精神活动。

10月：各社部组织传达市革命委员会"关于银川市安全生产工作会议情况"报告并组织讨论。

1978 年

7月：为迎接自治区成立二十周年，房修三社、四社，油裱社集中力量，按期完成承建的"大庆献礼工程"：银川市解放西街西门口数幢 4~6 层的临街住宅工程，南门楼、玉皇阁、文昌阁、北塔、小口子等处古建筑彩绘工程，受到市政府表彰。

8月：根据上级精神，对"文化大革命"及历次运动中因迁赶、解除公职等遗留的问题，进行排查落实，各社相继组织有关政工人员逐一甄别核实。

年末：经统计，房修三社正式职工为 432 人，房修四社正式职工为 420 人，油裱社正式职工为 91 人。

1979 年

3月23日：中共银川市委银政发〔1979〕43 号文件批复，将原银川市房屋修缮第三合作社、第四合作社及银川市油裱社合并组建银川市第三建筑工程公司。

5月1日：银川市第三建筑工程公司正式成立，闵杰任公司党总支书记，郭遵琅任公司经理，朱康全任公司副经理。

7月20日：公司党总支会议研究决定，成立"市建三公司工会委员会筹备委员会"。郭遵琅任主席。

8月4日：公司工会筹委会第二次会议讨论通过，恢复闵杰等 114 名工会老会员的会籍，并吸收雷永禄等 448 名职工为新会员，为成立公司工会奠定了基础。

8月15日：公司第一届职工代表大会第一次全体会议在一队会议室隆重召开，吴月英等 64 名职工代表审议并通过了《行政工作报告》及《工会筹委会工作报告》，选举并产生了公司第一届工会委员会，郭遵琅及申得灵、何森源当选为工会正副主席。

9月20日：公司印发《企业管理工作试行条例》，对政治工作管理、计划与施工管理，材料和设备管理、财务管理、劳资管理、行政管理、保卫工作管理等八大管理做了较详细的规定。

10月30日：市团委决定授予王海军"银川市新长征突击手"荣誉称号。

11月23日：公司所属3个施工队分别于23日、24日两天举行了欢送第一批退休职工的座谈会。

11月24日：公司成立7个月，提前37天超额完成全年生产任务，完成计划340.3万元的102.45%。

12月：购入QT—25大型塔式起重机一台，结束了公司无大型起重设备的历史。

1980年

4月9日：公司第一期工会干部培训班开班，工会组长以上的干部50余人参加。

6月20日：郭文建代表公司参加市团委举办的银川市青年瓦工、木工技术比武现场会，获三级木工第二名。

10月10日：杨福祥当选银川市第七届人大代表的资格被市城区人大常委会确认。

1981年

4月24日：公司各队、厂、股室开始执行《企业管理工作条例》。

4月4日：银川市建工局党组扩大会议研究决定：郭遵琅任公司党总支副书记，侯高玉、郭春勇、郭建敏为总支委员。

9月：经银川市建工局批复，公司开始实行"三级管理，两级核算"的经济核算体制。

1982 年

4月20日：公司职工培训班开课，至6月2日结束，这是公司的第一期职工技术培训。

5月：原房修三社、四社加工厂合并，成立银川市第三建筑工程公司综合加工厂，地址在银川市兴庆区东环北路原三社加工厂内。

10月：10月5日—11月20日：公司先后颁布《工程预算管理制度》《工程合同、施工管理制度》及《计划、统计管理制度》。

10月：银川市职工劳动模范、先进工作者和先进集体表彰大会召开。公司被命名为先进集体，陈银生被授予银川市劳动模范荣誉称号，杨福祥、王家驹、沙光明被授予银川市先进生产工作者荣誉称号。

1983 年

5月6日：公司与一、二、三队，加工厂，预制厂等下属各部门正式签订内部合同，推行浮动工资，"四定一包"、计件工资、"五包一奖""二包一奖"等5种承包责任制。

5月：公司制定并颁布《技术、质量、安全文明施工管理条例试行草案》。

6月4日：公司安全生产委员会成立。

10月：公司购置的桩机正式在自治区政协办公楼工程开锤使用。

12月25日：市建委党委会议研究决定，陈继宝任公司副经理。

1984 年

6月8日：市建委党委会议研究决定，侯高玉任公司工会主席，免去其公司副经理职务。

7月：公司颁布《关于全面试行浮动工资暂行办法》。

9月5日：市建总公司党委扩大会议研究决定，桑建华任公司副经理，增补陈银生为公司总支委员，免去郭建敏总支委员职务。

12月28日：市建总公司党委扩大会议研究决定，增补桑建华为公司总支委员。

1985 年

9月25日：总公司党委会议研究决定，桑建华任公司经理。胡慰中、赵云利、杨伟任公司副经理，侯高玉任党总支书记，免去其工会主席职务，免去郭遵琅公司经理、总支副书记职务，免去陈继宝副经理职务。

10月3日：公司机关由民族南街迁入解放东街意志巷十号（一队院内）办公。

10月12日：总公司党委会议研究决定，增补胡慰中、赵云利为总支委员。

11月30日：公司团员代表大会选举出第三届团总支成员，陈银生、张龙峰分别被选为团总支正、副书记。

1986 年

1月5日：根据上级党委布置，公司党总支部印发《关于整党学习教育阶段的安排》，整党工作正式开始。

1月25—29日：公司分别重新制定并印发公司领导班子成员及各股室、队、厂等部门的岗位责任制。

3月3日：公司同意工会意见，停止执行退休职工每月贰元伍角医药费包干使用制度，并制定《关于职工就医及医药费报销的暂行规定》。于3月8日以019号文件公布。

3月5日：公司印发《关于安全生产的若干规定》，明确制定了"二十个不准"。

3月12日：公司集邮协会成立，成为市邮协团体会员。

4月12日：公司第四届职工代表大会第一次会议举行，13日选举产生了第四届工会委员会，安仰宁、沙光明分别被选为正、副主席。

4月17日：公司工会召开会议，布置公司第一件职工受益面最广的福利——为职工拉运生活用煤工作。

6月3日：市建委党委印发〔86〕42号《关于整党验收的批复》文件，公司整党工作结束。

10月15日：公司制定并公布《会计档案管理制度》。

1987年

1月13日：总公司党委会议研究决定，陈银生任公司副经理。

2月12—14日：公司工会、集邮协会举办"丁卯新春专题小型邮展"并于3月12日举行了邮协成立一周年纪念活动，发行了自制的首日纪念信封及纪念戳卡。

4月15日：公司"双增双节"领导小组成立，组长安仰宁，副组长陈银生、雷永禄。

5月9日：总公司党委会议研究决定，陈银生任公司经理，免去桑建华公司经理、总支委员职务。

5月29日：加工厂桩机组在中宁古城变电所工地试打射水桩获得成功，掀开了银川市建筑行业射水桩施工的历史。

8月31日：市计委正式批准公司翻建办公及住宅楼的计划。

10月30日：总公司正式下文，确认公司及各队、厂占用的44636.088m^2土地产权。

12月10—19日：第四届三次职代会召开，常任主席团发布《招标承包通告》，苏文信、赵云利、陈银生投标承包公司经营，通过答辩会、民意测验、综合评审，最终确定陈银生为公司第一轮承包经营的承包人（1988—1990年）。

12月27日：公司承包经营小组成立。由陈银生担任，组员：侯高玉、赵云利、安仰宁、雷永禄、郭文建、王冬青等7人。

1988年

1月12日：公司承包经营小组发布预制厂、车队、服务队《招标承包通告》。

1月20日：经报请市建委同意，任命赵云利、郭文建、雷永禄为公司副经理。

1月21日：陈银生与市建委主任江泳签订第一轮承包合同，由公证处予以公证。

3月29日：公司开始实行各级领导"风险抵押金制度"。

6月15日：公布《人事管理制度》。

7月19日：第五届职代会暨会员代表第一次会议举行，首次直接选拔第五届工会委员会人员，安仰宁、沙光明为正、副主席。

11月22日：水暖工段、电工段成立。

12月12日、19日、27日：全体党员举行党总支换届选举，经1989年1月8日银建党发〔89〕003号文件批准，同意总支委员会由陈银生、安仰宁、张仓峰、杜建威4位组成（暂缺一人），陈银生任党总支部书记。

12月22—24日：在宁夏工人疗养院为全体职工进行了第一次体检。

1989年

1月5日：由安仰宁率领1988年度先进生产（工作）者一行40余人，首次赴北京、秦皇岛、天津、西安、兰州等地，历时20天参观学习，1月24日全部安全返银。

2月15日：发出《关于改变公司管理体制及对部分管理人员工作安排的通知》，撤销施工队机构，至此，工段一级施工组织直接由公司进行管理。

2月28日：公布《关于风险抵押金标准与范围的暂行规定》《关于生产工人执行工资加奖金和补贴的暂行办法》。自1989年起，实行全员风险抵押制度。对施工现场的瓦工、普工、木工、钢筋工每个工作日增发工种补贴0.5元。

6月6日：印发《关于调整退休职工退休费标准的通知》，原公司1979年指定的《关于贯彻执行国务院〈关于工人退休退职的暂行办法〉的规定》同时废止。至此，退休职工退休费标准完全按国发〔1978〕104号文件规定执行。

7月6日：行政、工会发出《关于调整公司安全委员会的决定》，由陈银生、郭文建任公司安委会正、副主任。

8月15日：公司分房领导小组成立，由陈银生、安仰宁任正、副组长。

10月9日：公司采纳工会建议，自即日起，职工丧葬费由原120元调整为500元；并决定自10月起为退休职工每月增发洗理费4元。

11月21日：第五届四次职代会审议通过了《市建三公司住宅分配方案》。

12月8日：市城乡建委党委任命张仓峰为公司党总支副书记。

12月11日：公司机关由民族南街迁至解放东街173号新建办公楼办公。

12月18日：公司（前进街十三选区）代表选举大会，选举陈银生为城区人民代表。

1990 年

2月1日：由赵云利副经理带队的工段长一行14人赴济南燕子山小区参观交流。

2月26日：市建委党委会议研究决定，陈银生任市建五公司经理兼党支部书记，季光军任党支部副书记，刘惠敏任副经理。

3月14日：银川市建委系统党建工作现场会在公司举行。

3月19日：公司第五届五次职代会通过了《关于在公司全面开展TQC活动的决议》，同意成立全面质量管理办公室。

3月20日：公司党、政、工联合发出《关于深入开展"双增双节"活动的决定》。

3月22日：党总支决定调整支部人员。由雷永禄、沙福海、沙光明、郭遵琅分别担任一至四党支部书记。

4月2日：陈银生、安仰宁、张仑峰、雷永禄等公司领导专程把134名职工捐助的719元人民币送交董华祥的家中，这次捐款活动是服务队工会小组首先发起的，得到公司职工的支持。

4月6日：市建三公司综合诊疗所开业接诊。

4月16日：赵云利、雷永禄、李青云的土建工程师、会计师职称被自治区职改办等部门确认。

5月12日：公布了《职工调资实施方案》。

5月20日：陈银生、安仰宁、雷永禄、赵云利、王家驹等为托儿所捐款1700元。

7月5日：公司"职工思想政治工作研究会"成立。

7月13日：党员重新登记工作领导小组成立并开始工作。公司党员重新登记工作于8月20日结束。

8月25日：第五届六次职代会通过《关于对陈银生同志承包经营工作的评审意见》。

8月27日：公布了《职工调资补充方案》。

11月2日：工会慰问组在附属医院将公司265名职工捐助的1505元转交缪巧云。

11月24日：公司"治安联防小分队"成立。同日，公司工会、诊疗所组织400余名职工开始在自治区工人疗养院进行较全面的体检。

1988—1990年3年承包期中，累计上缴各种税金143.64万元，完成利润38.37万元。

1991年

1月10日：市计委同意公司加工厂迁建计划，并同意征用土地50亩。

5月20日：公司承建的危房改造工程——中山北街住宅小区工程（2万平方米）开锤施工。

6月19日：公司调研员、原工会主席、党总支书记侯高玉同志追悼会在银川殡仪馆举行。

7月1日：银政函〔1991〕23号《关于银川市第三建筑公司与第五建筑公司合并的批复》下发，经市政府5月30日第90次常务会议批准，市建三、市建五公司合并。

8月10日：公司党总支会议决定，成立银川市第三建筑工程公司分公司（原五公司）。同时公布实施《关于对分公司管理的试行办法》。

9月8日：公布施行《内部工段七项目标管理考核评分办法》。

9月16日：公司档案管理经市档案局验收合格后，颁发了自治区企业档案管理合格证。

9月26日：公布《关于对技术人员评聘的通知》。

10月6日：市爱卫会授予公司市级卫生先进单位牌匾。

11月19日：公布施行《关于招用合同制工人的暂行规定》暨《关于对于新调整的管理人员实行试用期的通知》。

12月5日：团总支改选工作结束，张仓峰当选为团总支书记，吴炜当选为副书记。

12月17日：党总支决定进行评议中层领导干部的工作。

12月19日：市计委批准公司材料科、汽车队的迁建方案。

12月31日：公司全年完成产值3132.81万元，利税总额103.04万元，优良品率22.86%。

1992年

1月24日：公司职工思想政治工作研究会第一届年会召开。大会选举产生了政研理事会，陈银生任理事长，安仰宁、张仓峰任副理事长，秘书长由安仰宁兼任。

2月17日：城区党委、政府命名公司为1991年度"一级安全达标单位"。

3月19日：市企业思想政治工作人员专业职务评定小组行文确认陈银生、安仰宁、沙光明等的政工师任职资格。

3月20日：公布实施《经济合同管理办法》。

4月1日：公司实施《关于职工内部因病退养的暂行规定》。

4月18日：市建委党委批准任命刘惠敏、季光军为市建三公司副经理，赵天保为公司调研员。

4月20日：公司党总支报呈市建委党委批准，任命刘惠敏为公司副经理、分公司经理，季光军为公司副经理、分公司副经理、党支部书记，同时免去陈银生分公司经理兼支部书记的职务。

4月23日：公布实施《对工段长等人员实行全额标准工资的试行办法》。

4月24日：市建委党委批准任命王孝为市建三公司工会副主席。

7月30日：公布实施《塔吊司机岗位责任制及安全操作奖罚制度》。

8月24日：成立设备维修租赁站，撤销动力科建制。

9月10日：《关于集体职工中知识分子退休待退的暂行规定》公布实施。

9月19日：根据银劳发〔1992〕105号文件精神制定的《关于实行考核增资的实施方案》公布实施。

8月28日：陈银生赴中央党校参加第二十一期地厅级干部培训班，开始为期140天的学习。

9月28日：市委、市总工会等单位领导到公司东环路改造工程施工现场慰问了自治区五一劳动奖章获得者、银川市劳动模范钟读桐。

11月11日：公司与自治区地方病防治所签订联营协议书，共同经营宁夏地防所、市建三公司中西医门诊部。

12月14日：陈银生当选城区第八届人大代表。

12月22日：自治区公安厅批准公司组建经济民警小分队。

12月31日：市建三公司信息发布会举行。陈银生就公司承包经营3年来的经营情况、信息及今后的打算做了详细汇报。公司全年完成产值4242万元，利税总额155.2万元，优良品率为30.92%。

1993 年

1月9日：公司行政、工会发布《关于1993年度"每人节约100元"活动指标的决定》，全年计划节约65800元。发布《关于自1993年度起奖励先进生产（工作）者的决定》，凡连续三年被评定为公司先进生产（工作）者的职工或被授予市级以上劳模、五一劳动奖章（含市级）的职工，公司给予晋升一级工资的奖励。

3月29日：成立劳动竞赛"双增双节"工作委员会，安仰宁为主任委员，雷永禄、郭文建、季光军为副主任委员。市建委批准成立分公司劳动服务公司。

6月10日：市政府148次常务会议同意成立"银川市人民政府驻烟台办事处"，陈银生任驻烟台办主任。

6月30日：市建三公司招商楼工程竣工交付使用，自7月1日起，承租客户陆续进驻经营。

7月20日：举行了一分公司1631.36m^2办公楼落成剪彩仪式。

8月18日：一分公司第一幢自建3256.24m^2住宅楼分配员工入住。

8月26日：公司投资开发的东来顺清真餐厅正式营业。

9月1日：安仰宁出席宁夏回族自治区总工会第七次代表大会。

公司全年完成产值4271.62万元，利税总额197.69万元，优良品率35.38%。

1994 年

1月1日：公司兴建的东环北路住宅区（现建丰苑小区）卫星电视地面接收站暨闭路电视系统，正式投入运行。

2月3日：公司工会公布1993年度每人节约100元活动效果统计表，全年共节支174604.56元。

3月9日：公司同意成立安装公司，任命王功友、王功为正、副经理。

3月30日：公司行政、工会联合发文，决定自1994年度秋季招生开始，对被大、中专正规院校录取的职工子女就读期间每月提供30~50元助学费用。

5月4日：公司484名职工参加"捐资助学 扶贫帮困"活动，共捐助人民币4140元、衣服383件、书籍126册。

6月9日：公司批复成立第三分公司，杨生德、冯健任正、副经理。

8月3日：批复成立第四分公司，聘任车建中为经理。

8月23日：根据银建三政发〔94〕45号文件精神，公司204名职工被奖励晋级。

9月16日：市政府第八次常务会议研究决定，陈银生任银川市城乡建设委员会副主任。11月15日，经中共银川市委9月14日常委会研究决定，陈银生任市建委党委委员。

12月20日：公司党总支、行政公布《银川市第三建筑工程公司精神文明建设五年规划》。

12月31日：全年共完成建安工作量4197.6万元，利税总额195万元，优良品率21.1%。1998—1994年的7年承包经营期内，总计完成建安工作量19363.56万元，是承包前9年（1979—1987年）4470.89万元的4.33倍。

1995 年

1月6日：市建委党委会议研究决定，并下发〔95〕01号文，刘惠敏任银川三建公司党总支副书记、经理，同意陈银生辞去公司经理职务。

3月24日：经公司研究决定，同意成立第五分公司，聘任郭文军为经理。

3月28日：公司党总支研究决定，季光军任第一分公司经理，同意刘惠敏辞去第一分公司经理职务。

4月4日：公司团总支举行全体团员大会，选举产生了第五届委员会，吴炜当选团总支书记，陈明遠当选团总支副书记。

4月10日：公司党总支扩大会议研究决定，成立房地产开发分公司及物业管理分公司，赵云利兼任房地产开发分公司经理，沈思福任物业管理分公司经理。

7月6日：自治区党委宣传部党教处向公司颁发了"自治区党委宣传部党员教育示范联系点"牌匾。

8月21日：《房地产开发公司关于商品房有奖销售办法》出台。

8月22日：公司74岁高龄的退休职工华洪涛的篆刻作品荣获全国艺术大赛一等奖，其作品亦被邓小平故乡收藏。

9月21日：公司成立实行合同制工作领导小组，组长刘惠敏，副组长雷永禄、安仰宁。

11月29日：市建委批复赵云利、郭文建、雷永禄、季光军任公司副总经理。

12月18日：五届三次职代会通过了《银川市第三建筑工程公司劳动合同制实施细则》，并于次日印发执行。

全年完成建安工作量4856.4万元，利税总额199.7万元，优良品率18.7%。

1996年

1月15日：公司劳动争议调解委员会成立，安仰宁、雷永禄任调委会正、副主任。

3月30日：公司决定聘任郭建明为经理助理、第一分公司经理，同时免去季光军第一分公司经理职务。

5月25日：成立银川市建三公司摩托车用品分公司和银川市建三公司装饰分公司，王家驹任经理。

5月29日：公司为市职工扶贫基金会募捐活动共捐款3568元。

10月8日：公司党总支公布《银川市第三建筑工程公司社会主义精神文明建设"九五"规划》。

11月8日：公司成立"三五"普法领导小组，组长刘惠敏，副组长张仑峰。

12月27日：刘惠敏代表公司全体职工向银川师范捐赠27000元。

全年完成建安工作量5648.5万元，利税总额169万元，优良品率40%。自1988年实现承包经营以来的9年中，累计完成工作量29219.94万元，是承包经营前（1979—1987年）9年4470.89万元的6.54倍。

1997 年

1月31日：公司第六届一次职工代表大会暨会员代表大会召开。会上选举出了以安仰宁为主席，王孝、沙福海为副主席的第六届工会委员会，会上审议通过了《集体合同》文本，总经理刘惠敏、工会主席安仰宁分别代表企业方和职工方签订了《银川市第三建筑工程公司集体合同》。

3月12日：市建委党委批复确认公司党总支换届选举结果，刘惠敏、安仰宁、张仓峰、郭建明、季光军为公司第五届党总支委员，刘惠敏为公司党总支书记。

8月20日：公司党总支制定并发布《银川市建三公司"两个文明"建设"九五"规划（1996—2000年）》。

8月28日：公司各党支部换届选举工作结束，席延江、沙福海、季光军、张仓峰分别被选为一、二、三暨退休党员支部书记。

9月10日：总经理办公会议决定，根据《集体合同》规定及公司实际情况，对职工每三年进行一次体检，女职工每年进行一次妇科检查，在职职工退休前进行一次体检。

10月5日：公司党、政、工联合发文《银川市第三建筑工程公司关于职代会评议企业领导干部的实施细则（试行）》。《细则》共分11章25条。后在银川市总工会机关刊物《银川工运》上全文刊登。

11月4日：公司《简报》通报第六届二次职代会评议企业领导干部的有关评议结果。这次评议工作经自治区总工会推荐，入选《中国工会年鉴（1998）年卷》。

11月11日：市建委党委会批复同意成立"中国共产党银川市第三建筑工程公司委员会"，行文确认公司党委的组成人员：党委书记刘惠敏，党委副书记张仓峰，党委委员刘惠敏、张仓峰、安仰宁、季光军、郭建明。

11月24日：银川市住房制度改革领导小组审核通过了《银川市第三建筑工程公司住房制度改革实施方案》。

12月1日：公司体制改革领导小组成立，组长刘惠敏，成员有雷永禄、安仰宁、张仓峰、郭建明、沙福海、王兆林、王孝，办公室主任雷永禄。

12月26日：以银川市社保局为甲方，公司为乙方，双方法人代表王孝贤、刘惠敏签订了协议书，公司一次性缴纳保险金。自1998年元月起，公司退休职工养老金由社保局负责发放。至此公司退休职工正式纳入社会保险序列。全年完成产值6208万元，利税总额210万元，优良品率59.43%。

1998年

1月5日：银川市清产核资领导小组办公室第19号通知书确认公司1997年清产核资结果，核实资产总额为18858.86万元。

2月25日：自治区档案局授予公司"自治区级档案管理企业"称号。

3月11日：根据《工会法》《民法通则》精神，市总工会确认公司社团法人资格，并向公司工会和安仰宁分别颁发了工会法人资格证书、工会法人代表人资格证书。

5月18日：经第六届三次职代会审议通过，公司党、政、工联合行文发布《关于公司改制人员分流的若干规定》，整改准备工作进入了实施阶段。

6月19日：公司党委于即日和26日组织两批党员赴革命圣地延安参观学习，缅怀先辈，接受革命教育。

9月23日：公司发布《银川市第三建筑工程公司职工住房制度改革实施方案》及《关于对公司内部职工出售公有住房的实施方案》，房改工作正式启动。

11月26日：银政函发〔1998〕167号决定撤销由公司承办的银川市人民政府驻烟台办事处。

12月18日：公司第六届四次职代会召开。会议审议通过了《银川市第三建筑工程公司改名为银川三建工程有限责任公司的实施方案》和《银川市第三建筑工程公司"企业改制身份置换"及"职工增资配股"方案》，审议通过了《银川三建工程有限责任公司章程》。

12月21日：《关于银川市第三建筑公司改组为银川三建工程有限责任公司的申请》上报银川市政府体制改革委员会。

1999 年

3月2日：银川市政府发改委发〔1999〕04号文件《关于银川市第三建筑工程公司改组为银川三建工程有限责任公司的批复》送达公司，同意公司整体改组为银川三建工程有限责任公司。

4月9日：银川三建工程有限责任公司第一届股东大会在银川剧院举行。大会选举产生了第一届董事会、监事会成员、董事长。至此，银川市第三建筑工程公司正式改制为银川三建工程有限责任公司，企业性质由集体所有制转变为有限责任公司。第一届董事会、董事长、监事会成员选举结果如下：
董事会董事：刘惠敏、赵云利、沙福海、季光军、郭建明、安仰宁。董事长：刘惠敏。监事会监事：张仑峰、陈明遴、雷永禄。

4月20日：董事会决定：聘任刘惠敏为公司总经理，聘任季光军、沙福海、郭建明为副总经理，聘任赵云利为总经济师，聘任王浩为财务负责人。

4月21日：自即日起，公司及基层部门启用银川三建工程有限责任公司新印章。

4月22日：通报监事会主席选举结果：张仑峰任监事会主席。

5月7日：公司党委公布实施《"两公开、一监督"制度》。

5月17日：市总工会批复，公司工会自即日起改称银川三建工程有限责任公司工会委员会，并启用相应的印章。

5月20日：公司第六届五次职工代表大会召开。通过了《1998年度目标经营责任制合同执行情况暨请示兑现的报告》，听取了《1998年度财务工作情况汇报》，并通过了《关于对1999年度目标经营责任制合同执行情况暨请示兑现的报告的评审意见》。

7月10日：自治区建设厅1998年度全区房地产开发企业资质年检结果公布，公司房地产开发有限公司被审定为自治区暂三级开发企业。

7月12日：公司党委公布实施《银川三建工程有限责任公司党委工作规则（试行）》。

11月16日：《银川三建年产10万立方米商品混凝土项目可行性研究报告》在由市计委牵头，市建委、市经贸委、市散装办、市交警队、市规土局、市环保局、市建行、自治区建设厅等九部门近30人参加的审定会上，顺利通过。

11月22日：市计委《关于银川三建公司建设年产10万立方米商品混凝土搅拌站可行性研究报告的批复》批准了搅拌站进行投资建厂。

全年完成产值1.0305亿元，利税376.51万元，优良面积1178044m^2。

2000年

3月21日：公司行文批复，同意成立银川三建物业管理有限公司。

3月23日：公布实施《用人制度改革实行办法》。

4月24日：公司被列为银川市第三批进行挂牌保护的单位之一。

5月9日：王学祥副市长亲临公司颁授"重点保护企业"牌匾。

5月18日：银川三建混凝土工程有限公司隆重开业。

6月6日：公司同意成立银川三建防水工程分公司。

6月30日：公司党委组织80多名党员、入党积极分子、团员赴山西文水县刘胡兰烈士纪念馆参观学习。

7月19日：公司第一届股东代表会议举行。会议讨论并通过了由董事会提交的《改制后的工作汇报》《公司第一届董事会2000—2001年度任期目标及考核办法》《关于一分公司进入公司整体经营的意见》。

7月20日：1999年度企业股利发放工作开始，股东分红率为7.12%。

8月2日：公司党委决定成立第四党支部，任命刘华堂、莫菁华、陈明遂分别为第二、三、四党支部书记。公布实施《各项合同管理规定》。

8月7日：为不断引入竞争机制和企业发展的需要，经公司研究决定，下设办公室，负责技能工资方案制订、调查、测算等工作。刘惠敏、季光军任正、副组长。

8月8日：市财政局行文确认公司会计电算化验收合格，同意实行计算机记账。

8月18日：为通过ISO9000质量体系认证，公司成立了领导小组。组长刘惠敏，赵云利为管理者代表，张冀贤为办公室主任。ISO9000质量体系认证筹备工作正式运行。

10月18日：公司与市散装办、城乡建设实业公司共同投资的银川绿源散装水泥储运公司揭牌开业，刘惠敏任董事长，李文坚任总经理，雷永禄任副总经理。

12月18日：公司董事长、总经理刘惠敏代表企业方与工会主席代表职工方签订了自2001年1月1日—2003年12月31日为期三年的《集体合同》。22日经市劳动局审核同意，自2001年1月1日起生效。

全年完成产值1.2708亿元，利税总额714.29万元，优良面积85910m²。

2001年

2月：公司组织中层干部分两批赴福建、云南等地参观学习。

4月：经过在全国征集，确定了企业司徽。

5月20日：公司召开第一届三次股东代表大会。会议讨论由董事会提交的《第一届董事会第二年经营工作情况汇报》《公司2000年利润分配方案的提案报告》《公司第二次配股增资方案的提案报告》及监事会提交的《监事会工作汇报》。

8月1日：银川市劳动局确定公司为"银川市职工医疗保险参加单位"。

11月20日：自治区建设厅发布2000年度全区施工企业取费类别年检结果，公司被确定为一类取费企业。

11月21日：公布实施《关于应用新预算定额结算工资的规定》。

12月31日：全年完成产值1.3359亿元，利税总额920.07万元。

2002年

1月10日：公司工程管理人员89人参加了为期23天的冬季培训。

3月21日：公布《2001年度利润分配方案》，净利润为209.51万元，分配利润154.5万元，股东分红率达到12%。

3月23日：公司第二届第一次股东大会召开。会议通过了《董事会任期三年工作总结》《监事会任期三年工作总结》《改制三年财务状况汇报》及《董事会、监事会成员选举办法》。选举产生了第二届董事：刘惠敏、季光军、郭建明、沙福海、刘华堂、王浩、吴炜。董事长：刘惠敏。监事：安仰宁、张仑峰、陈明逵、席延江、赵永安。监事会主席：安仰宁。

6月6日：刘惠敏作为当选代表参加中共宁夏回族自治区第九次代表大会。

6月11日：经全体股东分级选举，产生了第二届股东代表大会代表，王兆林等50名当选。

6月15日：经公司第二届第一次股东代表大会通过，制定了下发了银三建工有政发〔2002〕27号文《第二届董事会经营目标及考核办法》：三年实现利润共计345万元，总产值3.6亿元，股东分红率4%以上，净资产增值率1%，职工年均收入比上年增长5%以上（含5%）以及其他目标。

6月21日：公布实施《银川三建商品混凝土有限公司工资结算的规定》，成立银川三建中卫分公司，王贞全为分公司经理。

6月25日：公司党委公布《党委工作规则》。

8月15日：公司任命王贞全为中卫分公司经理，冯建平、张忠孝为副经理。公司任命孔涛为企业管理办公室副主任。

12月23日：公布2000年度财产盘点结果，至11月底公司固定资产净值为24835892.64元。

12月25日：公司发布银川三建质量管理体系2000版《质量手册》《程序文件》和《支持性文件》，自2003年1月1日起实施。

12月30日：公司团总支召开第六届团员大会，选举产生了新一届团总支委员会，总支书记孔涛，副书记洪波。

全年完成产值1.5295亿元，利税总额1021.71万元。

2003年

1月26日：召开了2002年度工作总结表彰大会。表彰奖励了先进集体、先进工作者。

2月27日：银川市计委下达《关于下达华苑小区〈四区〉商品房投资计划的通知》。至此，由银川三建房地产开发有限公司筹措上报，原银电电器制造厂项目改造开发开始实施。

3月7日：经公司董事会研究决定，二、三、五分公司合并成立银川三建第二分公司，撤销原一、二项目部，成立公司直属项目部。

3月18日：银川三建物业服务有限公司成立，季光军为公司法定代表人。

4月5日：公司第二届二次股东代表会议召开，通过了董事会提交的《2002年度经营工作情况报告》《利润分配方案》，听取了《年度财务工作报告》。

5月15日：公司下发《银川三建非典型肺炎防控工作预案》，对预防"非典"工做全面布控。公司投资3万余元为全体职工注射增强免疫力的针剂。

7月8日：公司与银川市土地储备中心达成《新区征地拆迁补偿协议》，至此，公司新基地加工厂搬迁工作开始，重建新厂区。

7月16日：公司召开第二届三次股东代表会议，听取董事长刘惠敏做《关于公司章程修改草案的报告》。

7月22日：公司召开第二届二次股东大会，通过公司章程草案修订报告。

7月：北京9000认证中心的专家对公司质量管理体系进行全面审核，确认公司质量管理工作符合2000版9000标准。

8月：公司投资300余万元为砼公司购置了一台进口汽车泵和一台80m^3/h拖泵。

9月：公司承担施工的银川大团结广场、西夏广场、人民广场、新月广场四大广场工程，南三环2.2km的八车道道路，在干部职工的努力下，通过百日会战，在民族运动会召开前顺利完工。

9月10日：受银川市政府委托，为中央"心连心"艺术团赴宁慰问演出的西夏广场搭建舞台，在时间紧、任务急、施工条件差的情况下，群策群力，加班加点提前一天完成任务，受到市政府和各界好评。

同日：公司设备科在长庆五区5#楼施工现场拆卸塔吊时，因操作人员违章作业，致使塔机大臂翻转1800倾覆，造成塔机司机及配重臂一名作业工人坠落，造成一人死亡、一人重伤的安全事故。为此公司组织成立事故调查组，对此事故展开了调查、处理等，就此事故教训，公司下文通报，并对在建工程的安全生产进行大检查，杜绝此类事故再次发生。

9月：积极响应市政府营造银西防护林的号召，义务承担贺兰山下100亩绿化任务。三年投资10万元植树1万棵，成活率达80%。

10月：为加大企业宣传力度，公司注册了宣传网址，逐步健全网络信息传递，加快办公自动化，加大微机软、硬件的投资。

11月8日：公司第二届十六次董事会议研究，决定免去郭建明公司董事和副经理职务。

全年完成工作量：19405万元，按计划达129.4%，工程合格率达100%，当年职工收入增长8.1%。

2004 年

1月2日：经建设局党委会议批准：免去郭建明银川三建工程有限责任公司党委委员职务，增补刘华堂为公司党委委员。

1月30日：召开了2003年度工作总结表彰大会。大会对过去一年的工作进行了全面总结，表彰奖励了先进集体、先进工作者。晚18时，集团公司全体员工，各分公司、施工项目部工作人员参加了在大自然宾馆举行的2004年春节团拜会。

2月13日：春节后，利用冬休假组织全体员工到海南参观，耗资33万元。

4月2日：公司聘请法律顾问一名，并与被聘用人员刘继承签订聘用合同书。

4月19日：公司二届六次董事会议通过了聘任赵永安为公司副总经理的决定。

4月20日：公司召开第二届四次股东代表会议，通过由董事会提交的《2003年经营工作情况的报告》《公司2003年度利润分配方案》，听取了《公司2003年度财务工作报告》。

7月23日：为深化企业体制改革，完善股权结构调整。公司第二届二十次董事会议决定成立股权调整领导小组。

8月19日：公司下发《关于公司职工办理内退手续及有关问题的补充规定》。

9月10日：中国共产党银川三建工程有限责任公司委员会第二届党委换届改选全体党员大会召开，新一届委员会由刘惠敏、季光军、张仑峰、刘华堂、陈明逵、吴炜6人组成。二届一次会议选举出了新的党委书记，由刘惠敏担任。

11月：公司在望远工业园区新征地100亩，加工厂整体搬迁工作接近尾声，车间全部完工，办公楼进入后期装饰工程部分。

11月17日：经公司第二届五次股东代表大会通过的《银川三建工程有限责任公司配置期股认购实施方案》开始实施。

2005 年

1月22日：公司在大自然宾馆召开了2004年度总结表彰大会，大会对过去一年的工作进行了全面总结，表彰奖励2004年度先进集体、先进生产工作者、安全生产先进单位个人、获"西夏杯"优良工程的项目部。会后进行了2005年春节团拜会活动。

3月10日：根据《银川三建工程有限责任公司用人改革试行办法规定》，公司对全体中层以上干部及各部门管理人员计184人，在2004年度工作中对"德、能、勤、绩"四个方面进行全面考核和评议。

3月14日：经银川市建设局党委研究批复，同意公司党委上报增补赵长林为党委委员。

3月28日：召开第二届六次股东代表大会，会议听取了董事会、监事会任期三年工作报告，讨论通过了《2004年度股利分配方案》，听取了《三年财务工作报告》分组讨论。举手表决通过了第三届董事会、监事会成员选举条件及候选人名单和选举办法。

4月2日：公司第三届一次股东大会在银川金凤凰影剧院召开，会议内容：1. 听取董事长刘惠敏做《银川三建第二届董事会任期三年工作报告》；2. 监事会主席安仰宁做《银川三建第二届监事会任期三年工作总结报告》；3. 听取总会计师王浩做《银川三建第二届董事会任期三年财务工作报告》；4. 通过"选举办法""监计票人和名单"，宣读了第三届董事监事候选人名单简历；5. 投票选举；6. 监计票，公布当选人名单。经过选举，产生了公司第三届董事会、监事会，董事长由刘惠敏担任，监事会主席由沙福海担任。

4月8日：公司第三届一次董事会会议决议：1. 聘任季光军为公司总经理；2. 董事会同意季光军总经理提名聘任赵永安为公司副总经理，王浩为总会计师，王冬青为总经济师，吴炜、陈明逵为总经理助理。

4月14日：经公司总经理提名，董事长批准，公司下达《关于公司各科室、分公司干部聘任的通知》，共计55名被聘人员担任中层干部。聘任时间：2005年4月20日—2006年4月19日。

5月8日：由自治区"创双优"组委会做出的《关于表彰全区进城务工人员职业

技能大赛抹灰工决赛获奖选手及获奖团体的决定》中，公司参赛选手赵义元等6人获奖。

5月19日：经公司党委会研究决定，推荐党办主任赵长林为银川三建工程有限责任公司委员会副书记。

6月28日：由公司党、政、工、青年团组织的"向时代先锋学习书画竞赛"活动开展，共有83人参赛，105幅书画参展，15幅作品获奖。

7月8日：公司团总支委员会召开会议，对公司第六届团总支委员会委员进行调整，原团总支书记孔涛因工作调整，不再担任书记，书记职务由洪波接任。

7月29日：经公司第三届第一次股东代表大会暨第二届一次职工代表大会通过，制定并下发了银三建发〔2005〕33号文《银川三建第三届董事会经营目标及考核办法》：三年实现利润共计480万元，总产值3.9亿元，股东分红率4%以上（含4%），净资产增值率0.5，职工年均收入比上年增长5%以上（含5%）（企业领导层年薪不包括在内）以及其他目标。

8月：由公司预计总投入5000万元的灵武佳乐苑小区开发项目开始实施。

8月26日：《关于公司专业技术人员聘任的通知》，对吴炜等164名专业技术人员给予聘任。聘任期限：2005年6月1日—2007年5月31日。

同日：下发《关于公司经营班子任期经营目标的通知》，《公司领导成员薪酬发放规定》期限三年：2005年1月1日—2007年12月31日。

10月16日：公司投资6万余元，为全体员工进行一次全面健康体检。

11月18日：为扩大再生产，促进社会和企业发展，公司与银川市西夏区国土资源局签订《征地协议》，在西夏工业园区征地40.32亩。

12月：举办职工冬季运动会，共有167人参加，共计10个运动项目，大会对各项目获一、二、三等奖者颁奖。

12月：公司职工参加了建设局第七届"城市之声"文艺会演，表演的舞蹈《燃烧激情》获二等奖。

全年总产值完成13067万元，利润171.3万元，股东分红率达6.13%。

2006 年

1月16日：召开2005年度工作总结表彰大会，大会对过去一年的工作进行了全面总结，表彰奖励了先进集体、先进工作者。晚18时，集团公司全体员工，各分公司、施工项目部工作人员参加了在大自然宾馆举行的2006年春节团拜会。

4月6日：下发《关于公司各部门管理人员聘用的通知》，由各部门负责人提名，经公司总经理批准，共计有95名管理人员受聘，时间为一年。

4月7日：公司开发的灵武佳乐苑小区，被自治区建设厅评为灵武市首家"自治区建筑节能示范工程"。

4月28日：经公司党委同意，公司安全生产委员会进行调整，新调整组成的公司安全委员会由16人组成，主任委员由董事长刘惠敏担任，副主任委员由季光军、赵永安、沙福海担任。

5月13日：公司召开了第三届二次股东代表会议，通过了公司董事会《2005年工作报告》及《2005年利润分配方案》，听取《2005年财务工作报告》。

5月22日：公司召开第三届二次股东大会，汇报公司2005年度工作，通过了修订后的《章程》。

5月23日：经公司第三届二次股东大会修订通过的《银川三建工程有限责任公司章程》下发开始执行。

5月28日：六一儿童节前夕，公司向灵武市宁东镇中心小学捐赠了价值3万余元的课桌椅100套。

5月31日：依据《章程》的规定，经公司第三届八次董事会议决议，公司做出了《关于公司接受股权转让有关事宜的决定》。截至当年12月底，先后有170名股东股权进行了转让。

7月18日：公司下发《关于大力开展"创优质产品，创优质服务"活动的实施方案》，简称"创双优"活动。成立了由13人组成的领导小组。组长是刘惠敏，副组长为沙福海、季光军。

8月16日：经公司党委同意，公司行政、工会合文下发《关于调整劳动争议调解委员会成员的通知》。新的调委会由7人组成。工会主席沙福海为主任，总经理季光军为副主任。

12月19日，公司下发《关于银川三建公司地震应急的预案》。

公司全年完成施工产值1.3亿元，施工面积达11.52万平方米，房地产实现产值2045万元，商品砼销售达8.5万立方米，产值2638万元，全年公司利润210万元。

2007年

1月8日：经宁夏回族自治区精神文明建设指导委员会验收，公司再次被评为"自治区级文明单位"。

1月27日：公司召开第三届三次股东代表暨总结表彰大会，大会对过去一年的工作进行了全面总结。会议讨论并表决通过了董事会提交的《2006年工作报告》，《2006年度利润分配方案》，听取了公司财务情况工作报告。会议同时宣读表彰了2006年度先进集体和先进生产（工作）者。晚18时，集团公司全体员工，各分公司、施工项目部工作人员参加了在大自然宾馆举行的2007年春节团拜会。

4月5日：经公司第三届十三次董事会议研究决定，做出第二次公司接受股东股权转让有关事项规定，并发布了公告，接收时间为2007年4月4日—12月31日。

4月19日：公司第三届十五次董事会议决定成立宁夏鑫源建材有限公司，地址在贺兰山套门沟。主营石材加工，归属砼公司管理。

4月29日：为了弘扬企业文化、激发员工凝聚力，公司向宁夏新闻出版局提出《关于申请〈三建人〉内部出版刊物号的报告》得到批准。《三建人》于2006年8月创刊，为八开四版。

6月8日：银川市党委、人大、政府、政协主要领导视察了由公司承建的占地1万平方米的亲水北街休闲广场，该工程由公司直属项目一部承建，当年3月5日开工，6月2日竣工。

8月3日：公司选派瓦工郑顺祥参加由市建设局举办的银川市"燕鸽杯"第一届建筑行业技能大赛，在参赛的170多人中获得砌筑工第三名，同时被授予银川市技术能手称号，颁发了下属国家中级职业资格证书。

8月13日：贺兰山套门沟南山，公司下属的银川鑫源建材有限公司，成功地起爆了该公司第一次一次性装药9吨暗炮爆破，一次性开采石料上百吨。

9月10日：公司团总支召开共青团六届团员大会，进行了共青团银川三建工程有限责任公司团总支换届改选，选举产生了第七届共青团总支部委员会。由5人组成，洪波当选为团总支部书记。

12月22日：公司全年完成总产值2亿元，完成利润187万元。

12月中旬：举办银川三建2007—2008年辞旧迎新暨迎奥运贺兰山滚钟口登山比赛主题活动。

2008 年

1月25日：召开2007年度工作总结表彰大会，大会对过去一年的工作进行了全面总结。表彰奖励了先进集体、先进工作者；对荣获"西夏杯""凤凰杯"优质工程的灵武市佳乐苑1#楼、银川市高新区诚信街道路给排水工程分别奖励3万元。晚18时，集团公司全体员工，各分公司、施工项目部工作人员参加了在大自然宾馆举行的2008年春节团拜会。

2月4日：春节来临，银川市市长王儒贵偕政府领导班子一行，慰问公司承建施工的览山剧场工程的现场施工人员。

2月9日：公司组织全体中层管理人员分两批到港澳、广州、珠海、深圳团队8日游。通过参观学习，大家开阔了眼界，增长了见识。

2月18日：银川市统计局根据2007年完成建筑业总产值，公布"银川市十强建筑企业"，公司荣获第七位。

3月12日：经三届职工代表会第一次会议通过，由公司工会主席沙福海代表企业职工方与公司行政方首席代表刘惠敏董事长签订了代表全公司301名职工的"集体合同"，并上报市劳动局备案。

3月29日：公司第三届四次股东代表大会召开，会议主要内容：1.董事长刘惠敏做《第三届董事会2007年暨任期三年工作报告》；2.监事会主席沙福海做《第三届监事会任期三年工作报告》；3. 宣布《2007年股利分配方案》；4. 听取了总会计师王浩做《第三届董事会暨任期三年财务工作报告》；5. 宣读公司党委、董事会联席会议决定的第四届董事会、监事会成员选举条件及候选人的提议；6. 讨论第四届董事会、监事会选举办法；7. 讨论通过了两个报告及分配方案；8. 表决推荐了第四届董事会、监事会候选人。

4月3日：银川三建第四届一次股东大会召开，选举产生了公司第四届董事会，监事会。董事会由7人组成，监事会由5人组成。四届一次董事会和四届一次监事会选出董事长及监事会主席。董事长由刘惠敏担任，监事会主席由沙福海担任。

4月7日：根据《公司法》和公司《章程》规定，经董事会会议研究决定：季光军为公司董事会副董事长，陈明逵为公司总经理。

5月26日：经公司第四届三次董事会议研究决定，对公司员工岗位技能工资、年功工资标准再次进行调整。

5月30日：按照公司5月26日下发《关于选举银川三建公司第四届股东代表的通知》精神，根据公司《章程》有关规定，由公司董事会领导，以各党支部、工会小组牵头，分7个小组按程序组织全体股东选举产生股东代表。本届股东代表共有50名股东组成，同时根据银川三建工发〔2005〕4号文件精神，所选出的股东代表即为职工代表。

6月9日：经公司第四届第一次股东代表大会通过，制定下发了银三建政发〔2008〕29号文《银川三建第四届董事会经营目标及考核办法》：3年实现利润共计660万元，总产值6.6亿元，股东分红率4%以上，净资产增值率0.5%，职工年均收入比上年增长10%以上（含10%）（企业领导层年薪不包括在内）以及其他目标。

7月21日：为扩大再生产，公司新购置了1辆普茨迈斯特混凝土砼车、6辆10立方米混凝土运输车。

7月25日：自治区党委书记陈建国带领自治区四套领导班子数十人亲临公司承建的览山剧场施工现场，检查工程进展情况。

8月：房地产开发公司开发的同心县伊欣苑项目陆续开工。

8月12日：为支援甘肃地震灾区，公司承担了地震灾区学校过渡安置房的任务。

公司组建30人的援建小组，由加工厂副厂长贾银星带队，于8月1日赶赴灾区，加班加点、忘我奉献，经过十余天的奋战，共施工搭建了3所学校14间校舍，为灾区孩子献出了一份爱心。

全年完成企业总产值4亿元，其中施工产值3.6亿，商品房销售1635万，砼产值3772万元，利润220.65万元。

2009年

1月29日：召开了2008年度工作总结表彰大会，大会对过去一年的工作进行了全面总结。表彰奖励了先进集体、先进工作者。晚18时，集团公司全体员工，各分公司、施工项目部工作人员参加了在香渔王子大酒店举行的2009年春节团拜会。

4月27日：公司召开第四届二次股东代表大会，会议审议并通过了：1.董事会《2008年度工作报告》；2.监事会《2008年度工作报告》；3.《2008年度利润分配方案》；4.听取了公司《财务工作报告》。

5月13日：自治区党委书记陈建国、银川市委书记崔波等自治区、市有关领导，冒雨视察公司施工的实验小学工程，公司总经理陈明逵汇报了工程建设进展情况。

5月29日：在公司七楼会议室举行了庆祝组建集团暨公司成立30周年、改制10周年庆典大会，银川市住建局原局长蒋光临、银川市原副市长陈银生、公司原任经理桑建华到会祝贺，公司全体管理员工参会。9:18分举行了集团成立揭牌仪式，晚6点在香渔王子酒店四楼举行了答谢酒会，为全体员工发放了纪念品。同日，公司印发了《辉煌三建30年》宣传画册。

6月27日：公司下发《银川三建集团组织机构管理暂行规定》，就集团成员组成、组织机构设置、各职能部门做出了要求，规定自当年7月1日起执行。

7月24日：中共银川市委组织部做出《关于命名银川市第一批党建工作示范点的决定》，公司党委被命名为党建工作示范点。

8月8日：银川众一集团开发、公司承建施工的横城—黄河小镇工程开工。自治区主席王正伟、银川市长王儒贵、建设厅厅长刘慧芳等参加了开工奠基仪式。

8月13日：在由银川市职工素质建设工程领导小组发起，市总工会、建设局、社保局承在办的"长城建筑杯"第三届建筑行业职工(农民工)职业技能大赛中，公司参赛选手逯立何获得电工第二名。

12月：经自治区建设厅对自治区832家建筑企业综合评定，公司被评为自治区最高诚信级别——4A级施工企业。

12月：一分公司承建了公司施工历史上最高住宅建筑工程——18层57米高的锦祥家园1#楼。

公司全年实现总产值5.03亿元，实现利润266.88万元，比原计划增长21.3%。

2010 年

1月30日：召开了2009年度工作总结表彰大会，大会对过去一年的工作进行了全面总结。表彰奖励先进集体、先进工作者，奖励荣获2009年度自治区、银川市"西夏杯""凤凰杯"的银川市第三污水处理厂中水回用工程，优质工程汪希林项目部及相关人员人民币43700元。晚18时，集团公司全体员工，各分公司、施工项目部工作人员参加了在满春大酒店举行的2010年春节团拜会。

2月：公司组织中高层赴台湾参观学习，全体员工赴福州、厦门、武夷山、石狮等地参观学习，通过参观学习丰富文化生活，陶冶情操。

3月11日：《银川三建集团五年发展规划》下发集团各部门，此规划经第四届十一次董事会议讨论通过，从2010年1月1日起施行。这是公司第一个系统的五年发展规划。

3月27日：第四届三次股东代表会议召开，会议主要内容为：审议2009年度董事会工作报告、监事会工作报告、2009年度利润分配方案，听取2009年度财务收支情况报告。

3月30日：经第四届十一次董事会议决定，公司内部职能管理部门原有科室全部更名为部室设置。原公司材料设备科变更为：银川三建设备租赁分公司。成立银川三建工程有限责任公司第六分公司。

6月9日：经第四届十三次董事会议研究决定，《关于公司经营层成员及有关领导薪酬标准考核办法及发放的规定》。

8月19日：自治区党委书记张毅、主席王正伟等领导前往公司施工的彭阳县经济适用房、廉租房南苑小区工地视察，该工程项目建筑面积5.7万平方米。

12月10日：经中共银川市建筑行业委员会《关于中共银川三建工程有限责任公司委员会选举结果的批复》，同意中共银川三建集团新一届委员会由刘惠敏、季光军、赵长林、陈明逵、孔涛、洪波、龙震7人组成，刘惠敏为党委书记，赵长林为副书记。

公司全年完成总产值8.03亿，利润306.89万元。

2011年

1月17日：召开了2010年度工作总结暨表彰大会，大会对过去一年的工作进行了全面总结。表彰奖励先进集体、先进工作者。晚18时，集团公司全体员工，各分公司、施工项目部工作人员参加了在凯达大酒店举行的2011年春节团拜会。

3月21日：公司召开第四届四次股东代表会议，会议主要内容：讨论表决通过了公司第四届董事会《2010年暨任期三年工作报告》、公司《监事会2010年暨任期三年工作报告》、公司《2010年度利润分配方案》，听取了《董事会2010年暨任期三年财务工作报告》。会议还推荐了公司第五届董事、监事候选人，听取、讨论了公司《章程》有关条文修改的说明。

3月28日：公司召开第五届一次股东大会。选举产生了公司第五届董事会、监事会。董事会由7人组成，监事会由5人组成。五届一次董事会和五届一次监事会分别选举了董事长、监事会主席。刘惠敏任董事长，沙福海任监事会主席。

3月30日：第五届二次董事会会议召开，经董事长刘惠敏提名，会议决议：季光军为公司董事会副董事长，陈明逵为公司总经理。

5月：公司承建的彭阳县二中公寓楼被固原市建设局评为2010年度"六盘杯"优质工程。

6月17日：经公司全体股东会议选举产生的公司第五届股东代表共计40人。公司下发了《关于银川三建工程有限责任公司第五届股东代表确认的通知》。

同日在自治区经济和信息化委员会等16家单位共同发起，宁夏企业和企业家联合会、宁夏企业文化协会联合承办的首届"宁夏企业100强"审定发布活动中，公司进入百强企业，位列第69名。

6月21日：经公司第五届第一次股东代表大会通过，制定并下发了银三建政发〔2011〕19号文《银川三建第五届董事会经营目标及考核办法》：三年实现利润共计1060万元，总产值30亿元，股东分红率10%以上，资产负债率80%以下，固定资产增加投入5%以上，职工年均收入比上年增长12%以上（企业领导层年薪不包括在内）以及其他目标。

7月16日：银川三建房地产开发有限公司在青铜峡市举行了青铜峡学府壹号项目首发盛大开盘仪式，同日，由银川三建房地产冠名的青铜峡市五人制足球赛也在青铜峡市古峡广场拉开序幕。

8月16日：经公司第五届五次董事会议决定，公司下发了《关于公司2011—2013年经营层及有关领导年薪标准、考核办法及发放规定》。

9月8日：公司选派的王小明、逯立何参加由银川市职工素质建设工程领导小组等部门举办的"银川市恒大名都杯"第五届建筑行业职工（农民工）职业技能大赛，两人分获"镶贴状元"和"电工状元"。

9月30日：公司组织部分中层以上人员前往石嘴山监狱参观接受警示教育，并购置价值4万元的图书5000册赠送监狱阅览室。

11月18日：经第五届六次董事会研究决定：公司下发《关于成立优化股权改革办公室的通知》。办公室由6人组成，赵长林任主任，由董事会直接领导。

12月27日：《银川三建集团绩效工资考核发放办法》下发各部门。

2012 年

1月17日：召开了2011年度工作总结表彰大会，大会对过去一年的工作进行了全面总结，对36个先进集体、43名先进生产（工作）者进行表彰奖励。对荣获2010年度"西夏杯""凤凰杯""六盘山杯"优质工程的项目部各奖励15000元；对工程技术部、驻工地代表、项目部经理及有关人员进行了总计人民币3万元的奖励。晚18时，集团公司全体员工，各分公司、施工项目部工作人员参加了在海天大酒店举行的2012年春节团拜会。

3月1日：集团公司制定下发《关于鼓励员工考取建造师等执业资格证书的实施办法》《关于专业技术人员的技术职称津贴标准相关事项的通知》。

3月5日：经公司总经理提名，董事长批准，集团公司下发了《关于集团各部室、子公司、分公司负责人聘任的通知》，共计43名同志担任中层领导。

3月：公司再次被自治区建设厅确定为最高级别——4A级诚信施工企业。（全区共有29家）

4月11日：公司召开第五届二次股东代表会议，会议讨论通过了第五届董事会《2011年度工作报告》《监事会2011年工作报告》《2011年度利润分配方案》，听取了《2011年度财务工作报告》。

4月23日：银川市工商局、银川市企业诚信促进会做出《关于公示银川市2010—2011年度"守合同重信用"企业的决定》，公司位列其中。

4月25日：共青团银川市建设局委员会下发《关于同意共青团银川三建工程有限责任公司团总支换届选举结果的批复》，公司新一届团总支委员会成立。由5人组成，洪波任总支部书记，邵佳任副书记。

5月16日：集团公司做出下发《关于专业岗位培训及学历教育费用报销的规定》，鼓励员工积极参加学习培训，增强企业竞争优势。

7月1日：公司党委组织全体党员、入党积极分子100多人赴石嘴山市"五七干校"参观学习，了解历史，接受再教育。

9月5日：公司进入2012年度"宁夏企业100强"，位列第78名。

11月14日：经第五届三次股东代表大会审议，表决通过了《银川三建工程有限责任公司对应2011年12月20日前注册资金调整公司股东出资持股实施方案》《银川三建工程有限责任公司股权激励奖励实施方案》下发执行。

12月中旬：为了丰富活跃职工文化生活，公司在贺兰山滚钟口举办老、中、青组188人参加的辞旧迎新登山比赛活动。

公司全年完成总产值达10.47亿元，实现利润500.51万元。

2013年

1月30日：公司2012年度工作总结暨表彰大会召开，大会对过去一年的工作进行了全面总结，对涌现出的30个先进集体、45名先进生产（工作）者进行表彰；对荣获第六届建筑行业职工职业技能大赛第二名获得者及公司优秀通讯员和年初与公司党委签订《党建及社会主义精神文明建设目标管理责任书》，经年终考核成绩突出的基层党支部进行表彰及兑现奖励。晚18时，集团公司全体员工，各分公司、施工项目部工作人员参加了在大自然宾馆举行的2013年春节团拜会。

3月23日：经第五届十次董事会研究决定，公司聘任龙震为银川三建工程有限责任公司总经理助理。

4月9日：公司召开第五届四次股东代表会议，会议讨论并表决通过了《银川三建第五届董事会2012年度工作报告》《银川三建第五届监事会2012年工作报告》《2012年度利润分配方案》，听取了公司《2012年度财务工作报告》。

6月17日：集团公司做出《关于鼓励员工考取建造师专业技术等职业资格证书的奖励及相应津贴调整的通知》，从2013年6月20日起实施。

6月19日：公司出资10多万元，用时半个月，对银川市穆斯林孤儿院宿舍楼、综合楼、照明设施等进行了修缮。

11月26日：公司为全体员工每人发放定制的运动服一套，举办了银川三建集团2013—2014辞旧迎新环湖马拉松及拔河比赛，评出了一、二、三等奖并进行了奖励。

11月28日：公司下达员工年终培训安排计划，定于12月4日—2014年1月25日对全体员工进行培训。

12月30日：经公司董事会研究决定，自2014年1月1日起实施《银川三建集团人力资源管理制度》，该制度共计八大项主要内容。

2014 年

1月23日：2013年度工作总结及表彰大会召开，大会对过去一年的工作进行了全面总结。对30个先进集体、49名先进生产（工作）者进行表彰奖励；同时重奖获2013年度"沙坡头杯"优质工程奖的施工项目部和有关人员，共计奖励48600元；对荣获2012—2013年度"安全标准化工地"称号的9个施工项目部，共奖励人民币9万元，对全面完成安全生产目标的部门、负责人也给予了奖励。晚18时，集团公司全体员工，各分公司、施工项目部工作人员参加了在上陵波斯顿大酒店举行的2014年春节团拜会。

3月21日：公司施工的中卫众一山水23号楼工程获"沙坡头杯"优质工程奖。

4月1日：公司第五届五次股东代表大会召开，会议讨论表决通过了公司第五届董事会任期三年暨2013年工作报告和监事会工作报告、2013年利润分配方案及《银川三建工程有限责任公司转赠股本及相应调整股东股权分配方案》，听取了董事会任期三年暨2013年财务工作报告。会议推荐了第六届董事、监事候选人，听取并讨论了公司《章程》有关条文修订草案。

4月5日：经公司第六届一次股东大会，选举产生了公司第六届董事会、监事会。本届董事会由7人组成，刘惠敏任董事长；监事会由5人组成（其中一名监事由职工代表担任），赵长林任监事会主席。大会讨论通过了修订的《银川三建工程有限责任公司章程》。

4月8日：董事会召开会议，经董事长提名，会议决议季光军为董事会副董事长，陈明遴为公司总经理。经总经理提名，董事会同意聘任赵永安、刘华堂、孔涛为公司副总经理，龙震为总经理助理，王浩为总会计师，高淑梅为副会计师。

5月8日：《银川三建工程有限责任公司回购股权受让的规定（试行）》经公司第六届二次董事会议通过并开始执行。

5月15日：根据公司《章程》规定，经公司全体股东选举产生了第六届股东代表，股东代表共有35人。

5月21日：经公司第六届第一次股东代表大会通过，制定下发了银三建政发〔2014〕17号文《银川三建第六届董事会经营目标及考核办法》：三年实现利润共计2010万元，总产值46亿元，股东分红率6%以上（含6%），资产负债率 75% 以下，固定资产增加投入 3% 以上，职工年均收入比上年增长 10% 以上（不含公司领导层年薪）以及其他目标。

5月29日：下发《关于公司 2014—2016 年经营层及有关领导整体任务指标、年薪标准、考核办法及发放规定》。

6月16日：宁夏建筑业联合会下发《关于宁夏建筑业联合会第三届理事会负责人任职的通知》，经由联合会第三届一次常务理事会选举产生，公司董事长刘惠敏被选为该届理事会副会长。

7月15日：集团公司下发《关于对集团专业技术人员聘任及评聘的补充规定的通知》，各部门共有 139 名各类专业技术人员获聘。

7月31日：经住房和城乡建设部批准，公司晋升为房屋建筑施工总承包一级资质。

8月1日：集团公司下发《关于公司第六届董事会、经营层任期管理目标具体工作的安排》，就三年具体的工作目标和要求做出了安排。

9月18日：公司董事长刘惠敏当选为宁夏建筑业联合会法定代表人、常务副会长。

10月10日：由自治区统计局等十二部门联合下文，做出《关于命名银川市三建工程有限责任公司等 14 家企业为"五星级统计诚信单位"的决定》。

11月：银川三建混凝土工程有限公司灵武分公司在灵武市石沟驿成立。

12月3日：公司召开了工会会员（职工）代表大会，选举产生了银川三建工程有限责任公司第四届工会领导班子成员，新一届工会委员会由 5 人组成，赵长林任工会主席。

12月10日：公司决定从 12月13日—2015年2月7日，对员工进行培训。

公司全年完成总产值 14.04 亿元，实现利润 759.26 万。

2015 年

1月30日：《银川三建集团五年发展规划（2010—2014年）》到期，经公司党委、董事会、监事会、行政、工会联合评审通过，公司全面完成了五年规划的各项主要指标，印发《银川三建集团五年发展规划实施情况报告》的通知，下发公司各部门。

1月：银川三建房地产开发有限公司成功晋升为房地产开发二级资质。

2月12日：召开2014年度工作总结及表彰大会，大会对过去一年的工作进行了全面总结。对评选出来的24个先进集体、45名先进个人进行表彰奖励。同时，对荣获"沙坡头杯"优质工程奖和完成年度安全生产目标的部门、个人，荣获"安全标准化工地"称号的项目部、《党建及社会主义精神文明建设目标责任书》先进单位，参加宁夏建筑行业职工职业技能大赛获奖个人，公司年度优秀通讯员进行表彰奖励。晚18时，集团公司全体员工，各分公司、施工项目部工作人员参加了在上陵波斯顿大酒店举行的2015年春节团拜会。

3月25日：公司第六届二次股东代表大会召开，大会讨论通过了《第六届董事会2014年工作报告》《第六届监事会2014年工作报告》《公司2014年度利润分配方案》，并听取了《2014年度财务工作报告》。

4月1日：公司施工的大禹文化园古建筑工程（一标段大殿）获吴忠市"明珠杯"优质工程奖。

4月28日：公司出台《联系联营施工项目业务奖励的暂行办法》《对自行承揽工程项目人员进行奖励的暂行办法》，以上暂行办法执行时间为一年。

同日：公司下发《关于开展2015年度"安康杯"竞赛活动的通知》决定，在公司内开展此次活动。

6月16日：经董事会、党委、监事会、工会联席会议讨论通过的《银川三建集团第二个五年发展规划》下发，从2016年1月1日起施行。

6月18日：《关于表彰2014年度宁夏回族自治区"西夏杯"优质工程及获奖单位的决定》发布，公司施工的青铜峡市大禹文化园一标段（大殿）荣获优质工程奖。

6月30日：中共银川市建筑行业委员会做出《关于表彰2014—2015年度星级党

组织创建先进基层党组织的决定》，银川三建集团党委被命名为"二星级基层党组织"（共4家）。

7月20日：根据《银川三建集团第二个五年发展规划（2015—2019）》制定的有关目标，公司下发《关于成立创建国家"守合同、重信用"企业工作领导小组》《关于成立集团公司相关专业增项、升级、换证领导小组》《关于成立银川三建信息化建设领导小组》《创建"全国文明单位"领导小组》等通知，小组组长分别由集团公司主要领导担任，通知划定了内容，明确了分工。

7月23日：根据中央文明委"每三年评选一次全国文明单位"的部署，为迎接2017年申报评审工作，公司制订"创建全国文明单位"实施方案。

7月30日：公司下发《银川三建集团实施和奖励"创杯、标准化"工程的暂行办法》，提高了奖励标准，从2015年8月1日起实施。

7月31日：经董事会议研究决定，从2015年第三季度起实施《银川三建集团2015年员工效能工资实施暂行办法》。

8月7日：宁夏企业和企业家联合会公布《关于发布2015宁夏企业100强的决定》，公司位列第69名。

8月15日：经公司第四届二次职工代表大会审议通过的《银川三建集团人力资源管理制度》开始实施。

10月16日：中国建筑业协会公布《关于2015年度全国建筑业AAA级信用企业的决定》，银川三建工程有限责任公司名列其中。

10月27日：公司被中国建筑业协会评为2014年度全国先进建筑业施工企业。

11月9日：公司下发《关于成立〈银川三建简史〉编辑委员会的通知》，主任由董事长刘惠敏担任，至此该项编辑工作全面启动。

12月10日：公司出资13万元组织全体员工进行全面体检工作结束。

12月：银川三建集团门户网站建成开始运行。

12月22日：公司出资26460元购买441套教辅书"课堂内外"捐赠给灵武市马家滩等4所小学。

12月27日：银川三建华冶劳务有限公司正式揭牌成立，该公司为建筑工程劳务一级资质，法定代表人潘治。

全年公司完成总产值11.31亿元，利润640万元，职工分红率达6.5%。

2016 年

1月1日：经集团公司研究决定，合作单位同意，投入调整了原合作经营的银川三建混凝土工程有限公司灵武分公司股份额，由原10%调整为40.07%。

1月29日：召开2015年度工作总结及表彰大会，大会对过去一年的工作进行了全面总结。对20个先进集体、49名先进个人、优质工程、安全文明标准化工地、2015年度《精神文明建设目标管理责任书》获奖党支部、技能大赛获人员和优秀通讯员进行了表彰奖励。晚18时，集团公司全体员工，各分公司、施工项目部工作人员参加了在上陵波斯顿大酒店举行的2016年春节团拜会。

2月1日：集团公司下发2015—2016年度工程管理人员培训安排：培训时间3月4日—3月15日，工程管理人员全部参加。

3月24日：根据集团网站的运行情况，公司制定了《银川三建集团网站管理规定》。

3月28日：自治区副主席刘可为在中卫市有关领导陪同下，对公司施工的中卫物流园项目进行了调研和指导。

4月7日：银川三建混凝土工程有限公司发生一起机械维修工马福贵维修时因头部严重受损导致死亡的工伤事故，事故造成直接经济损失105万元，混凝土公司停产两天。

4月9日：公司第六届四次股东代表大会召开，会议讨论表决通过了《第六届董事会2015年工作报告》《监事会2015年工作报告》《公司2015年度利润分配方案》《扩增股东股权额方案》，听取了集团《2015年度财务工作报告》，听取了集团截至2015年12月31日《企业净资产盘点核实的报告》。

4月23日：在全区全民阅读活动启动仪式上，集团公司向吴忠市3所小学捐书441册，价值26400元。

4月27日：经董事会研究决定，聘任吴炜为公司副总经济师。

5月1日：国家全面推行建筑业、房地产业等营业税改增值税的税收改革，集团公司积极与国家税收政策相衔接。从此国家对企业实行的营业税征收方式成为历史。

5月3日：公司主办的《三建人》报荣获全国建筑行业优秀报纸。

6月17日：集团公司下发《关于集团专业技术人员职称聘任的通知》，对集团各专业技术人员进行新一轮考核聘任，通过个人撰写技术总结自评，各部门负责人签字，评审小组评议，评审小组相关领导签字，董事长批准后实施。本次专业技术职称评定分六大类，134名专业人员获评上岗。

6月21日：集团公司安委会组成人员进行调整，共有委员23人，主任由刘惠敏担任，副主任由季光军、陈明逵、赵长林、赵永安担任。

6月：集团党委被自治区党委组织部评为全区非公企业"双强六好"党组织，被银川市住建局党委评为"四星级"党组织。

7月20日：公司下发《关于调整集团员工子女上学补助费用的通知》，提高了补助标准，最高每人4年可补助8000元。

8月8日：经第六届十九次董事会研究决定，公司成立股权流转、股权激励方案设计领导小组，下设办公室，组长由陈明逵担任，办公室主任吴炜。

10月11日：自治区政府办公厅参事纪栋梁陪同国家税务总局领导一行，对公司自"营改增"后企业税负变化情况及运行中存在的问题进行了调研。

10月12日：通过各级工商行政管理部门的评审验收，公司首次被国家工商行政管理总局评为2014—2015年度"守合同重信用企业"。

10月12日：自治区住房和城乡建设厅童文峰处长陪同住房和城乡建设部政策研究中心李德全主任一行到公司考察，对企业发展中存在的突出问题及建筑业深化改革的意见和建议进行了调研。

10月25日：集团党委举行了第四届党委换届选举大会，产生了新一届党委委员会，委员由刘惠敏、赵长林、陈明逵、孔涛、龙震、洪波、严崇银7人组成，刘惠敏任党委书记，赵长林为副书记。

12月8日：公司下发《银川三建集团2016—2017年度员工培训工作安排》，管理人员综合知识培训为2016年12月21日—2017年1月18日，每周三、周六各半天；工程管理人员2017年3月1—31日进行业务集中培训。

12月12日：集团公司全体管理人员12月12—14日在湖滨体育馆进行了为期3天的健身操培训。

12月21日：全公司开始资产盘点和承包部门的财务审核，于2016年12月31日结束。

全年集团公司产值11.50亿元，利润642.14万元。

各汁人子公司简介

◆ 银川三建房地产开发有限公司 ◆

1993年2月12日，由银川市第三建筑工程公司投资成立的房地产开发部获得自治区建设厅批准成立，资质等级核定为"兼营"。公司安排原办公室管理的出租房、商品房交由房地产开发部管理。

1993—1995年，房地产开发部先后开发了银川东苑小区1～8号楼、建丰苑、东乐小区2～4号楼，项目总建筑面积4.1万㎡。1995年4月11日，银川市第三建筑工程公司房地产开发分公司成立。

1996—1998年，与银川市工艺制镜厂联合开发建设了1.94万㎡的华苑一区1—5号楼、1.81万㎡华苑二区9～13号楼、4500㎡的中山北街80号综合楼，与银川康乐民族家具有限公司合作开发了9.55万㎡的康民小区。

1999年6月23日，银川三建房地产开发有限公司成立，为独立法人机构，资质等级为暂叁级。

2000年，开发建设1.02万㎡华苑三区6～8号楼和2.44万㎡的文建小区。2002年，通过竞拍获得华苑四区14～17号楼7.74亩土地使用权，2003年5月开工建设，总建筑面积1.03万㎡，同年12月竣工交付使用。

2003年8月15日，灵武市人民政府下文决定灵武市佳乐苑小区开发主体变更为银川三建房地产开发公司，该项目位于灵武市人民街北侧，处于市中心位置，总占地面积约26亩。项目共建成6栋多层住宅楼、5栋纯商业楼，规划总建筑面积3.999万㎡。经过近两年的拆迁，2005年7月10日开工建设，2006年11月25日竣工交付使用，2006年4月18日被列为"自治区建筑节能示范小区"。其中佳乐苑小区1号楼被评为自治区"西夏杯"优质工程。

2007年4月21日，与灵武英才学校联合开发了灵武唐城商业中心一期1～4号楼，建筑面积1.3万㎡，2008年底竣工交付使用。同年，房地产公司被银川市地税局核定为"2007年银川市房地产企业纳税50强"之一。

2008年8月18日,与银川市新意念装饰设计有限公司联合开发同心县伊欣苑小区。该项目位于同心县团结南街东侧,总占地面积约44.35亩。项目分二期开发,共建成9栋多层住宅楼、3栋纯商业楼,规划总建筑面积7.9万 m^2。2012年11月6日竣工交付使用。截至2016年底,整个小区308套住宅、107套营业房全部售罄。

2011年4月30月,青铜峡学府壹号项目开工建设。该项目是与宁夏思润房地产开发公司联合开发。位于青铜峡市新一中北侧,古峡东街南侧。项目总占地面积131.6亩,总建筑面积16.1万 m^2,总规划37栋楼,1070户。项目地理位置优越,南临青铜峡市一中,东与黄河楼遥遥相望。两期共建成16栋多层、1栋小高层、1栋廉租住宅房、个2栋纯商业楼,总计住宅502套(含54套廉租房)、营业房18套,2016年12月22日竣工交付使用,销售率68%,尚有待建用地74.08亩。

2011年9月30日,与石嘴山监狱签订《景悦苑小区二期工程委托定向开发建设合同》(景悦苑二期后更名为曙光华庭)。该项目位于石嘴山市大武口区世纪大道与永康南路交会处,与大武口区新建三馆两中心仅一路之隔。项目总占地25亩,规划设计1栋商务综合体(A座)、4栋高层住宅楼(B、C、D、E座)。一期已建成一座17层(B座)、三座11层(C、D、E座)住宅楼,共计住宅267套,营业房15套(B座一连二层),总建筑面积33415.4m^2。其中B、E座带有地下储藏室,另配有地下车位供小区业主使用。98~130m^2二室二厅及三室二厅。2016年12月31日,销售率为81%,有待建用地8.35亩。

2011年是房地产公司开发合作项目全面展开的一年,同心伊欣苑二期、青铜峡学府壹号一期、大武口景悦苑二期3个楼盘10.71万 m^2 相继开工建设,2012年销售收入首次突破一亿元。2014年4月被银川市住建局和房地产业协会评为2013年度"诚信企业",2015年1月22日,房地产公司开发资质等级由叁级升为二级,注册资金4600万元。

房地产公司组织机构健全、管理体系完善,有一支知识博、技术强、业务精、素质高的领导班子和精诚团结、开拓务实的管理队伍。几年来开发总面积50多万m^2,公司先后被银川市政府、危房改造指挥部,自治区统计局、住建厅、工商管理局授予危房改造先进单位、'银川地区房地产开发十强单位'、自治区"销售放心房承诺单位"等荣誉称号。

◆ 银川三建房地产公司在外市县部分开发项目 ◆

佳乐苑小区项目总建筑面积约4万㎡，共建成6栋多层住宅楼、5栋纯商业楼。2015年7月10日开工，2006年11月25日竣工交付业主使用。

青铜峡学府壹号总建筑面积16.1万㎡，共37栋住宅楼，分两期建设。一期2011年4月20日开工，2012年11月19日竣工；二期2016年5月23日开工，当年12月22日竣工。

同心县伊欣苑项目规划总建筑面积7.9万㎡，共12栋住宅楼，分两期建设。一期2008年8月18日开工，2009年12月29日竣工；二期2010年12月20日开工，2012年11月6日竣工。

大武口曙光华庭项目总规划建筑面积8万㎡，3栋11层点式住宅楼、1栋11层板式商住楼。2011年10月10日开工，2014年8月9日竣工。

◆ 银川三建混凝土工程有限公司 ◆

　　银川三建混凝土工程有限公司于2000年5月正式成立，注册资本金3000万元，具有预拌混凝土行业生产、销售专业资质，主要从事商品混凝土生产经营、运输，商品混凝土开发，混凝土外加剂生产及技术咨询、技术服务、技术合作，生产C10—C80各种标号混凝土及抗渗、抗冻、高强高性能特效混凝土。已通过GB/TISO9001—2000国际质量体系认证，管理体系健全、管理经验丰富，建立了"资源—加工—销售—服务"的上下游产业链条。

　　公司为适应市场需求，在银川站基础上，2014年11月在灵武又投资建设了年产100万立方米混凝土的分公司。2017年6月中旬，灵武分公司又筹资240万元收购了宁夏水利水电工程局工程项目部的自备站。3个站共有3条HZS180、1条HZS120、2条HZS90生产线、专业试验室2座，有54台混凝土搅拌运输车，可保证大方量工程混凝土连续运输供应。有臂长36～56米进口汽车泵8台、拖式泵5台、车载泵2台、装载机5台及相应配套设施。公司视质量为企业生命，严把原材料关，主材水泥选择"赛马""青铜峡"等稳定性好的大品牌水泥，砂子以吴忠关马湖中粗水洗砂为主，石料选择贺兰山套门沟优质石料，从源头上确保产品质量。

　　公司现有职工140人，拥有20名大专以上学历管理人员、10名中高专业技术职称人员。公司管理人员、生产技术骨干以及实验室专业人员均具有多年从事混凝土生产、经营和管理经验，公司在同行业中多项指标名列前茅。

　　银川三建混凝土公司自投产16年来，先后为银川市第一、第三污水处理厂，大团结广场，西夏公铁物流城等具有广泛社会影响的"高、大、特、新"项目提供了数百万立方米优质混凝土，为银川市的城市建设做出了重要贡献。

　　从供货时间、数量、质量等方面获得了客户的满意和信任。多年来所生产供应的混凝土全部合格，没有出现因质量问题而引起的经济纠纷，在产品同质化的今天，提出"服务就是市场"的理念，让客户在优质的服务中获得更高价值。多次被银川市政府评为推广散装水泥使用商品混凝土先进单位、银川市五一劳动奖章获得者，被自治区经济和信息化委员会评为全区工业企业履行社会责任优秀企业，为全区推广散装水泥发展商品混凝土做出了积极贡献。

　　银川三建混凝土工程有限公司将弘扬"质量至上、恪守诚信、科技引领、追求卓越"

的经营宗旨，坚持"绿色产业"的发展方向，以最佳的服务和优良的品质，与社会各界共同浇铸时代的丰碑！

银川三建混凝土工程有限公司

银川三建混凝土公司灵武分公司

浇筑的长城花园 37 号楼　　　　浇筑的银川市第一污水处理厂

银川三建混凝土工程有限公司施工的部分重点工程

工　程	层数	砼强度等级	供应量（m³）	施工日期
银川市第一污水处理厂		C25S6D150、C30、C40	28000	2000.10—2001.12
中房玉兰园1#、6#、7#	7	C25、C30	12000	2001.04—2001.10
银川老百货大楼	19	C25、C30、C40、S12、C50	8600	2001.06—2003.12
领秀一居1#、2#、5#、7#、9#楼	12	C25S8、C35	13600	2001.08—2002.07
银川市中级人民法院	14	C40S8、C30、C35、C45、C50	6500	2001.10—2003.09
解放街唐徕渠桥		C40	2600	2002.03—2002.07
建发城市花园7#、10#楼	12	C35S8、C30	4200	2002.04—2002.07
银川市第二污水处理厂		C25S6D150、C30、C40	16000	2002.05—2002.12
银川市老年公寓楼	9	C25、C30、C35、C40	6200	2002.05—2002.11
宁夏农行总行办公楼	24	C30—C55	15000	2002.11—2003.07
迎宾广场		C30 S8	7300	2003.04—2003.09
银川市第三污水处理厂		C30S8D150、C30	16000	2003.05—2004.06
上海西路跨艾依河景观大桥		C25 、C30	7300	2003.05—2003.12
人民广场		C30S10、C30、C40	6500	2003.07—2004.05
凤凰花园B区、A区、西区	6	C25、C30、C35	18000	2005.05—2007.11
月星家居	4	C25—C40	15000	2006.04—2006.10
医学院综合楼、科技楼	4	C10—C40	12000	2005.09—2005.12
海洋馆景观灯塔		C30—C35	800	2006.09—2006.10
银川市文化城	3	C10—C40	5000	2007.05—2007.12
银川市佳龙苑小区	11	C10—C40S6	15000	2007.05—2008.10
凯尔福邸	12	C10—C40S6	20000	2007.09—2009.04
览山景观剧场		C10—C35	5000	2008.02—2008.12

续表1

工　程	层数	砼强度等级	供应量（m³）	施工日期
枫河雅居	12	C15—C35S8	19000	2008.11—2009.12
永胜花园	6	C15—C35	20000	2009.05—2009.12
东方尚都	18	C20—C40	38000	2010.03—2010.11
三森国际家私城	5	C15—C40P8	13000	2010.03—2010.12
塞上雅居	12	C20—C35	10000	2010.03—2010.11
贺兰海吉星物流中心	4	C10—C35	21000	2010.04—2010.12
宁夏财经学院4#、6#楼	4	C20—C35	10000	2010.07—2010.12
金凤安置区	16	C25—C35	12000	2011.04—2012.12
锦泰花园21#～23#、4#、41#	9	C20—C30	20000	2011.10—2012.12
中国移动生产中心	5	C15—C40	12000	2011.10—2012.07
宁安医院	6	C20—C40	10000	2011.11—2012.10
美得亨家私城	27	C20—C55	11000	2011.11—2012.12
金凤丰盈安置区	18	C20—C35P6、C35P8	15000	2012.04—2012.12
贺兰山岩画馆		C15—C40	5000	2012.08—2012.12
银川口腔医院		C15-C55P8＋膨胀剂	19000	2013.03—2013.12
宁夏石化50/60大化肥项目		C20—C35	9000	2013.03—2013.12
香榭丽舍一、二期		C20—C35P6	16000	2013.03—2013.12
盈北保障房		C15—C35P6	11000	2013.03—2013.11
滨河中学		C15-—C45	18000	2013.04—2013.12
龙马艾依阳光小区		C15—C45P8	14000	2013.05—2013.12
银川儿童剧院		C15—C45	12000	2014.03—2014.12
西夏公铁物流城		C15—C45	18000	2014.03—2014.11
800kV灵州换流站		C15、C20、C25、C30、C35、P8	7000	2015.01—2015.10

续表2

工　程	层数	砼强度等级	供应量（m³）	施工日期
宁夏大型灌区节水改造项目		C15—C25W6F150	10000	2015.08—2015.11
中铝银星电厂工程		C15、C20、C25、C30、C35、C40、C50、C40P8、C35P8F150	150000	2015.04—2016.12
西夏区泾祥苑棚户区改造		C15—C40	20000	2016.03—2016.11
宁夏路丰仓储物流园		C20—C40	10000	2016.10—2017.12
太阳山50MW风机项目		C15、C30、C35、	17000	2015.04—2015.06
灵州至绍兴800kV特高压直流电线路改造工程		C25、C30、C40、抗硫	8000	2015.05—2015.11
宁东基地南湖中水电项目		C15—C40、C30P6、C35P8F150	10000	2015.05—2016.08
灵州换流站750kV线路工程		C15、C25、C25抗硫、C35抗硫	5000	2015.06—2015.11
古峰330kV变电站工程		C15、C25、C30、C35、	3000	2015.09—2015.12
国电方家庄电厂工程		C20、C30、C35	5000	2015.10—2016.04
太阳山至古峰330kV线路工程		C15—C30、C35抗硫、C40抗硫、	4000	2016.04—2016.08
牛首山330kV变电站工程		C15—C40、C30P8F150、C40抗硫	7000	2016.06—2016.11
吴忠城市东部地下综合管廊项目		C15—C30、C35P6、C50P6	120000	2016.07—2017.12
吴忠市拘留所、看守所迁建项目	4	C15—C40、C35P6、F150、	8000	2016.08—2017.09
东干渠白土岗段渠道改造工程		C20P6、F150	12000	2016.09—2016.10
吴忠市东塔棚户区改造项目	6	C15—C30、C35P6	20000	2016.10—2017.10

◆ 银川三建华瑞建材工贸有限公司 ◆

银川三建华瑞建材工贸有限公司的前身是由银川市房修三社、房修四社的加工厂于1984年合并成立银川市建三公司综合加工厂，地址在银川市解放东街和清和街东北角区域，于1989年又迁到上海路以北、唐徕渠以西区域。2003年迁至永宁望远工业园区，正式更名为银川三建华瑞建材工贸有限公司。

华瑞公司注册资金200万元，占地面积98.7亩，现有一栋2014m^2的综合办公楼、3栋标准钢结构车间和一栋砖混结构车间及大型混凝土预制构建平台等附属设施，装有国内先进的塑钢门窗、断桥隔热铝塑窗、中空玻璃自动生产线，具备年产10万平方米高中档塑钢门窗和铝合金门窗、5万m^2中空玻璃的生产能力。2014年10月被自治区建设厅评定为金属门窗工程一级资质。

主要产品为塑钢窗、铝塑复合窗、断桥隔热窗、高档铝木复合窗、塑钢门、断桥门、铝合金方管门、不锈钢地弹门、高档铜门等。

公司近年来主要承建施工了1.85万m^2的宁港地块三项目、2.2万m^2的颐和金凤花园、4.6万m^2银川滨河景城安置区等项目，年生产能力近5千万元、

生产车间

数控清角机

组合窗

15万㎡。

华瑞公司的经营宗旨是"物料人工、贵繁不减,高楼低舍、同样精心,一玻一框、透亮人生,至诚至精、务实创新"。

华瑞建材公司施工的部分重点工程(5000m²以上)

工　程	层　高	门窗面积（m²）	门窗类别	施工日期
鲁能·陶然水岸7#、11#、12#、16#、17#楼	12	38000	断桥铝合金窗、LG塑钢（彩色）	2007.03—2007.11
凯威·观湖一号1#~30#楼	7	36000	断桥铝合金窗LG塑钢（彩色）	2009.05—2010.11
锦泰花园四期7#、9#、24#~27#、4#、20#、41#、34#~37#楼	6	26000	LG（彩色塑钢）	2012.05—2012.10
锦泰花园五期2#、6#、8#、10#、12#、A 1#、A 5#楼	6	16000	LG（彩色塑钢）	2014.07—2014.11
阅海万家B区 1#、2#、3#、4#、5#、6#、7#、8#、10#、11#、12#、13#、18#、19#楼	22、18、11	55000	断桥铝合金窗	2011.05—2012.11
东方尚都26#、27#、32#、33#楼	18、11	25000	断桥铝合金窗	2010.08—2011.07
建发·宝湖湾二期10#、11#、12#、29#、30#楼	22、18、11	12000	断桥铝合金窗	2011.11—2012.11
大武口景悦苑二期B#、C#、D#、E#楼	18、11	12000	LG（彩色塑钢）	2012.11—2013.09
冠凌瑞士花园 D1#、D8#、C1#、C8#、C9#，东区高层住宅楼	18、11	26800	断桥铝合金窗	2013.06—2014.07
颐和金凤花园13#~16#/A 01#~A 06#/B 20#~B 21#/别墅1#~49#楼（23栋）	18、11、3层	22000	断桥铝合金窗LG（彩色塑钢）	2013.11—2014.12

续表

工　程	层　高	门窗面积（m²）	门窗类别	施工日期
宁港地块三项目 11#～19#楼	26、22	18500	海螺（白色）	2015.05—2015.11
泰山佳苑一期断桥窗	6	7500	断桥铝合金窗	2014.08—2015.10
天鹅湖小镇东区 5#、11#、16#楼	30	9700	断桥铝合金窗	2015.04—2015.12
泰山佳苑一期断桥窗	6	7500	断桥铝合金窗	2014.08—2015.10
冠凌瑞士花园 A#区 A1#～A7#楼	18、11	11000	断桥铝合金窗	2015.04—2015.11
彭阳县绿都华府小区	6层	12000	断桥铝合金窗	2016.06—2017.10
鼎城花样年华南区 5#～8#楼	6	6000	断桥铝合金窗	2016.09—2017.10
置信三沙源 A16 地块项目	18、22	38500	坚端（白色塑钢）	2016.06—2017.10
银川滨河景城安置区 A 地块三标段，C 地块二标段、四标段	18	46000	断桥铝合金窗	2017.03—2017.09

◆ 银川三建物业服务有限公司 ◆

银川三建物业服务有限公司成立于1995年5月，1999年6月取得银川市房管局物业服务三级资质，2002年被银川市房管局评定为三级供热服务企业，是银川市较早成立的物业服务企业之一，注册资本118.2万元，1999年6月开始从事物业管理工作，2003年改制为有限公司。经营范围：物业管理、供热、下水管道维修、房屋租赁和停车服务。

公司在银川、大武口、青铜峡市设有3个分（子）公司、5个物业服务中心。

公司介入咨询和接管物业的总建筑面积逾50万平方米，接管物业的类型涵盖高层公寓、写字楼、医院、厂区及综合体等，成为银川物业服务范围最广、物业服务类型最丰富的企业之一。2016年，将提供物业服务的12.36万 m^2 老旧小区移交到社会服务机构。

银川三建物业服务有限公司大武口物业分公司

◆ 银川绿源散装水泥储运有限公司 ◆

银川市绿源散装水泥储运有限公司由银川三建工程有限责任公司、银川市散装水泥管理办公室、银川市城乡建设实业公司于2000年8月15日合资组建成立。是宁夏首家为推广散装水泥而组建的、以散装水泥经销、运输及散装水泥储存罐的研制、出租为一体的股份制企业。2002年5月，银川市城乡建设实业公司撤股退出经营。

公司成立之初，注册资本金488万元，城乡实业公司撤资后实收资本395.23万元，银川三建出资220万元，占总股额的55.66%。公司有各种吨位的散装水泥专用车辆4辆、20～50吨位的散装水泥罐125个。

企业主要经营散装水泥经销运输，兼营散装水泥罐研制，小型水泥制品生产、销售，为用散企业提供技术咨询，提高散装水泥罐制作水平和品级。随着社会的发展，商品混凝土、预拌砂浆的推广使用，集中推散的工作已在市场发展中失去功能，公司正在租赁散装水泥罐和相关业务的经营中寻求新的出路。

经过多年的运营，银川绿源散装水泥储运有限公司为全区数千个施工项目提供了优质的服务，为发展散装水泥事业、保护生态环境、共筑绿色家园做出了积极贡献。

◆ 银川三建华治劳务有限公司 ◆

银川三建华治劳务有限公司成立于 2014 年 9 月，具有独立法人资格，是国家劳务工程专业承包一级企业。公司拥有各类管理人员、专业技术人员 24 人，下辖多个专业劳务队伍，储备了大量的专业劳务技术工人，拥有可同时承接 5 万平方米建筑工程的工程设备。

近年来，公司秉持"质量至上、恪守诚信、科技引领、追求卓越"的经营理念，规范化的作业流程、专业化的作业团队、标准化的质量管理体系及完善的跟踪服务，先后施工了宁夏医科大学附属医院中宁分院、中宁县东星汽车城等大型建设项目，均得到了建设单位及建设主管部门的一致好评，在业界保持着良好的信誉。

面对未来，银川三建华治劳务有限公司将凭借自身良好的社会信誉、卓越的经营理念、团结奋进的优秀队伍，在市场经济的大潮中再创辉煌，更加强大。

历届党政工领导

（1979年房修三社、房修四社、油裱社合并成立银川市第三建筑工程公司后）

一、党委（总支）书记

闵　杰：1979年5月—1985年8月

侯高玉：1985年9月—1988年12月

陈银生：1989年1月—1996年12月

刘惠敏：1997年1月—2016年12月

二、党委（总支）副书记

郭遵琅：1981年4月—1985年9月

陈银生：1988年2月—1989年1月

张仑峰：1989年12月—2004年9月

刘惠敏：1995年1月—1996年12月

赵长林：2004年10月—2016年12月

三、总经理

郭遵琅：1979年5月—1985年9月

桑建华：1985年9月—1987年5月

陈银生：1987年5月—1995年1月

刘惠敏：1995年1月—2002年4月

季光军：2002年4月—2008年4月

陈明逵：2008年4月—2016年12月

四、副总经理

朱康全、秋程、侯高玉：1979年5月—1984年6月

陈继宝：1983年12月—1985年9月

桑建华：1984年9月—1985年8月

赵云利：1985年9月—1998年12月

胡慰忠：1985年9月—1987年10月

杨　伟：1985年9月—1987年10月

陈银生：1987年2月—1987年4月

郭文建：1987年4月—1998年12月

雷永禄：1988年1月—1998年8月

刘惠敏：1992年4月—1994年12月

季光军：1992年4月—2002年4月

沙福海：1999年4月—2005年4月

郭建明：1999年4月—2003年11月

赵永安：2004年4月—2016年12月

吴　炜：2008年4月—2010年7月

刘华堂：2008年4月—2016年12月

五、董事长、副董事长

刘惠敏：1999年4月—2016年12月
　　　　第一至第六届董事会董事长

季光军：2008年4月—2016年12月
　　　　第四至第六届董事会副董事长

六、监事会主席

张仑峰：1999年4月—2002年4月
　　　　第一届监事会主席

安仰宁：2002年4月—2005年4月
　　　　第二届监事会主席

沙福海：2005年4月—2014年4月
　　　　第三届至第五届监事会主席

赵长林：2014年4月—2016年12月
　　　　第六届监事会主席

七、工会主席

郭遵琅：1979年8月—1982年2月（兼）

侯高玉：1982年2月—1985年4月

安仰宁：1985年4月—2005年8月

沙福海：2005年8月—2014年12月

赵长林：2014年12月—2016年12月

八、工会副主席

何森源：1979年8月—1982年2月

申得灵：1979年8月—1982年2月

刘永福：1982年2月—1984年8月

桑建华：1982年2月—1984年8月

安仰宁：1985年12月—1986年4月

马继忠：1984年8月—1985年12月

沙光明：1986年4月—1997年1月

王　孝：1992年4月—2014年11月

沙福海：1997年2月—2005年8月

九、"三总"师

1. 总经济师

   赵云利：1999年4月—2000年4月 总经济师

   王冬青：2002年4月—2008年3月 总经济师

   吴 炜：2016年4月—2016年12月 副总经济师

2. 总会计师

   王 浩：2002年4月—2015年6月 总会计师

   高淑梅：2016年4月—2016年12月 总会计师

   高淑梅：2014年4月—2016年4月 副总会计师

十、总经理助理

陈明远：2005年4月—2008年4月

吴 炜：2005年4月—2008年4月

龙 震：2013年4月—2016年12月

十一、调研员

侯高玉：1989年1月—1991年6月

赵天保：1990年2月—1993年10月

注

1. 统计截至日期：2016年12月
2. 1979年5月—1997年11月：公司党组织机构是党总支

   1997年11月—2016年12月：公司党组织机构是党委

银川三建公司成立以来历任领导简介

闵 杰 男，汉族，小学文化。1930年3月29日出生于河北交河，1946年4月加入中国共产党。1945—1955年在部队当兵。1955—1976年新城区党委副书记。1976—1985年分别担任银川市建一公司、市建三公司党总支书记。1985年5月离休。

郭遵琅 男，汉族，初中文化。1928年2月出生于山西平遥县。1952年10月参加工作，1951年加入中国共产党。1952—1969年在银川市工会工作，1969—1979年银川市房修三社主任，1979—1988年担任银川三建经理。1988年5月退休。2010年4月1日去世。

侯高玉 男，汉族，初中文化。1935年8月出生于宁夏贺兰县，1953年8月加入中国共产党。1951—1953年入伍，1953—1957年宁夏公安总队三中队战士。1957—1958年在家务农。1958—1962年在宁夏公安总队工作，1962—1969年在宁夏独立司担任司务长，1976—1980年在银川市供水公司工作，后担任副经理。1983—1984年担任银川市建三公司副经理，1985年担任银川三建党总支书记、工会主席，1986—1988年担任银川三建党总支书记。1991年6月15日去世。

桑建华 男，汉族，高中文化，工程师。1950年2月出生于江苏扬州市，1968年参加工作，1982年4月加入中国共产党。1968—1983年在市建三公司担任瓦工、施工员、工段长、施工队长。1984—1985年担任银川市建三公司副经理，1986年1月—1987年7月担任市建三公司党总支书记、经理。1987年8月调离中房银川公司工作，至1998年3月先后担任中房银川公司工程科长、副总经理。1998年4月至今任银川神州房地产开发公司董事长、总经理。

陈银生 男，汉族，大学学历，政工师。1956年5月25日出生于宁夏银川，籍贯河南，1981年9月加入中国共产党。1971年5月参加工作，为市建三公司二队工人。1975年2月—1984年5月市建三公司二队工段长，1984年6月—1987年4月，先后任二队队长、公司生产技术科科长，1987年5月—1987年9月，市建三公司副经理，1987年5月—1994年12月担任党总支书记、经理。1994年9月—2003年10月调离至银川市建设局担任副主任、局长。2003年10月—2007年9月任银川市副市长，2007年9月—2008年4月任宁夏建工集团党委书记、董事长；2008年4月—2016年5月任宁夏回族自治区国资委副主任，2016年6月至今任宁夏回族自治区政协常委。1993年8月—1994年2月在中央党校地厅级干部培训班学习，1998年9月—2000年7月在中央党校函授学院宁夏分院政法专业本科学习。曾被评为自治区新长征突击手、宁夏杰出青年企业家、银川市劳动模范、自治区劳动模范。

刘惠敏 男，汉族，大学学历，中共党员，高级工程师，一级建造师。1955年12月出生于宁夏银川。1973年12月高中毕业，1974年1月—1979年7月银川郊区下乡务农，银川中学教师进修班理科班学习，郊区教学；1979年8月—1983年7月银川市第三建筑工程公司工人、预算员；1983年8月—1986年1月宁夏建筑职工中专学校工业与民用建筑专业学习；1986年2月—1994年12月，历任银川市第三建筑工程公司技术员、施工队长、办公室主任、一分公司经理、公司副总经理；1995年1月—1997年3月任公司总经理、党总支副书记；1997年3月—1999年3月任公司总经理、党委书记；1999年4月—2002年4月任银川三建工程有限责任公司董事长、总经理、党委书记；2002年4月—2016年12月任公司董事长、党委书记；2009年6月—2015年5月兼任银川市建筑行业第一届党委委员；2014年8月—2016年12月兼任宁夏建筑业联合会法定代表人、常务副会长。1994—2004年，先后在中共中央党校函授学院经济管理专业、中国人民大学研究生院工商管理专业函授学习。是中共银川市第十一次、十二次，自治区第九次党代会代表。1998年4月，被自治区党委组织部、宣传部等五部委评为"宁夏杰出青年企业家"，2000年4月被评为宁夏回族自治区劳动模范。

季光军 男，汉族，大专学历，高级工程师。1957年3月出生于宁夏银川。1976年12月参加工作。1998年3月加入中国共产党。历任银川三建木工、材料统计核算员、材料科科长、政工科科员、综合队队长、综合队支部书记，银川三建一分公司党支部书记、副经理、经理。1992年4月—1998年4月任银川三建副经理，1999年4月—2001年4月任银川三建副总经理，2002年4月—2007年4月任银川三建总经理，2008年4月—2017年4月任银川三建副董事长。1997年11月集团党委成立以来始终担任集团党委委员、第一届至第六届董事。多次被银川市建设局评为先进生产工作者、优秀共产党员，获银川市政府"大银川建设突出贡献奖"。被评为银川市、自治区安全生产先进个人，全国建筑业企业优秀项目经理。2015年7月被授予"中国建筑业协会绿色施工分会专家"。

陈明逵 男，汉族，大学学历，高级工程师。1970年5月出生于宁夏同心县。1993年7月，宁夏建设职业技术学院工业与民用建筑工程专业毕业后择优录用到银川三建集团公司工作。先后在银川三建设计室、项目部、工程科、房地产公司、加工厂、办公室工作。2000年5月—2008年4月担任银川三建混凝土公司经理，2005年4月—2008年4月担任银川三建集团总经理助理，2008年4月—2016年12月担任集团公司总经理。公司第一、二届监事会监事，第三至第六届董事会董事。2004年9月—2016年12月担任集团党委委员。先后在西北建筑工程学院、北京经济管理函授学院、清华大学建设工程企业创新发展高级研修班学习。曾多次被评为银川市建设局先进生产工作者、优秀共产党员，荣获银川市建设局科技进步贡献先进个人，银川市优秀青年企业家，银川市杰出青年企业家，银川市第十四次党代表，全区推广散装水泥、发展商品混凝土先进工作者，全国保障性安居工程建设劳动竞赛优秀建设者，中国建筑业优秀高级职业经理人等称号。

银川三建 历年集体获奖名录

编号	获奖时间	获奖部门	荣誉	颁奖部门	备注
1	1982.10	银川三建	银川市职工劳动模范先进集体	银川市人民政府	厅局级
2	1983.07	银川三建一队二工段	自治区安全先进单位	自治区安全生产委员会	厅局级
3	1984.01	银川三建二队一工段	全国先进工会小组	中国总工会	省部级
4	1987.10	银川三建加工厂装机组	自治区先进班组	自治区总工会	厅局级
5	1988.04	银川三建加工厂装机组	银川市五一劳动奖状	银川市总工会	县处级
6	1988.11	银川三建	全区集体建筑企业先进单位	宁夏建筑企业协会	
7	1989.03	银川三建	"守合同、重信用"企业	银川市人民政府	厅局级
8	1990.06	银川三建	企业民主管理进步单位	银川市总工会	县处级
9	1990.06	银川三建	全区先进基层党组织	自治区党委	省部级
10	1990.06	银川三建	先进党总支	银川市委、建委	县处级
11	1990.08	银川三建	培养人才有方，技术大赛称雄	银川市团委	县处级
12	1991.04	银川三建	"守合同、重信用"企业	银川市人民政府	厅局级
13	1991.06	银川三建	先进企业	银川市建筑企业协会	
14	1991.06	银川三建	先进党总支	银川市建委	县处级
15	1991.06	银川三建	全国先进集体建筑企业	中国集协三届四次常务理事会	
16	1991.07	银川三建	西北区城建公用事业职工思想政治研究会工作奖	西北区城建公用事业第五次年会	
17	1991.10	银川三建	银川市卫生先进单位	银川市爱卫会	县处级
18	1991.12	银川三建	自治区级档案管理先进企业	银川市人民政府	厅局级
19	1992.01	银川三建	1991年度先进职工之家	银川市总工会	县处级
20	1992.01	银川三建	1991年度文明单位	银川市城区党委、政府	县处级
21	1992.01	银川三建	模范职工之家	自治区总工会	厅局级
22	1992.01	银川三建	精神文明建设先进单位	银川市城乡建委	县处级
23	1992.02	银川三建	1991年度"一级安全达标单位"	银川市城区党委、政府	县处级

银川三建 历年集体获奖名录 ②

编号	获奖时间	获奖部门	荣誉	颁奖部门	备注
24	1992.02	银川三建	危房改造先进单位	银川市危房改造指挥部	
25	1992.04	银川三建	内保工作先进集体	银川市公安局	县处级
26	1992.05	银川三建	全国工会经审工作先进集体	中国总工会	省部级
27	1992.06	银川三建唐槐小区70#楼QC小组	全国工程建设优秀质量管理小组	国家工程质量评定委员会	省部级
28	1992.08	银川三建	思想政治工作优秀企业	西北城建公用事业政研会	
29	1992.10	银川三建	精神文明建设先进单位	建设部	省部级
30	1992.11	银川三建	企业民主管理先进单位	自治区总工会	省部级
31	1992.12	银川三建	全区优秀人民调解委员会	自治区司法厅	厅局级
32	1992.12	银川三建	一级（AA）信用企业	建设银行银川市支行	
33	1992.12	银川三建	先进统计单位	自治区统计局	厅局级
34	1993.01	银川三建民兵连	先进基层民兵连队	银川市城区武装部	县处级
35	1993.02	银川三建	质量信得过企业	自治区建设厅	厅局级
36	1993.03	银川三建	1992年内保工作先进集体	银川市公安局	县处级
37	1993.03	银川三建	宁夏建设系统思想政治工作先进单位	宁夏建设职工思想政治研究会	
38	1993.04	银川三建	1992—1993年度"守合同、重信用"企业	银川市人民政府	厅局级
39	1993.09	银川三建	首届民族团结进步先进集体	银川市委、政府	厅局级
40	1993.11	银川三建	文明单位	银川市委、政府	厅局级
41	1994.01	银川三建	1993年度内保工作先进集体	银川市公安局	县处级
42	1994.01	银川三建	1993年度精神文明建设先进单位	银川市建委	县处级
43	1994.08	银川三建	优秀政工企业	西北城建公用事业政研会	
44	1994.08	银川三建	防止民间纠纷激化先进集体	银川市城区人民政府	县处级
45	1994.08	银川三建	推广应用管理科学先进单位	中国建筑统筹管理研究会	

银川三建 历年集体获奖名录 ③

编号	获奖时间	获奖部门	荣誉	颁奖部门	备注
46	1994.09	银川三建	建筑业统计基础工作先进单位	自治区统计局	厅局级
47	1994.10	银川三建	精神文明建设先进单位	建设部	省部级
48	1994.10	银川三建	银川地区建筑施工企业利税十强单位	银川市统计局	县处级
49	1994.12	银川三建	全区优秀思想政治工作研究会	宁夏政治思想研究会	
50	1995.01	银川三建一分公司	银川市文明单位	银川市委、文明办	县处级
51	1995.01	银川三建加工厂	1994年度先进集体	银川市建委	县处级
52	1995.06	银川三建第二党支部	先进党支部	银川市建委、党委	县处级
53	1995.06	银川三建党总支	先进基层党组织	中共银川市委	厅局级
54	1995.07	银川三建	1994—1995年度"守合同、重信用企业"	银川市人民政府	厅局级
55	1995.11	银川三建一分公司	全区卫生先进单位	自治区爱卫会	
56	1995.12	银川三建	全区优秀人民调解委员会	自治区人民政府	省部级
57	1996.01	银川三建加工厂、一分公司	1995年度先进单位	银川市建委	县处级
58	1996.04	银川三建	危房改造先进单位	银川市人民政府	厅局级
59	1996.05	银川三建	银川市城区治安模范单位	银川市城区综治委	
60	1996.07	银川三建	全国工程建设优秀质量管理小组	建设部	省部级
61	1996.10	银川三建加工厂	防激化有功集体	银川市委、政府	厅局级
62	1996.10	银川三建物业公司	1995—1996年度优秀采暖供热锅炉房	银川市建委	县处级
63	1996.10	银川三建	全区内保系统严打先进集体	自治区公安厅	厅局级
64	1996.11	银川三建	全国建设建材系统先进基层工会	中国建设建材工会	省部级
65	1996.12	银川三建	社会保险制度十年改革先进单位	银川市劳动局	县处级
66	1996.12	银川三建	全区党员电化教育先进单位	自治区党委组织部	厅局级

银川三建 历年集体获奖名录 ④

编号	获奖时间	获奖部门	荣誉	颁奖部门	备注
67	1996.12	银川三建加工厂一工段一分公司	青年文明号	银川市建委团委	县处级
68	1997.01	银川三建	精神文明建设先进单位	银川市建委党委	县处级
69	1997.01	银川三建	先进单位	银川市建委党委	县处级
70	1997.01	银川三建加工厂	青年文明号	共青团银川市委	县处级
71	1997.02	银川三建	全国建筑系统精神文明先进集体	建设部	省部级
72	1997.03	银川三建	1996年度工会财务工作先进集体	市建委、市工会	县处级
73	1997.05	银川三建	全国建设系统精神文明先进单位	建设部	省部级
74	1997.06	银川三建	先进党总支	银川市建委党委	县处级
75	1997.07	银川三建加工厂铝合金车间	合理化建议技术改进先进班组	银川市总工会	县处级
76	1997.10	银川三建	全国集体建筑企业全面质量管理优秀企业(金屋奖)保留	中国集体建筑企业协会	省部级
77	1997.12	银川三建	职工互助互济活动先进集体	银川市总工会	县处级
78	1998.01	银川三建	自治区卫生先进单位	自治区爱卫会	厅局级
79	1998.01	银川三建	精神文明建设先进单位	银川市建委党委	县处级
80	1998.01	银川三建	先进单位	银川市建委党委	县处级
81	1998.02	银川三建	自治区区级档案管理企业	自治区档案局	厅局级
82	1998.03	银川三建	1979年集体企业清产核资先进集体	银川市清产核资领导小组	县处级
83	1998.05	银川三建第一团支部	红旗团支部	共青团银川市委	县处级
84	1998.05	银川三建	1997年度模范纳税户	银川市人民政府	厅局级
85	1998.05	银川三建	固定资产投资统计工作先进单位	国家统计局	省部级
86	1998.06	银川三建第一党支部	先进党支部	银川市建委党委	县处级

银川三建 历年集体获奖名录 ❺

编号	获奖时间	获奖部门	荣誉	颁奖部门	备注
87	1998.06	银川三建	全国建设建材系统工会劳动保护先进单位	全国建设建材工会	省部级
88	1998.10	银川三建	投入产出调查先进集体	银川市统计局	县处级
89	1998.12	银川三建	银川地区建筑业统计先进集体	银川市建委、统计局	县处级
90	1999.05	银川三建	银川市先进建设企业	银川市建委	县处级
91	1999.06	银川三建物业公司	东苑小区"社会治安模范小区"	银川综治委	县处级
92	1999.06	银川三建第一党支部	先进党支部	银川市建委党委	县处级
93	1999.06	银川三建	1998年度模范纳税户	银川市人民政府	厅局级
94	1999.08	银川三建	1998年度模范纳税户	自治区国税局、地税局	厅局级
95	1999.10	银川三建	全国建筑安全生产先进集体	建设部	省部级
96	1999.11	银川三建	1998—1999年度"守合同、重信用"企业	银川市人民政府	厅局级
97	2000.01	银川三建	精神文明建设先进单位	银川市建委	县处级
98	2000.03	银川三建	1999年安全生产管理先进单位	银川市建委	县处级
99	2000.03	银川三建	银川市先进建设企业	银川市人民政府	厅局级
100	2000.05	银川三建	重点保护企业	银川市人民政府	厅局级
101	2000.06	银川三建党委	先进党委	银川市建委党委	县处级
102	2000.08	银川三建	第三届全国先进建筑施工企业	中国建筑企业协会	
103	2000.11	银川三建	职工互助互济活动先进集体一等奖	银川市总工会	县处级
104	2000.11	银川三建开发公司	房地产统计工作先进集体	自治区统计局、建设厅	厅局级
105	2000.12	银川三建	第五届城建之声文艺会演优秀节目奖、组织奖	银川市建委	县处级
106	2001.01	银川三建	"安康杯"竞赛先进集体	银川市建委	县处级
107	2001.01	银川三建	先进单位	银川市建委	县处级

银川三建 历年集体获奖名录 ❻

编号	获奖时间	获奖部门	荣 誉	颁奖部门	备 注
108	2001.04	银川三建	2000年度全国"安康杯"竞赛优胜企业	全国总工会、国家经贸委	省部级
109	2001.06	银川三建党委	先进基层党组织	银川市建委党委	县处级
110	2001.11	银川三建开发公司	2000年度全区房地产统计工作先进集体	自治区统计局、建设厅	厅局级
111	2001.11	银川三建	2000—2001年度"守合同、重信用"企业	银川市人民政府	厅局级
112	2002.01	银川三建	2001年度先进单位	银川市建委	县处级
113	2002.03	银川三建	2000年度全国用户满意施工企业	中国企业管理协会	
114	2002.03	银川三建	银川地区建设行业建筑工作先进单位	银川市建委	县处级
115	2002.03	银川三建	2000年度劳保基金缴纳管理先进单位	银川市劳动保险基金管理领导小组	县处级
116	2002.03	银川三建	2000年度规范建筑市场秩序工作先进单位	银川市人民政府	厅局级
117	2002.04	银川三建团总支	红旗团支部	共青团银川市委	县处级
118	2002.05	银川三建团总支	红旗团总支	共青团银川市建设局团委	县处级
119	2002.06	银川三建党委	先进基层党组织	银川市建设局党委	县处级
120	2002.06	银川三建党委	2001年度宣传工作先进集体	银川市建设局党委	县处级
121	2002.08	银川三建	第二届"守合同、重信用"企业	自治区人民政府	省部级
122	2003.01	银川三建	先进单位	银川市建设局党委、银川市建设局	县处级
123	2003.01	银川三建	精神文明建设先进单位	银川市建设党委	县处级
124	2003.01	银川三建	党风廉政建设优秀单位	银川市建设党委	县处级
125	2003.02	银川三建	职工互助互济工作先进单位	银川市总工会	县处级
126	2003.02	银川三建	2002年度全国"安康杯"竞赛优胜企业	自治区总工会、安监局	厅局级
127	2003.03	银川三建	2002年度银川地区先进建设管理单位	银川市人民政府	厅局级

银川三建 历年集体获奖名录 ❼

编号	获奖时间	获奖部门	荣　誉	颁奖部门	备　注
128	2003.03	银川三建	2002年度安全生产先进单位	银川市人民政府	厅局级
129	2003.03	银川三建砼公司	银川地区2002年度推广使用散装水泥商砼工作先进单位	银川市建设局、银川市散装水泥管理领导小组	县处级
130	2003.03	银川三建	全国用户满意施工企业	中国施工企业管理协会	
131	2003.04	银川三建	自治区五一劳动奖状	自治区总工会	厅局级
132	2003.04	银川三建	2002年度依法诚信纳税先进单位	银川市委、政府	厅局级
133	2003.06	银川三建党委	先进基层党组织	银川市建设局委员会	县处级
134	2003.06	银川三建	2002年度宣传工作先进集体	中共银川市建委	县处级
135	2003.08	银川三建	民运会前承建项目获得10万元奖励	银川市建设局	县处级
136	2003.12	银川三建	百家依法诚信纳税先进单位	自治区人民政府	省部级
137	2004.01	银川三建加工厂砼公司	2003年先进单位	银川市建委、建设局	县处级
138	2004.01	银川三建	全面提速建设步伐提升服务质量打造首府形象迎接民运会活动先进集体	银川市建委	县处级
139	2004.03	银川三建	质量管理先进单位	银川市建设局	县处级
140	2004.06	银川三建	2003年度宣传工作先进集体	银川市建委	县处级
141	2004.06	银川三建第一党支部	先进基层党组织	银川市建委	县处级
142	2004.08	银川三建	2002年度自治区投入产出调查先进集体	银川市投入产出调查领导小组	县处级
143	2004.12	银川三建	精神文明建设优秀单位	银川市建委	县处级
144	2005.01	银川三建	2003—2004年度"守合同、重信用"企业	自治区工商行政管理局	厅局级
145	2005.01	银川三建	2004年度先进单位	银川市建设局	县处级

银川三建 历年集体获奖名录 ❽

编号	获奖时间	获奖部门	荣　誉	颁奖部门	备注
146	2005.03	银川三建	全区安全生产(建筑)先进单位	银川市建设局	县处级
147	2005.04	银川三建	2003—2004年度银川市城市建设突出贡献单位	银川市人民政府	厅局级
148	2005.04	银川三建	2004年度银川市建筑工程劳保基金缴纳管理工作先进单位	银川市劳保基金领导小组	县处级
149	2005.06	银川三建第一党支部	先进党支部	银川市建委	县处级
150	2005.07	银川三建	全区建筑企业统计工作先进集体	自治区统计局、建设厅	厅局级
151	2006.01	银川三建	2005年精神文明建设优秀单位	银川市建委	县处级
152	2006.01	银川三建	2005年度先进集体	银川市建委	县处级
153	2006.01	银川三建	2005年度局系统党风廉政建设责任制检查考核良好	银川市建委	县处级
154	2006.05	银川三建三分公司	2005年度自治区"安康杯"竞赛优秀班组	自治区总工会、安监局	厅局级
155	2006.05	银川三建	2005年度自治区"安康杯"竞赛优胜企业	自治区总工会、安监局	厅局级
156	2006.05	银川三建	安全质量管理先进单位	银川市建设局	县处级
157	2006.06	银川三建砼公司党支部	先进基层党组织	银川市建委	县处级
158	2006.06	银川三建	2005年度宣传工作先进单位	银川市建委	县处级
159	2006.11	银川三建	"十五"全区发展散装水泥先进集体	自治区散装水泥领导小组、经委、统计局、建设厅	厅局级
160	2006.11	银川三建	全区建筑企业统计工作先进集体	自治区统计局、建设厅	厅局级
161	2007.01	银川三建	第1~7批自治区文明单位	自治区精神文明指导委员会	厅局级
162	2007.02	银川三建房地产	2006年度先进单位	银川市建委	县处级
163	2007.02	银川三建	2006年度精神文明建设目标管理考核良好单位	银川市建委	县处级

银川三建 历年集体获奖名录 ❾

编号	获奖时间	获奖部门	荣誉	颁奖部门	备注
164	2007.02	银川三建	2006年精神文明建设优秀单位	银川市建委	县处级
165	2007.02	银川三建	2006年度职工素质建设工程先进单位	银川市建委	县处级
166	2007.02	银川三建开发公司	推广建筑节能先进单位	灵武市建设局	县处级
167	2007.03	银川三建	2006年度全市"安康杯"竞赛活动优胜单位	银川市建设局	县处级
168	2007.03	银川三建	2006年度建设行业质量安全管理先进单位	银川市建设局	县处级
169	2007.03	银川三建砼公司	2006年度银川地区推广散装水泥基商品砼先进单位	银川市散装水泥管理领导小组	县处级
170	2007.05	银川三建	2006年拖欠农民工工资、工程款协调工作先进单位	银川市拖欠工程款农民工工资协调领导小组	县处级
171	2008.03	银川三建加工厂	先进单位	中共银川市建设局委员会	县处级
172	2008.04	银川三建砼公司	银川市五一劳动奖状	银川市总工会	县处级
173	2008.05	银川三建	2006—2007年度"守合同、重信用"企业	银川市工商局、企业诚信促进会	县处级
174	2008.06	银川三建第一党支部第二党支部	先进基层党组织	银川市建委	县处级
175	2009.01	银川三建	人民防空工程建设管理先进单位	银川市国防委人防办党委	县处级
176	2009.01	银川三建	精神文明建设目标管理考核优秀单位	银川市建委	县处级
177	2009.01	银川三建	精神文明建设优秀单位	银川市建委	县处级
178	2009.01	银川三建	2008年度先进单位	银川市建设局	县处级
179	2009.03	银川三建	交通重点建设项目诚信企业	中卫市交通局	县处级
180	2009.03	银川三建	2008年度全区建筑安全工作先进单位	自治区住房和城乡建设厅	厅局级
181	2009.06	银川三建党委	先进基层党组织	银川市建委	县处级

银川三建 历年集体获奖名录 ❿

编号	获奖时间	获奖部门	荣　誉	颁奖部门	备　注
182	2009.12	银川三建	统计报表工作先进集体	银川市统计局	县处级
183	2009.12	银川三建	4A级施工企业	自治区住房和城乡建设厅	厅局级
184	2009.12	银川三建	"守合同、重信用"企业	自治区人民政府	省部级
185	2010.02	银川三建党委	2009年度社会主义精神文明建设先进单位	银川市建筑行业委员会	县处级
186	2010.02	银川三建党委	2009年精神文明建设目标管理考核优秀单位	银川市建筑行业委员会	县处级
187	2010.04	银川三建	2008—2009年度"守合同、重信用"企业	银川市工商行政管理局	县处级
188	2010.06	银川三建	诚信建设先进企业	银川市诚信建设领导小组	县处级
189	2010.06	银川三建	慷慨捐赠银川市建设行业党内关爱资金1万元	中共银川市建设局委员会	县处级
190	2010.12	银川三建	精神文明建设目标管理考核优先进单位	银川市建筑行业委员会	县处级
191	2010.12	银川三建	银川市建设行业先进单位	银川市建委	县处级
192	2010.12	银川三建	2007—2008年度"守合同、重信用"企业	自治区工商行政管理局	厅局级
193	2011.03	银川三建	全区建筑企业先进单位	自治区工商行政管理局	厅局级
194	2011.03	银川三建	2010年度银川市建筑行业施工总承包先进企业	银川市建筑行业协会	
195	2011.05	银川三建	2009—2010年度纳税信用等级A级纳税人	银川市国家税务局、地方税务局	县处级
196	2011.06	银川三建、银川三建砼公司	2011年度AA级信用企业	宁夏银行股份有限公司	
197	2011.06	银川三建	先进基层党组织	银川市建委	县处级
198	2011.08	银川三建	2009—2010年度自治区"守合同、重信用"企业	自治区工商行政管理局	厅局级
199	2011.08	银川三建	宁夏企业100强	宁夏企业100强审定发布委员会	县处级
200	2011.09	银川三建	银川市"恒大名都杯"第五届建筑行业职工(农民工)职业技能大赛优秀组织奖	银川市职工素质建设工程领导小组	县处级

银川三建 历年集体获奖名录 ⑪

编号	获奖时间	获奖部门	荣誉	颁奖部门	备注
201	2011.12	银川三建	精神文明建设先进单位	银川市建委	县处级
202	2011.12	银川三建	银川市建筑行业先进集体	银川市建设局党委	县处级
203	2012.02	银川三建	银川市社会保险诚信示范单位	银川市保险事业管理局	县处级
204	2012.02	银川三建	银川市2011年度建筑业优秀企业	银川市建设局	县处级
205	2012.03	银川三建	银川市建设局系统2011年度宣传思想工作先进集体	银川市建设局	县处级
206	2012.03	银川三建	2011年度全区建设工程管理优秀建筑业企业	自治区住房和城乡建设厅	厅局级
207	2012.03	银川三建	4A级诚信施工企业	自治区住房和城乡建设厅	厅局级
208	2012.04	银川三建	2010—2011年度"守合同、重信用"企业	银川市工商行政管理局、银川市企业诚信促进会	县处级
209	2012.06	银川三建第四党支部	先进基层党组织	银川市建设局党委	县处级
210	2012.09	银川三建	2012宁夏企业100强企业	宁夏100强审定发布委员会	厅局级
211	2012.12	银川三建	最佳质量管理奖	银川市中小企业发展联合会	
212	2013.01	银川三建	2012年采购经理调查工作三等奖	国家统计局宁夏调查总队	县处级
213	2013.01	银川三建	2012年度精神文明建设先进单位	中共银川市建筑行业委员会、银川市建筑行业协会	县处级
214	2013.03	银川三建	2012年度全区优秀建筑业企业	自治区住房和城乡建设厅	厅局级
215	2013.04	银川三建	2012年度宁夏建筑业诚信等级AAAA企业	自治区住房和城乡建设厅	厅局级
216	2013.06	银川三建第三党支部	先进基层党组织	银川市建设局	县处级
217	2013.07	银川三建	AA+级信用企业	宁夏银行股份有限公司	
218	2013.07	银川三建砼公司	AA级信用企业	宁夏银行股份有限公司	
219	2013.09	银川三建	2011—2012年度"守合同、重信用"企业	自治区工商行政管理局	厅局级

银川三建 历年集体获奖名录 ⑫

编号	获奖时间	获奖部门	荣誉	颁奖部门	备注
220	2013.10	银川三建	宁夏企业100强	宁夏企业100强审定发布委员会	厅局级
221	2013.10	银川三建	"建发杯"建筑行业技能竞赛优秀组织奖	自治区"创优杯"组委会	
222	2013.12	银川三建	2011—2012年度A级纳税人信用单位	自治区地税局	县处级
223	2014.01	银川三建	最佳安全生产管理奖	银川市中小企业发展联合会	
224	2014.01	银川三建	企业创新奖	银川市中小企业发展联合会	
225	2014.01	银川三建	2013年度精神文明建设先进单位	中共银川市建筑行业委员会、银川市建筑业协会	县处级
226	2014.01	银川三建	2013年度银川市建设行业先进集体	银川市建设局委员会	县处级
227	2014.02	银川三建	2011—2012年度自治区A级纳税信用单位	自治区国税局、地税局	厅局级
228	2014.02	银川三建	2013年全区工业企业履行社会责任优秀企业	自治区经济和信息化委员会	厅局级
229	2014.03	银川三建	2013年度《银川建设》宣传工作先进单位	银川市建筑业协会	
230	2014.04	银川三建	2012—2013年度"守合同、重信用"企业	银川市工商行政管理局、银川市企业诚信促进会	县处级
231	2014.05	银川三建	全区优秀建筑业企业	宁夏住房和城乡建设厅	厅局级
232	2014.07	银川三建党委	先进基层党组织	自治区住建厅委员会	厅局级
233	2014.08	银川三建	宁夏企业100强	宁夏企业100强审定发布委员会	厅局级
234	2014.08	银川三建	2013年度住房公积金优秀缴存单位	银川住房公积金管理中心	县处级
235	2014.10	银川三建	统计报表工作先进单位	银川市统计局	县处级
236	2014.12	银川三建	五星级统计诚信单位	自治区统计局、高级人民法院、人民检察院,中国人民银行银川中心支行	厅局级

银川三建 历年集体获奖名录 ⑬

编号	获奖时间	获奖部门	荣誉	颁奖部门	备注
237	2015.01	银川三建	自治区文明单位	自治区精神文明建设指导委员会	厅局级
238	2015.01	银川三建	2014年度先进会员单位	宁夏建筑业联合会	
239	2015.03	银川三建	2014年度质量管理先进单位	银川市中小企业发展联合会	
240	2015.03	银川三建	2014年度安全管理示范企业	银川市中小企业发展联合会	
241	2015.03	银川三建	2014年度银川市社会保险诚信单位	银川市人力资源和社会保障局、银川市地方税务局	县处级
242	2015.04	银川三建	2014年采购经理调查工作先进单位	国家统计局宁夏调查总队	县处级
243	2015.07	银川三建党委	先进基层党组织	银川市住房和城乡建设系统委员会	县处级
244	2015.07	银川三建党委	二星级基层党组织	银川市建筑行业委员会	县处级
245	2015.07	银川三建党委	先进基层党组织	银川市住房和城乡建设系统委员会	县处级
246	2015.07	银川三建团总支	五四红旗团支部	银川市建筑行业委员会	县处级
247	2015.07	银川三建	2014年度全区建筑行业先进企业	宁夏建筑业联合会 宁夏规划勘察设计协会	
248	2015.08	银川三建	宁夏企业100强	宁夏企业100强审定发布委员会	厅局级
249	2015.08	银川三建	AA级信用企业	宁夏银行股份有限公司	
250	2015.08	银川三建砼公司	A级信用企业	宁夏银行股份有限公司	
251	2015.08	银川三建	2014年度优秀缴存单位	银川市住房公积金管理中心	县处级
252	2015.10	银川三建	企业AAA级信用等级	中国建筑业协会	

银川三建 历年集体获奖名录 ⑭

编号	获奖时间	获奖部门	荣誉	颁奖部门	备注
253	2015.12	银川三建	支持地方税收先进企业	银川市委、市政府	厅局级
254	2015.12	银川三建	统计报表先进单位	银川市统计局	县处级
255	2015.12	银川三建	2013—2014年度自治区"守合同、重信用"企业	自治区工商行政管理局	厅局级
256	2016.02	银川三建	2015年采购经理调查工作先进单位	国家统计局宁夏调查总队	厅局级
257	2016.05	银川三建团总支	五四红旗团支部	共青团银川市住建局委员会	县处级
258	2016.05	银川三建	2015年度全区建筑行业先进会员单位	宁夏建筑业联合会	
259	2016.05	银川三建	《三建人》获全国建筑行业优秀报纸	中国建筑业协会	
260	2016.05	银川三建	2014—2015年度"守合同、重信用"企业	银川市市场监督管理局、市企业诚信促进会	县处级
261	2016.06	银川三建党委	全区非公有制企业"双强六好"党组织	自治区党委组织部、非公有制经济组织和社会组织工作委员会	厅局级
262	2016.06	银川三建党委	四星级党组织	中共银川市住建局委员会	县处级
263	2016.07	银川三建	2014—2015年度"守合同、重信用"企业	中华人民共和国工商行政管理总局	国家级
264	2016.08	银川三建	2016年度AA+级信用企业	宁夏银行股份有限公司	
265	2016.08	银川三建砼公司	2016年度A级信用企业	宁夏银行股份有限公司	

银川三建 历年员工获奖名录 ❶

编号	获奖时间	姓 名	荣 誉	颁奖部门	备 注
1	1979.10	王海军 张自强	银川市新长征突击手	银川市团委	县处级
2	1980.06	郭文建	银川市青年瓦、木工技术比武中荣获三级木工第二名	银川市团委	县处级
3	1982.10	陈银生	银川市劳动模范	银川市人民政府	厅局级
4	1982.10	杨福祥 王家驹 沙光明	银川市先进生产（工作）者	银川市人民政府	厅局级
5	1983.03	陈银生	自治区劳动模范	自治区人民政府	省部级
6	1983.10	庄成生	全国首届建筑青工技术能手	建设部团中央 中国建筑工会	省部级
7	1987.10	安仰宁	职工教育先进工作者	银川市政府	厅局级
8	1987.10	钟读桐	全区先进班组长	自治区总工会	厅局级
			自治区五一劳动奖章		
9	1988.04		银川市劳动模范	银川市人民政府	厅局级
10	1989.09	安仰宁	全国工会优秀职工教育工作者	中国总工会	省部级
11	1990.05	陈银生	自治区五一劳动模范奖章	自治区总工会	厅局级
12	1990.06	安仰宁 陈银生	企业民主管理工作积极分子	银川市总工会	县处级
13	1990.08	张泽谦	银川市建筑系统技术能手	银川市团委	县处级
14	1990.11	王兆林	全区建筑行业统计评比二等奖	自治区建设厅	厅局级
15	1991.04	陈银生	全区合理化建议和技术改进积极分子	自治区办公厅	厅局级
16	1991.05	张泽谦	银川市新长征突击手	银川市团委	县处级
17	1991.10	陈银生	全区优秀青年企业家	自治区党委组织部、团委、经信委	厅局级
18	1992.02	郭文建	危房改造先进个人	银川市危房改造指挥部	
19	1992.08	安仰宁	优秀思想政治工作者	西北城建公用事业政研会	
20	1992.12	沙福海	全区优秀人民调解员	自治区司法厅	厅局级

银川三建 历年员工获奖名录 ②

编号	获奖时间	姓名	荣誉称号	颁奖部门	备注
21	1992.12	王兆林	1991—1992年度先进统计工作者	自治区建设厅	厅局级
22	1993.02	安仰宁	全国工会退休职工管理服务先进工作者	中国总工会	省部级
23	1993.03	沙光明	全区先进女职工干部	自治区总工会	厅局级
24	1993.03	季光军	优秀思想政治工作者	宁夏建设职工思想政治研究会	
25	1993.04	安仰宁	全国优秀工会工作者 全国五一劳动奖章	中国总工会	省部级
26	1993.04	陈玉章	优秀合同管理员	银川市人民政府	厅局级
27	1993.07	陈银生	全国优秀集体建筑企业家	中国集体建筑企业协会	
28	1994.04	陈银生	全国优秀建筑企业家	中国建筑业协会	
29	1994.07	王兆林	银川市第三产业普查先进个人	银川市普查协调领导小组	县处级
30	1994.08	陈银生	宁夏杰出青年企业家	自治区党委组织部、团委、青年企业家协会	厅局级
31	1994.08	沙福海	优秀思想政治工作者	西北城建公用事业政研会	
32	1994.12	张仑峰	优秀民兵干部	银川市委、政府、军分区	厅局级
33	1994.12	张仑峰	优秀保卫干部	自治区公安厅	厅局级
34	1995.01	沙福海 张宁三 季光军 马 进 王冬青 郭建明	先进生产工作者	银川市建委	县处级
35	1995.02	张仑峰	民兵预备役工作先进个人	银川市城区武装部	县处级
36	1995.02	沙光明	全区先进女职工工作者	自治区总工会	厅局级

银川三建 历年员工获奖名录 ❸

编号	获奖时间	姓 名	荣 誉	颁奖部门	备 注
37	1995.06	沙福海 王家驹 沙光明 伊玲英	优秀共产党员	银川市建委党委	县处级
38	1995.07	刘惠敏	优秀企业家	银川地区企业家协会	
39	1995.07	刘惠敏	全国优秀集体建筑企业家	中国集体建筑企业协会	
40	1996.01	沙福海 段光斌 刘华堂 王家驹 郭建明 季光军	先进生产（工作）者	银川市建委	县处级
41	1996.08	张仑峰	"二五"普法先进个人	银川市委	厅局级
42	1996.12	秦小娥 伊玲英	社会保险制度十年改革先进个人	银川市劳动局	县处级
43	1997.01	吴炜	全区优秀团干部	自治区团委	厅局级
44	1997.01	张泽谦 沙福海 郭建明 王冬青 王家驹 安建华	先进生产（工作）者	银川市建委党委	县处级
45	1997.04	沙福海	银川市劳动模范	银川市人民政府	厅局级
46	1997.06	秋华 季光军 陈喜萍 张泽谦 刘华堂	优秀共产党员	银川市建委、党委	县处级
47	1997.07	沙福海	合理化建议和技术改进积极分子	银川市总工会	县处级
48	1997.11	陈银生	城区九届人大代表		
49	1997.11	王兆林	全区固定资产投资价格统计先进个人	自治区统计局	厅局级
50	1998.01	席延江	城区九届人大代表选举工作先进个人	城区人民政府	县处级
51	1998.01	莫菁华 沙福海 郭建明 安建华 张泽谦	先进生产（工作）者	银川市建委、党委	县处级
52	1998.03	安仰宁	1997年度优秀工会干部	自治区建设建材工会	厅局级
53	1998.03	雷永禄	1997年集体企业清产核资先进个人	银川市清产核资领导小组	县处级

银川三建 历年员工获奖名录 ④

编号	获奖时间	姓　名	荣　誉	颁奖部门	备　注
54	1998.04	沙福海	银川市劳动模范"劲牛杯"劳动竞赛先进个人	银川市总工会	县处级
55	1998.05	杨金梅	优秀团员	共青团银川市委	县处级
56	1998.06	赵云利 张泽谦 杨福祥 秋　华 马生福	优秀共产党员	银川市建委党委	县处级
57	1998.10	安仰宁	自治区成立四十周年荣誉纪念章	自治区党委、政府	省部级
58	1998.10	王兆林	1997年投入产出调查先进个人	银川市统计局	县处级
59	1998.12	王兆林	银川地区建筑业统计先进个人	银川市建委、统计局	县处级
60	1998.12	刘惠敏	宁夏杰出青年企业家	自治区党委、经贸委、区团委	厅局级
61	1999.04	沙福海	银川市劳动模范"劲牛杯"竞赛先进个人	银川市总工会	县处级
62	1999.05	季光军	建筑施工、安全生产先进个人	自治区建设厅	厅局级
63	1999.06	郭建明 王　浩 杨福祥 黄建勇 易玲英	优秀共产党员	银川市建委党委	县处级
64	1999.07	沙福海	关心职工生活先进党、政、工、团领导	银川市总工会	县处级
65	1999.11	刘惠敏 王兆林	全区企业调查先进个人	自治区企业调查队	厅局级
66	2000.01	季光军 刘华堂 王冬青 段光斌 史忠生 祖银生	先进生产（工作）者	银川市建委	县处级
67	2000.04	刘惠敏	自治区劳动模范	自治区人民政府	省部级
68	2000.06	吴　炜 刘华堂 陈宝军 陈喜萍	优秀共产党员	银川市建委党委	县处级

银川三建 历年员工获奖名录 ❺

编号	获奖时间	姓名	荣誉	颁奖部门	备注
69	2000.11	王兆林	全区调查工作先进个人	自治区企业调查队	厅局级
70	2001.01	安仰宁	"安康杯"竞赛先进个人	银川市建委	县处级
71	2001.01	王　浩 陈明逵 扈永发 马　进 刘华堂 王　斌	先进生产（工作）者	银川市建委	县处级
72	2001.05	陈明逵	"九五"期间发展散装水泥工作先进个人	自治区经贸委	厅局级
73	2001.06	张仑峰	优秀党务工作者	银川市建委党委	县处级
74	2001.06	吴　炜 王　浩 曾光丽 刘汉成	优秀共产党员	银川市建委党委	县处级
75	2001.09	李慧芬	综合档案工作先进个人	银川市建委	县处级
76	2001.11	王兆林	企业调查统计工作先进个人	自治区调查队	厅局级
77	2001.12	安仰宁	实施送温暖工程先进个人	银川市总工会	县处级
78	2002.01	安仰宁	平等协商、签订集体合同先进个人	银川市总工会	县处级
79	2002.01	季光军 陈明逵 扈永发 黄建勇	先进生产（工作）者	银川市建委	县处级
80	2002.01	陈明逵	青年岗位能手	共青团银川市委、劳动局、人事局	县处级
81	2002.03	陈明逵	银川地区建设行业建筑工作先进个人	银川市建委	县处级
82	2002.03	王恒运	2000年度劳保基金缴纳管理先进个人	银川市劳动保险基金管理领导小组	县处级
83	2002.05	郭建明	十大杰出青年标兵	银川市建设局党委	县处级
84	2002.05	徐丽萍 韦宏宁	优秀团员	银川市建设局团委	县处级
85	2002.06	陈明逵 刘华堂 吴　炜 郭建明 陈喜萍	优秀共产党员	银川市建设局党委	县处级

银川三建 历年员工获奖名录 ❻

编号	获奖时间	姓名	荣誉	颁奖部门	备注
86	2002.06	何银华	优秀通讯员	银川市建设局党委	县处级
87	2003.01	莫菁华	"安康杯"竞赛活动工作突出者	银川市建设局	县处级
88	2003.03	季光军	2002年度安全生产先进个人	自治区安全生产委员会	厅局级
89	2003.03	陈明逯 王 功	银川地区2002年度推广使用散装水泥及商砼工作先进个人	银川市建设局、银川市散装水泥管理领导小组	县处级
90	2003.03	王恒运	2002年度银川市建设工程劳动保险基金缴纳先进个人	银川市建设局、银川市建筑工程劳动保险基金管理领导小组	县处级
91	2003.06	席延江 何万顺	优秀党务工作者	银川市建设局党委	县处级
92	2003.06	季光军 曾光丽 陈明逯 刘华堂 黄建勇	优秀共产党员	银川市建设局党委	县处级
93	2003.06	何银华	优秀通讯员	银川市建设局党委	县处级
94	2003.08	王冬青	全区工程造价管理工作先进个人	自治区建设厅	厅局级
95	2003.08	赵永安	民运会前承建项目获得奖励	银川市建设局	县处级
96	2003.11	王兆林	全区企业景气调查工作先进个人	自治区企业调查队	县处级
97	2003.12	季光军 扈永发 刘华堂 陈明逯	先进生产（工作）者	银川市建设局党委、银川市建设局	县处级
98	2003.12	王兆林	统计先进工作三等奖	银川市统计局	县处级
99	2004.01	扈永发 安建华 罗兆江	2003年先进个人	中共银川市建设局委员会、银川市建设局	县处级
100	2004.01	刘惠敏 席延江	抗击"非典及讲、抗、改、树"活动先进个人	银川市建设局党委	县处级
101	2004.01	刘惠敏	全面提速建设步伐提升服务质量打造首府形象迎接民运会活动先进个人	银川市建设局党委	县处级

银川三建 历年员工获奖名录 ❼

编号	获奖时间	姓名	荣誉	颁奖部门	备注
102	2004.06	何银华	2003年度宣传工作先进个人	银川市建设局党委	县处级
103	2004.06	刘华堂 席延江	优秀党务工作者	银川市建设局党委	县处级
104	2004.06	王冬青 陈国华 秋　华 周月玲 沈景远	优秀共产党员	银川市建设局党委	县处级
105	2004.10	王兆林	2002、2003年度固定资产投资价格调查工作统计先进个人	自治区统计局	厅局级
106	2004.12	王兆林	统计先进工作二等奖	银川市统计局	县处级
107	2005.01	莫菁华 扈永发 张泽谦	2004年度先进生产（工作）者	银川市建设局	县处级
108	2005.02	季光军	2004年度全区安全生产先进个人	自治区安委会	厅局级
109	2005.04	陈明遂	2003—2004年度银川市推广散装水泥商砼先进个人	银川市散装水泥领导小组	县处级
110	2005.04	刘惠敏	2003—2004年度银川市城市建设突出贡献个人	银川市人民政府	厅局级
111	2005.05	雷　莉	全区房地产价格调查先进个人	自治区统计局	厅局级
112	2005.06	席延江 刘华堂	优秀党务工作者	银川市建设局党委会	县处级
113	2005.06	王兆林 孔　涛 曾光丽 马生福	优秀共产党员	银川市建设局党委	县处级
114	2006.01	扈永发 张海铭 高学雄	2005年度先进生产（工作）者	银川市建设局党委	县处级
115	2006.01	刘华堂	2005年度创双优活动竞赛能手	银川市建设局	县处级
116	2006.04	严崇银	优秀共青团员	银川市建设局团委	县处级

银川三建 历年员工获奖名录 ⑧

编号	获奖时间	姓名	荣誉	颁奖部门	备注
117	2006.04	陈明逵 邱小平	先进工会积极分子	银川市建设局工会	县处级
118	2006.04	陈明逵	银川市优秀青年企业家	共青团银川市委	县处级
119	2006.05	莫菁华	安全管理先进个人	银川市建设局团委	县处级
120	2006.05	扈永发	质量管理先进个人	银川市建设局团委	县处级
121	2006.05	莫菁华	"安康杯"竞赛先进个人	银川市建设局团委	县处级
122	2006.05	陈明逵	2005年度银川市推广散装水泥基商砼先进个人	银川市散装水泥管理领导小组	县处级
123	2006.05	王恒运	2005年度银川市建筑工程劳保基金缴纳管理工作先进个人	银川市建筑工程劳保基金管理领导小组	县处级
124	2006.05	王兆林	2004—2005年度固定资产投资价格调查统计工作先进个人	国家统计局宁夏调查总队	县处级
125	2006.06	吴炜	银川市优秀共产党员	中共银川市委	县处级
126	2006.06	赵长林	优秀党务工作者	银川市建设局党委	县处级
127	2006.06	张泽谦 勉智勇 曾光丽 唐新宁	优秀共产党员	银川市建设局党委	县处级
128	2006.06	何银华	优秀通讯员	银川市建设局党委	县处级
129	2006.11	陈明逵	"十五"全区发展散装水泥先进工作者	自治区散装水泥领导小组、经委	厅局级
130	2006.12	秦小娥	失业保险先进个人	银川市再就业发展领导小组	县处级
131	2007.02	陈明逵 安立华 龙震	先进生产(工作)者	银川市建设局党委	县处级
132	2007.02	季光军	2006年度银川市安全生产先进个人	银川市人民政府	厅局级
133	2007.03	季光军	2006年度全区安全生产先进个人	自治区建设厅	厅局级
134	2007.03	吴炜	2006年度全区银川市墙改和建筑节能先进个人	银川市劳保基金领导小组	县处级

银川三建 历年员工获奖名录 ❾

编号	获奖时间	姓 名	荣 誉	颁奖部门	备 注
135	2007.03	王恒运	2006年度银川市建筑工程劳动保险基金缴纳管理工作先进个人	银川市劳保基金领导小组	县处级
136	2007.03	王 功	2006年度银川市推广散装水泥商砼先进个人	银川市散装水泥管理领导小组	县处级
137	2007.03	冯 健	2006年度建设行业质量管理先进个人	银川市建设局	县处级
138	2007.03	莫菁华	2006年度建设行业安全管理先进个人	银川市建设局	县处级
139	2007.03	郑顺祥	银川市建筑行业砌筑工技术能手	银川市职工素质领导小组	县处级
140	2008.03	张海铭 龙 震 杜建威	先进生产（工作）者	银川市建设局党委	县处级
141	2008.03	孙元恒	先进个人	银川市建设局党委	县处级
142	2008.03	郑顺祥	先进个人	银川市职工素质领导小组	县处级
143	2009.01	黄晓军	2008年度职工素质建设工程先进个人	银川市建设局党委	县处级
144	2009.01	段光斌 严崇银 贾银星	2008年度先进生产（工作）者	银川市建设局党委	县处级
145	2009.06	赵长林	优秀党务工作者	银川市建设局党委	县处级
146	2009.09	季光军	2008年度全国建筑企业优秀项目经理	中国建筑业协会	
147	2010.01	张海铭 龙 震	2009年度银川市建设行业青年岗位能手	银川市建设局、共青团银川市委员会	县处级
148	2010.02	唐新宁 严崇银	2009年度精神文明建设先进个人	银川市建筑行业委员会	县处级
149	2010.04	陈明逮	2009年"安康杯"竞赛活动优秀企业优秀个人	银川市总工会、安全生产监督管理局	县处级
150	2010.04	陈明逮	第五届银川市杰出青年企业家	银川市委、共青团、工商、国税、地税、青年企业家协会	县处级

银川三建 历年员工获奖名录 ⑩

编号	获奖时间	姓名	荣誉	颁奖部门	备注
151	2010.06	洪波	庆祝建党89周年演讲比赛优秀奖	银川市建设局党委	县处级
152	2011.03	赵永安	2010年度银川市优秀建造师	银川市建筑行业协会	
153	2011.03	赵长林	优秀党务工作者	银川市建设局党委	县处级
154	2011.03	张志军 张海铭	优秀共产党员	银川市建设局党委	县处级
155	2011.08	何银华	庆祝建党90周年优秀征文三等奖	银川市建设局	县处级
156	2011.12	严崇银	青年岗位能手	共青团银川市委员会、银川市建设局	县处级
157	2011.12	严崇银 钱进	精神文明建设先进工作者	中共银川市建设局委员会、银川市建筑业协会	县处级
158	2011.12	洪波	统计报表工作先进个人	银川市统计局	县处级
159	2012.05	陈明遂	全国保障性安居工程建设劳动竞赛优秀建设者	宁夏建设建材工会	厅局级
160	2012.06	洪波	优秀党务工作者	中共银川市建筑行业委员会	县处级
161	2012.06	严崇银	优秀共产党员	中共银川市建筑行业委员会	县处级
162	2012.06	杨军	优秀共产党员	银川市建设局党委	县处级
163	2012.08	赵永安	2011年度全国建筑企业优秀项目经理	中国建筑业协会	
164	2012.12	洪波	统计工作优秀者	中共银川市建筑行业委员会	县处级
165	2013.01	张志军 钱进	2012年度先进工作者	中共银川市建筑行业委员会、银川市建筑行业协会	县处级
166	2013.01	罗建龙	2012年度青年岗位能手	共青团银川市委员会、银川市建设局	县处级
167	2013.01	勉智勇	2012年度先进工作者	银川市建设局党委	县处级
168	2013.05	段光斌	2012年度建设工程质量管理先进个人	银川市建设局	县处级

银川三建 历年员工获奖名录 ⑪

编号	获奖时间	姓名	荣誉	颁奖部门	备注
169	2013.06	龙震	优秀共产党员	银川市建设局党委	县处级
170	2013.06	张志军 张海铭	优秀共产党员	中共银川市建筑行业委员会	县处级
171	2013.12	洪波	全市统计报表工作先进个人	银川市统计局	县处级
172	2014.01	王功 张志军 勉智勇 杨军	企业管理先进个人奖	银川市中小型企业发展联合会	
173	2014.01	钱进 严崇银	2013年度先进工作者	中共银川市建筑行业委员会	县处级
174	2014.01	乔海涛	2013年度青年岗位能手	共青团银川市委员会、银川市建设局	县处级
175	2014.01	段光斌	2013年度银川市建设行业先进工作者	银川市建设局党委	县处级
176	2014.03	陈明遂	2013年度银川市建设工作先进个人	银川市建筑业协会	
177	2014.06	刘惠敏	第三届理事会副会长	宁夏建筑业联合会	
178	2014.06	乔海涛	优秀共产党员	中共银川市建筑行业委员会	县处级
179	2014.07	洪波	优秀党务工作者	银川市建设局党委	县处级
180	2014.07	张志军	优秀共产党员	银川市建设局党委	县处级
181	2014.12	陈明遂	2014年度全国工程建设质量管理先进工作者	中国建筑业协会	
182	2015.03	王功	2014年度先进个人	银川市中小企业发展联合会	
183	2015.05	洪波	全国经济普查工作先进个人	银川市第三次全国经济普查领导小组	县处级

银川三建 历年员工获奖名录

编号	获奖时间	姓　名	荣　誉	颁奖部门	备　注
184	2015.06	勉智勇	优秀党务工作者	中共银川市建筑行业委员会	县处级
185	2015.06	邱小平 陈喜萍	优秀共产党员	中共银川市建筑行业委员会	县处级
186	2015.06	邵　佳	优秀共青团干部	共青团银川市住房和城乡建设局委员会	县处级
187	2015.06	张　意	优秀共青团员	共青团银川市住房和城乡建设局委员会	县处级
188	2015.07	张志军	2014年度全区建筑行业优秀项目经理	宁夏建筑业联合会、宁夏规划勘察设计协会	
189	2015.12	韩蓓蓓	统计报表工作先进个人	银川市统计局	县处级
190	2016.03	高立明	2015年度优秀项目经理	盐池县住房和城乡建设局	县处级
191	2015.07	季光军	中国建筑业协会绿色施工分会专家	中国建筑业协会绿色建筑与施工协会	
192	2016.06	洪　波	建筑行业优秀党务工作者	中共银川市建筑行业委员会	县处级
193	2016.06	眭效烨 邱小平	建筑行业优秀共产党员	中共银川市建筑行业委员会	县处级
194	2016.06	金姝萍	优秀共产党员	中国共产党银川市住房和城乡建设系统委员会	县处级
195	2016.06	何银华	2015年度全区建筑行业优秀通讯员	宁夏建筑业联合会	县处级

银川三建 历年先进生产者名录

编 号	年 度	先进生产工作者
1	1982	吉兴国、徐振声、安建华、杨伏祥、保秀梅、杜建威、金福成、纳明德、贺秀兰、夏含秀、赵　静、马　进、王振东、冯　友、韩瑞康、张天禄、赵玉锁、段光锋、张衡峰、杨　芹、陈志华、刘润铁、桑建华、苏汉良、陈银生、顾瑞珍、王银川、刘书文、陈彩芹、李秀芳、张秀兰、郝小花、达庆东、马玉才、扈永发、莫菁华、刘　洋、庄成生、张泽谦、高海红、冯国保、段光军、沙光明、吴金柱、王　功、胡金山、张玉英、黎金玉、胡宝菊、王永祥、关金禄、关振威、王家驹、沙福海、赵竹君、马　义、任　建、张文全、刘新兰、王永祥、沈思福、张兆凯、王　平、范大成、秋　华、钟读桐、郭文建、闫永宁、安仰宁、刘　孝、胡慰中、任　智、杨学仁、李　财、王金福、刘国安、芦淑月、李国庆、勉学广、李　奎、赵秀龙、武高连、苏文信、马际忠、丁根南、纳学铭、王冬青、赵永利、李青云、雷永禄、郭建明、陈继宝、刘永福、朱康泉、郭遵琅、王凤芹
2	1983	马志英、马建国、徐振声、吴锡三、张宁赐、关振芳、杜建威、杨军林、杨伏祥、纳明德、李在银、赵　静、刘　涌、王平华、张新文、陈志华、芦　明、赵建珍、王兆林、姚凤兰、张衡峰、桑建华、党富贵、杨秀珍、王治国、张斌杰、扈永发、莫菁华、张泽谦、金玉琴、刘　冬、张兰香、王银川、陈银生、高海洪、庄成生、薛建中、胡志军、季光军、沙光明、王　功、关进禄、苏宝华、关振威、张晓凤、杨国柱、岳凤英、黎金玉、刘　孝、任　智、胡慰中、安仰宁、杨博俊、钟读桐、王永祥、杨遂安、闫永宁、王　平、张兆凯、张自忠、沙福海、王家驹、陈万玉、张仑峰、郭文建、杨学仁、刘国安、秦玉花、梁志东、耿惠恩、冯学虎、李清芝、杨树亮、郭建明、王家麟、赵永利、曾立立、王冬青、惠香玲、薛克敏、马际忠、纳学铭、韩　军、刘永福、陈继宝、杨　伟、范大成、张自强、郭遵琅、朱康泉
3	1984	刘　孝、马光林、王　浩、王凤琴、惠香玲、刘永福、张天录、杨　伟、勉学广、张仑峰、曾立立、马　义、赵云利、王冬青、张衡峰、郭遵琅、桑建华、苏汉良、樊恩泽、陈志华、冯　友、纳　义、马建国、赵建珍、马志英、李德信、杨福祥、杨军林、杜建威、李再银、金福成、丁玉顶、张新文、王振东、赵　静、马　进、李　奎、李根学、李建宁、于宁锁、陈银生、刘华堂、陆建初、高海宏、薛建忠、胡宁生、王银川、张兰香、段光斌、扈永发、芦建山、达庆东、莫菁华、张泽谦、庄成生、胡志军、金玉琴、李秀芳、关　成、赵广福、王　功、杨国柱、张连成、沙光明、黎金玉、宁　永、王家驹、沙福海、李　祥、张自忠、郭文建、陈万玉、李宁生、黄天才、张兆凯、王　平、钟读桐、王金福、张连其、李腊梅、阎永宁、马长诚、胡慰中、任　智、安仰宁、胡吉功、梁志东、董华祥、楚月梅、冯学虎、孙建忠、赵秀龙、赵明亮、李　财

续表1

编号	年度	先进生产工作者
4	1985	赵云利、马际忠、张仑峰、马光林、蒽香玲、哈东进、马　义、岳凤英、陈杭英、王　浩、胡慰忠、王冬青、马建国、赵建珍、张立宁、杜建威、金福成、李再银、杨福祥、马亚兰、党增荣、于宁锁、樊恩泽、陈志华、张衡峰、苏汉良、芦　明、陈银生、孔淑珍、段光斌、金玉琴、张兰香、胡宁生、达庆东、张玉忠、扈永发、刘华堂、张学峰、冯国宝、高海洪、王银川、茚立志、宁　永、柯永安、黎金玉、关　成、杨国柱、王家驹、沙福海、陈伯康、张文全、陈定瑜、王　平、张兆凯、黄天才、李腊梅、阎永宁、钟读桐、王永祥、赵竹君、郭文建、任　智、黄建国、赵桂兰、楚月梅、李　财、杨树亮、汤铭生
5	1986	苏汉良、张衡峰、陈银生、雷永禄、郭世荣、王冬青、李彩霞、王恒运、季光军、陈淑叶、范大成、王凤琴、张泽谦、李银萍、马建国、金富成、赵淑珍、丁玉顶、马亚兰、赵　静、杜建威、吉兴国、段光斌、陈彩琴、胡宁生、扈永发、李秀芳、孔淑珍、于宁锁、王家驹、刘惠敏、陈玉章、宁　永、高海洪、张雪峰、武家明、黎金玉、柯永安、高　荣、冯国保、马长城、陈伯康、吴兴宁、王淑兰、李欣荣、黄天才、李宁生、腾　云、王郑妩、张自忠、曾立立、郭文建、沙福海、钟读桐、沈思福、楚月梅、刘国安、李　财、李清芝、苏文信、马吉兰、申屠光高
6	1987	郭文建、张衡峰、王冬青、郭世荣、苏汉良、陈淑叶、刘百广、范大成、陈宝军、刘永福、王凤琴、安仰宁、赵云利、赵秀龙、莫菁华、刘华堂、王玉宝、杜建威、马建国、金富成、马　进、冯　友、韩瑞康、杨晓林、李进忠、段光军、刘惠敏、段光斌、段光锋、胡宁生、芦建山、任忠平、杨军林、张兴文、于宁锁、张雪峰、冯国保、张衍昕、钟读桐、沙福海、吴亚利、柯永安、张凤兰、王　平、黄天才、赵竹君、陈伯康、张自忠、张胜和、马宁金、腾　云、王永祥、黎金云、李腊梅、楚月梅、黄建国、汤铭生、孙建忠、李　财、王全喜、申屠光高
7	1988	莫菁华、郭建明、刘玉贤、赵建珍、张泽谦、勉学广、马　进、于宁锁、马　义、马雅兰、李秀芳、孔淑珍、张宝珍、吴丽珍、卫纪功、刘书文、沙福海、张仑峰、纳梅英、林淑芳、杨　忠、李腊梅、陈伯康、王永祥、赵竹君、张胜和、张自忠、周彩文、黄天才、张兆凯、王　平、张宁三、楚月梅、张冀贤、马吉兰、郭学太、靳志祥、刘　孝、纳明德、王家驹、李进忠、陆建初、张雪峰、杨晓林、胡志军、王凤琴、张天录、王治国、刘永福、王　浩、赵玉梅、范大成、陈宝军、王冬青、陈杭英、郭文建、陈银生、申屠光高
8	1989	刘惠志、张自忠、腾　云、王　平、柳惠珍、张兆凯、赵竹君、刘汉成、刘美琴、杨新宁、杨　忠、吴亚利、曹桂花、曾立立、沙福海、张宁三、楚月梅、金姝萍、潘家和、张继贤、纳明德、王家驹、莫菁华、刘华堂、赵建珍、马　进、李平均、马秀花、于宁锁、张月芬、张彩琴、段光斌、吴丽珍、张雪峰、杨晓林、杨福祥、郭建明、张衡峰、贾月芹、王兆林、杨美玲、陈志福、陈宝军、朱小宁、陈彩芹、马玉莲、郭文建、陈银生

续表2

编号	年度	先进生产工作者
9	1990	沙福海、任 智、张衍昕、张自忠、周秀英、张连成、腾 云 赵竹君、王永祥、吴红荣、曹桂花、张凤兰、杨 忠、张兆凯 芦 明、楚月梅、李 财、靳志祥、张玉珍、张冀贤、王家驹 莫菁华、王玉宝、马建国、马 进、芦建山、于宁锁、张月芬 张彩琴、段光斌、段光锋、张宝珍、张雪峰、杨晓林、陆建初 王治国、杜建威、郭建明、张衡峰、陈余章、王冬青、王恒运 朱玉霞、陈 英、马创林、范大成、肖 静、崔进昌、吕富亮
10	1991	杜建威、郭建明、张衡峰、勉学广、刘永福、李青云、宋玉兰 杨美玲、陈银生、郭文建、马建国、马 进、陆建山、于宁锁 韩瑞康、段光斌、张宝珍、段光锋、李平均、刘书文、杨福祥 柳培荣、郑国强、邱宁平、王艳玲、莫菁华、姚宝恒、王冬青 钟读桐、曾立立、张兆凯、赵竹君、沈银海、黄建勇、秋 华 杨 忠、周彩文、王 平、曹桂花、张自忠、黄天才、王淑兰 沙光明、胡吉功、陈宝军、陈淑叶、吕 宁、张冀贤、张宁三 楚月梅、李 财、张自强、崔进昌、刘惠敏、张顺谋、王占山 姚 栎、伊玲英、林剑飞、苏 福、田宁安、梁秀泰、沈景远 王玲波、秦 孝、高国泰、王 强、胡建民、孙瑞川、秦 忠 柳 瑛
11	1992	郭文建、杜建威、郭建明、张衡峰、吕富亮、刘永福、张金玉 夏永祥、胡志军、李彩霞、王跃进、莫菁华、张泽谦、马雅兰 于宁锁、李建宁、胡宁生、刘书文、王长福、柳培荣、郑国强 强振民、赵 广、曾立立、李腊梅、黄建勇、周彩文、杨 忠 秋 华、沈银海、曹桂花、王 平、腾 云、王淑兰、沙光明 张冀贤、崔进昌、陈志福、陈宝军、张宁三、刘国安、李秀芳 陈彩芹、李 财、孙建忠、刘惠敏、曾光丽、胡建明、王万保 林剑飞、陈绪魁、苏 福、伊玲英、秦 忠、张顺谋、沈景远 贾银星、郭宁侠、商淑珍、蒯永强、李 军、梁秀泰、李波宁 何万才、孔维孝、李富春、刘胜宁、申屠光高
12	1993	李富春、李波宁、沈景远、王保会、高国泰、刘景兰、刘国芬 邹桂花、秦 孝、胡建民、王万保、王占山、张顺谋、伊玲英 陈喜萍、秦 忠、刘惠敏、莫菁华、夏冬梅、马 进、马雅兰 李建宁、段光斌、胡宁生、王玉玲、张雪峰、陆建初、马 义 郭建明、范大成、杜建威、王治国、杨当福、秦小娥、王 浩 夏永祥、朱玉霞、王冬青、王兆林、郑国祥、郭宁城、杨福祥 张兴文、沙福海、陈德仓、秋 华、马金林、腾 云、周彩文 黄建勇、王 平、李腊梅、吴菊花、沈银海、刘汉成、常明福 曹桂花、王淑兰、孙建忠、吕富亮、马维民、杨树亮、陈卫华 黄建国、王 海、陈宝军、陈志福、夏永胜、沙光明、王淑萍

续表3

编号	年度	先进生产工作者
13	1994	杜建威、郭建明、马义、王恒运、刘华堂、陈玉章、杜银芳、秦小娥、姚宝恒、王冬青、郭文建、陈明逵、张胜和、陆建初、张泽谦、马进、马雅兰、段光斌、胡宁生、田蕴清、杨侃、安建华、刘宝珠、柳培荣、刘梅芹、腾云、王平、周秀英、吴菊花、沈银海、常明福、黄建勇、曹桂花、周彩文、沙福海、曾立立、张衍昕、陈志福、陈宝军、张冀贤、张宁三、沙光明、赵国庆、崔进昌、芦明、王学芹、耿惠恩、张文婷、王凤琴、陈玉贤、季光军、张顺谋、贾银星、秦忠、苏福、曾光丽、李波宁、李军、沈景远、蒯永强、王万保、王保会、李惠英、高国泰、王金龙、陈喜萍、何万顺
14	1995	张泽谦、段光锋、段光斌、杨侃、陆建初、沈思福、刘惠敏、郭文建、姚宝恒、李再川、郭建明、王家麟、张天禄、马义、杜建威、王冬青、刘华堂、王兆林、王恒运、宋玉兰、王家驹、李福春、刘宝珠、王长福、张雪峰、陈宝军、陈志福、曾立立、张衍昕、马凤彩、黄建勇、闫峰、常明福、沈银海、腾云、王平、秋华、杨忠、曹桂花、崖永年、钟读桐、沙光明、柳惠珍、冯健、吕富亮、李从容、陈淑叶、刘梅芳、杨惠兰、范大成、胡建民、耿惠恩、芦明、苏福、伊玲英、胡玉平、眭效烨、秦忠、秦孝、梁秀珍、沈景远、陈喜萍、曾光丽、邹桂花、祖银生、李惠英
15	1996	姚宝恒、王家麟、吴炜、莫菁华、沈兰洲、马义、杜建威、刘华堂、王冬青、王浩、秦小娥、杨金梅、张胜和、李再川、王长福、张晨升、郑国祥、王艳玲、达庆东、夏冬梅、段光斌、张雪峰、赵国庆、马雅兰、王玉玲、刘惠敏、郭文建、王平、曹桂花、雍克奇、周彩文、张衍昕、黄建勇、秋华、沈银海、陈德仓、闫峰、崖永年、常明福、赵永喜、张自忠、朱小宁、陈志福、冯健、杨惠兰、王功友、沙光明、耿惠恩、吕富亮、郭建明、王孝、伊玲英、崖永发、吕明、王占山、沈景远、梁秀太、祖银生、李军、马福全、程永华、梁志忠、田宁安、宋玉林
16	1997	刘惠敏、莫菁华、姚宝恒、吴炜、王家麟、赵永安、安建华、张晨升、董向东、郭宁成、刘华堂、王冬青、杜建威、高学雄、王恒运、王兆林、王浩、李慧芬、张冀贤、吕富亮、赵国庆、张胜和、沈思福、达庆东、沙光明、杨惠兰、张泽谦、马进、段光斌、张雪峰、张月芬、张衍昕、任智、沈银海、曹桂花、黄建勇、秋华、杨忠、崖永年、柯永安、李金、雍克奇、闫峰、陈志福、陈宝军、夏永胜、张静、申兰州、郭建明、王孝、伊玲英、崖永发、眭效烨、曾光丽、张俊文、孙瑞川、祖银生、沈景远、蒯永强、贾银星、梁秀泰、李军、秦忠、田宁安

续表4

编 号	年 度	先进生产工作者
17	1998	季光军、安建华、冯建平、史忠生、樊恩泽、杨振忠、王玉宝 段光斌、刘华堂、张雪峰、陆建初、王　浩、范大成、陈杭英 杨　侃、杨美玲、席延江、杨晓东、赵国庆、张冀贤、王淑萍 赵长林、董玉平、陈洪喜、吉瑞英、杨金梅、李振勇、刘宝珠 张晨升、段光锋、沙福海、马凤彩、雍克奇、李腊梅、刘梅芹 黄建勇、腾　云、周彩文、任　健、段顺利、翟林峰、米　旺 石淑珍、陈宝军、朱小宁、黄建国、郭建明、扈永发、陈喜萍 曾光丽、沈景远、何万才、贾银星、马生福、李波宁、林玉芝 许俊英、李　军、梁秀泰、眭效烨、魏银喜
18	1999	安建华、王冬青、王兆林、季光军、席延江、张冀贤、赵国庆 段光斌、张雪峰、王　浩、段光锋、樊恩泽、史忠生、杨振忠 杨福祥、张斌杰、席香玲、周静微、缪巧云、王玉宝、张月芬 张自祥、于春娥、董玉平、陈卫华、吕富亮、王淑萍、张晨升 张永忠、刘华堂、冯　健、张衍昕、沈银海、周彩文、王　平 刘弟栓、柯永安、哈素梅、常明福、黄建勇、孔秀云、陈志福 李宁奇、唐新宁、莫菁华、曾光丽、陈喜萍、邹桂花、祖银生 张百镇、王　孝、泰　忠、任保宁、眭效烨、高生银、李　军
19	2000	赵永安、吴　炜、王　功、安建华、陈杭英、刘梅芳、陈国华 何银华、王　浩、雷立琴、王家驹、张　静、席香玲、王庆香 陈卫华、勉智勇、于宁锁、张自忠、张泽谦、马亚兰、董玉霞 张雪峰、徐玉凤、董玉平、朱小云、史忠生、王长福、王　斌 刘宝珠、祁国亮、黄自亮、张衍昕、张兆凯、马凤彩、刘梅琴 刘汉城、沈银海、黄建勇、柯永安、胡永年、杨　忠、王　平 常明福、范大成、李宁奇、杜银芳、朱小宁、王　孝、曾光丽 贾银星、秦　忠、眭效烨、林　芳、祖银生、陈喜萍、扈永发 张永忠、陈明遂、林建忠
20	2001	季光军、王冬青、马　义、杜建威、张冀贤、安建华、洪　波 樊恩泽、张淑霞、罗银强、王宁善、杨惠兰、勉学广、黄晓军 王　浩、杨洪波、徐丽萍、杨雪峰、李从荣、何淑英、吕福亮 耿惠恩、张海铭、段光斌、段光锋、陆建初、刘国安、李建宁 卫纪功、龙　震、黄自亮、张学斌、张胜和、杨　忠、黄建勇 柯永安、吴新宁、王　平、张兆凯、张衍昕、张志军、闫　峰 沈银海、常明福、李淑红、范大成、杨金梅、李宁奇、朱小宁 陈喜萍、周月玲、曾光丽、眭效烨、秦　忠、李　军、祖银生 贾银星、勉学贤、沈景远、丁宗敏、张　岩
21	2002	郭建明、张淑霞、龙　震、康　宁、徐丽萍、勉智勇、席香玲 王兆林、高淑梅、何银华、张冀贤、张文婷、吕富亮、陈卫华 李　荣、徐玉凤、段光斌、段光锋、王贞全、卫纪功、康春生 张学斌、柯永安、王美节、李腊梅、沈银海、常明福、黄建勇 刘华堂、范大成、赵成文、张梅英、扈永发、陈喜萍、杨春梅 李波宁、眭效烨、李　军、王希林、沈景远、田　俊、丁宗敏
22	2003	

续表5

编号	年度	先进生产工作者
23	2004	季光军、莫菁华、张 军、张泽谦、赵华岭、于宁香、王 辉、高淑梅、王宁善、李慧芬、王桂花、徐玉凤、吴晓华、陈国华、陈卫华、耿惠恩、王玉宝、王 孝、张永忠、刘宝珠、刘 莉、勉智勇、黄建勇、闫 峰、周彩文、常明福、李 军、眭效烨、秦 忠、陈喜萍、杨春梅、武菊萍、孙立东、唐新宁、张小峰、马雅兰、丁宗敏、张 雁
24	2005	莫菁华、安建华、陈卫华、冯 健、龙 震、张 怡、马益民、王兆林、申兰州、金姝萍、洪 波、秦小娥、严崇银、赵华岭、杨美玲、黄道宁、杨洪波、杨雪峰、张 军、达庆东、黄建勇、翟林峰、王俊荣、张自强、周月玲、杨静萍、缪巧云、张铁林、眭效烨、薛金生、赵 静、陈 瑞、唐新宁、秦 孝、张海军、吴志刚
25	2006	白金珍、张雪峰、刘惠志、王 孝、刘 莉、王宁善、秦小娥、杨玉梅、徐玉凤、马 进、卫纪功、张志军、王玉玲、詹春华、杜建威、陆建初、孔 涛、常明福、闫 峰、翟林峰、腾 云、肖 进、张铁林、眭效烨、杨春梅、杨静萍、陈 森、王永生、秦 孝、陈 瑞、张海铭、杨 彪
26	2007	杨振忠、李建宁、张雪峰、詹春华、张泽谦、张淑霞、钱 进、张惠玲、张 怡、张福林、徐自发、陈国华、黄晓军、由省玲、王 孝、张 滢、王兆林、王宁善、高淑梅、万 宏、王建宁、李明海、卫纪功、翟林峰、张兆凯、黄建勇、黄 龙、曾光丽、马自力、任保宁、赵 静、陈 森、缪巧云、李宁奇、张志军、吴志刚、王 嘉、孙瑞川、哈 玉、郭建平、陈明海
27	2008	席香玲、杨玉梅、李慧芬、刘国安、周 虎、刘 莉、季立红、黄道宁、陈国华、李 荣、吕临银、张淑霞、王彦荣、刘燕青、詹春华、张泽谦、段光锋、李波宁、张雪峰、罗建龙、王 孝、王建宁、张 铁、李明海、李根成、黄建勇、翟林峰、林玉莲、周彩文、杨 军、曾光丽、陈 华、赵英海、田建华、李德信、关金财、陈明海、乔海涛、邹丽萍、李小梅、王必明、杨静萍
28	2009	王玉宝、张泽谦、李建宁、张自忠、李波宁、罗建龙、孙元恒、赵华岭、高淑梅、莫菁华、王彦荣、张伏林、季立红、王 孝、洪 波、王宁善、杨惠兰、杨玉梅、张衍昕、陈国华、杨雪峰、马丽芳、余 凡、卫纪功、段光峰、勉志勇、滕 云、沈建荣、黄 龙、杨静萍、田宁安、任保宁、李德信、周世忠、张海军、杨 彪、乔海涛、韩蓓蓓、王思洋、邹丽萍
29	2010	段光峰、张志军、李波宁、眭效烨、刘 文、刘惠志、黄晓军、杨振忠、殷 颖、赵华岭、王玉玲、靳志祥、邵 佳、王 孝、金姝萍、马 义、杨金梅、石 慧、勉智勇、蒯永强、王桂香、翟林峰、胡玉平、马自力、杨静萍、李德信、张仑峰、陈明鑫、于 坤、张 荣、陈建双、王永生、马 强、缪巧云、陈国华、杜银芳、徐 立、冯文晶、杨雪峰、化 伟、邱小平、王立杰、刘建国

续表6

编号	年 度	先进生产工作者
30	2011	段光斌、张志军、马 芳、卫济功、眭效烨、杨建勇、刘 文、徐 升、于宁香、李慧芬、邵 佳、孙瑞川、马 义、胡卫民、杜银芳、王 孝、高 阳、孙元恒、魏万强、吴亚利、翟林峰、周彩文、杨 军、杨静萍、马兵兵、胡玉平、李德信、乔海涛、周建平、王永生、张利红、徐 涛、杨 彪、程 韬、陈国华、王燕峰、杨雪峰、李 荣、张衍昕、季立红、冯文晶、张伏林、达庆东
31	2012	杨振忠、张雪峰、刘惠志、杨建勇、卫纪功、眭效烨、黄晓军、李波宁、王彦荣、吴慧娟、吴银生、王 孝、杨静萍、任桂红、高学雄、张惠玲、陈丽平、胡卫明、杨军锋、裴增娟、翟林峰、黄建勇、李永华、杨 军、赵 赋、杨金梅、李德信、刘卫军、王 娇、王思洋、杨 彪、陈明鑫、张海军、柳常青、冯晓华、詹春华、王燕峰、杨雪峰、黄道宁、化 伟、邱小平、张伏林、陈荣荣、吕临映、王庆香
32	2013	孙元恒、罗建龙、眭效烨、王玉宝、杨建勇、刘惠志、胥致远、张 磊、蒲军彦、谢俊忠、陈娇文、王玉玲、李 洋、马 义、杨玉梅、张 怡、柏 杨、洪 波、孙瑞川、李慧芬、杨静萍、刘 莉、李国庆、沈建荣、段宁华、常明福、杨金梅、马自力、马兵兵、李德信、赵雪艳、王永生、王浪浪、周 童、魏 巍、马新军、杨 彪、范 莉、张建国、杨雪峰、刘翠红、王立杰、季立红、蒋 蓉、李 荣、来建银、夏永胜、刘 文、胡卫明
33	2014	张志军、段光锋、陈国华、殷 颖、卫纪功、眭效烨、杨建勇、刘惠志、黎 磊、罗文貌、胥志远、谢俊忠、任桂红、陈卫华、邵 佳、于宁香、关金财、洪 波、杨玉梅、王 佳、高 阳、王 孝、杜 芳、吴亚利、蒯永强、沈建荣、刘 文、杨金梅、安 丽、李德信、杨洪波、李昊璠、韩蓓蓓、温小琴、周 童、虎彦林、张 荣、何汉中、邱小平、李宁奇、王立杰、张伏林、王宏森、麦 波、蒲军彦
34	2015	段光斌、李波宁、眭效烨、段光锋、杨建勇、陈丽平、黎 磊、杨军锋、谢静波、李宗阳、殷 颖、钱 进、陈喜萍、张 怡、安立华、洪 波、李建荣、阮赫男、边满丽、张志军、张 磊、常明福、王振妩、黄建勇、李德信、裴增娟、王燕峰、赵 佳、马福宏、马 强、虎彦林、马新军、邹丽萍、杨 彪、张海军、韩小利、王新成、吴建栋、赵学亮、伊志龙、王 瑞、王立仁、杨雪峰、朱东冉、雷 莉、张伏林、王立杰、柴立新、季立红
35	2016	张志军、马 芳、段光锋、刘惠志、金建宁、杨建勇、黄道宁、罗文貌、石 慧、彭兰军、张 怡、于宁香、席娟霞、邵 佳、金姝萍、边满丽、李慧芬、关金财、张自强、蒯永强、常明福、李德信、裴增娟、马兵兵、谢俊忠、张海军、马 强、温小琴、何汉中、张明明、王永生、马新军、杨红霞、余 军、吴建东、张欣宁、赵学亮、王新成、韩小利、乔海涛、季立红、徐玉凤、詹春华、杨雪峰、李 荣、洪 波、李 军、刘 洋

银川三建 历年优秀共产党员名录

序 号	年 度	优秀共产党员
1	1984	杨福祥、陈银生、胡慰中、哈东进、郭遵琅、王冬青
2	1987	陈银生、王冬青、杜建威、保秀梅
3	1988	赵云利、宋玉兰、曾立立、莫清华、沙光明、杜建威
4	1989	莫清华、杨福祥、宋玉兰、郭建明、沙福海、王家驹、陈宝军、张吉贤
5	1991	杨福祥、郭文建、雷永禄、沙福海、王家驹、沙光明
6	1992	宋玉兰、莫清华、沙福海、钟读桐、沙光明、张宁三、伊玲英、沈景远、季光军、郭文建、雷永禄
7	1993	陈银生、杨福祥、莫清华、沙福海、王家驹、沙光明、芦 明、季光军、李惠英、陈喜萍
8	1994	杨福祥、郭建明、王冬青、雷永禄、曾立立、张兆凯、沙福海、芦 明、沙光明、孙瑞川、王金龙、季光军
9	1995	王家驹、王冬青、郭文建、郭建明、沙福海、曾立立、沙光明、刘梅芳、李惠英、王 孝、伊玲英、季光军
10	1996	刘华堂、王冬青、陈德仓、陈宝军、沙光明、吴 炜、王 孝、伊玲英、郭文建、季光军
11	1997	刘华堂、王冬青、张泽谦、王家驹、沙福海、秋 华、马凤彩、雍克奇、沙光明、季光军、陈喜萍、张顺谋、沈景远
12	1998	杨福祥、张泽谦、赵云利、宋玉兰、沙福海、秋 华、郭建敏、马生福
13	1999	王 浩、王冬青、吴 炜、张泽谦、黄建勇、陈德仓、季光军、高国泰
14	2000	杨福祥、王兆林、赵长林、陈明逵、刘梅芳、刘汉城、腾 云、曾光丽、马生福
15	2001	王冬青、席延江、王兆林、腾奋勤、黄建勇、范大成、陈喜萍、邹桂花、沈景远
16	2002	王冬青、王恒运、张泽谦、洪 波、范大成、沈银海、李惠英、哈 俊、马生福
17	2003	吴 炜、张冀贤、王兆林、洪 波、秋 华、陈喜萍、沈景远
18	2004	吴 炜、王 孝、张泽谦、张自忠、陈德仓、曾光丽、马生福
19	2005	张泽谦、高国泰、莫菁华、邱小平、黄建勇、陈喜萍、沈景远
20	2006	席延江、杜建威、孔 涛、洪 波、张兆凯、马自力、沈景远
21	2007	张泽谦、杜建威、孔 涛、陈国华、勉智勇、杨 军、唐新宁、
22	2008	孔 涛、陈国华、陈喜萍、黄晓军、张兆凯、曾光丽、王 嘉

续表

序 号	年 度	优秀共产党员
23	2010	张志军、张泽谦、孙元恒、贾银星、陈国华、常明福、杨 军、唐新宁
24	2011	莫菁华、孙元恒、陈喜萍、钱 进、黄建勇、马自力、唐新宁、陈国华、杨雪峰
25	2013	钱 进、孙元恒、李彩霞、胥致远、高 阳、腾 云、杨 军、乔海涛、邱小平、张泽谦
26	2014	严崇银、杨静萍、谢俊忠、杨军锋、孙瑞川、苏巧红、黄建勇、杨 军、韩蓓蓓、陈国华、徐玉凤
27	2016	陈喜萍、倪万鹏、藤 云、王燕峰、谢俊忠、陈国华

备注：空缺年份是因为当年没有评选或企业资料缺失。

银川三建 历年竣工项目获杯名录

编号	工 程	地 址	发奖部门	获奖等级	项目负责人	年 度
1	锦绣苑 22# 楼	银川市金凤区锦绣苑小区	自治区建设厅	西夏杯	赵 静	2003
2	塞上骄子 31# 楼	银川市金凤区	自治区建设厅	西夏杯	白雪融	2005
3	诚信街道路工程	银川市金凤区经济开发区	自治区建设厅	西夏杯	雷光新	2006
4	佳乐苑小区 1# 楼	灵武市人民街	自治区建设厅	西夏杯	龙 震	2006
5	第三污水厂中水回用工程	银川市西夏区	自治区建设厅	西夏杯	汪希林	2010
6	一污水厂再生水深度处理	银川市兴庆区	自治区建设厅	西夏杯	汪希林	2012
7	大禹文化园大殿工程	青铜峡市	自治区建设厅	西夏杯	田建华	2015
8	银川市残疾人康复中心	银川市金凤区	自治区建设厅	西夏杯	康春生	2015
9	唐徕小区 143# 楼	银川市兴庆区	银川市建设局	凤凰杯	孙希贤	2000
10	市工商银行 6# 楼工程	银川市兴庆区铁北巷	银川市建设局	凤凰杯	段光斌	2001

续表

编号	工程	地址	发奖部门	获奖等级	项目负责人	年度
11	西夏区高家闸收费站监控楼	银川市西夏区沿山路	银川市建设局	凤凰杯	张永忠	2001
12	唐徕小区幼儿园工程	银川市兴庆区唐徕小区	银川市建设局	凤凰杯	柳培荣	1995
13	新华街步行街仁义巷9#楼	银川市新华街仁义巷	银川市建设局	凤凰杯	黄子亮	1997
14	佳乐苑小区1#楼	灵武市人民街	银川市建设局	凤凰杯	龙震	2006
15	诚信街道路工程	银川市金凤区经济开发区	银川市建设局	凤凰杯	冯健	2006
16	第三污水厂中水回用工程	银川市西夏区	银川市建设局	凤凰杯	汪希林	2009
17	第一污水厂再生水深度处理	银川市兴庆区	银川市建设局	凤凰杯	陈国华	2009
18	塞上骄子31#楼	银川市金凤区	银川市建设局	凤凰杯	白雪融	2005
19	中卫众一山水城23#楼	中卫市	中卫市住建局	沙坡头杯	殷建军	2014
20	中卫众一山水城37#楼	中卫市	中卫市住建局	沙坡头杯	殷建军	2012
21	叶盛明德小学教学楼	青铜峡市叶盛镇	吴忠市住建局	明珠杯	时文军	2011
22	彭阳县二中迁建9#公寓楼	彭阳县新二中	固原地区	六盘杯	安友奎	2011

银川三建 历年优良工程获奖目录

编号	工程	地址	获奖等级	项目经理	年度
1	自治区粮食局住宅楼工程	银川市兴庆区文化街	优良	陈银生	1982
2	银川市菜窖工程（3个）	银川市东门、西门、新市区	优良	张天录 冯友 安建华	1982

续表1

编号	工程	地 址	获奖等级	项目经理	年 度
3	市人民银行住宅楼	银川市兴庆区解放东街民生街口	优良	杨福祥	1983
4	自治区水利局住宅楼工程	银川市兴庆区南薰路	优良	杨福祥	1983
5	银川市城区供电所2#住宅楼	银川市兴庆区南薰路	优良	莫清华	1983
6	银川棉织品厂印染车间工程	银川市兴庆区中山北街	优良	桑建华	1983
7	南门清真寺喷泉工程	银川市兴庆区胜利南街长城路口	优良	马 进	1983
8	西门转盘路口喷泉工程	银川市解放西街西门路口	优良	桑建华	1983
9	第三幼儿园工程	银川市兴庆区南门二道巷	优良	陈银生	1984
10	西门6#商住楼	银川市兴庆区解放西街西门口	优良	吴光明	1984
11	银川饭店抗震加固工程	银川市兴庆区解放西街	优良	陈银生	1984
12	市地震局砼路面工程	银川市兴庆区北京东路	优良	段光斌	1984
13	市棉纺品厂污水处理车间	银川市兴庆区中山北街	优良	桑建华	1984
14	银川饭店四层改造工程	银川市兴庆区解放西街	优良	陈银生	1984
15	育才巷2#住宅楼工程	银川市兴庆区解放西街育才巷	优良	杨福祥	1984
16	唐徕渠管理处住宅楼	银川市兴庆区解放西街西门桥北	优良	吴光明	1984
17	黄河农具厂车间工程	银川市兴庆区中山北街北门处	优良	杨福祥	1985
18	新城公安分局办公楼工程	银川市金凤区北京中路铁东路口	市级优良	柳培荣	1990
19	自治区交通学校教学楼工程	银川市兴庆区北京东路中山北街口	市级优良	莫菁华	1990
20	宁夏青山试验机厂1#楼工程	银川市兴庆区中山北街	市级优良	郑国祥	1990
21	自治区物资局住宅楼工程	银川市兴庆区解放西街宗睦巷	市级优良	段光斌	1990
22	银川胶带厂综合楼工程	银川市西夏区北京西路北怀远路东	市级优良	胡雪仁	1991
23	市政二公司住宅楼工程	银川市兴庆区西桥巷	地市级优良	郑国祥	1991
24	唐徕小区70#楼	银川市兴庆区	区优样板工程	柳培荣	1991

续表2

编号	工　程	地　址	获奖等级	项目经理	年　度
25	市档案局综合楼工程	银川市兴庆区中山南街老市委院内	地市级优良	莫菁华	1991
26	唐徕小区69#楼	银川市兴庆区北京东路	区、市级优良	张永忠	1991
27	利民街1#住宅楼	银川市兴庆区利民街	区、市级优良	柳培荣	1992
28	唐徕小区116#住宅楼	银川市兴庆区北京东路	市级优良	胡雪安	1992
29	咨询公司9#住宅楼	银川市兴庆区永康巷29号	市级优良	刘天宁	1992
30	自治区水利厅住宅楼	银川市兴庆区胜利街南街	市级优良	赵　广	1992
31	唐徕小区115#住宅楼	银川市兴庆区北京东路	市级优良	麦玉明	1992
32	宁夏电视大学住宅楼工程	银川市金凤区罗家庄	区、市级优良	强振民	1992
33	唐徕小区110#住宅楼	银川市兴庆区北京东路	市级优良	麦玉民	1992
34	咨询公司15#住宅楼工程	银川市兴庆区永康北巷29号	市级优良	万登奎	1993
35	银川三中教学试验楼工程	银川市兴庆区永康南巷	市级优良	强振民	1993
36	市交警支队住宅楼	银川市兴庆区玉皇阁北街	市级优良	万登祥	1993
37	中山北街二期4#楼	银川市兴庆区中山北街	市级优良	李富春	1993
38	中山北街二期2#楼	银川市兴庆区中山北街	市级优良	宋有山	1993
39	唐徕小区72#住宅楼	银川市兴庆区北京东路	区优样板工程	张永忠	1993
40	唐徕小区117#住宅楼	银川市兴庆区北京东路	区、市级优良	柳培荣	1993
41	唐徕小区102#住宅楼	银川市兴庆区北京东路	区、市级优良	郭宁城	1993
42	新城宏达2#楼	银川市金凤区新城福州街	区、市级优良	张永忠	1993
43	唐徕小区92#住宅楼	银川市兴庆区北京东路	市级优良	李富春	1993
44	宁夏教育学院美术楼工程	银川市西夏区教育学院	市级优良	强振民	1993
45	利群东街住宅楼工程	银川市兴庆区利群东街	市级优良	周怀祥	1993

续表3

编号	工　程	地　址	获奖等级	项目经理	年　度
46	银川铁路段培训中心楼工程	银川市西夏区铁路分局机务所	区级优良	黄顺龙	1993
47	市政二公司住宅楼	银川市兴庆区南路	市级优良	郑国祥	1993
48	唐徕小区107#楼工程	银川市兴庆区北京东路	市级优良	柳培荣	1993
49	唐徕小区108#楼工程				1993
50	唐徕小区109#楼工程				1993
51	唐徕小区113#楼工程				1993
52	唐徕小区114#楼工程				1993
53	海宝小区7#楼工程	银川市兴庆区	市级优良	张明忠	1994
54	唐徕小区幼儿园	银川市兴庆区北京东路	区、市级优良	柳培荣	1994
55	银川市供电局计修校车间工程	银川市兴庆区南薰西路	市级优良	万登祥	1994
56	银川十六小学1#办公楼	银川市兴庆区富宁街	市级优良	刘宝珠	1994
57	银川十六小学2#教学楼				
58	银川十六小学3#教学楼				
59	前进街2#楼工程	银川市兴庆区	市级优良	李富春	1994
60	自治区林业厅科研试验楼工程	银川市兴庆区三北林业局	优良	郭宁城	1994
61	银川市售后服务公司办公楼	银川市金凤区	市级优良	高生贵	1994
62	东安小区2#住宅楼工程	银川市兴庆区解放东街红花渠东	优良	许建宁	1995
63	残联康复中心综合楼工程	银川市金凤区双渠口	市级优良	董兴祥	1995
64	农业局住宅楼工程	银川市兴庆区解放西街	优良	哈林	1996
65	长庆锦林综合楼工程	银川兴庆区长庆油田基地	市级优良	张晨升	1996
66	步行街仁义巷9#楼	银川市兴庆区新华街	区、市级优良	黄自亮	1996

续表4

编号	工程	地址	获奖等级	项目经理	年度
67	富宁街1#楼	银川市富宁街	市级优良	董向东	1996
68	东安小区6#住宅楼	银川市兴庆区解放东街红花渠东	优良	丁建军	1997
69	东安小区7#住宅楼	银川市兴庆区解放东街红花渠东	优良	李振勇	1997
70	步行街仁义巷7#楼	银川市兴庆区新华街	市级优良	陆文桢	1997
71	新华购物中心住宅楼	银川市兴庆区新华街	市级优良	张永忠	1997
72	兰州军区后勤部银川房管局住宅楼	银川市兴庆区胜利南街	市级优良	郭宁城	1997
73	银川城区第六小学教学楼	银川市兴庆区中山北街	市级优良	刘宝珠	1997
74	自治区交通厅海宝3#楼工程	银川市兴庆区海宝小区	市级优良	柳培荣	1997
75	银川北门屠宰厂工程	银川市兴庆区	市级优良	祁国亮	1997
76	石嘴山矿务局5#楼工程	石嘴山矿务局	市级优良	黄自亮	1997
77	银川师范学校宿舍楼工程	银川市兴庆区北京东路	市级优良	董向东	1997
78	海宝小区26#楼工程	银川市海宝小区	市级优良	段光斌	1997
79	中山北街83#楼	银川市兴庆区中山北街银河巷	市级优良	张泽谦	1997
80	自治区水利设计院3#楼	银川市兴庆区胜利南街	市级优良	张晨升	1997
81	自治区纺织品公司住宅楼	银川市兴庆区	市级优良	柳培荣	1997
82	中房仁义巷7#楼一段	银川市兴庆区新华东街仁义巷	市级优良	黄自亮	1997
83	中房银川公司北苑5#楼	银川市兴庆区	市级优良	孙希贤	1997
84	宁夏印刷物资公司	银川市兴庆区北京东路	市级优良	张振民	1997
85	唐徕渠管理处住宅楼	银川市兴庆区凤凰北街	市级优良	张晨升	1997
86	银川西湖8#、9#别墅工程	银川市金凤区	市级优良	柳培荣	1998
87	中铁13局综合楼工程	银川市兴庆区清河北街	市级优良	黄自亮	1998

续表 5

编号	工 程	地 址	获奖等级	项目经理	年 度
88	浩华房地产综合楼工程	银川市兴庆区中山南街东花园处	市级优良	段光斌	1998
89	市公安局防暴支队 2# 住宅楼	银川市兴庆区凤凰北街	市级优良	舒兴忠	1998
90	回民三小教学楼	银川市兴庆区宗睦巷	市级优良	马学云	1998
91	城区十五小教学楼	银川市兴庆区民生巷	市级优良	刘宝珠	1998
92	银川电校 4# 住宅楼	银川市金凤区罗家庄	市级优良	秋晓安	1998
93	兰州军区后勤部企管局综合楼	银川市兴庆区西门	优良	郭宁城	1998
94	银川十中实验楼工程	银川市兴庆区南薰西路	市级优良	董向东	1998
95	西湖别墅区 F 型 5#、6#、7# 楼	银川市西夏区	市级优良	柳培荣	1998
96	新城国税局综合楼	银川市金凤区	市级优良	李振勇	1998
97	华苑小区 13# 住宅楼	银川市兴庆区中山北街	市级优良	张泽谦	1998
98	华苑小区 12# 住宅楼	银川市兴庆区中山北街	市级优良	马 进	1998
99	海宝小区 73# 楼	银川市兴庆区	市级优良	哈 林	1998
100	华苑小区 11# 住宅楼	银川市兴庆区中山北街	市级优良	段光斌	1998
101	青铜峡渠首管理处 1# 楼	青铜峡市	市级优良	张晨升	1998
102	自治区人民医院 22# 住宅楼	银川市西夏区	市级优良	李振勇	1998
103	市建行新城住宅楼	银川市金凤区新城	市级优良	许建宁	1998
104	唐徕小区 143# 楼	银川市兴庆区	区级优良	孙希贤	1998
105	市公安局防爆支队 1# 楼	银川市兴庆区凤凰北街	市级优良	刘宝珠	1999
106	建发 13# 楼	银川市兴庆区解放东街	优良	柳培荣	1999
107	银湖花园 9#、12#、14#、15#、16# 楼	银川市兴庆区北京东路水产巷	市级优良	强振民	1999

续表6

编号	工程	地址	获奖等级	项目经理	年度
108	海宝小区 51# 住宅楼	银川市兴庆区海宝小区	区级优良	勉学贤	1999
109	海宝小区 52# 住宅楼			柳培荣	
110	姚叶公路银川收费站监控楼	银川市兴庆区	市级优良	张永忠	1999
111	新城七小教学楼	银川市西夏区	市级优良	宋金明	1999
112	东环建行 4# 住宅楼	银川市兴庆区清河北街	优良	张永忠	1999
113	新城国税局 2# 住宅楼	银川市金凤区新城东街	市级优良	李振勇	1999
114	宁夏水利学校 3# 住宅楼	银川市兴庆区清河南街西侧	优良	强振民	1999
115	康民家具厂综合楼工程	银川市兴庆区民族南街	市级优良	哈林	1999
116	自治区工商银行 1# 住宅楼	银川市兴庆区铁北巷	市级优良	康春生	2000
117	长庆输油公司 11# 住宅楼	银川市兴庆区石油城	市级优良	康春生	2000
118	富康小区 6# 楼	银川市兴庆区富宁南街	市级优良	陈富刚	2000
119	福祥小区 14# 楼	银川市兴庆区胜利南街	市级优良	刘天宁	2000
120	福祥小区 15# 楼				
121	福祥小区 17# 楼				
122	银川毛纺织品厂 16# 住宅楼	银川毛纺织厂院内	市级优良	高生银	2000
123	银川纺织厂 17# 住宅楼		优良	高生银	
124	锦绣苑 12# 住宅楼	银川市金凤区正源南街	市级优良	万玉山	2000
125	锦绣苑 10# 住宅楼			刘生金	2000
126	进宁北街 1# 楼	银川市兴庆区进宁北街	市级优良	勉学贤	2000
127	唐槐园 6# 住宅楼	银川市金凤区北京中路唐徕渠西	市级优良	马自奎	2000
128	渠口农场卫生院	中宁县渠口农场	优良	张晨升	2000

续表7

编号	工　程	地　址	获奖等级	项目经理	年　度
129	东方运输机械公司综合楼	银川市金凤区高新技术开发区	优良	张永忠	2000
130	银川十中多功能厅工程	银川市兴庆区南薰街	市级优良	董向东	2000
131	城区十一小学教学楼	银川市兴庆区南薰西街	优良	刘宝珠	2000
132	高家闸收费站监控楼	银川市西夏区沿山路	市级优良	张永忠	2000
133	康乐家具公司综合楼	银川市兴庆区民族南街	市级优良	哈林	2000
134	新华街凤凰商业广场DE段	银川市兴庆区新华东街	优良	汪希林	2000
135	进宁北街2#楼	银川市兴庆区进宁北街	市级优良	张学斌	2000
136	进宁北街4#楼				
137	进宁北街5#楼				
138	康民小区4#楼	银川市兴庆区银古路北侧	市级优良	赵青	2000
139	自治区工商银行2#住宅楼	银川市兴庆区铁北巷	市级优良	康春生	2000
140	富康小区5#楼	银川市兴庆区富宁南街	市级优良	陈福刚	2000
141	福祥小区16#楼	银川市兴庆区胜利南街58号	市级优良	刘天宁	2000
142	康民小区13#住宅楼	银川市兴庆区银横公路14号	市级优良	王洪军	2000
143	宁夏警犬基地办公楼	银川市兴庆区富宁南街	市级优良	舒兴忠	2000
144	城区十一小合班教室	银川市兴庆区南薰西街北侧	市级优良	刘宝珠	2000
145	进宁北街6#楼	银川市兴庆区进宁北街	市级优良	张学斌	2000
146	华苑小区7#住宅楼	银川市兴庆区中山北街	市级优良	马进	2000
147	华苑小区6#住宅楼			张泽谦	
148	高新区创新园36#楼	银川市金凤区技术开发区	市级优良	陈富刚	2001
149	高新区创新园37#楼	银川市金凤区技术开发区	优良	陈富刚	2001

续表8

编号	工　程	地　址	获奖等级	项目经理	年　度
150	高新区创新园38#楼	银川市金凤区技术开发区	市级优良	陈富刚	2001
151	宁夏农丰25#住宅楼	银川市兴庆区北京东路水产巷	优良	黄自亮	2001
152	满春村办公楼工程	银川市兴庆区满春乡满春村	市级优良	白雪融	2001
153	市政一公司76#商住楼	银川市兴庆区利群东街	市级优良	刘广武	2001
154	高新区创新园35#楼	银川市金凤区高新技术开发区	市级优良	陈富刚	2001
155	市车管所1#住宅楼	银川市兴庆区清河南街	市级优良	刘宝珠	2001
156	市车管所2#住宅楼			白雪融	
157	长庆基地1#楼	银川市兴庆区长庆基地家属区	优良	黄自亮	2001
158	长庆基地4#楼			巫成永	
159	长庆基地23#楼			黄自亮	
160	锦绣苑4#住宅楼	银川市金凤区正源南街	市级优良	杨广成	2001
161	锦绣苑6#住宅楼			孙希贤	
162	自治区工行3#住宅楼	银川市兴庆区铁北巷	市级优良	柳培荣	2001
163	银川市车管所3#住宅楼	银川市清河南街	市级优良	万　宏	2001
164	银川毛厂26#住宅楼	银川市金凤区新城北街14号	优良	刘广武	2001
165	银川乳品厂综合楼	银川市兴庆区解放东街红花渠东	市级优良	祁国亮	2001
166	高新区综合市场	银川市金凤区	优良	刘金栋	2001
167	宁夏大学6#公寓楼	银川市金凤区宁大南校区	市级优良	黄自亮	2001
168	市政一公司综合楼续建	银川市兴庆区利群东街	优良	刘广武	2001
169	宁夏商校学生宿舍楼	银川市兴庆区八里桥商校	市级优良	冯　立	2001
170	第一污水处理厂	银川市兴庆区八里桥	市级优良	柳培荣	2001

续表9

编号	工 程	地 址	获奖等级	项目经理	年 度
171	圣伦中警综合楼	银川市兴庆区新城西街	市级优良	杨玉林	2001
172	中巴2停车场	银川市西夏区园林场	市级优良	董兴祥	2001
173	陶乐县人民银行职工住宅楼	陶乐县城人民银行	优良	屠建民	2002
174	宁夏汽修厂综合楼工程	银川市兴庆区上海东路	市级优良	张学斌	2002
175	宁夏水文局实验楼工程	银川市兴庆区铁北巷	市级优良	董进财	2002
176	汽车修配厂5#住宅楼	银川市兴庆区上海东路	市级优良	张学斌	2002
177	文建小区3#住宅楼	银川市兴庆区高台寺巷	优良	李 银	2002年
178	文建小区4#住宅楼			党 君	
179	文建小区5#住宅楼			马 进	
180	文建小区6#住宅楼				
181	文建小区7#住宅楼			李振勇	
182	文建小区9#住宅楼			李 银	
183	文建小区10#住宅楼			段光斌	
184	文建小区11#住宅楼				
185	长庆输油公司31#楼	银川市兴庆区石油城	市级优良	康春生	2002
186	长庆输油公司36#楼				
187	海宝81#住宅楼	银川兴庆区北京东路	市级优良	张学斌	2002
188	农丰公司22#楼	银川市兴庆区北京东路水产巷	优良	黄自亮	2002
189	锦绣苑22#住宅楼	银川市金凤区正源南街	区级优良	赵 静	2002
190	锦绣苑23#住宅楼		市级优良	章仁峰	2002
191	北塔五队小康村4#住宅楼	银川市兴庆区海宝小区北侧	优良	勉学贤	2002

续表10

编号	工程	地址	获奖等级	项目经理	年度
192	北塔五队小康村 1# 住宅楼	银川市兴庆区海宝小区北侧	市级优良	勉学贤	2002
193	北塔五队小康村 6# 住宅楼		优良		
194	海宝小区 84# 住宅楼		市级优良		
195	老年公寓综合楼	银川市兴庆区中山北街北桥西巷	市级优良	刘宝珠	2002
196	宁夏消防总队办公楼	银川市金凤区北京中路	区级优良	康春生	2002
197	宁夏消防大队招待所	银川市兴庆区宝湖路	市级优良	王增昌	2002
198	污水厂综合楼车间	银川市西夏区	市级优良	柳培荣	2002
199	宁夏电大教学楼	银川市金凤区黄河路	市级优良	张晨升	2002
200	银川昊灵橡胶制品厂 1、2 车间楼	银川市金凤区黄河路	优良	董进财	2002
201	中卫文昌／应理南街道路工程	中卫市	优良	王贞全	2002
202	海宝小区（6#～7#）别墅楼	银川市兴庆区北京东路	市级优良	张学斌	2003
203	民运村 A1-2# 楼	银川市兴庆区上海路北	优良	张学斌	2003
204	民运村 1# 楼			柳培荣	
205	海宝小区 16# 楼	银川市兴庆区北京东路	优良	康振荣	2003
206	海宝小区 17# 楼		优良		
207	海宝小区 19# 楼		市级优良		
208	海宝小区 20# 楼		市级优良		
209	海宝小区 22# 楼		优良		
210	海宝小区 23# 楼		优良		
211	锦绣苑 41# 住宅楼	银川市金凤区正源南街	市级优良	杨军	2003
212	农丰公司 21# 楼	银川市兴庆区北京东路水产巷	优良	黄自亮	2003

续表 11

编号	工程	地址	获奖等级	项目经理	年度
213	领秀一居 1# 楼	银川市兴庆区凤凰北街	市级优良	张永忠	2003
214	领秀一居 2# 楼		优良		
215	宁夏大学 8# 公寓楼	银川市金凤区宁大南校区	市级优良	黄自亮	2003
216	丽锦苑 10# 楼	银川市兴庆区宝庆东路	市级优良	吕富亮	2003
217	丽锦苑 13# 楼				
218	海宝 86# 别墅楼	银川市兴庆区海宝小区	市级优良	张学斌	2003
219	民运村 5# 楼	银川市兴庆区上海路北	市级优良	吕富亮	2003
220	春满园 12# 楼	银川市兴庆区清河北街	市级优良	白雪融	2003
221	星光花园 18# 楼	银川市兴庆区民族南街宝湖路口	优良	康振荣	2003
222	海宝小区 21# 楼	银川市兴庆区海宝小区	市级优良	康振荣	2003
223	建发城市花园 7# 住宅楼	银川市兴庆区新华东街	市级优良	汪希林	2003
224	建发城市花园 10# 住宅楼			勉学贤	
225	新思路 8# 楼	银川市金凤区新城东街	市级优良	柳培荣	2003
226	锦绣苑 42# 住宅楼	银川市金凤区正源南街	市级优良	赵静	2003
227	全保木器厂商住楼	银川市贺兰县全保木器厂院内	优良	薛迪忠	2003
228	南苑小区 6# 楼工程	中卫市中山街西侧	市级优良	王贞全	2003
229	领秀一居地下车库	银川市兴庆区凤凰北街	市级优良	张永忠	2003
230	松鹤陵园综合办公楼	银川市金凤区植物园内	市级优良	洪峰	2003
231	新城十小逸夫楼	银川市金凤区北京西路	市级优良	聂琪升	2003
232	唐徕公园二期广场工程	银川市金凤区唐徕公园	市级优良	王增昌	2003
233	西夏王陵基础设施工程	银川市西夏区西夏王陵风景区	优良	杜小虎	2003

续表12

编号	工程	地址	获奖等级	项目经理	年度
234	银川城市固体废物处理填埋场	灵武市临河镇	市级优良	张文秀	2004
235	宝庆家园4#楼	银川市兴庆区宝庆路	市级优良	万宏	2004
236	北国商厦（同福商厦）	银川市兴庆区新华东街93号	优良	祁国亮	2004
237	诚信街道路排水	银川经济技术开发区Ⅱ区	区级优良	雷广新	2006
238	诚信街延伸段	银川经济技术开发区Ⅱ区	区级优良	冯健	2006
239	青山试验机厂2#楼	银川市兴庆区中山北街	市级优良	郑国祥	1990
240	唐徕小区高干楼	银川市兴庆区北京东路	区级优良	郑国祥	1992
241	中山北街商住楼	银川市兴庆区中山北街	市级优良	张泽谦	1996
242	自治区工商银行2#住宅楼	银川市金凤区解放西街唐徕渠西	市级优良	刘振华	1992
243	自治区工商银行1#住宅楼	银川市金凤区解放西街唐徕渠西	市级优良	刘振华	1992
244	唐徕小区112#楼	银川市兴庆区北京东路	市级优良	郑国祥	1992
245	华苑小区8#住宅楼	银川市兴庆区中山北街	市级优良	段广斌	2001
246	市工行营业部6#楼	银川市兴庆区	市级优良	康春生	2000
247	武警总队营职楼	银川市兴庆区	市级优良	勉学贤	2000
248	城区逸夫小学教学楼	银川市兴庆区海宝小区	市级优良	刘宝珠	1997
249	康民小区20#楼	银川市兴庆区银古路北	市级优良	赵永安	2002
250	自治区老干部办公楼加层	银川市兴庆区	市级优良	徐学贤	2000
251	国际饭店住宅楼	银川市兴庆区	市级优良	郑国福	2000
252	自治区人民医院23#楼	银川市西夏区	市级优良	李振勇	2000
253	唐徕小区106#楼	银川市兴庆区北京东路	市级优良	郭宁城	1992
254	景岳小学教学楼	银川市兴庆区玉皇阁北街	市级优良	刘宝珠	1999

银川三建 历年在职员工名录

1986 年

（有档案记录的第一年：661 人）

桑建华	候高玉	赵云利	杨 伟	郭遵琅	雷永禄	席香玲
胡志军	郭世荣	宋玉兰	金姝萍	哈东进	韩 军	徐恒珍
刘永福	李惠芬	张仑峰	安仰宁	杨觉福	薛克敏	苏汉良
沙光明	陈银生	张天录	王家麟	王兆玲	郭建明	王冬青
陈杭英	李彩霞	周银娣	岳凤英	王恒运	董华祥	马 义
杨美玲	张衡峰	王治国	李学宏	王凤琴	刘梅芳	崔进昌
范大成	陈志福	季光军	纳学铭	王 浩	杨雪峰	朱晓宁
李有国	郑信娣	佘桂兰	乔志和	陈淑叶	刘跃远	武存福
赵玉梅	陈 英	韩瑞仙	刘白广	马际忠	马玉莲	张静芝
张惠珍	卫灵芝	马淑梅	夏来福	杨学仁	蔡志芳	张德全
吴金柱	杜建威	舒丽敏	杜银芳	王金祥	冯 友	吉兴国
马建国	李世明	张宁赐	莫清华	刘华堂	郑永桐	纳文义
李银萍	马志银	陈洪喜	唐风云	赵建珍	杨月英	陈军武
张月英	马建国	王存英	胡成绪	马凤霞	杨福祥	王双梅
纳明德	金福成	何文祥	闫生平	丁玉顶	马东文	陈佃伏
李庆林	李再川	李再银	翟林建	周秀英	丁秀琴	赵淑珍
李玉兰	保秀梅	张彩琴	袁梅芳	张月芬	张梅英	李秀珍
黄翰英	于宁锁	马 进	王平化	金彦光	马益民	赵 静
杨 林	陈兰芳	葛梅兰	马秀花	尚秀芳	宋新萍	朱玉霞
谢生明	雷翠芳	寇生娥	王俊文	张玉凤	史培焕	马亚兰
夏含秀	陈 英	牛美玲	边小平	马 珍	王社会	韩瑞康
李建民	刘佩兰	安清莲	马秀芹	王吉忠	李 奎	沈国柱
李艳英	曲桂英	李德信	肖 静	马秀兰	张立宁	陈玉芳
张泽谦	刘玉贤	王玉宝	王彦林	柯永宁	沈吉珍	郭永洋
顾 涛	蔡 俊	郭苗兰	田蕴琴	王全喜	姚凤兰	刘 孝
朱玉霞	哈 礼	陈彩琴	黄道宁	刘书文	尹一平	芮光跃
王 孝	王银川	卫纪功	夏红军	胡宁生	刘荣先	李居川
仇好英	周凤兰	陈菊花	王凤霞	胡宝玲	许金花	侯金兰
胡永发	李秀芳	张铁林	孙金山	吴丽珍	李锦山	张兴义
达庆东	张斌杰	芦建山	张忠祥	刘永福	董玉霞	张景兰
万恩荣	韩惠敏	芳俊池	路玉霞	刘素芳	王顺平	杨军林
任忠平	王玉玲	安建华	庄成生	朱晓云	林玉莲	张榆中
孔淑珍	李金楼	关惠珍	李 伟	赵玉锁	段光峰	刘 涌
何菊英	芮 蒙	张立香	陈玉霞	叶秀英	张秀梅	付祥姝
于春娥	刘素琴	陈丽君	李建宁	吴光明	王家驹	马建华
刘建华	王春梅	张吉贤	宁 永	胡吉功	柯永安	陈秀英
马玲霞	马玉梅	吴亚利	董玉凤	陈荣荣	胡宝菊	吴兰香
王淑云	黎金玉	林学义	吴月英	纳美英	张玉英	赵光福
候淑云	哈素梅	曹桂花	黄玉英	王永红	鲁玉梅	李德玲
关振威	候玉玲	李凤琴	关露梅	候凤英	柳凤莲	李玉芳

关飞跃	李彩霞	王 功	李玉宁	张美英	司建民	张连成
丁兆亮	陈志华	武加明	武菊萍	李晓玉	陆文涛	杨中国
刘世英	丁立军	张雪峰	任桂兰	韩凤霞	刘润铁	杨振忠
邱宁平	杨晓林	柴立新	黄同卯	周世忠	候光军	樊恩泽
董玉平	李进忠	李 靖	李荣华	冯国保	陆建初	薛建忠
王学勤	王桂霞	哈卫东	金惠兰	杨秀芳	高 荣	高玉霞
朱建基	茆正江	王翠英	金建宁	赵有文	吕生花	王小平
江梦林	冯金玲	尤惠珍	乔 虹	陈月霞	金秀兰	张凤英
吴晓峰	张凤琴	林淑芳	刘惠敏	李平均	王振东	吕 宁
封丽霞	陈玉贤	王学风	张秀英	王 庭	郭文建	张衍昕
潘彩文	曾立立	钟读桐	蔡云龙	张文权	张自忠	张胜和
吴新宁	高学雄	段顺利	张吉元	高维民	马长城	马金秀
陈爱芹	沙福海	申屠光高	张建华	夏占元	曾继成	李世祥
任 智	翟存如	贺 洪	尹建国	金树平	杨 忠	刘福生
秦晓娥	徐晓平	滕 云	周彩文	杨建祥	韩 明	翟林峰
杜忠海	任 建	杨学礼	程志刚	李秀琴	李惠芳	史东生
刘惠志	刘 杰	刘汉成	常明福	陈伯康	贾桂雄	沈银海
王跃进	张俊刚	哈文亮	李宁生	陈定瑜	马宁金	王郑妩
马国岗	张淑琴	王永祥	袁凤英	吴国山	代建珍	赵竹君
杜吉福	张连其	刘和平	徐 兰	庞长命	王 平	闫菊花
吉瑞英	白玉梅	李树红	陈德仓	张兆凯	黄天才	王淑兰
张凤兰	王美节	柳惠珍	刘美琴	闵银萍	李腊梅	王 煜
吴红荣	胡永年	王振楠	闫永平	丁淑红	吴银生	秋 华
卫万强	任建国	张学信	李欣荣	顾美丽	赵康渔	王军红
黄建勇	王金福	李国庆	夏菊兰	丁增兰	李桂芝	米 旺
哈月英	杨兴宁	胡延义	吴春生	李永华	聂志中	马凤兰
王桂香	马金林	曹凤梅	朱志恒	李月萍	武随宝	李春生
杨振国	尤世贵	张东生	张自强	陈宝军	薛庭元	耿惠恩
马吉兰	韩宝荣	雍克其	茅志贤	李淑琴	勉学广	马光林
王桂花	苏文信	苏巧玲	赵 华	李 财	杨树亮	李仲文
马维民	陈万玉	王素兰	李青芝	冯雪虎	汤明生	邱迪华
李宁其	郭学太	王海军	赵明亮	赵秀龙	冯振平	孙建忠
沈兰州	刘建平	谭秀英	李竹报	李光辉	邓瑞宁	缪巧云
芦 明	贾桂玉	雷秀珍	沈万海	刘国安	赵福喜	丁蕴珠
夏永利	吕桂芳	何秀花	楚月梅	尚 红	赵桂兰	丁宁生
张宁三	楚连锁	贺秀兰	王金明	徐 斌	沈思福	黄建国
张文婷	鲁淑月	郭 银	何素霞	马翠兰	潘彩文	马创林
马秀芳	王生祥	余 洋	覃玉鲜	杨建勇	姜银花	马爱忠
陈桂花	杨 信	纳文义	郭晓军	纳建忠	贾月芹	谢军敦
岳志涛	任建海	刘玉梅	范 辉	黄雪峰	李淑霞	薛立刚
张桂香	王俊荣	马春梅	陈少萍	胡立新	潘家合	李 芹
周秀英	刘永珍	张凤琴	周金凤	张 演	李小明	李凤仙
石淑珍	李 祥	李光跃	韩 龙	王绍华	余 萍	吴云中

陈玉章	孔秀云	沈宁霞	杨福民	钟春梅	邓凤娟	李牡丹
叶长茂	吴菊花	崔兰英	闫丽芝	刘海英	马凤芹	张建国
张建宁	尹建民	陈蕾贝	吴秀梅	靳志强	张金玉	党增荣
夏冬梅	雍秀风	张凤霞	刘金贵	吕富亮	段光斌	尤新社
周起恩	茆立志	郑俗娣	刘金德	杨美兰	张宝珍	包秀花
郝玉莲	张兴文	马凤霞	高维力	尤学礼	缪凤兰	张美英
司建民	芦 纯	段光军	高 荣	高玉霞	朱建基	茆振江
潘彩文	曾立立	钟读桐	蔡云龙	张文权	张自忠	张胜和
吴新宁	高学雄	段顺利	张吉元	高维民	李占标	马长城
马金秀	陈爱芹	夏菊兰	朱志恒	王新杰	高双平	赵成文
沈兰州	夏永祥	郝秀芹	梁菊霞	马爱忠	胡立新	夏银山
董宝国	刘凤仙	叶长茂				

银川三建 历年在职员工名录

1996 年

(445人)

赵云利	郭文建	雷永禄	安仰宁	张仑峰	苏汉良	张金玉
杜建威	郭建明	王家麟	马 义	范恩泽	杨振忠	袁 星
吕福亮	姚宝恒	勉学广	赵国庆	赵华玲	魏月华	沈思福
范大成	王兆林	马维民	王恒运	王冬青	陈杭英	李彩霞
张斌杰	黄玉英	杨美玲	岳凤英	张天禄	邓凤娟	秦小娥
李慧芬	杨金梅	宋玉兰	王 浩	朱玉霞	杜银芳	郭世荣
黄 庆	吉瑞英	雍克其	刘荣仙	董玉平	吴 炜	朱晓云
吕临银	李仁义	蔡志芳	刘华堂	崔进昌	刘梅芳	杨惠兰
王淑萍	杨秀芳	沙光明	封丽霞	马秀芳	陈玉贤	马玉莲
柳惠珍	张爱华	陈月霞	马创林	杨树亮	朱小宁	陈淑叶
杨雪峰	陈 英	赵玉梅	夏永胜	李慧芳	王 煜	蔡俊池
李金楼	王永红	袁梅芳	陈志福	吕 宁	陈宝军	赵成文
孔秀云	黄雪峰	李德信	李在银	武菊萍	闫丽娟	肖 静
甄玉良	杨建勇	张宁三	芦 明	缪巧云	陈菊花	候金兰
赵福喜	刘国安	楚月梅	黄建国	张文婷	达庆栋	程志刚
沈建荣	王庆香	滕奋勤	张秀芳	李 财	金树平	裘迪华
郭学泰	张自强	岳智涛	靳志祥	李光辉	孙建忠	赵明亮
申兰州	潘家合	李 祥	李淑霞	李宁其	谭秀英	冯振平
杨梅兰	蔡云龙	李光跃	李仲文	张冀贤	耿惠恩	纳学铭
刘跃远	雷 莉	王桂花	蔡志贤	李淑琴	赵 华	张 斌
崔国栋	陈万玉	戴银川	茆振江	李世祥	张建华	舒黎明
冯 友	殷宜平	雍秀风	丁兆亮	张利宁	王彦林	党增荣
陈玉芳	刘玉贤	纳明德	王家驹	席香玲	王淑兰	李春生

董玉凤	张胜和	田宁霞	范菊花	沙福海	王　功	钟读桐
马凤彩	申屠光高	张衍昕	任　智	陈德仓	张连琪	庞长明
常殿岐	张桂香	胡立新	马长城	马金秀	吴新宁	张文全
陈伯康	刘汉成	常明福	殷建国	叶长茂	刘福生	段顺利
张俊刚	沈银海	贾桂雄	段宁华	王军红	黄建勇	张自忠
杜忠海	韩　龙	任　健	周彩文	翟林峰	滕　云	王郑妩
刘惠志	魏万强	史忠生	杨建祥	韩　明	曹维林	李　金
白玉梅	刘佩兰	陈桂花	马凤琴	张凤兰	沈宁霞	石淑珍
王　平	王美节	张兆凯	李淑红	李月萍	吴春生	周秀英
吴菊花	马金林	王桂香	王俊荣	胡立光	白凤兰	李腊梅
秋　华	吴银生	刘梅琴	扈永年	高维莉	吴红荣	王翠英
杨　忠	李永华	贺　洪	刘第栓	王金福	杨新宁	李国庆
范　丽	米　旺	郑裕娣	吴随宝	柯永安	马玉梅	哈素梅
吴兰香	李凤琴	张凤琴	曹桂花	马春梅	余　萍	吴亚利
缪凤兰	马玲霞	陈荣荣	林学义	张凤英	莫菁华	夏冬梅
张泽谦	马建国	陈洪喜	张凤霞	王忠民	刘金东	杨少辉
林玉莲	何淑英	马　进	马雅兰	卢建山	尚秀芳	边小萍
沈吉珍	尤新社	王　庭	于宁锁	张月芬	李庆林	赵淑贞
李秀珍	刘素琴	张立香	于春娥	李建宁	韩瑞康	李建明
段光斌	孙金山	张榆中	王绍华	吴丽珍	董玉霞	杨兆林
温小琴	纳建忠	冯文晶	胡宁生	段光锋	杜　芳	张雪峰
柴立新	谢军敦	郭晓军	邱宁平	黄同印	夏银山	冯　云
冯国保	张美英	金建宁	李荣华	陆建初	王学琴	金慧兰
王小平	柯永宁	李平均	冯　健	何菊英	付祥妹	马希平
何贵霞	田蕴清	刘绍平	王玉玲	王跃进	牛美玲	周世忠
韩　军	杨伏祥	陈卫华	卫济功	李在川	安建华	马益民
黄瀚英	高学雄	赵永安	黄道宁	王长福	王玉宝	张兴文
王金明	任建海	金彦光	刘素芳	王　孝	关振威	陈殿福
李秀琴	金姝萍	朱志恒	刘建平	周金凤	王平华	韩瑞仙
鲁玉梅	张连成	王淑云	冯金玲	殷建民	张玉玲	江梦林
冯银玲	高　荣	陈　斌	马淑琴	雷翠芳	韩慧明	魏林芝
胡成绪	丁蕴珠	马淑梅	王学风	柳凤莲	马桂英	夏来福
李桂珍	金福成	杨淑贞	关　成	何文祥	刘永福	苏文信
冯学虎	胡建民	赵　超	张　明	李凤贤	杨洪波	杨　侃
顾美丽	李建林	吴英梅	陈明逵	潘少云	张　军	杨晓东
张　静	郭淑娟	胡卫明	于宁香	黄芹英	董徐镖	董丽萍
郭万祥	席延江	韩瑞康	沈学红	侯惠兵	周静徽	王彦荣
张少华	任桂红	李丛容	徐丽萍	张淑霞	刘惠敏	赵长林
张巧燕	贾晓萍	王　琳	罗银强	唐新宁	孔　涛	刘永来
张学义	冯建平	杨利玲	王建滨	夏玉宁	马维国	丁成效
杨秀英	田凤兰	陈国华	龙　震	蒋顺亭	王永平	王功友
黄　昱	李海涛					

银川三建 历年在职员工名录

2006 年

(348人)

杨玉梅	陈 晟	李 荣	高淑梅	范岫瑾	何万顺	曾光丽
秦 忠	王金龙	李凤兰	祖银生	陈喜萍	吕 明	杨静萍
周月玲	王 孝	王宁善	杨春梅	王 强	蒯永强	林 芳
郭安平	贾银星	许俊英	秦 孝	梁志忠	于金奎	金宏章
高国泰	沈景远	李 军	马生福	张 军	杨保成	邹桂花
王燕琴	邓淑芬	孙云玲	丁文平	慈秀娟	桂永平	眭效烨
梁银花	张铁林	章春梅	孔海梅	蒋西昌	魏银喜	马自力
蒯晓红	梁秀泰	胡建民	何万才	宋玉林	李波宁	任保宁
哈 俊	胡玉平	田宁安	曾光杰	孙瑞川	秦 义	李天禄
沈洪元	林建中	何银华	邹丽萍	安仰宁	张仑峰	杜建威
马 义	杨振忠	赵国庆	赵华玲	沈思福	范大成	马维明
王恒运	李彩霞	张斌杰	杨美玲	秦小娥	李慧芬	杨金梅
王 浩	杜银芳	吉瑞英	雍克其	刘荣仙	董玉平	吴 炜
朱晓云	吕临银	刘华堂	崔进昌	杨惠兰	杨秀芳	马秀芳
杨根侠	朱小宁	杨雪峰	夏永胜	李惠芳	王 煜	蔡俊池
王永红	陈宝军	赵成文	李德信	李在银	吴菊萍	闫丽娟
肖 静	甄玉良	杨建勇	缪巧云	侯金兰	刘国安	黄建国
达庆东	沈建荣	王庆香	金姝萍	裴迪华	郭学泰	张自强
靳志祥	孙建忠	申兰州	潘家合	李 祥	李宁奇	蔡云龙
耿惠恩	雷 莉	蔡志贤	李淑琴	张建华	殷宜平	王彦林
王家驹	席香玲	张胜和	范菊花	沙福海	王 功	马凤彩
张衍昕	陈德仓	张桂香	胡立新	马长城	吴新宁	张文全
常明福	殷建国	叶长茂	段顺利	沈银海	贾桂雄	段宁华
黄建勇	张自忠	韩 龙	任 健	周彩文	翟林峰	滕 云
王郑妩	刘惠志	魏万强	史忠生	曹维林	李 金	白玉梅
张凤兰	沈宁霞	王 平	王美节	张兆凯	李树红	吴春生
吴菊花	王桂香	王俊荣	秋 华	吴银生	刘梅琴	扈永年
吴红荣	王翠英	杨 忠	李永华	刘第栓	杨新宁	李国庆
范 莉	米 旺	吴随宝	吴兰香	吴亚利	陈荣荣	莫菁华
张泽谦	陈洪喜	王忠民	刘金东	林玉莲	马 进	于宁锁
张立香	于春娥	李建宁	韩瑞康	李建民	段光斌	张榆中
温小琴	纳建忠	冯文晶	胡宁生	段光锋	杜 芳	张雪峰
柴立新	邱宁平	黄同印	金建宁	陆建初	李平均	冯 健
付祥妹	马希平	刘绍平	牛美玲	周世忠	陈卫华	卫济功
安建华	马益民	高学雄	赵永安	黄道宁	王长福	王玉宝
王金民	金彦光	金树平	刘建平	鲁玉梅	王淑云	冯银玲
陈 彬	马淑琴	胡成绪	胡建明	赵 超	杨洪波	顾美丽
吴银梅	陈明逵	潘少云	张 军	胡卫明	于宁香	黄芹英
席延江	侯惠兵	王彦荣	任桂红	李丛容	张淑霞	刘惠敏
赵长林	王 琳	唐新宁	孔 涛	冯建平	马维国	陈国华

龙 震	季光军	洪 波	张素梅	李学仁	李全志	刘燕青
何汉文	徐 琳	刘 莉	徐自发	陈 华	徐玉凤	贾晚青
白金珍	姚春燕	罗兆江	勉智勇	张 滢	由省玲	扈永发
侯丽芸	胡宝玲	陈进云	张小东	蒋 蓉	张克利	孙付宁
牛 睿	钱 进	徐 升	化 伟	王玉玲	闫 峰	季立红
岑 福	詹春华	周 虎	保 翔	保 涛	白雪融	万 宏
孔月芳	张文江	张秀华	黄惠霞	杨 军	孙 刚	张海铭
刘卫军	王 辉	熊思雨	许海宁	黄晓军	张志军	白 玲
张 怡	吴小华	张惠玲	殷 颖	孙元恒	陈 瑞	裴增娟
严崇银	邱小平	马 芳	李明海			

银川三建 历年在职员工名录

2016 年

(266 人)

刘惠敏	季光军	陈明逵	赵永安	刘华堂	孔 涛	龙 震
高淑梅	吴 炜	赵长林	阮赫男	何银华	段光斌	罗建龙
陈国华	杨振忠	马 芳	卜春旺	张 磊	张志军	李建宁
杨建勇	刘惠志	金建宁	王玉宝	杨军锋	罗文貌	彭旭阳
刘镇夫	杨院虎	徐 伟	陈娇文	周 宁	张 锐	赵 峰
董红亮	张 意	黎 磊	石 慧	刘 洋	倪万鹏	陈丽平
刘卫军	彭兰军	温鑫海	吴 宝	冯春辉	马强民	冯建平
刘 文	张雪峰	黄道宁	王燕峰	徐 升	李 洋	吴慧娟
席娟霞	谢静波	安 冉	陈喜萍	王彦荣	于宁香	王玉玲
刘 静	李静媛	何 蓉	王 功	洪 波	邵 佳	苏巧红
靳志祥	周 虎	孙瑞川	李建荣	关金财	李 晨	吴银生
于金奎	王中民	王庆香	马维国	任桂红	李慧芬	金姝萍
边满丽	王洁宇	高 阳	张淑蓉	林 彤	张义勇	董宁博
严崇银	陈卫华	张 怡	张惠玲	杨金梅	柏 杨	安立华
徐 辉	庞 婷	邱小平	黄晓军	季立红	王立杰	徐玉凤
吕银映	陈 彬	陈荣荣	张伏林	张援建	徐押锁	柴立新
刘翠红	周世忠	李宁奇	魏万强	刘窍化	高福迎	雷玲玲
王俊荣	马建国	张海铭	朱晓云	徐 涛	谢俊忠	韩蓓蓓
胥致远	范 莉	张小峰	李 军	杨洪波	赵 佳	王思洋
胡建民	张海军	李小梅	马 强	李昊璠	赵雪艳	朱小宁
赵 超	温小琴	邹丽萍	黄同印	周建平	马新军	杨 彪
王永生	林 芳	冯晓华	李多信	虎彦林	雷建明	陈建双
何汉中	陈民鑫	陈明海	陈明鑫	周 童	王宪军	张志雄
马文成	裴建成	张建武	张 荣	郭安平	柳常青	冯文晶
勉智勇	腾 云	杜 芳	胡卫明	黄昊灵	常明福	李 娟

张自强	黄建勇	段宁华	吴亚利	沈建荣	杨 忠	王振妩
蒯永强	夏永胜	李德信	吴春生	杨 军	孙元恒	马兵兵
安 丽	殷 颖	裴增娟	宋玉林	胡玉平	孔海梅	贾银星
蒲军彦	詹春华	王宁善	雷 莉	蒋 蓉	徐 立	金 苗
李 荣	化 伟	杨雪峰	包 翔	眭效烨	段光锋	李波宁
张泽谦	刘 莉	史忠生	李平均	魏银喜	王庆香	刘荣仙
董玉平	任 健	梁秀泰	刘邵平	胡立新	马淑琴	黄建国
王 强	张文全	蒯晓红	纳建忠	刘吉云	辛文元	邓宏昊
李 彬	海毅娜	王新太	黄吉军	李文强	虎德林	詹登国
王 兵	李明海	辛燕军	闫海洲	明铁亮	陈 华	高立明
赵 赋	王 波	李根绪	葛 斌	魏恒福	钱 进	顾维龙
朱建成	史耀红	刘皇胜	何永涛	白金珍	张建国	乔海涛

注：1. 人员名单均来自公司人力资源部提供的当年职工花名册

2. 从有历史记录的1986年开始录入人员名单，每10年录一次。

3. 原始资料很多是手工书写，有些员工的名字由于查证困难，难免录入有误，还有些员工可能漏录，敬请谅解。

银川三建历年各项经济指标完成一览表

年 度	完成产值（万元）	利润（万元）	施工面积（m²）	竣工面积（m²）	职工年均收入（元）	固定资产投入增长率(%)	现金分红率（%）	上缴税收（万元）
1978	287							
1979	340	9						
1980	400.76	13.71	50500	31500				
1981	399.45	14.35	52600	28600				6.45
1982	416.92	16.96	63819	32948				12.49
1983	433.45	27.83	50530	27118				20.9
1984	477.48	29.47	56517	31337				22.11
1985	587.94	16.99	51479	24548				16.75
1986	711.76	13.41	65643	32834				24.71
1987	702.83	3.43	77879	44689				32.26
1988	860.73	9.24	59828	30709				37.32
1989	1050.43	11.13	67426	32653	1754			46.26
1990	1608.31	15.23	86296	60034				73.46
1991	3132.81	18.7	115110	84317				103.04
1992	4242	30.9	158599	110893				155.2
1993	4271.62	16.00	119232	67657	3353			197.69
1994	4078.4	16.00	92790	65807				192
1995	4856.38	18.5	103033	54088	4708			197
1996	5648.47	18.5	105194	52713	5513			174
1997	6208	3.79	121612	73834	6018			210
1998	6623	3,55	162004	8.4807	7006			234
1999	10300	58.56	19.63	14.2800	7576		7.12%	372
2000	12708	100	25.9183	15.1175	9126		10.66%	704

续表

年度	完成产值（万元）	利润（万元）	施工面积（m²）	竣工面积（m²）	职工年均收入（元）	固定资产投入（%）	现金分红率（%）	上缴税收（万元）
2001	13357	312	23.04	12.03	10566		12%	897
2002	15295	168	24.88	15.18	11296	2.30%	10%	1022
2003	19405	222	20.07	14.02	12211	1.30%	9%	1188
2004	13960	180	14.31	6.49	13244	1.68%	8.11%	958
2005	13067	171.3	14.11	7.59	14039	1.88%	7.59%	750
2006	13980	194.51	11.54	5.66	14891	1%	7.63%	874
2007	20498	187.97	17.35	6.56	16529	1%	7,63%	1294
2008	40131	221	23.45	10.41	18182	1%	6.5%	1485
2009	50356	266.88	44.26	17.03	20475	2%	7%	1974
2010	80300	306.89	55.25	18.69	32971	2.18%	8%	2011
2011	91600	331.19	87.88	37.69	45398	7%	12%	2479
2012	104700	500.51	113.91	41.56	51154	8.63%	5%	3666
2013	123500	758.68	126.41	41.42	58396	5.60%	7%	3402.67
2014	140400	759.26	156.12	17.86	63206	1.02%	7.5%	5329.56
2015	113100	640.02.	122.70	36.10	67757	19.6%	6.5%	5234.18
2016	115000	642.14	113.80	16.09	72242	3.19%	7%	8017.81

备注：2008、2009、2010、2012、2014、2016年，公司除现金分红外，当年均以不同系数对股东进行了股权扩增配送。

编后记

2016年，时值银川三建集团60周年华诞，我们编撰了这本《银川三建集团有限公司简史》以示纪念；也将这本简史奉献给银川三建在岗和已离职的员工及关心它成长的社会各界人士，让大家观其沧海桑田之变化，思前进、发展道路之坎坷。让后人缅怀前辈创业之艰辛，为银川三建的发展献计献策，再创银川三建之辉煌。

《银川三建简史》编纂历时两年，在翻阅银川三建档案室大量存档文书、文献卷宗的基础上，请教宁夏回族自治区建设厅及银川市志办有关领导，参考《宁夏志》《银川建设志》，宁夏银川第二中学《校志》，山西省第三建筑工程公司《企业志》等志书的编写方法及有关史料，到银川市档案馆查找相关资料，召开离退休老职工座谈会，回忆企业历史、收集回忆资料。初稿形成后，又组织公司董事会成员及退休老职工17人进行修改、审议，广泛征求意见。简史成稿后，再一次交有关人员审阅修改，最终定稿。

在本书付梓之际，对编者来说，既有如释重负后的轻松，又有聆听读者评判之忐忑，更有因知识匮乏、资料缺失而没有深层次地展现三建魂之愧疚。然而，毕竟从大雾迷蒙、斑驳芜杂的资料中和离退休职工搜真觅实的记忆、口录中经整理、写作、修改、审定而到完稿，尽管有诸多不足，但终于定稿，与大家见面。

我们提出"三建人"的命题，它让我们看到了前辈们白手起家、攻坚克难、发奋创业的身影；它使我们自然而然地想到人生的意义和做人的价值，对社会的责任和担当；体会到一种顶天立地、百折不挠的精神。编者在撰写《银川三建简史》过程中发现，正是几代三建人用青春年华、心血汗水、智慧勇气砥砺奋进、无私奉献、默默耕耘于这块沃土之上，才使银川三建在大浪淘沙的市场竞争中坚如磐石，创造出今日之辉煌。我们甚至可以断言，没有他们，就没有今天的银川三建集团。而今，三建需要更多仁人志士的鼎力协助，需要更多青年才俊的不懈奋斗，去谱写明天的辉煌。珍惜先辈留下的财富，期待实现未来的梦想，这就是编纂《三建简史》的意义所在。

本书第一章至第十二章、凡例、编后记由王梅玲执笔，公司简介、历届党政工领导沿革、历任领导简介、员工花名册、照片搜集由何银华执笔整理，优良工程名录、获杯工程名录、大事记、各项经济指标完成一览表由张仓峰执笔，集体和个人获奖名录由王功和邵佳收集整理。在编纂过程中，自治区住建厅张沁元、银川市志办有关领导给予了热心指导。各章节审稿、修改分别是：第一章至第五章是张仓峰、苏汉良、张冀贤、席延江，第五章至第六章是季光军、王功、段光斌，第七章至第八章是刘华堂、吴炜，第九章至第十章是陈明遂、高淑梅、孔涛，第十一章至第十二章是赵长林、赵永安、龙震。刘惠敏同志进行了总的校勘。退休老职工马进、雷永禄、王孝等热心回忆核实资料；苏巧红等同志查阅了大量资料、竭诚相助，在此一并表示衷心的感谢。

鉴于集团公司历史空间跨度长、组织机构变更多、早期分散办公及办公场所多次搬迁，不能全面地搜集到更多的史料。尤其是1956—1978年几乎没有文字记载，又鉴于编者学识水平和对企业了解的局限，文中引用文件多，事例少，缺点、错误和遗漏在所难免，诚望读者批评指正。

编　者

2017年8月